GESCHICHTE DER JUDEN

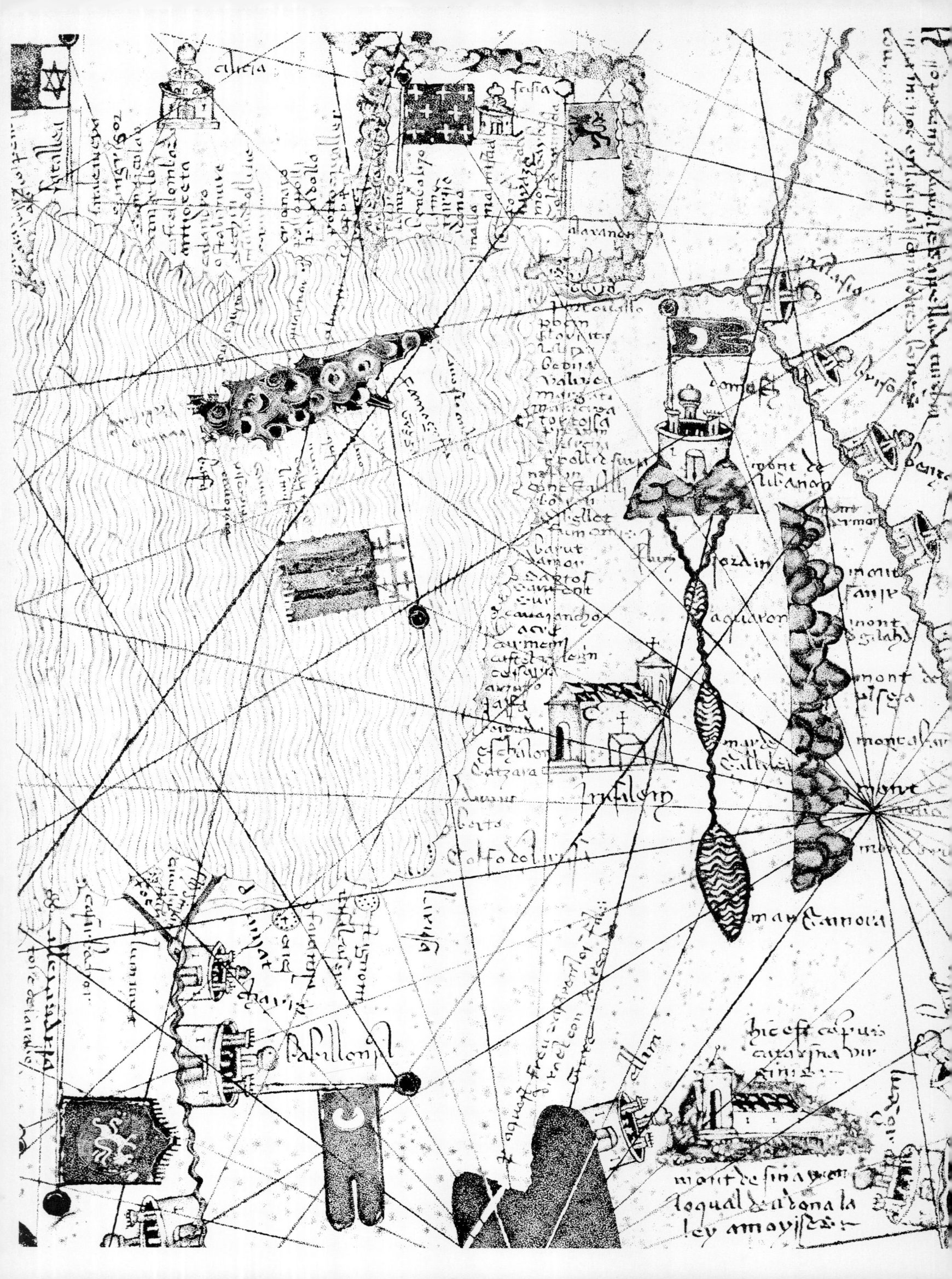

HAIM BEINART

GESCHICHTE DER JUDEN

ATLAS DER VERFOLGUNG UND VERTREIBUNG

IM MITTELALTER

Bechtermünz Verlag

Grundlage für die Schreibweise der Ortsnamen war die englische Ausgabe, eingedeutscht wurden allgemein bekannte geographische Begriffe.
Hebräische Eigennamen folgen dem „Jüdischen Lexikon" mit leichten Überarbeitungen.
Die Kennzeichnung der Knacklaute unterblieb im allgemeinen. Wo sie in den Karten stehenblieben, wurde die englische Ausgabe wiedergegeben.
Nicht eingedeutschte slawische Namen folgen im allgemeinen der englischen Ausgabe.

Abbildungsnachweis
S. 43 und 55: The British Museum
S. 44 und 56: The Hebrew National and University Library
Alle übrigen: Carta

Deutsche Erstveröffentlichung
© Copyright 1992 by Carta, The Israel Map and Publishing Company Ltd., Jerusalem, Israel
© Copyright für die deutsche Ausgabe 1998 by Weltbild Verlag GmbH, Augsburg
Übersetzung und teilweise Bearbeitung der deutschen Ausgabe:
Klaus Lohrmann, Wien
Satz und Umbruch: Maasburg GmbH, München
Einbandgestaltung: Adolf Bachmann, Reischach
Umschlagmotiv: AKG, Berlin
Gesamtherstellung: Druckerei Ernst Uhl, Radolfzell
Printed in Germany
ISBN 3-8289-0280-4

Einleitung

Die Zusammenstellung des vorliegenden Bandes *Geschichte der Juden – Atlas der Verfolgung und Vertreibung im Mittelalter* warf eine Reihe von Problemen auf. Zu allererst galt es, den Begriff „Mittelalter" im Zusammenhang mit der Geschichte der Juden zu definieren: Man könnte sogar in Frage stellen, daß die Juden jemals ein „Mittelalter" hatten, denn die Geschichte des jüdischen Volkes verlief nicht gleich wie die anderer europäischer Völker, die „finstere Zeiten" durchmachten, bevor sie in der Renaissance auftauchten. Da wir jedoch aus praktischen Erwägungen heraus einen abgegrenzten Zeitraum brauchten, übernahmen wir einen allseits anerkannten Periodisierungsbegriff und übertrugen ihn auf das jüdische Leben. Es wäre zutreffender zu sagen, daß dieser Atlas jene Epoche abdeckt, in der das jüdische Volk im Exil, fern von seinem Land, lebte und daß die Darstellung den allgemein gebräuchlichen historischen Abschnitten zugeordnet ist, also mit den Einfällen der Barbarenvölker im 4. und 5. Jahrhundert beginnt, aber – abweichend von der geläufigen Periodisierung – bis in die Zeit nach den Chmjelnizki-Massakern in den Jahren 1648-1649 und bis zum Zusammenbruch der Sabbatianischen Bewegung reicht.

Die Fortschritte der wissenschaftlichen Forschung in unserer Generation auf dem Gebiet der Geschichte der Juden haben die Zusammenstellung dieses Bandes erforderlich gemacht.

Die Karten versuchen, die Veränderungen darzustellen, die die Juden im Laufe von mehr als tausend Jahren erlebt haben. Trotz der vielen Wechselfälle ihres Schicksals, trotz Katastrophen und Prüfungen blieben ihre Bindungen an das Heilige Land bestehen. Sie sind das gemeinsame Band, welches das jüdische Volk zusammenhielt und in diesem Atlas zum Ausdruck kommt. Die Karten beschreiben die Veränderungen, die im Heiligen Land und in der Diaspora stattfanden, in chronologischer Reihenfolge der Ereignisse: Auswanderung, Vertreibung aus Städten und Ländern sowie Zwangsbekehrungen. Obwohl es sich als unmöglich erwies, Gleichzeitigkeiten in jedem Fall präzise darzustellen, kann der Leser doch erfahren, wie die Juden von einem Zentrum zum nächsten zogen und wie die jüdische Spiritualität und Vitalität sich von einem geographischen Gebiet zum nächsten ausbreitete. Es war uns nicht immer möglich, das Leben der Juden in jedem Gebiet von seinen Anfängen bis zum Untergang erschöpfend zu beschreiben. In manchen Regionen kam die jüdische Lebensart sowohl in materieller als auch in spiritueller Hinsicht zur vollen Entfaltung. In anderen erlosch das pulsierende jüdische Gemeinschaftsleben.

Eine weitere Schwierigkeit bestand darin, die politischen Grenzen von Staaten und Ländern zu definieren, denn diese änderten sich von Zeit zu Zeit. Wir haben uns in der Regel an die allgemeine Praxis bei der kartographischen Darstellung politischer Grenzen gehalten. Die Begleittexte zu den Karten liefern eine zusätzliche Bewertung und eine historisch-geographische Schilderung des entsprechenden Abschnitts in der Geschichte der Juden.

Der Atlas besteht aus vier Teilen: Der erste Teil beginnt mit einer Beschreibung der jüdischen Diaspora im 4. und 5. Jahrhundert und endet mit den Kreuzzügen; der zweite Teil beginnt mit der Zeit nach den Kreuzzügen und endet mit der Zerstörung der jüdischen Gemeinden durch den Schwarzen Tod; der dritte Teil endet mit der Vertreibung der Juden aus Spanien; und der vierte Teil schließt mit den Verwüstungen in der Folge der Chmjelnizki-Massaker in den Jahren 1648/1649 und den geistigen Umwälzungen nach dem Zusammenbruch der Sabbatianischen Bewegung. Jedes dieser vier markanten Ereignisse stellt das Ende einer Epoche dar.

Dieser Atlas hätte nicht entstehen können ohne die Mitwirkung von Studenten und Freunden, die mir beim Sammeln des Materials sowie bei der Überprüfung vieler Details als unermüdliche Helfer zur Seite standen. Dafür bin ich Y. Avishur, M. Idel, R. Bonfil, A. Grossmann, B. Z. Degani, A. David, M. Nadav, Y. T. Assis, E. Friesel, Y. Y. Kaplan, Y. Kaplan und M. Riegler zu Dank verpflichtet.

Dank schuldig bin ich auch Y. Ben-Zion für die Abbildung des Grabsteins in Kabul sowie dem Fotografen Z. Radovan für die Bilder der Ramban-Synagoge. Danken möchte ich außerdem den Mitarbeitern des Originalverlages Carta, die mir mit großem Engagement, mit ihrer großen Erfahrung, ihrem Rat und umfassenden Wissen wertvolle Unterstützung gaben.

Die englische Ausgabe war die Ausgangsbasis für die Übersetzung ins Deutsche sowie für die Überarbeitung einiger Abschnitte unter Einbeziehung von Erkenntnissen der Geschichtsforschung in den seit der Zusammenstellung der Originalausgabe vergangenen Jahren. Für die umfangreiche Detailarbeit bei der Entstehung der hier vorliegenden deutschen Ausgabe drücke ich dem Übersetzer Klaus Lohrmann meinen besonderen Dank aus.

H. B.

Inhaltsverzeichnis

Karte Nr.   Seite

VON DER VÖLKERWANDERUNG BIS ZU DEN KREUZZÜGEN

Nr.		Seite
1	**Die Völkerwanderung in Europa** 5. Jahrhundert	13
2	**Verteilung der Juden** Mitte des 6. Jahrhunderts	14/15
3	**Synagogen in Palästina** 2. bis 6. Jahrhundert	16
4	**Das Königreich Himjar und der Krieg gegen die Äthiopier** 6. Jahrhundert	16/17
5	**Die Auseinandersetzung zwischen Persien und Byzanz** 609-629	17
6	**Die persische Eroberung von Palästina** 614-618	18
7	**Die Juden auf der arabischen Halbinsel** Beginn des 7. Jahrhunderts	18
8	**Auseinandersetzungen Mohammeds mit den Juden** 623-629	19
9	**Die Stadt Medina**	19
10	**Arabische Eroberungen und der Aufstieg des Islam** 622-721	20
11	**Westgotisches Spanien** 7. Jahrhundert	21
12	**Die Juden in Italien zur Zeit Papst Gregors I. (des Großen)** 590-604	22
13	**Das Reich Karls des Großen**	23
14	**Das Karolingerreich nach dem Vertrag von Verdun** 843	24
15	**Die Chasaren und der Druck der christlichen Länder** 8. bis 12. Jahrhundert	24/25
16	**Die Chasaren zur Zeit von König Joseph**	25
17	**Die radhanitischen Kaufleute**	26
18	**Italien zwischen byzantinischer und der Herrschaft des westlichen Kaisertums** 9. bis 10. Jahrhundert	27
19	**Die normannische Eroberung Süditaliens**	28
	Die genealogischen Rollen des Achimaaz	28
20	**Religiöse Gärung und Sekten im Judentum** Bis zum 12. Jahrhundert	29
	Der Aufbau einer Jeschiwa	30
21	**Die Gaonate in Babylon**	30/31
22	**Beziehungen zwischen Babylonien, Eretz Israel und der Diaspora**	32
23	**Das Gaonat in Palästina**	33
24	**Juden in Nordafrika** 12. bis 15. Jahrhundert	34
25	**Marokko**	34
26	**Tunesien**	34
27	**Ägypten**	34
28	**Muslimisches Spanien: Wirtschaft und jüdische Siedlungen** 10. bis 12. Jahrhundert	35
29	**Die Reconquista** Bis zur Mitte des 12. Jahrhunderts	36/37
30	**Jüdische Gemeinden in Aschkenas** bis 1096	38
31	**Die Massaker von 1096**	39
32	**Der erste Kreuzzug** 1096 bis 1099	40
33	**Das Königreich der Kreuzfahrer in Eretz Israel**	40
34	**Die Belagerung von Jerusalem** 7. Juni bis 15. Juli 1099	40
35	**Die weiteren Kreuzzüge**	41
36	**Die Stadt Norwich**	42

BIS ZUR ZEIT DES SCHWARZEN TODES

37	**Die Reiseberichte des Benjamin von Tudela** 1160 bis 1173	44/45
38	**Einwanderung in das Heilige Land** 12. Jahrhundert	46
	Jüdische Gemeinden im Heiligen Land 12. bis 14. Jahrhundert	46
39	**Einwanderung in das Heilige Land** 13. bis frühes 14. Jahrhundert	47
40	**Juden in Italien und die Päpste** 13. Jahrhundert	48
41	**Jüdische Gemeinden in Spanien und die Reconquista** 13. und 14. Jahrhundert	49
42	**Die „Collecta"- Organisation**	51
43	**Die Tosafisten**	52
44	**Die Verbreitung der Kabbala**	53
45	**Die Kontroverse um Maimonides**	54
46/47	**Hebräische Handschriften aus Deutschland, Frankreich und Spanien**	56
48	**Die Juden in England bis zu ihrer Vertreibung**	57
49	**Die jüdischen Gemeinden in Frankreich** 13. Jahrhundert	58
50	**Die Rindfleischverfolgung** 1298	59
51	**Verfolgungen in Aschkenas** 13. und 14. Jahrhundert	60
52	**Massaker in den Rheingebieten**	61
53	**Die Pastoureaux und die Lepra-Massaker** 1320 bis 1321	61
54	**Der Schwarze Tod** 1348 bis 1350	62

BIS ZUR VERTREIBUNG AUS SPANIEN

55	**Das Ende der jüdischen Gemeinden in Frankreich** 14. Jahrhundert	64
56	**Die Anfänge der jüdischen Besiedlung Polens**	64
57	**Die Juden in Spanien bis zu den Massakern 1391**	65/66
58	**Das jüdische Viertel in Toledo**	66
59	**Jüdische Besiedlung in Portugal** 13. und 14. Jahrhundert	67
60	**Das Mongolenreich**	68
61	**Die mongolischen Angriffe auf Palästina**	68
62	**Wanderung in das Heilige Land** 14. und 15. Jahrhundert	69
63	**Die Anfänge des Osmanischen Reiches**	70
64	**Der Fall von Konstantinopel**	71
65	**Der Handel im Mittelmeer** 14. und 15. Jahrhundert	71
66	**Die Juden in Deutschland im Schatten der Vertreibungen und Verfolgungen** 14. und 15. Jahrhundert	72
67	**Zentren der Entstehung von Judenfeindschaft**	73
68	**Die Juden in der Schweiz** 13. bis 15. Jahrhundert	74
	Die Juden in Spanien am Vorabend der Vertreibung 15. Jahrhundert	74
69	**Jüdische Gemeinden in Spanien**	75
69A	**Das Königreich Aragón in der Zeit Alfons V.**	75
70/70A	**Die Eroberung von Granada** 1. Januar 1492	76
71	**Gewalt gegen die Konversen in Córdoba** 1473	77
	Jüdische Gemeinden in Italien 14. bis 16. Jahrhundert	77
72	**Die Stadt Rom**	78
73A/B/C	**Die Jüdischen Gemeinden in Italien**	78/79
74	**Demographische Veränderungen in der Diaspora** Vom 14. Jahrhundert bis zur Vertreibung aus Spanien	80
	Jüdische Bevölkerung in Europa (in Prozenten)	82
	Die Vertreibung aus Spanien 31. März 1492	83/84
75	**Der Auszug der Juden aus Spanien und Portugal** 1492 bis 1497	84/85
76	**Fluchtwege von aus Spanien vertriebenen Juden**	86
76A	**Die Wanderung des R. Juda Hajjat**	86

BIS ZU DEN CHMJELNIZKI-MASSAKERN UND DER SABBATIANISCHEN BEWEGUNG

77	Das Osmanische Reich am Höhepunkt seiner Entfaltung Bis 1683	88
78	Die Juden auf der Balkanhalbinsel 16. Jahrhundert	89
79	Palästina unter osmanischer Herrschaft 16. Jahrhundert	89
80	Haupthandelsrouten 16. bis 17. Jahrhundert	90
	Einwanderung ins Heilige Land 16. und 17. Jahrhundert	90
81	Einwanderungsrouten ins Heilige Land	91
82	Gesandt aus dem Heiligen Land in die Diaspora 8. bis 17. Jahrhundert	85
	Jüdische Gemeinden 15. bis 16. Jahrhundert	92
83	In Nordafrika	92
84	Im Nildelta	92
85	Verbindungen mit RaDBaZ	92
86	Kabbalisten und kabbalistische Zentren 16. und 17. Jahrhundert	93
87	Die Karäer 16. und 17. Jahrhundert	94
88	Jüdische Drucker und die Zulassung von Juden an die Universitäten 15. bis 17. Jahrhundert	94/95
89	Die Juden Italiens 16. und 17. Jahrhundert	95/96
90	Das jüdische Ghetto in Venedig	96
91	Die Reisen des David Rubeni 16. Jahrhundert	97
92	Auswanderung der Konversen aus Portugal 16. und 17. Jahrhundert	98
93	Die Wiederzulassung von Juden in England – Verteilung der Konversen 17. Jahrhundert	99
94	Gebiet der jüdischen Ansiedlung in London	100
95	Jüdische Gemeinden im Elsaß 17. Jahrhundert	100
96	Jüdische Gemeinden in Holland 17. Jahrhundert	100
97	Wichtige Entdeckungsreisen und Herrschaften der Kolonialmächte in der neuen Welt	101
98	Jüdische Siedlungen in Amerika 17. Jahrhundert	101
99	Jüdische Siedlungen in Indien 16. und 17. Jahrhundert	102
100	Jüdische Plantagen in Surinam	102
101	Inquisitionstribunale in Spanien und Portugal	103
102	Inquisitionstribunale in Italien	104
103	Inquisitionstribunale 15. bis 17. Jahrhundert	105
104	Glaubensspaltung in Europa 1560	105
105	Die Juden in Deutschland zur Zeit der Reformation	106
106	Die Juden in Schlesien, Mähren und Böhmen 16. Jahrhundert	107
107	Jüdische Einrichtungen in Prag	107
108	Die Juden in Ungarn unter türkischer und österreichischer Herrschaft	108
109	Der 30-jährige Krieg 1618 bis 1648	108
110	Die Juden in Osteuropa Bis in die 50er Jahre des 17. Jahrhunderts	109
111	Die Juden in Polen im Rat der Vier Länder 17. Jahrhundert	110
112	Die Chmjelnizki-Massaker 1648/1649	111/112
113	Sabbatai Zwi: Tätigkeit und Reisen	113
114	Die Reisen Nathans von Gaza	114
115	Führer der sabbatianischen Bewegung nach Sabbatais Tod	115
116	Sprachen in der jüdischen Diaspora	115-117
	Bibliographie	118
	Register der geographischen Begriffe	120
	Sachregister	135
	Personenregister	142
	Begriffserklärungen	144

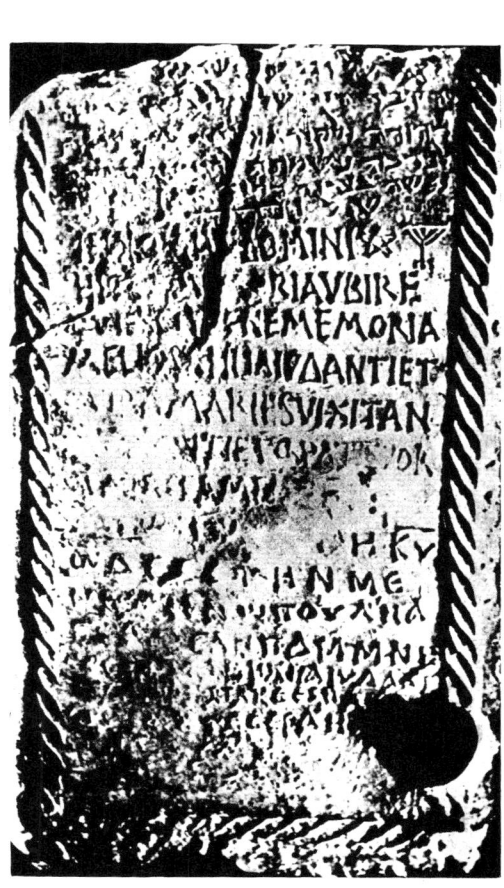

Grabstein von Meliosa, Tochter des R. Judah und der Miriam, aus Tortosa. Hebräische, lateinische und griechische Inschrift. Zu erkennen sind eine Menora und ein Stern, der in der Form einem Davidsstern ähnelt.

Von der Völkerwanderung bis zu den Kreuzzügen

Reiterstandbild Karls des Großen

Legende der Symbole

- · Stadt
- ✡ Stadt mit jüdischer Gemeinde
- ✡ Synagoge
- † Kirche
- ⚓ Hafen
- × Schlachtfeld
- ➔ Eroberung einer Stadt
- ✡⃪ Ermordung von Juden
- ↗ Vertreibung von Juden
- ✎ Ritualmordbeschuldigung
- 🔥 Verbrennung von Juden
- ⟵ Feldzug
- -- Fluchtweg
- ...... Grenzen eines Königreiches oder einer Provinz
- ---- Front der Reconquista

Die Völkerwanderung in Europa
5. Jahrhundert

Die militärischen Unternehmungen und die Niederlassung zahlreicher fremder Völker innerhalb der Grenzen des Römischen Reiches führten zu einem grundsätzlichen Wandel im Westen, während der Osten – das oströmische oder byzantinische Reich – dieser Herausforderung widerstehen konnte.

Für die Juden erwies sich weniger die Völkerwanderung als gefährdend als vielmehr der allmählich dominierende Einfluß des Christentums. Seit der Regierungszeit Konstantins des Großen (306-337), der das Christentum tolerierte, trachtete man Palästina mit Christen zu besiedeln, sei es durch Förderung von Pilgerreisen an die heiligen Stätten oder von Niederlassung im Land. Scharen christlicher Mönche bildeten ein christliches Heer und waren die Fahnenträger der *ecclesia militans* (streitenden Kirche). In Palästina und anderen christlichen Zentren kam es zu Streitgesprächen zwischen Christen und Juden, welche die Christen als Triumph über das Judentum interpretierten.

In der christlichen Überlieferung wird berichtet, daß ganze jüdische Gemeinden bekehrt wurden: So fand durch Bischof Severus 418 eine Zwangsbekehrung auf Menorca statt.

In dieser Zeit legte das Christentum den Grundstein für die umfassende Lehre seiner Überlegenheit über das Judentum: Das jüdische Volk wäre für die Kreuzigung Jesu von Vespasian und Titus bestraft worden, die nach dieser Legende das Christentum unterstützt hätten. Viele Legenden und Märchen entstanden um die Kreuzigung Christi – das jüdische Volk wurde als Gottesmörder gebrandmarkt. Die Kirche verstand sich als Erbe Israels, das *verus Israel*, das wahre Israel, und suchte den Beweis im Alten Testament.

Die Existenz des jüdischen Volkes war notwendig, um die Bekehrung der Heiden zum Christentum zu ermöglichen. Augustinus (354-430), Bischof von Hippo Regius (Nordafrika), fand eine Rechtfertigung für die „Knechtschaft" *(servitus)* des jüdischen Volkes in folgender Interpretation des Psalms 59.12: „Töte sie nicht, damit mein Volk nicht vergißt. In deiner Kraft zerstreue sie, wirf sie nieder ..." „Töte sie nicht (die Juden), damit mein Volk (die Christen) nicht vergißt"– die Prophezeiungen der Bibel, die das Nahen des Christentums vorhersagen.

Nach diesen Richtlinien setzte das Christentum seinen Kampf gegen das Judentum über Generationen fort und schuf damit eine weit verbreitete antijüdische Haltung, die während des gesamten Mittelalters wirksam blieb. Die Lehren der Kirchenväter prägten die Zentren der spätantiken Welt. Einer der extremsten war Johannes Chrysostomos (ca. 347-407), der den siegreichen Kampf des Christentums gegen die Juden in einer heidnischen Umwelt für notwendig hielt. Trotzdem benötigten die Kirchenväter die Hilfe jüdischer Gelehrter, um die Texte des Alten Testamentes interpretieren und verstehen zu können. Einer von ihnen, Hieronymus (Eusebius Sophronius Hieronymus aus Bethlehem, 342-420) ließ sich von jüdischen Lehrern im Hebräischen unterrichten, um die Bibel ins Lateinische zu übersetzen (Vulgata ca. 404).

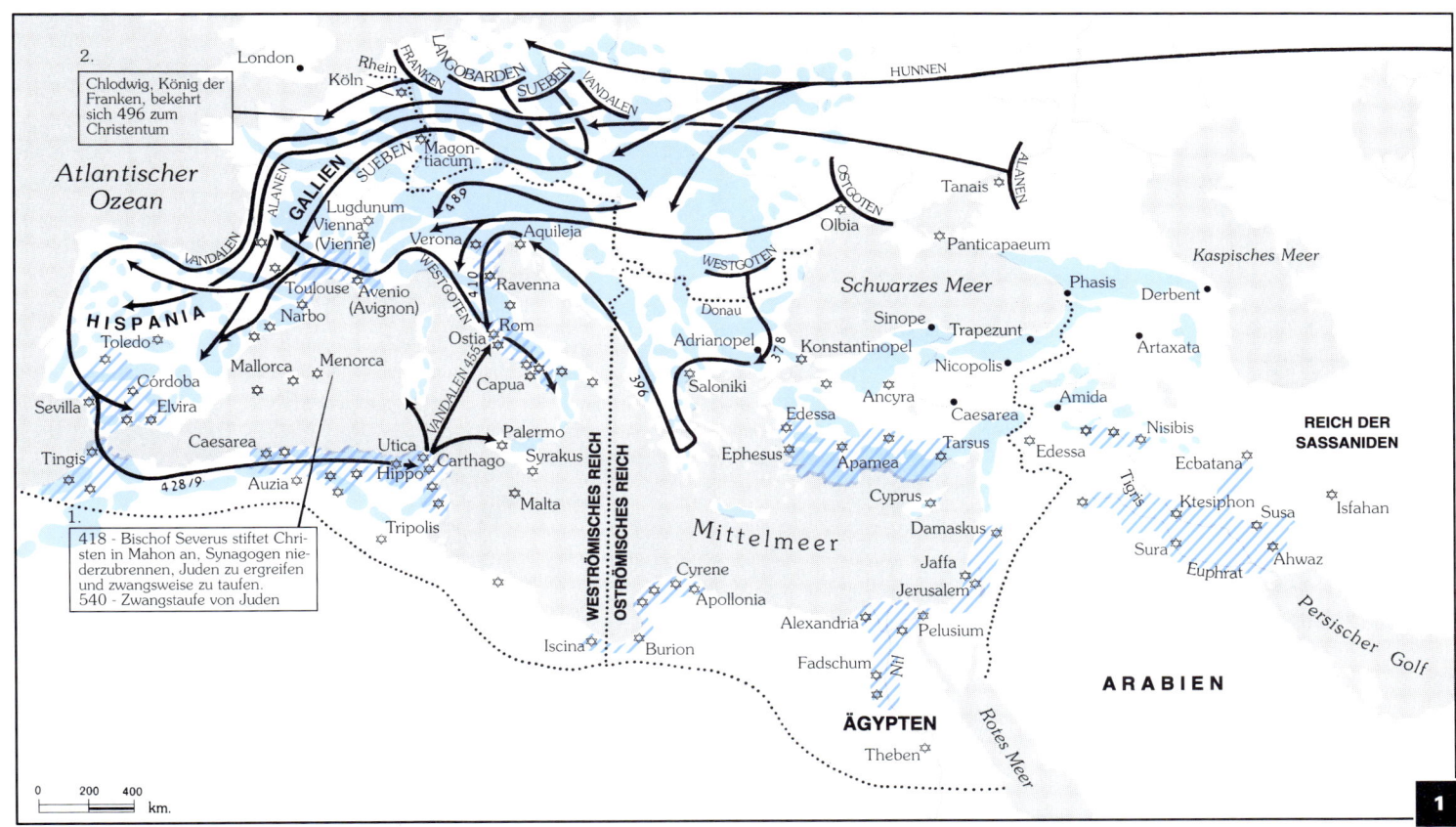

Ornamente auf einem jüdischen Grabstein aus den Katakomben in Rom

..... Grenzen des Römischen Reiches 395
⟵ Wanderwege fremder Völker
✡ Stadt mit jüdischer Siedlung
　 Aufgeforstetes Gebiet
　 Gebiet mit dichter jüdischer Besiedlung

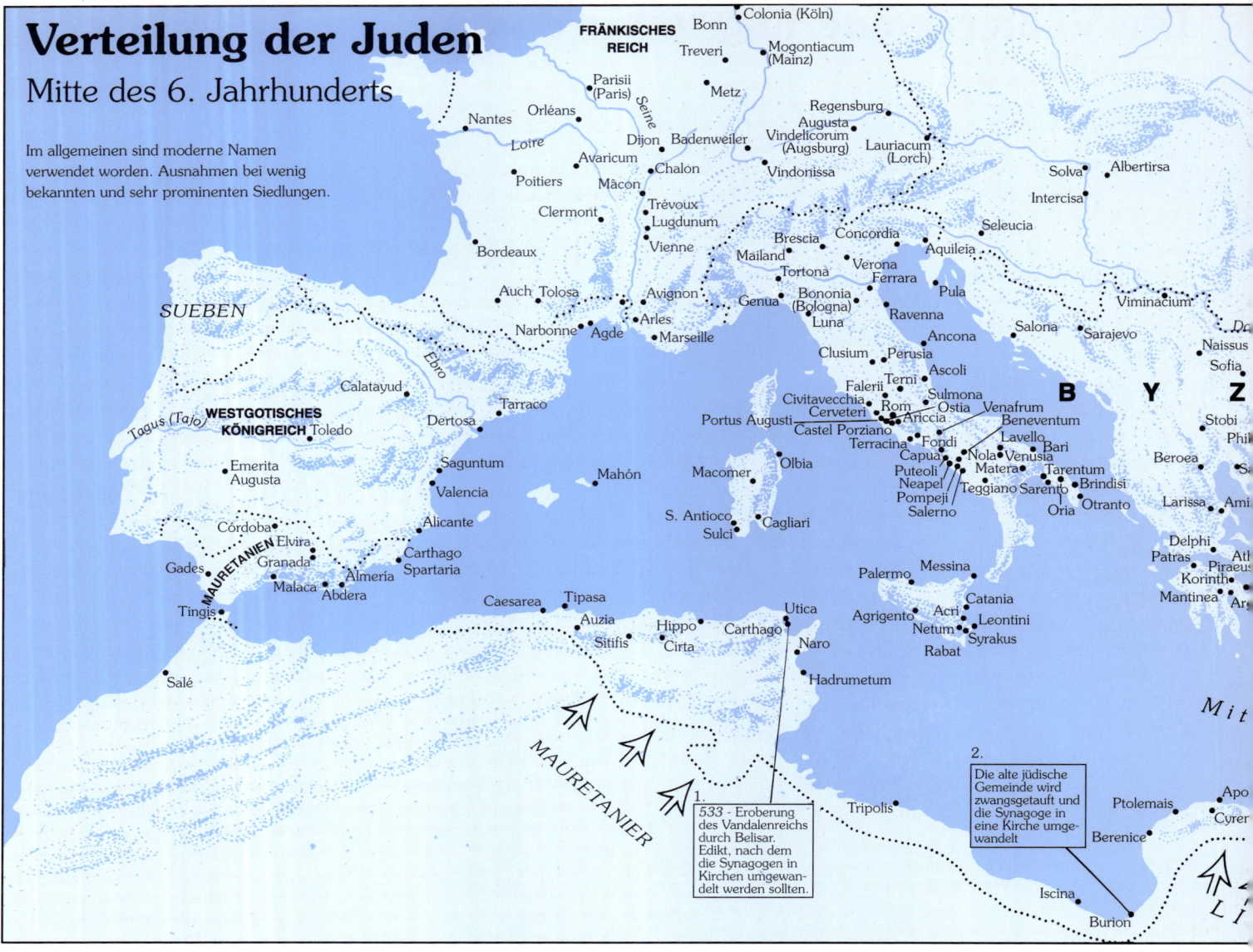

Verteilung der Juden
Mitte des 6. Jahrhunderts

Im allgemeinen sind moderne Namen verwendet worden. Ausnahmen bei wenig bekannten und sehr prominenten Siedlungen.

1. 533 - Eroberung des Vandalenreichs durch Belisar. Edikt, nach dem die Synagogen in Kirchen umgewandelt werden sollten.

2. Die alte jüdische Gemeinde wird zwangsgetauft und die Synagoge in eine Kirche umgewandelt.

Nur wenige Quellen berichten über diese Phase der jüdischen Diaspora. Aus den Beschlüssen der westlichen Synoden erfährt man einiges über das Leben in den jüdischen Gemeinwesen. So verbot eine Bestimmung des Konzils von Elvira (Südspanien) am Beginn des 4. Jahrhunderts den Juden, christliche Felder zu segnen, und den Christen, mit Juden gemeinsam zu essen. Diese Verbote dienten dazu, den sozialen Kontakt zwischen Christen und Juden zu verhindern.

Im 5. Jahrhundert beschäftigten sich die Konzilien zunehmend mit Fragen, die die Juden betrafen. Obwohl Rom damals bereits ein Zentrum der Christenheit war, stand der päpstliche Einfluß hinter den Konzilien noch zurück. Daher beschäftigten sich die Konzilien mit jüdischen Angelegenheiten.

Judenfeindliche Haltung dominierte auch auf den fränkischen Konzilien der Merowingerzeit, deren Bestimmungen auf eine Trennung der jüdischen von der christlichen Bevölkerung zielten. Diese bestimmten die Beziehungen der Merowingischen Könige zu den Juden. Merowingische Könige nahmen aber jüdische Flüchtlinge aus dem Westgotenreich auf.

Verfolgung und Ermordung waren das Schicksal der Juden in den von Byzanz eroberten Gebieten. Kaiser Justinian I. (527-565) beabsichtigte in seinen Novellae (Zusätze zum Corpus Iuris Civilis), die Lebensbedingungen der Juden zu verschlechtern und den Spielraum der jüdischen Bevölkerung im Römischen Reich einzuschränken. Eine Novelle verbot den Juden das öffentliche Lesen der Thora auf hebräisch, erlaubte die Lesungen aber auf griechisch. Dieses Verbot umgingen die Juden, indem sie eine synagogale Lyrik entwickelten, die in die Gebete integriert war und Hinweise auf Stellen des Pentateuch enthielt.

Mit dem Sieg Belisars, des Feldherrn Justinians, über das Vandalenreich in Nordafrika (533), verschlechterte sich die Situation der Juden in diesem Raum. Juden, Donatisten und Arianer wurde die Proselytenmacherei verboten. Weiters verschlechterte sich der Status der Juden mit dem Fall von Burion, der fünften Stadt der Pentapolis, die am südwestlichen Rand der Cyrenaica gelegen war. Die Juden dieses alten Munizipiums wurden zwangsbekehrt und ihre Synagoge wurde in eine Kirche umgewandelt.

Viele Juden flohen zu den freien Berberstämmen, die sie freundlich behandelten.

Die Landkarte der jüdischen Diaspora zeigt eine große Ausdehnung über die Grenzen des Römischen Reiches hinaus bis in das persische Sassanidenreich. Die Herrscher dieses Reiches waren im allgemeinen den Juden gegenüber tolerant: Sie gestatteten ihnen eigene Einrichtungen und Organisationsformen, die zu einer neuen politischen Begründung jüdischer Selbstverwaltung führten, vor allem durch das Amt des Exilarchen als weltliches Haupt des jüdischen Gemeinwesens.

Eine weit entfernte unabhängige jüdische Gemeinschaft hielt enge Kontakte mit den Juden im Heiligen Land aufrecht; einige ihrer Mitglieder hatten das Privileg, in Bet Sche'arim begraben zu werden.

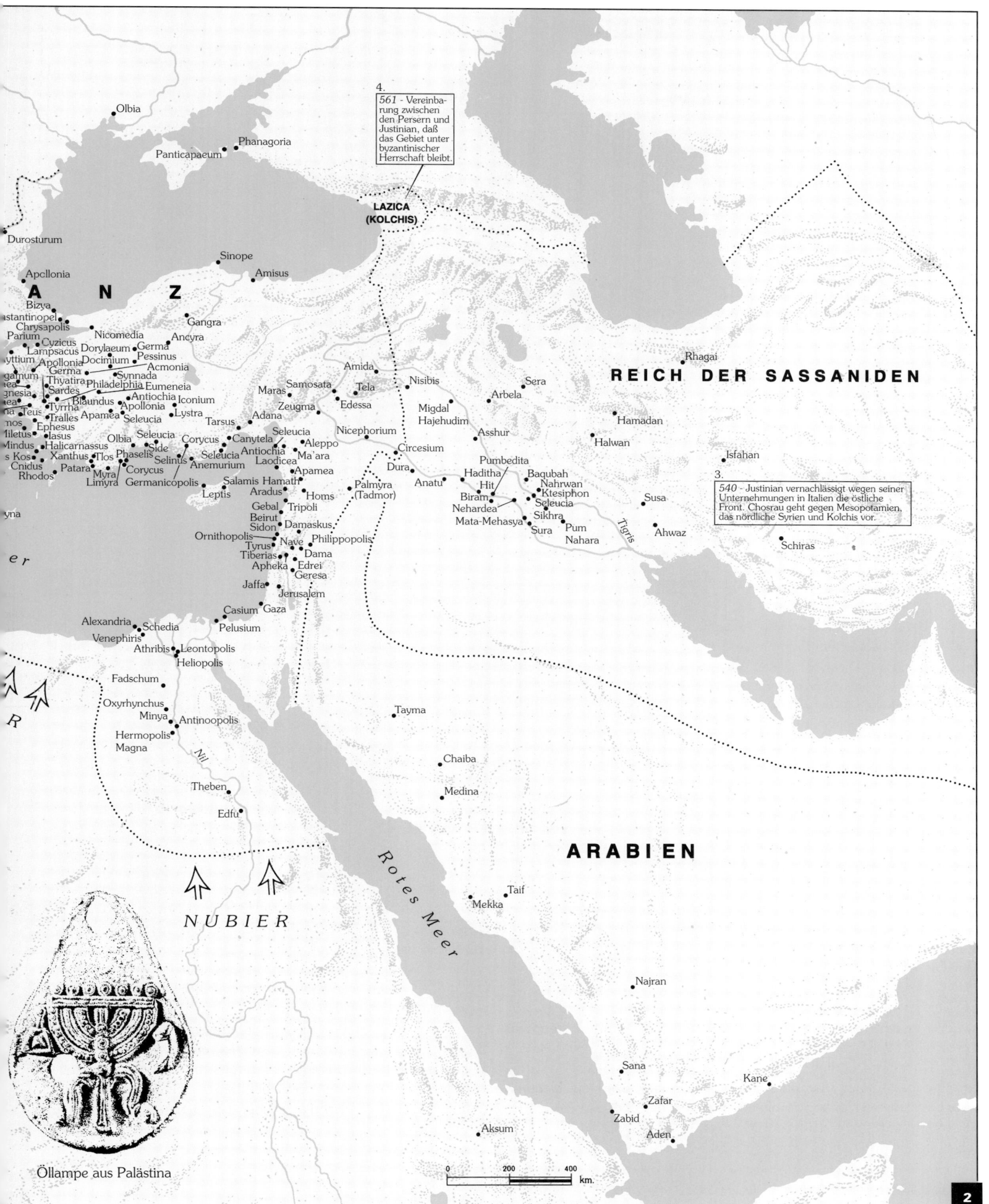

Synagogen in Palästina
2. bis 6. Jahrhundert

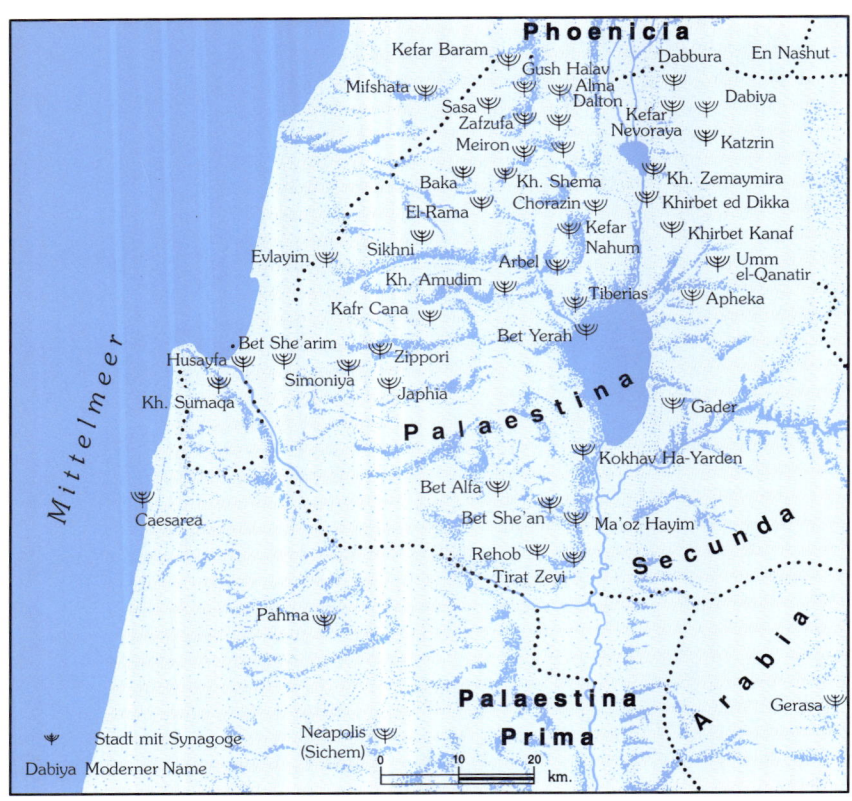

Die byzantinischen Herrscher trachteten, die jüdischen Gemeinwesen in Palästina und der Diaspora durch Abschaffung des Patriarchats zu beseitigen. Mit dem Tod Gamaliels VI. 426 fanden die Schikanen gegen das Patriarchat im wesentlichen ein Ende, setzten sich aber teilweise bis 429 fort. Trotz des Versuches, den Zusammenhalt der Juden in Palästina durch eine Dreiteilung des Landes zu schwächen – Palaestina Prima im Zentrum, Secunda im Norden und Tertia im Süden –, blieb das jüdische Gemeinwesen erhalten. Eine Aufstellung der Synagogen und deren Mosaike liefert das Bild einer jüdischen Gemeinschaft, die versuchte, sich im Rahmen der kaiserlichen Erlässe zu behaupten. Jerusalem war den Juden als Wohnort verboten, daher wurde Tiberias das wichtigste jüdische Zentrum dieser Zeit. Die in Samaria gelegene Gemeinschaft wurde nach den Aufständen 484, als Kaiser Zeno auf dem Berg Gerizim eine Kirche bauen ließ, und 529 während der Regierung Justinians I. furchtbar dezimiert.

Das Königreich Himjar und der Krieg gegen die Äthiopier
6. Jahrhundert

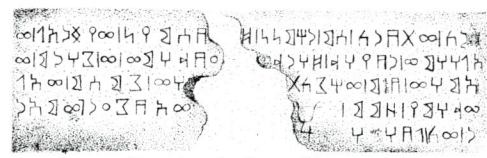

Eine Inschrift aus Himjar

Das Königreich Himjars und Himjars ben Saba werden die Herrschaft im Jemen gewinnen, nachdem die Stämme von Saba die Gegend verlassen haben. Und die Könige von Himjar nannte man Tuba zu der Zeit, als man jene von Ägypten Pharao nannte. Die Hauptstadt hieß Zafar und lag nahe der heutigen Stadt Sana. Der berühmteste Herrscher, Asad ibn Karb, wurde als erster Jude, als er von einem Feldzug gegen Persien zurückkehrte. Er war Schüler jüdischer Gelehrten in Medina, als er auf seinen Reisen dorthin kam. Viele seines Volkes wurden mit ihm Juden und das Land Himjar wurde jüdisch bis in Zeit des Josef Du Nuas. Ihn bekämpfte der König von Äthiopien, wegen seines Krieges gegen die Christen von Najran. Josef verfolgte sie, als er hörte, was die Christen den Juden in Najran angetan hatten. Denn das Christentum hatte sich in Najran im Herzen Arabiens verbreitet, als Himjar jüdisch war. Und die Äthiopier werden die Macht in Himjar und im Jemen ergreifen und die Gebiete werden für lange Zeit Äthiopiens Untertan. Und der äthiopische Statthalter in Sana wird in der Hauptstadt eine glanzvolle christliche Kirche bauen, um die Herzen der arabischen Einwohner für das Christentum zu gewinnen.

A. M. Habermann, Sefer Gzerot Ashkenaz ve-Tsarfat, Jerusalem 1946, S.29

Das jüdische Königreich Himjar in Südarabien war dem byzantinischen Reich, besonders während der Auseinandersetzung mit Persien, ein Stachel im Fleisch, da es an einer der wichtigsten Handelsstraßen lag. Die geopolitischen Ursachen für das Vorgehen gegen Himjar lagen in der strategischen Notwendigkeit, die südliche Route zum Persischen Golf zu kontrollieren. Dies erforderte einen sicheren Standort am Roten Meer und ein Bündnis mit Äthiopien, dem einzigen christlichen Staat in diesem Raum. Ferner erforderte der Handel einen offenen Seeweg nach Indien, um den römischen Kaufleuten die Transporte von Gewürzen und anderen Gütern von Indien und Arabien zu ermöglichen. Das jüdische Königreich hinderte aber die freie Durchfahrt der byzantinischen Kaufleute als Vergeltung für die Judenverfolgungen im oströmischen Reich. Der letzte Homeridenkönig, Du Nuas, war in dieser Angelegenheit besonders aktiv. Persien war ein desinteressierter Verbündeter, der keine bedeutende Hilfe gewährte, da es die politischen und strategischen Zwänge Himjars gegenüber Byzanz nicht im gleichen Maße fühlte. Dieses war von der christlichen Kaufmannsgemeinde in Najran und von den Äthiopiern bedroht. Die Äthiopier versuchten trotz ihrer Allianz mit Byzanz, einen Krieg zwischen dem Kaiserreich und Himjar zu verhindern, da sie die Kontrolle über die Handelswege vom Roten Meer nach Indien verloren hatten und eine Verhandlungslösung mit Himjar anstrebten. Das Königreich Himjar war ferner durch innere Streitigkeiten paralysiert. König Du Nuas wurde besiegt und fiel in einer Schlacht im Jahre 525. Die Äthiopier vernichteten nun die jüdischen Gemeinwesen und vertrieben die restliche Bevölkerung in die Städte und auf die Berge der arabischen Halbinsel; viele flohen nach Taif. Die jüdische Gemeinde in Najran wurde ausgelöscht.

Ausschnitt des Bodenmosaiks der Bet-Alpha-Synagoge mit Tierkreiszeichen

Die Auseinandersetzung zwischen Persien und Byzanz
609-629

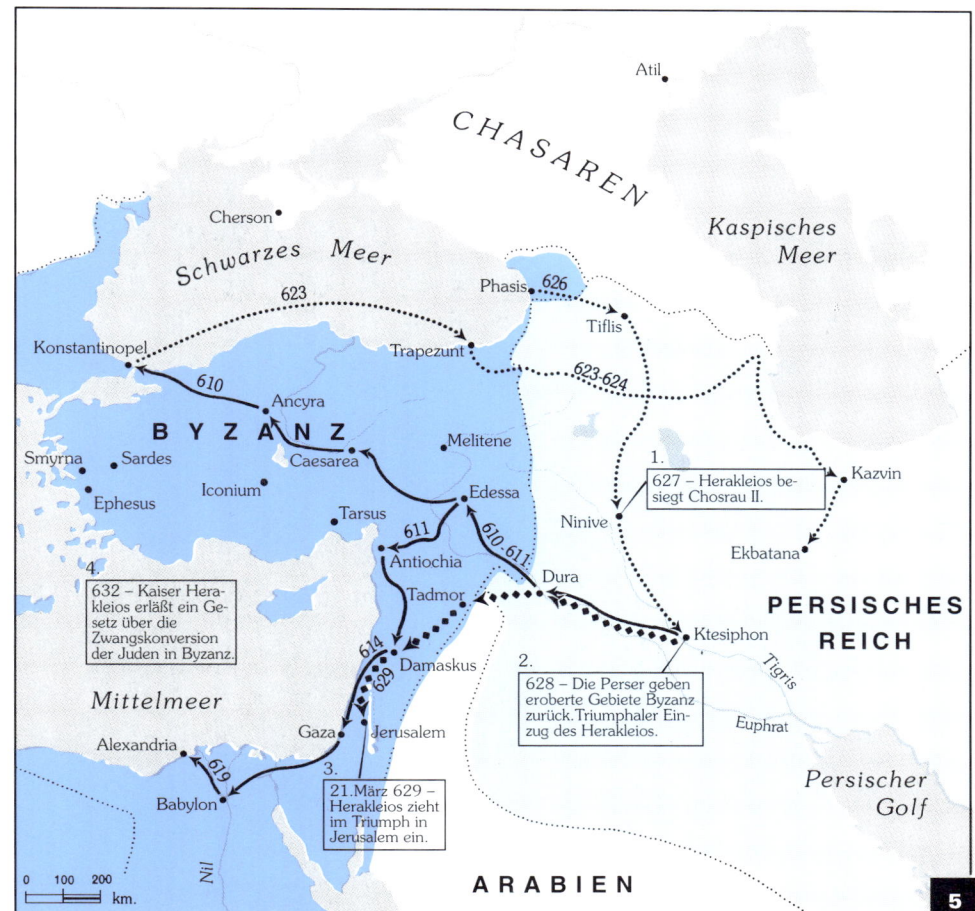

Die persische Eroberung von Palästina
614-618

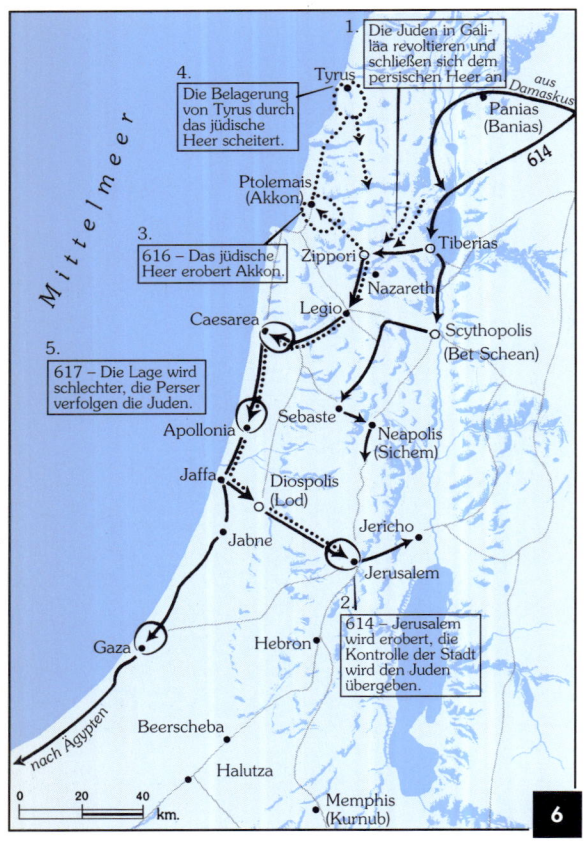

Das persische Heer begann 606 in Syrien, Palästina und Phönizien einzudringen. In Palästina waren die Voraussetzungen für eine persisch-jüdische Kooperation günstig, da das große jüdische Gemeinwesen ein potentielles Gegengewicht gegen die christliche Bevölkerung und die byzantinische Herrschaft bildete. Die meisten Juden lebten in Galiläa. Von dort aus konnte man die wichtigste Straße von Damaskus nach Palästina kontrollieren. Auch in Jerusalem lebten so viele Juden, daß der kaiserliche Stellvertreter in der Stadt sie zwangstaufen wollte. Die Eroberung Antiochiens durch die Perser unterbrach die Straße von Konstantinopel nach Palästina. Jerusalem wurde 614 eingenommen, und 619 eroberten die Perser Ägypten. Während dieser Feldzüge betrachteten die Juden und Samaritaner die Perser als Befreier und übergaben ihnen sogar kampflos Städte. Die Juden verstanden die persische Eroberung als die Ankunft des messianischen Erlösungszeitalters. Diese Vorstellung fand ihren Niederschlag sowohl in der eschatologischen Literatur der Zeit als auch in einer wachsenden Zahl messianischer Bewegungen.

Die Euphorie über die persische Eroberung in den jüdischen Gemeinden währte nur kurz; die Perser erfüllten nicht die Hoffnungen der Juden, sondern begünstigten bald die christlichen Gemeinden und verfolgten die jüdischen. Bei Ninive (627) besiegten die Byzantiner die Perser und eroberten Ktesiphon 628. Mit dem Tod Chosraus 628 wurde der Weg zur Rückeroberung Jerusalems schließlich frei (629). Die Tage der byzantinischen Herrschaft waren aber gezählt. Der islamische Eroberer stand bereits vor den Toren.

○ Stadt, die den Persern ihre Tore öffnete
← Persisches Heer
⟵···· Jüdisches Heer
⟸···· Verbündete persische und jüdische Armee

Die Juden auf der arabischen Halbinsel
Beginn des 7. Jahrhunderts

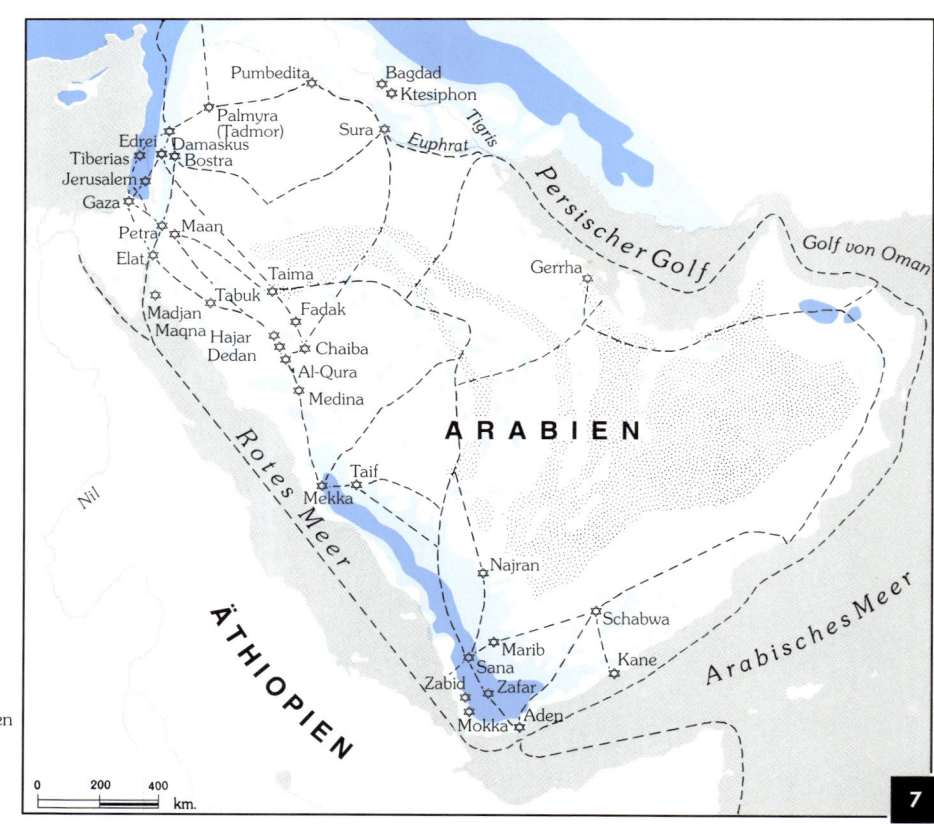

- - - Handelswege
✡ Siedlung mit jüdischem Gemeinwesen
▨ Regengebiet
☐ Oasen
▦ Sandwüste

Auseinandersetzungen Mohammeds mit den Juden
623-629

Wir wissen sehr wenig über die Anfänge der jüdischen Besiedlung auf der arabischen Halbinsel. Allem Anschein nach siedelten sie in den ersten Jahrhunderten christlicher Zeitrechnung in Oasen und städtischen Zentren. Sie beschäftigten sich mit Landwirtschaft und Handel und waren nach Sippen oder, wie einige Wissenschafter meinen, in stammesartigen Verbänden organisiert. Als Bauern pflanzten sie vor allem Dattelpalmen, in der Wirtschaft entwickelten sie das Kreditwesen, die Handwerker arbeiteten als Huf,- Gold- und Silberschmiede, aber auch in der Waffenproduktion. Manche Familien wurden nach ihrer Tätigkeit benannt. Mohammed soll bei Juden auf Kredit Waren gekauft haben.

In Medina lebte eine Anzahl jüdischer Sippen; die größten waren die Banu Nadir, Qurayza, Quaynuqa und solche, die behaupteten, priesterlicher (aronischer) Abkunft zu sein, die Kahinan. Sie verfügten über eine größere Zahl an festen Plätzen als die Araber. Die Chaibas siedelten etwa 100 km nördlich des Gebietes von Medina, und möglicherweise war ihre Siedlung größer als Medina. Trotz des Auf und Ab ihrer politischen Situation spielte die Gemeinde von Chaiba eine wichtige Rolle in der Geschichte des jüdischen Volkes. Die jüdischen Siedlungen im Wadi al-Qura, in Fadak und in Taima dienten nach dem Tod von Du Nuas als Zufluchtsorte für die Flüchtlinge aus Südarabien. Juden ließen sich in der Nähe von Beduinenstämmen und den Nadirs nieder, die seßhafte Bauern waren. Trotz des Einflusses dieser beiden Gruppen hielten die Juden an ihren Lebensformen fest.

Mohammed hatte gehofft, diese Siedler zu bekehren, als er aber feststellte, daß er dabei keinen Erfolg haben würde, plante er gegen sie einen Vernichtungskrieg.

Die Beziehungen zwischen Mohammed und den Juden verschlechterten sich, besonders nach seinem Sieg gegen Abu Jahl von Mekka im zweiten Jahr der Hedschra. Nun wandte er sich gegen seine Feinde in Medina, belagerte die Wehranlage der Qaynuqa-

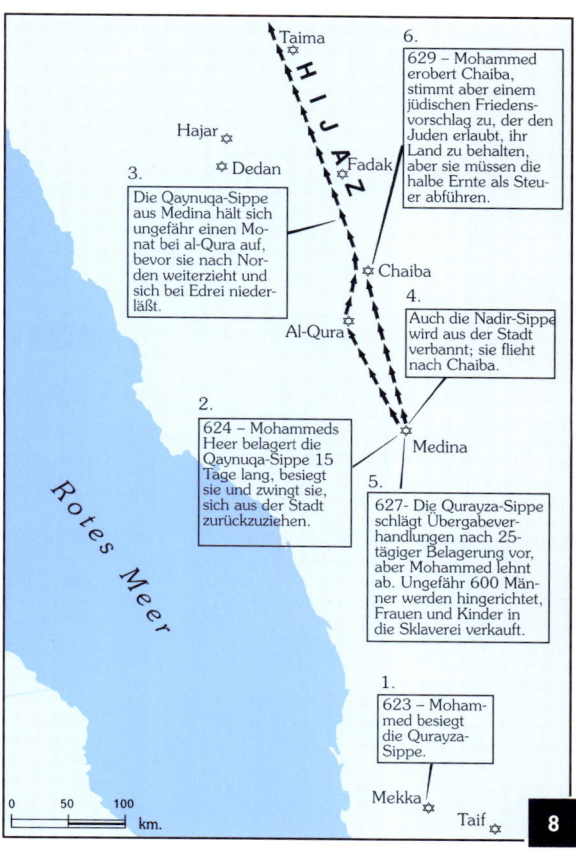

Sippe und vertrieb sie ins Exil. Sie wanderten über Wadi al-Qura nach Transjordanien und siedelten sich in Edrei an. Arabische Quellen beziffern die Größe der Sippe ohne Frauen und Kinder mit 750. Auch die Qurayza mußten sich Mohammed auf Gedeih und Verderb ausliefern.

Anders war das Schicksal der jüdischen Sippen in Chaiba. Sie trachteten, einige Beduinenstämme im Süden als Verbündete zu gewinnen, doch Mohammed zog diese erfolgreich auf seine Seite. Im Jahre 629 baten die Juden Mohammed nach einer Belagerung um Frieden. Dieser, offenbar kriegsmüde, erlaubte ihnen unter der Bedingung, eine jährliche Steuer zu bezahlen (die Hälfte der Dattelernte), auf ihren Besitzungen zu bleiben. Dieser Unterwerfungsvertrag und andere sollte für die Verträge mit den Nichtmuslimen zum Vorbild werden, besonders in der Zeit Omars.

Die Stadt Medina

Jüdische Sippe BANU ANI

Nun kam es auch zu Veränderungen für die jüdischen Sippen im Süden der arabischen Halbinsel und in den Oasen. Diese Phase des Krieges ist in einem Vertrag dokumentiert, in dem Mohammed der Familie des Samuel b. Adaja bestimmte Zusagen machte, die sich ihrerseits zur Zahlung einer Kopfsteuer und zur jährlichen Lieferung einer bestimmten Menge von Lebensmitteln verpflichtete. Mohammed änderte nun seine Politik. Er bestimmte, daß man Christen und Juden nicht zur Annahme des neuen Glaubens zwingen sollte, sondern ihnen bloß eine Kopfsteuer (jizya) und eine Grundsteuer (karga oder kharaj) auferlegen sollte. Die Mehrheit der Juden befand sich zu dieser Zeit im Jemen. Solche aber aus dem Norden, die sich mit ihren Brüdern im Süden verbanden, erneuerten die Kontakte mit den babylonischen Geonim und in der Folge mit den weltlichen und religiösen Autoritäten in Ägypten. Andere Juden gingen nach Palästina, nachdem es von den islamischen Streitern erobert worden war.

Nach Mohammeds Tod 632 setzten seine Nachfolger die Eroberungen fort. Die Kenntnis der Landkarte in dieser Zeit ist der Schlüssel zum Verständnis des Judentums, das von nun an zwischen den Weltmächten Islam und Christentum im Schwebezustand war.

Arabische Eroberungen und der Aufstieg des Islam
622-721

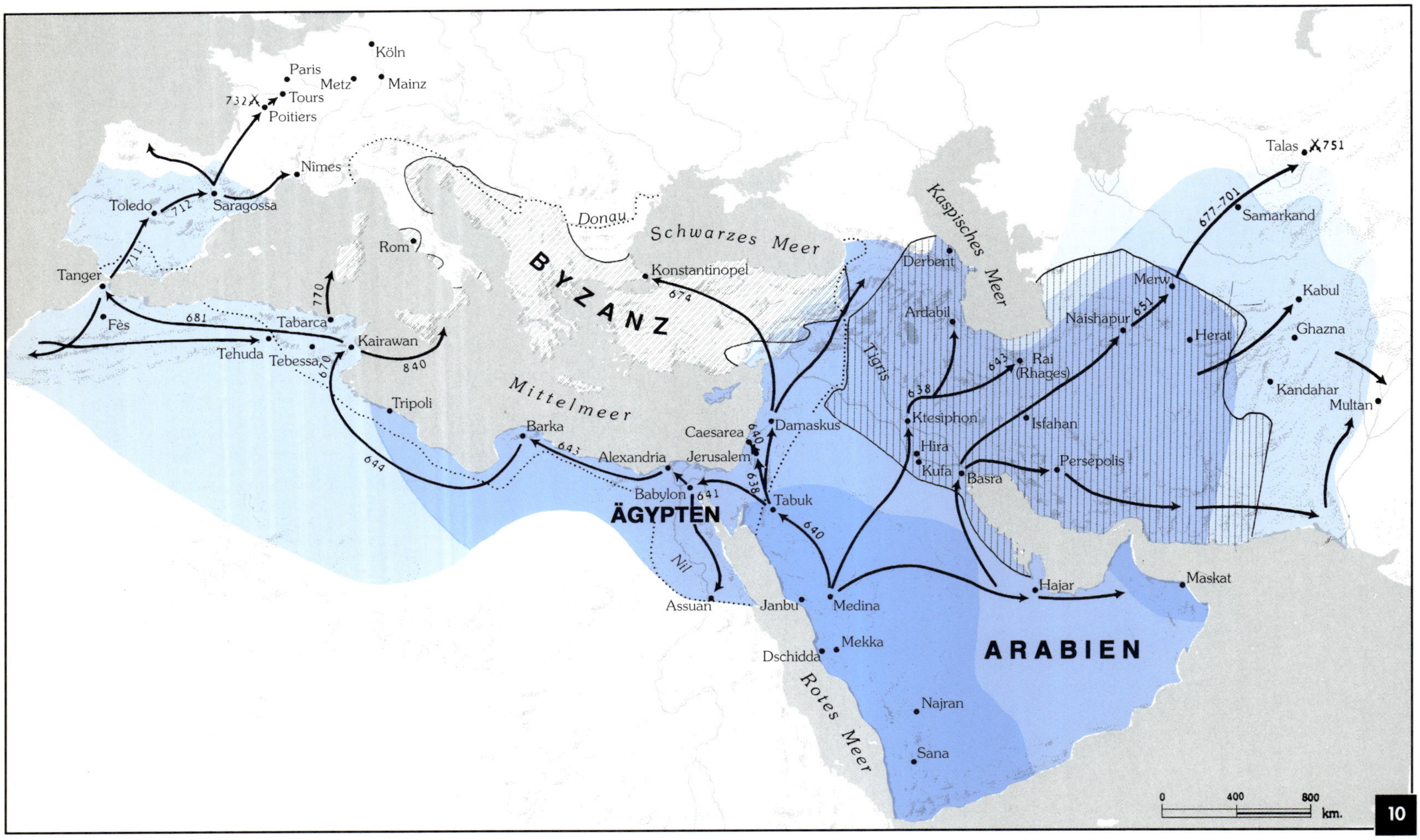

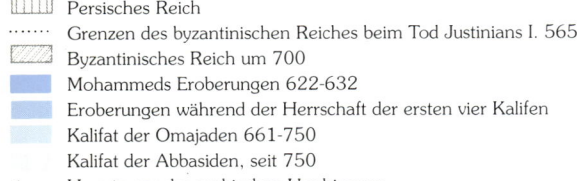

- ||||| Persisches Reich
- ⋯⋯ Grenzen des byzantinischen Reiches beim Tod Justinians I. 565
- ▨ Byzantinisches Reich um 700
- ▇ Mohammeds Eroberungen 622-632
- ▇ Eroberungen während der Herrschaft der ersten vier Kalifen
- ▇ Kalifat der Omajaden 661-750
- ▇ Kalifat der Abbasiden, seit 750
- ← Hauptwege des arabischen Vordringens

Der Islam beherrschte weiterhin die arabische Halbinsel, und man eroberte Damaskus, Babylonien und Persien. Die Araber griffen Palästina an, erreichten schon im Februar 634 die „Tore" von Gaza und besiegten 636 die byzantinische Armee. Das noch von den Byzantinern gehaltene Jerusalem wurde 637 belagert und ergab sich im März/April dem Kalifen Omar. 640 wurde Caesarea, die letzte byzantinische Bastion in Palästina, eingenommen. Die islamischen Heere setzten ihre Züge durch Ägypten und Nordafrika fort, überschritten 711 die Meerenge zwischen Afrika und Europa und drangen auf die Iberische Halbinsel vor, die sie schließlich eroberten. Sie überquerten die Pyrenäen, wurden aber in einer Schlacht in der Nähe von Tours besiegt. Damit kam ihr Vordringen zum Stillstand.

Die Juden gehörten als anerkannte Religionsgemeinschaft zur Klasse der *dimmis*, den ganz besonders geschützten Leuten. Der Umgang mit ihnen war deshalb durch Mohammeds Gesetze und die Gewohnheiten der Zeit geregelt. Andrerseits unterlagen diese Beziehungen den Einflüssen der politischen und sozialen Entwicklungen des jeweiligen Kalifats.

Im allgemeinen lebten die Juden in besonderen Straßen, doch in diesem einen Punkt unterschieden sie sich nicht von Andersgläubigen. In der arabischen Stadt Fes bewohnten die Muslime von Kairawan eine Straße, jene von Andalusien eine andere, und jede Gemeinschaft hatte ihre eigene Moschee. Das jüdische Viertel befand sich im Norden der Stadt. Die Juden waren aber durch kein moslemisches Gesetz verpflichtet, in einem besonderen Stadtteil zu wohnen. Hätte eine solche Gesetzgebung existiert, hätten sich die Muslime als zahlenmäßige Minderheit selbst in eigenen Wohnvierteln ausgegrenzt. Jedoch legten die Muslime fest, daß in ihren eigenen Wohnvierteln Kirchen und Synagogen nicht höher als die Moscheen sein durften, und sorgten dafür, daß ihre Häuser nicht niedriger als die ihrer Nachbarn gebaut wurden. Trennung gab es im Falle der Badehäuser, und in vielen Städten wurden daher eigene jüdische Bäder errichtet (z. B. in Gerona und Granada). Für sexuelle Kontakte zwischen Mitgliedern verschiedener Kommunitäten wurden schwere Strafen verhängt, und Mischehen waren streng verboten, außer der nichtmoslemische Teil bekehrte sich zum Islam. Muslimen war es verboten, einen Nichtgläubigen als Erben einzusetzen. Im allgemeinen verloren Kinder aus der Klasse der *dimmis* bei Konversion zum Islam ihr Erbrecht. Der Vater einer konvertierten Tochter war nicht berechtigt, sie zu verheiraten und ihren *mohar* (Brautpreis) zu erhalten. Die übergeordnete Stellung des Islam über die anderen Religionen drückte sich auch in der Art und Farbe der Kleidung aus. Im Laufe der Generationen fügten die Muslime diesen Bestimmungen eine wachsende Zahl von Verboten und Beschränkungen hinzu.

Westgotisches Spanien

7. Jahrhundert

Im westgotischen Spanien begann die Verfolgung der Juden mit dem Übertritt der Westgoten zum katholischen Christentum unter König Rekkared (586). Von da an wurde eine große Zahl antijüdischer Bestimmungen auf den westgotischen Konzilien erlassen, die der Beseitigung der jüdischen Gemeinschaften dienen sollten.

König Sisebut erließ, gestützt auf die Konzile, 612 strenge antijüdische Verordnungen. Die jüdische Bevölkerung wurde zur Konversion gezwungen, und sogar als Konvertierte mußten sie viele Beschränkungen hinnehmen. Das während der Regierungszeit König Sisenands 633 abgehaltene Konzil war gegenüber den Juden besonders streng, und seine Bestimmungen fanden in das westgotische Stammesrecht Aufnahme. Neun grundsätzliche Bestimmungen (Artikel 57-65) schufen ein rechtliches System gegen Juden und Kryptojuden. Artikel 65 verbot den Juden, öffentliche Ämter innezuhaben und Jurisdiktion über Christen auszuüben. Dieses Gesetz diente im 15. Jahrhundert dazu, die Juden und Konversen (oft auch als „Neuchristen" bezeichnet) von öffentlichen Ämtern auszuschließen und eine antijüdische Propaganda zu betreiben.

Die Westgoten, die 412 Spanien eroberten und für drei Jahrhunderte ihre Herrschaft errichteten, bildeten als Eroberer die Führungsschicht und versuchten dem Land die Gesetze einer militärisch bestimmten Gesellschaft und der Kirche aufzuzwingen. Sie vermochten sich nicht in die romano-iberische Gesellschaft zu integrieren und lehnten die jüdische Minderheit ab. Innere Probleme verursachten den Zusammenbruch ihrer Herrschaft zu Beginn des 8. Jahrhunderts.

Die Juden in Italien zur Zeit Papst Gregors I. (des Großen)
590-604

1. 591 – Der Bischof vertreibt die Juden aus der Synagoge, weil ihre Gebete die Christen stören. Papst Gregor I. befiehlt eine Untersuchung; wenn sich die Anschuldigung als richtig erweist, sollen die Juden einen neuen Platz für die Synagoge erhalten.

2. 598 – Der Bischof beschlagnahmt die Synagoge und die Schulen, wandelt sie in Kirchen um. Papst Gregor rügt den Bischof und befielt ihm Ersatz zu leisten.

3. Papst Gregor befiehlt die Bestrafung christlicher Fanatiker, die jüdische Gläubige belästigten.

4. Papst Gregor rügt einen Apostaten für die Schändung einer Synagoge und befiehlt die Entfernung eines dort angebrachten Kreuzes.

5. Obwohl Papst Gregor gegen die Zwangstaufe eintrat, veranlaßte er, daß einer Gruppe von Juden, die sich taufen lassen wollten, finanzielle Hilfe erhalten sollten und sofort getauft würden, bevor sie ihre Meinung änderten.

Gebiet unter langobardischer Herrschaft
Gebiet unter byzantinischer Herrschaft

Papst Gregor I. (der Große)

Trotz der wenigen Informationen über die Juden in Italien im 6. und 7. Jahrhundert weisen einige Quellen auf eine nicht unbedeutende Zahl jüdischer Siedlungen in italienischen Städten hin. Die unabhängige Gerichtsbarkeit der Juden in Italien geht aus einem Gesetz Theoderichs des Großen (nach 512) hervor; dies im Gegensatz zur byzantinischen Politik, die in den jüdischen Gerichten nur schiedsrichterliche Einrichtungen sah. Die Juden in Genua durften ihre Synagoge erneuern, und es war verboten, sie in Glaubensangelegenheiten Zwängen auszusetzen.

Die Bischöfe von Rom verfügten bereits über ansehnlichen Einfluß in der christlichen Welt, doch nur während der Herrschaft Gregors I. (590-604) bezog der Papst öffentlich gegenüber den Juden Stellung. Gregors Politik gegenüber den Juden war dadurch gekennzeichnet, religiösen Druck und wirtschaftlich bedingte Verfolgungen zu verhindern. Er erlaubte zwar den Juden, heidnische Sklaven zu besitzen, verbot aber deren Besitz, wenn sie zum Christentum konvertierten, und besonders den Handel mit christlichen Sklaven. Konvertierte Sklaven, die auf Latifundien in jüdischem Besitz arbeiteten und Colonen wurden (594), waren verpflichtet, eine jährliche Rente zu bezahlen, und durften ihrem jüdischen Grundherrn keine persönlichen Dienste leisten. Gregor unterstützte auch die Judenverfolgungen im westgotischen Spanien.

Die dichteste jüdische Besiedlung gab es allem Anschein nach im damals byzantinischen Sizilien.

In Rom befand sich die älteste organisierte jüdische Gemeinde. Die Gemeindeführung hatte ihren frühesten Ursprung in der Institution des Archisynagogus (Vorsteher der Synagoge), der von den Ältesten der Gemeinde unterstützt wurde. Die Juden in Rom galten wie die Griechen, Franken, Sachsen oder Friesen als *schola perigrinorum* (als Fremde) und wurden als Teilnehmer bei der Kaiserkrönung in Rom erwähnt. Rom war einer der Schauplätze der Disputationen zwischen Juden und Christen in Glaubensangelegenheiten.

> Und König Karl schickte eine Gesandtschaft an den König von Babylon und bat ihn, ihm jüdische Abkömmlinge aus dem Hause Davids zu senden. Und er stimmte zu und sandte ihm einen gelehrten und bedeutenden Mann, R. Machir, der sich in Narbonne niederließ ... und er erhielt einen großen Landbesitz in der Zeit, als die Stadt von den Israeliten erobert wurde ... Und als die Stadt erobert war, teilte sie der König in drei Gebiete: Eines übergab er Eimerich, dem Statthalter der Stadt, das zweite erhielt der Bischof der Stadt, und das letzte übergab er R. Machir; dieser wurde reich, und der König garantierte ihm Freizügigkeit und erließ mit Urkunden günstige Gesetze für die Juden, die auch seine Nachfolger anerkannten. Jene, die versuchten sie zu verfolgen, wurden beim König verklagt, der Vergeltungsmaßnahmen anordnete. Und so wurde die Ordnung rasch wieder hergestellt. Narbonne gehört zum Frankenreich. Und seine (R. Machirs) Nachkommen waren in ihrer Zeit Vorsteher verschiedener Gemeinden in der Diaspora.

R. Abraham Ibn Daud, The Book of Tradition I, ed. A. Neubauer, Oxford 1888. Addition to Manuscript, S.82

Das Reich Karls des Großen

Grabstein in Auch (Elimberris)

Der Name Karls des Großen (768-814) ist mit einer großen Zahl jüdischer und christlicher Legenden verbunden. Eine davon betrifft seine wichtige Rolle bei der Ansiedlung der Juden in Narbonne und Mainz; damit verbindet sich insbesondere die Überlieferung, daß er die Übertragung des Thorastudiums von Bagdad nach Narbonne gefördert hatte.

Karl der Große war der erste westliche Herrscher, der eine Handelsgesandtschaft an den Kalifen Harun al-Raschid schickte. Durch diese Gesandtschaft wurde der Handel zwischen dem christlichen Europa und den islamischen Gebieten erneuert und wiederbelebt. Ein Jude namens Jizchak war Mitglied der Delegation, und er war der einzige, der von diesem Unternehmen gesund zurückkam.

Die Beziehungen Karls zu den Juden und der von ihm gewährte Schutz fand in den Kapitularien Niederschlag. Es ist denkbar, daß die Grundmuster für Judenprivilegien schon in seiner Regierungszeit entstanden. Drei solcher Privilegien existieren noch aus der Karolingerzeit und zwar aus der Regierungszeit Ludwigs des Frommen (814-840): Das erste wurde R. Domatus gewährt, das zweite einigen Juden aus Lyon – David, Josef und ihren Glaubensgenossen, das dritte Abraham von Saragossa. Die drei Urkunden enthalten eine Fülle von Informationen zur Geschichte der Juden in Europa, insbesondere im karolingischen Frankenreich. Sie stammen wahrscheinlich aus dem Jahre 825; der Kaiser nahm die Juden in seinen Schutz und gab ihnen bestimmte Rechte. Die einzelnen Bestimmungen beschäftigen sich mit verschiedenen Fragen und Problemen: so zum Beispiel mit der Befreiung von bestimmten Steuern, die sonst allgemein eingehoben wurden. Aus den Urkunden erhalten wir Kenntnis von der Tätigkeit der Juden im Sklavenhandel, der damals zwischen Böhmen und dem muslimischen Spanien Bedeutung hatte. Wie wichtig es war, die rechtlichen Beziehungen zwischen Juden und Christen zu regeln, kann man an der Häufigkeit solcher Prozesse, über die in den Quellen berichtet wird, ablesen. Mit Recht meint man, daß die Karolinger das Amt des *magister Iudeorum* einrichteten; er war ein vom Kaiser ernannter Amtsträger, der die Aufsicht in Angelegenheiten führte, die Juden betrafen. Das Amt und seine Obliegenheiten waren geeignet, den Ärger der Kirche im Frankenreich herauszufordern, aber ebenso, um an anderen Orten Nachahmung zu finden.

Die Beziehungen zum Herrscher waren von größter Bedeutung, da das Recht zur Ansiedlung der Juden im Frankenreich, ebenso wie in jedem anderen Reich, von seiner Zustimmung abhing. Im Frankenreich kam es zu einer grundsätzlichen Veränderung der Rechtsstellung der Juden, indem man die Gesetze Theodosius' II. teilweise zurückdrängte. Die Grundlage jüdischer Existenz war die direkte Beziehung zum Herrscher und die Schutzgewährung gegen eine feste jährliche Abgabe.

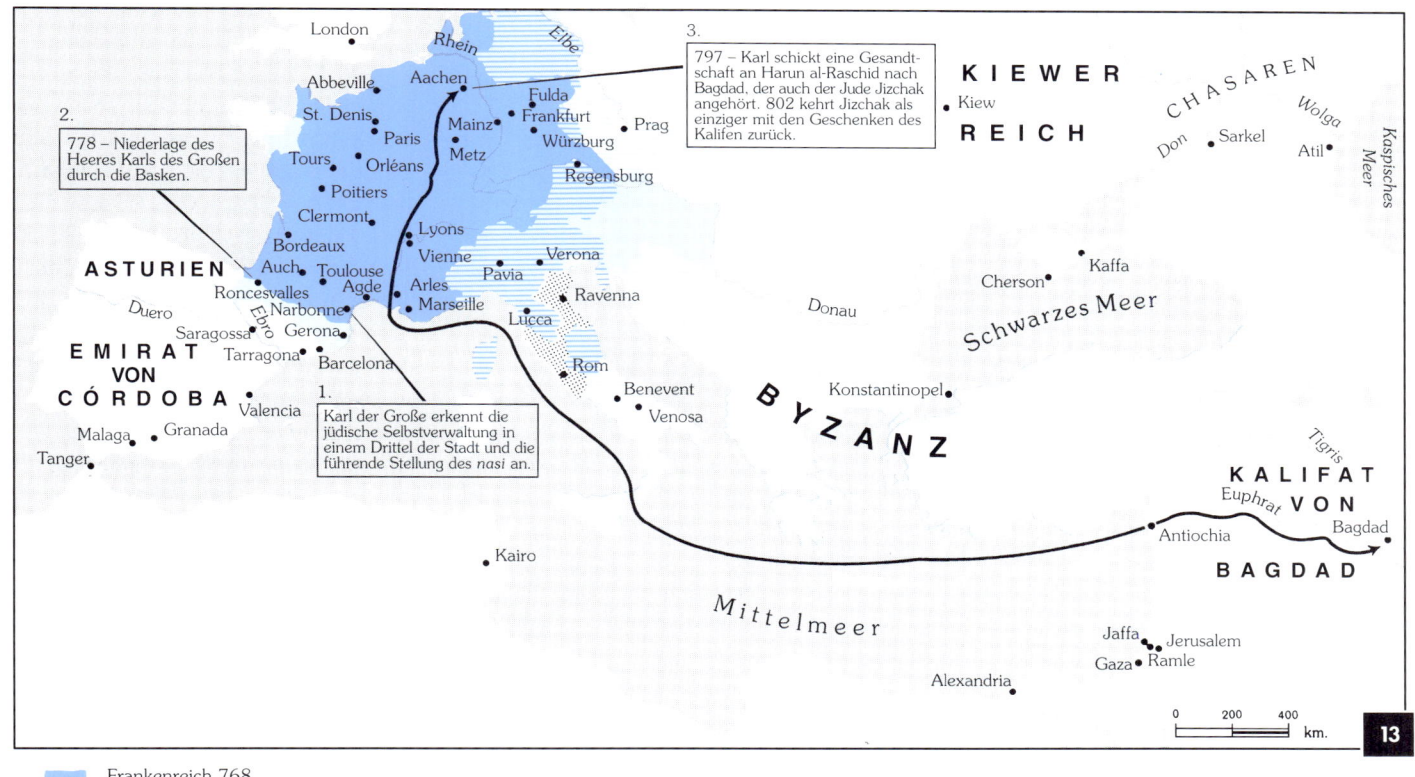

- Frankenreich 768
- Die Eroberungen Karls des Großen
- Marken
- Gentile Verbände unter fränkischem Einfluß

Das Karolingerreich nach dem Vertrag von Verdun
843

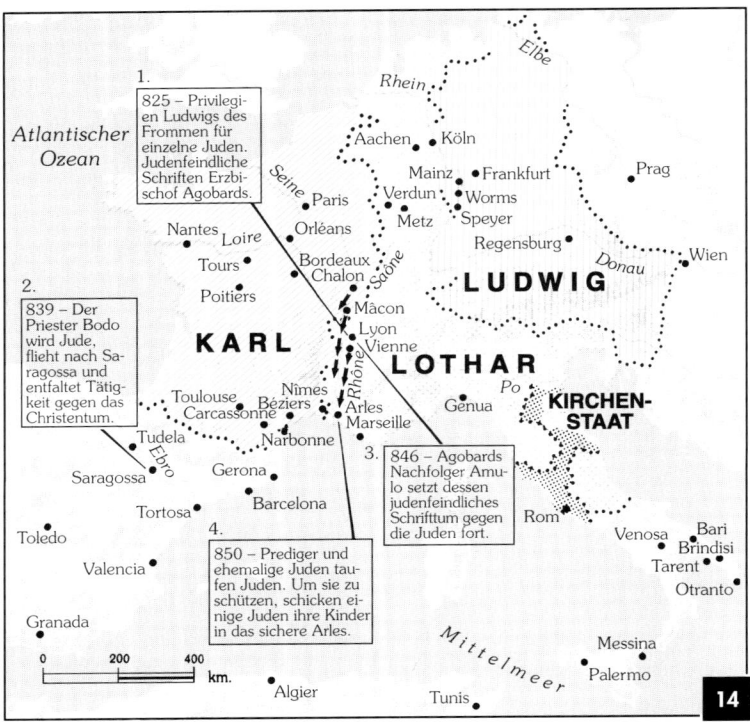

..... Grenzen der Teilreiche nach dem Vertrag von Verdun 843

Die Teilungen des Frankenreiches veränderten den Status der Juden in den einzelnen Teilreichen kaum. Allerdings signalisierten die antijüdischen Beschuldigungen und Schriften des Erbischofs Agobard von Lyon (814-846) und seines Schülers Amulo (Erzbischof von Lyon seit 841) einen gewissen Wandel in der Haltung gegenüber den Juden. Schriften aus der zweiten Hälfte des 9. Jahrhunderts zeigen, daß manche Geistliche in ihren Predigten für die Zwangstaufe der Juden eintraten. Die Juden wehrten sich dagegen entschieden und schickten als Vorsichtmaßnahme ihre Kinder nach Arles, wo sie ein höheres Maß an Schutz genossen. Im 11. und 12. Jahrhundert lebten die Juden meist unter der Herrschaft bischöflicher Stadtherren; manchmal auch unter weltlichen Territorialherren. In Narbonne zahlten die Juden sowohl dem Bischof als auch dem Territorialfürsten Steuern.

In Toulouse in Südfrankreich war es üblich, den Vorsteher der Juden am Karfreitag öffentlich zu ohrfeigen. Im 12. Jahrhundert wurde diese Demütigung durch eine Zahlung an die Geistlichkeit ersetzt. In der Stadt Béziers durften die Christen das jüdische Viertel zu Ostern mit Steinen bewerfen. 1160 konnten sich die Juden durch eine einmalige Zahlung und eine jährliche Steuer an den Bischof von dieser Bedrängung befreien. Das Hauptargument gegen die Juden war die Verdächtigung, daß die mit den eindringenden Normannen gemeinsame Sache machten.

Die Chasaren und der Druck der christlichen Länder
8. bis 12. Jahrhundert

Die Konversion der Chasaren zum Judentum wird in einer Reihe von Quellen beschrieben. Der arabische Historiograph und Reisende Masudi erzählt in seinem Buch „Die Wiesen des Goldes und die Minen der Gemmen" (943-947) von dem Chasarenkönig, der während der Regierungszeit Harun al-Raschids konvertierte (786-809); weiters von Muslimen, Christen und Juden, die in der chasarischen Stadt Atil lebten; dann von jüdischen Siedlern, Flüchtlingen aus islamischen Ländern und Griechen, die sich nach der Verfolgung durch den byzantinischen Kaiser Romanos I. Lekapenos (919-944) im chasarischen Königreich angesiedelt hatten. Andere arabische Quellen beziehen sich auf die Konversion, indem sie einiges über die Enttäuschung des Königs über den christlichen Glauben berichten und von einem beredsamen Juden, der den König zur Konversion brachte (nachdem er seinen Reisegenossen, einen muslimischen Gesandten, vergiftet hatte). Andere Quellen berichten von jüdischen Ratgebern am Königshof; daß sein Gerichtshof sich aus sieben gelehrten Männern zusammensetzte – Juden, Christen, Muslimen und Heiden; weiters, daß die Grundlage ihrer Lebenshaltung die Jagd, der Handel mit Tierhäuten, Wachs und Honig wäre. Diese Quellen berichten auch, daß die Juden im Königreich neue Arbeitstechniken einführten: Sie brachten den Chasaren Lesen und Schreiben bei und lehrten sie, daß die Juden nur aufgrund ihrer religiösen Eigenständigkeit ihre Unabhängigkeit aufrechterhalten konnten und nicht zwischen Byzanz und dem Kalifat aufgerieben wurden. Es waren aber nicht nur politische Erwägungen, die den Chasarenkönig zur Konversion zum Judentum veranlaßten.

Die Chasaren führten fortwährend Krieg mit ihren Nachbarn, und Byzanz tat alles in seiner Macht Stehende, um das Königreich zu zerstören. Es stachelte sogar die Alanen und die russischen Stämme im Norden zu Angriffen gegen die Chasaren an. Dieser andauernde Kriegszustand hinderte die Chasaren daran, die Fortschritte des wachsenden jüdischen Einflusses wahrzunehmen. Es herrscht einhellig die Meinung, daß das Chasarenreich des 9. und 10. Jahrhunderts ein jüdischer Staat mit islamischen und christlichen Minderheiten war. Die Rücksichtnahme auf die christliche Minderheit mäßigte die Byzantiner bei der Behandlung der Juden in ihrem Herrschaftsbereich. Die Verfolgung der Juden während der Regierungszeit Romanos' I. Lekapenos könnte ein Gegenstück zu den Christenverfolgungen durch König Joseph sein.

Nicht nur Faktoren der zwischenstaatlichen Politik, sondern auch wirtschaftliche erschütterten die Existenz des Chasarenreiches. Die Hauptstadt Atil lag zwar günstig am Wegkreuz wichtiger Handelsstraßen, die die Hauptquelle der Einnahmen des Königreichs bildeten. Die Zölle und Abgaben, die

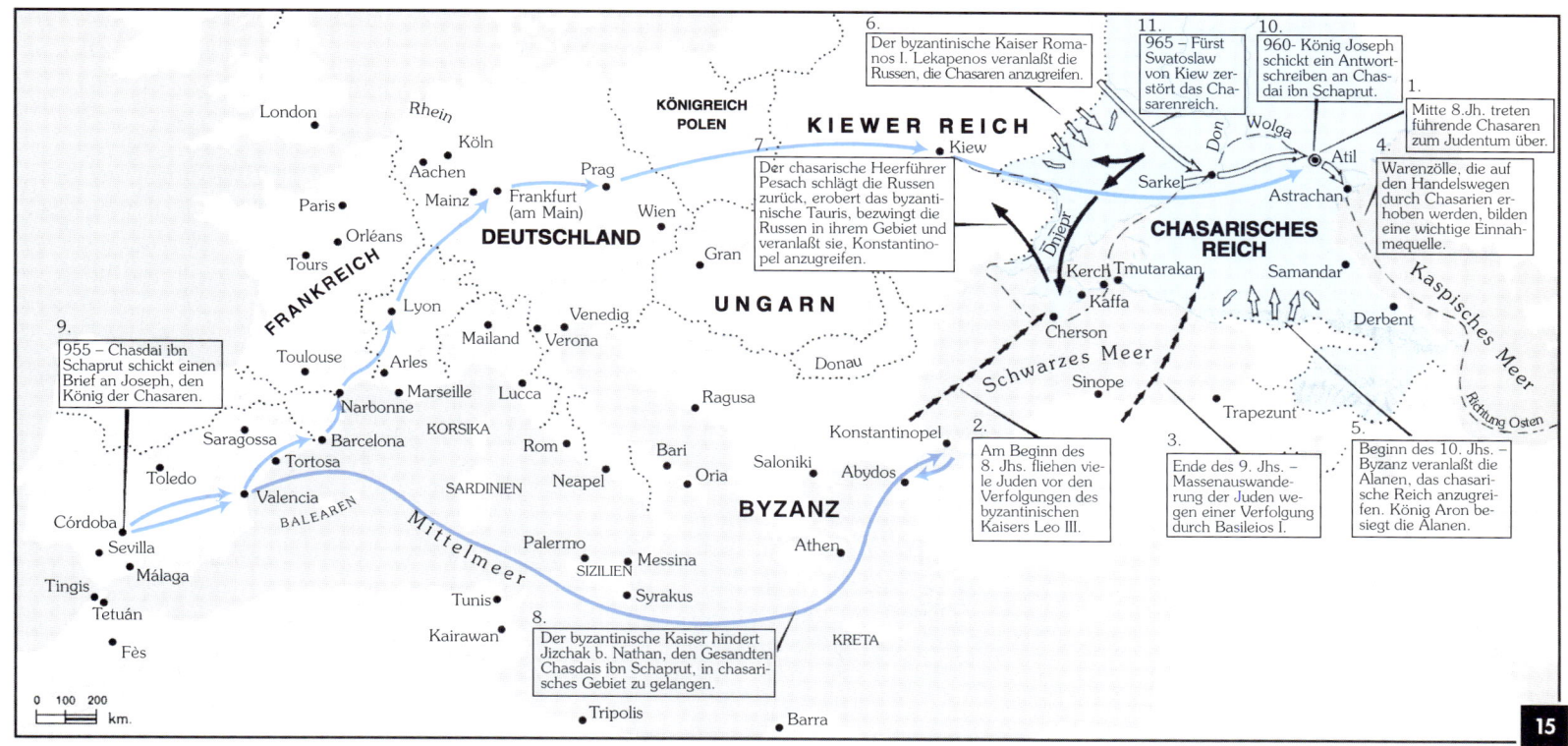

Die Chasaren zur Zeit von König Joseph

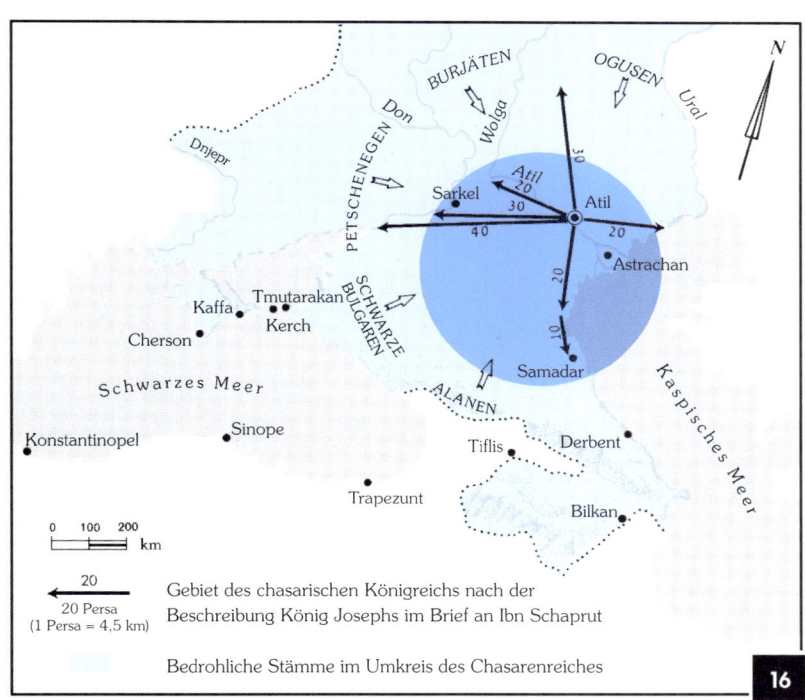

Möge es mir mein König nicht übelnehmen, bitte ich, daß ich nach der Zahl seiner Truppen frage. Möge Gott, wie viele sie auch immer seien, sie verhundertfachen ... Mein König sieht, daß ich aus keinem anderen Grund danach frage, als um mich über die Vermehrung des heiligen Volkes zu freuen. Ich bitte ihn auch, mich über die Anzahl seiner Länder, die er regiert, zu informieren, über die Höhe der ihm geleisteten Tribute; ob ihm Zehente gegeben werden, ob er sich ständig in der Königsstadt aufhält oder ob er seine Länder bereist und ob es Inseln in der Nachbarschaft gibt und ob einige seiner Untertanen sich zum Judentum bekehren? Ob er über sie richtet und wie er zum Hause Gottes hinauf kommt? Mit welchen Völkern er Kriege führt? Ob er die Mißachtung des Sabbats erlaubt? Welche Königreiche und Völker leben an den Grenzen seines Reiches? Wie sind die Städte Khorasan, Berdaa und Bab el Abwaw? Auf welchen Wegen gelangen die Karawanen in sein Königreich? Wie viele Könige regierten vor ihm? Wie waren ihre Namen, wie viele Jahre regierte jeder von ihnen, und was ist die Umgangssprache des Landes?

Aus dem Brief des Chasdai ibn Schaprut an den König der Chasaren. Letters of Jews Through the Ages, ed. F. Kobler. Ararat Publishing Society Ltd., London, 1952

innerhalb des Reiches erhoben wurden – deren Höhe aber unbekannt ist –, reichten offenbar für die Bedürfnisse des Staates nicht aus.

Der Höhepunkt chasarischer Macht fällt in die Mitte des 10. Jahrhunderts, in jene Zeit des Kontaktes zwischen König Joseph und R. Chasdai ibn Schaprut und des ersten Auftauchens der Bildung russischer Füstentümer. Nach russischen Quellen vernichtete Swatoslaw von Kiew (945-972) im Jahre 965 die Chasaren. Sie werden aber noch in der Russischen Chronik 1016 und 1023 erwähnt. Chasaren aus Tmutarakan (heute Taman) unterstützen Mstislav den Tapferen in seinem Kampf gegen seinen Bruder Jaroslaw den Weisen (1019-1054). Man weiß, daß Oleg, der Enkel Jaroslaws, 1078 seine Residenz in Tmutarakan hatte. Die Chronik berichtet, daß er 1079 von den Chasaren gefangen genommen und in Konstantinopel in Gewahrsam gehalten wurde. 1083 gelang es ihm aber, sich an den Chasaren mit Hilfe seines Bruders zu rächen. Die Chasaren werden noch am Beginn des 12. Jahrhunderts erwähnt, und so scheint es, daß sie noch geraume Zeit nach ihrer Niederlage von 965 aktiv waren, ehe sie als historisch faßbare Völkerschaft verschwanden.

Die radhanitischen Kaufleute

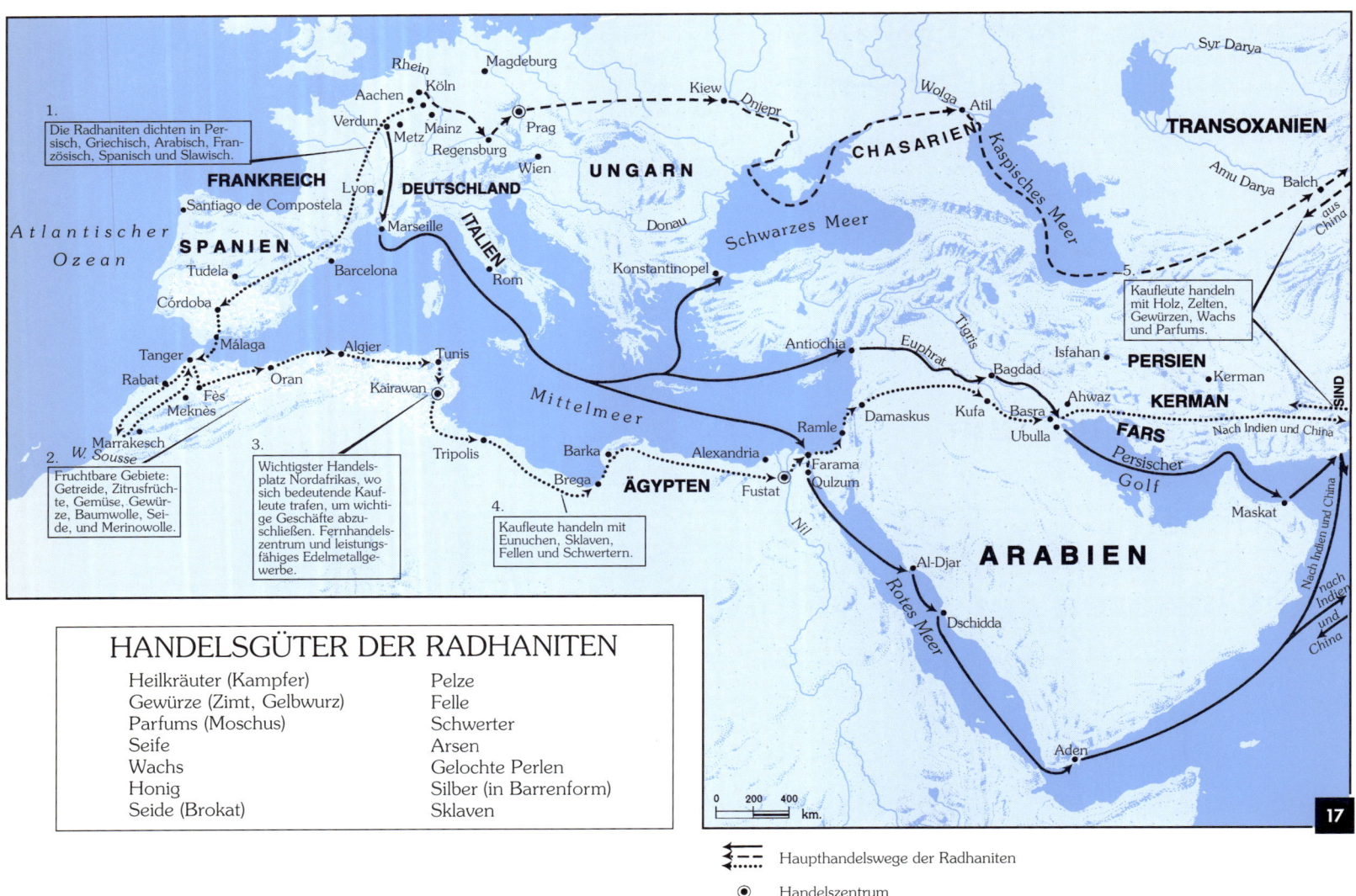

Brief des R. Chasdai ibn Schaprut an den Chasaren-König Joseph.

Am Beginn des 9. Jahrhunderts veränderte sich die Funktion der Mittelmeerhäfen in den islamischen Gebieten. Die muslimische Flotte wurde leistungsfähiger und war nun in der Lage, die byzantinischen Garnisonen auf Zypern, Kreta, Sizilien und in Süditalien anzugreifen. Die Araber kontrollierten nun das Mittelmeer, und die byzantinische Flotte spielte praktisch keine Rolle mehr. Nordafrika bildete die Verbindung zwischen den muslimischen Häfen im westlichen, südlichen und östlichen Mittelmeer. In Ägypten entwickelte sich Fustad zum Handelszentrum. Es lag zwischen Alexandrien und den Häfen am Roten Meer an der Handelsstraße nach Indien. Dank der politischen Stabilität im 10. Jahrhundert blühten die muslimischen Gebiete auf.

Folgende neugegründete Städte spielten in der Welt des Islam eine wichtige Rolle im Handel: Fes, Marrakesch, Meknes und Rabat. Kairawan übertraf sie als Metropole Nordafrikas: Es lag an der Handelsstraße in der Mitte zwischen Alexandrien und den Häfen des westlichen Marokko und Spaniens und in der Nähe des befestigten Hafens Mahdia. Man handelte dort mit Erzeugnissen aus Edelmetall, führte Sklaven aus dem Sudan und Byzanz ein und handelte mit Waren aus weit entfernten Orten, wie Öl, getrockneten Früchten, Gelbwurz, Gewürzen und Leder. Es war ein Treffpunkt für Großkaufleute und ihre Agenten, die dort ihre zahlreichen geschäftlichen Transaktionen abschlossen. Vom Beginn des 9. bis zur Mitte des 11. Jahrhunderts häufte man in Kairawan beträchtlichen Reichtum an, der sich in öffentlichen ind privaten palastartigen Bauten manifestierte. Die Kaufleute, besonders die jüdischen, die sogenannten Radhaniten, spielten im internationalen Handel eine hervorragende Rolle. Ihre Karawanen durchquerten viele Länder: von Europa durch Nordafrika zum muslimischen Osten und schließlich nach Indien. Ein anderer Landweg führte sie durch Europa in den Fernen Osten bis nach China.

Der Ursprung der Radhaniten ist unbekannt, man vermutet ihn im Osten. Als der Handel der Radhaniten im 10. Jahrhundert zurückging, traten die Kaufleute von Kairawan und Fustat an ihre Stelle. Die Kairoer Genisa enthält reiches Material zum umfassenden, weltumspannenden Handel Nordafrikas; aber auch Responsen (Rechtsgutachten) zu Handelsangelegenheiten, in denen auf die Schriften der Weisen und Geonim Babyloniens Bezug genommen wird. Sie geben auch Zeugnis von dem lebhaften Handel jüdischer Kaufleute aus westlichen Gemeinden, die in Fustat und Kairawan zentrale Niederlassungen hatten. Einige Schriftstücke befassen sich mit Entscheidungen von Kreditfragen und Streitigkeiten mit anderen Kaufleuten.

Rabbi Naharay b. Nissim, das Oberhaupt der babylonischen Juden in Fustat, beschäftigte sich über 50 Jahre im 11. Jahrhundert mit ausgedehntem Handel.

Der Umfang und Einfluß des umfassenden jüdischen Handels brachte neue Methoden im Zahlungsverkehr hervor. Jüdische Kaufleute führten den Gebrauch des Schecks ein. Er diente der Sicherung der Kaufleute gegen räuberische Überfälle und gegen durch einen Familienverband strukturierte Handelsgesellschaften.

Italien zwischen byzantinischer und der Herrschaft des westlichen Kaisertums
9. bis 10. Jahrhundert

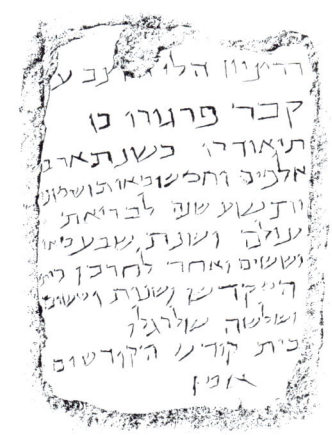

Grabstein aus Venosa, Süditalien, 829

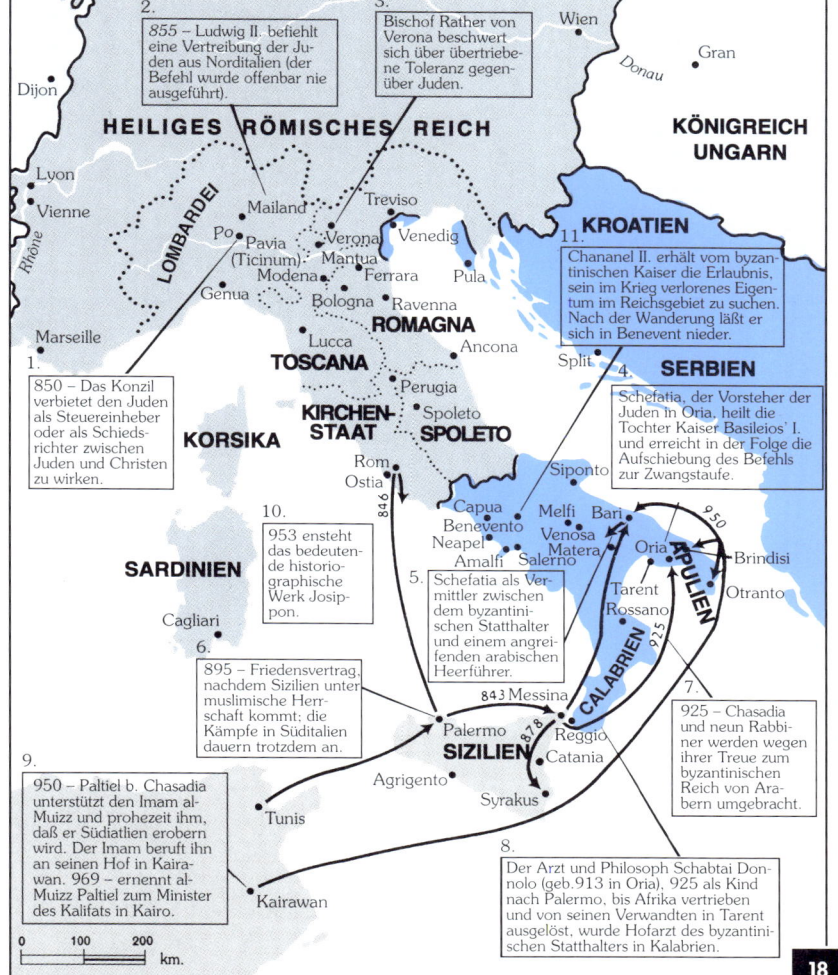

Unerläßlich für das Verständnis dieses Zeitraums sind die byzantinische Präsenz in Süditalien, die Residenz des Papstes in Rom und die Entstehung der Kommunen in Nord- und Mittelitalien. Diese grundsätzliche Konstellation änderte sich weder durch die Eingliederung des Nordens in die Herrschaft des erneuerten westlichen Kaisertums noch durch die Eroberung Süditaliens durch die Muslime. Es standen sich also verschiedene religiöse und politische Mächte gegenüber. Daher lebten die Juden unter sehr schwierigen Bedingungen. Im Kampf um die Macht in Süditalien suchten die Araber die Byzantiner zu verdrängen, um in Europa Fuß zu fassen.

Zwischen 652 und 820 waren die italienischen Städte den räuberischen Streifzügen muslimischer Banden ausgesetzt, die diese von ihren Stützpunkten in Tunis und den benachbarten Inseln aus unternahmen. Zunächst beabsichtigten sie keine dauernden Eroberungen. Erst 827 leiteten sie die entscheidenden Schritte ein, um Sizilien zu erobern. 831 wurde Palermo die von den Arabern beherrschte Hauptstadt der Insel. Messina wurde 843 eingenommen und Syrakus 878. Die muslimischen Angreifer erlangten die Kontrolle über die Straße von Messina, hielten sich sogar für einige Zeit in Bari und Tarent und bildeten so eine Bedrohung für Rom. 846 wurde Rom angegriffen; einige Kirchen wurden geplündert. Erst am Ende des Jahrhunderts (895/96) kam es zwischen Byzanz und den Arabern zu einem Friedensvertrag. Sizilien wurde den Arabern überlassen. Zunächst war die Insel unter der Herrschaft von Tunis, aber nach der Eroberung durch die Fatimiden unterstand sie dem fatimidischen Kalifat. Nachdem Kairo der Sitz der Fatimidendynastie geworden war, schwand ihr Einfluß auf Sizilien, und die Insel geriet unter die Herrschaft einer hier ansässigen Familie.

Die größte jüdische Gemeinde war die in Palermo. Sie wurde erstmals 967 erwähnt. Das jüdische Viertel befand sich außerhalb der Stadtmauern. Hier wohnte wahrscheinlich der Richter Mazlia b. Elia al-Bazak, angeblich der Lehrer des berühmten Talmudgelehrten Nathan b. Jechiel von Rom. 1030 unterstützten zwei spanische Juden, Chaim und Nissim, die Juden in Sizilien, als diese Steuerermäßigungen und den Schutz ihres Handels mit Andersgläubigen auf Sizilien erhielten. Die Juden von Palermo berichteten Rabbinern in Kairawan über die Tätigkeit von Chaim und Nissim. Ein spanischer Jude namens Moses diente am Hof des sizilischen Herrschers Tsamtsam a-Dullah und begleitete diesen auf seiner Reise nach Ägypten.

Die Juden in Süditalien beschäftigten sich mit mit Tuchfärberei und Seidenweberei; viele waren allerdings Bauern. Otranto und Bari waren bekannte Zentren der Thoragelehrsamkeit. Zeitgenössische Grabsteine mit hebräischen Inschriften zeugen von der Kenntnis traditionellen jüdischen Wissens ab.

In Norditalien bestanden kleine jüdische Gemeinwesen, die sich vor allem in Klein- und Mittelstädten befanden (Ferrara, Bologna, Modena, Padua, Mantua, Treviso und Mailand. Weiter ist nachgewiesen, daß die berühmte Familie des Kalonymos in Lucca in der Toskana im 9. Jahrhundert lebte und hier eine Talmudschule gründete. Etwa um das Jahr 1000 ließen sich einige Mitglieder der Familie in Mainz nieder und gründeten eine Jeschiwa. Man weiß, daß die Juden der Toskana Weingärten besaßen, und ihre Anwesenheit in Modena ist für das Jahr 1025 verbürgt. Venedig stand unter dem Einfluß von Byzanz, und man verbot 945 den Schiffskapitänen, jüdische Güter oder Passagiere nach dem Osten zu befördern.

Ludwig II., Urenkel Karls des Großen, befahl 855, die italienischen Juden aus seinem Herrschaftsbereich zu vertreiben. Es ist nicht bekannt, ob diese Maßnahme auch durchgeführt wurde.

Auf dem Konzil von Ticino (850) verbot man die Verwendung der Juden als Steuerkollektoren und als Schiedsrichter in Verfahren zwischen Juden und Christen. Bischof Rather von Verona wiederholte die judenfeindlichen Ausführungen Agobards von Lyon. Italien war ein Hort jüdischer Tradition und Gewohnheit und diente als Brücke für Juden, die vom Heiligen Land in das westliche Imperium über Sizilien reisten und von hier zurück nach Ägypten und Byzanz.

Die normannische Eroberung Süditaliens

Byzantinisches Reich 1025
Gebiete unter islamischer Herrschaft

Die genealogischen Rollen des Achimaaz

Die jüdische Gemeinde der kleinen Stadt Oria zwischen Tarent und Brindisi war ein Zentrum der Juden im byzantinischen Süditalien. Die Familie Amittai lebte einige Generationen in Oria. Zu ihren bedeutendsten Mitgliedern gehörten: der Dichter Schefatia b. Schabtai (gestorben 886); der Arzt Schabtai Donnolo (913 – nach 983), der eine Anzahl medizinischer Schriften auf hebräisch schrieb; der Astrologe und Physiker Paltiel I. (gestorben 975), der zum Ratgeber des Kalifen am Hofe der Fatimiden in Ägypten ernannt wurde und der Vorsteher der ägyptischen jüdischen Gemeinschaft war; schließlich Achimaaz, Autor einer der ersten historischen Darstellungen dieser Zeit (1054).

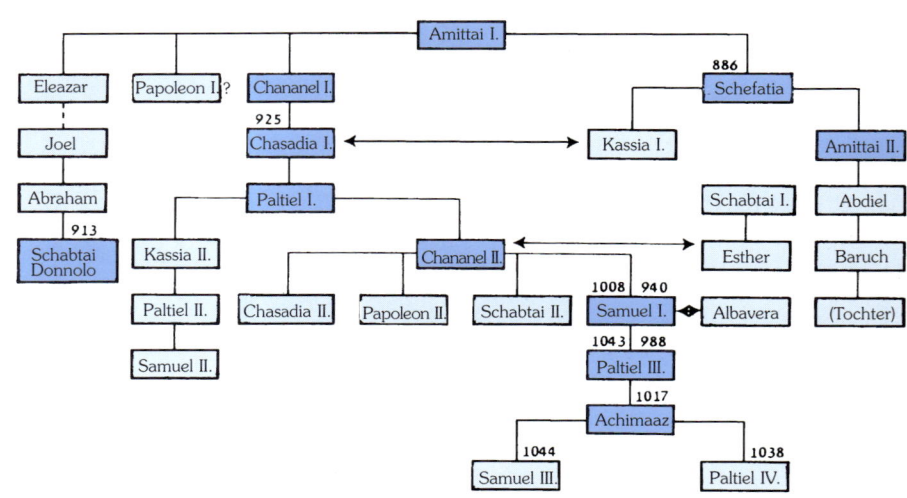

Wichtige Persönlichkeiten der Familie des Achimaaz

Religiöse Gärung und Sekten im Judentum

Bis zum 12. Jahrhundert

Eine reich verzierte Seite einer karäischen Bibel

Seit dem Ende des 7. Jahrhunderts waren die jüdischen Siedlungen des Vorderen Orients Schauplatz der Tätigkeit jüdischer Sekten, die behaupteten, daß sie die Macht für die Erlösung des Volkes Israel besäßen. Zwischen 685 und 705 wurde in Persien von Abu Isa (Jizchak b. Jakob al-Isfahani), auch Obadja genannt, die Sekte der Isanianer gegründet. Er behauptete, der Messias zu sein und das Volk Israel aus der Diaspora zu befreien. Er führte eine Revolte gegen die Muslime, wurde aber besiegt und getötet. Die Grundsätze der Sekte waren Askese, das Verbot, Fleisch zu essen und Wein zu trinken; er stellte die Scheidung unter Bann und ordnete siebenmaliges Gebet am Tag an (mit Bezug auf Psalm 119:64 „siebenmal am Tage preise ich Dich"). Einige dieser Lehren nehmen Bestimmungen vorweg, die von Anan, dem Gründer der Karäer, wiederaufgenommen wurden. Die isanianische Sekte bestand auch nach dem Tod Abu Isas. Judgan, Schüler und Erbe Abu Isas, erklärte sich zum Propheten und Messias und gründete die nach ihm benannte Sekte der Judganiten. Muschka gründete die Sekte der Muschkaniten. Mehr ist über Moses Haparsi bekannt, wahrscheinlich identisch mit Abu Imran: Er wurde in Bagdad geboren und gründete eine religiöse Sekte in Zafran nahe Kirmanschah. Dann zog er nach Tiflis. Seine Sekte wurde unter dem Namen Tiflisiten bekannt. In der Lehre wurden die Vorstellung von der Auferstehung der Toten und andere Grundsätze des mosaischen Gesetzes zurückgewiesen.

Die wichtigste Sekte waren die Ananiten, der Name stammt von ihrem Gründer Anan b. David, der die *Halacha* zurückwies und allein in der Bibel, wie sie von ihm und seinen Schülern ausgelegt wurde, die Grundlage jüdischen Lebens sah. In der Folge wurde die Sekte Karäer genannt, und vieles in ihrer Lehre fußte auf islamischen Einflüssen. Die Lehre wurde von Benjamin b. Moses Nahawendi (zwischen 830 und 860) entwickelt, und andere Gelehrte erweiterten die Exegese und fügten andere Lehrsätze hinzu. Benjamins Rechtsschriften, *Sefer Mitzwot* (Buch der Gebote) und *Sefer Dinim* (Buch der Gesetze), stellen den Versuch eines umfassenden karäischen Gesetzbuches dar. Hiwi al-Balchi, möglicherweise aus Balch in Afghanistan, war ein Zeitgenosse Benjamins. Als Freidenker lehnte er geschriebenes wie mündlich überliefertes Recht ab und war darin von verschiedenen persischen religiösen Strömungen beeinflußt. Seine Lehren überlebten ihn nicht lange.

Es gab drei hervorragende karäische Persönlichkeiten: Salomon b. Jeruchim (10. Jahrhundert). Daniel b. Moses al-Qumisi (9.-10. Jahrhundert), den man für den Begründer der Karäer in Palästina hält, und Jakob al-Kirkisani (erste Hälfte 10. Jahrhundert), der bedeutendste karäische Philosoph. Die meisten Karäer, die in der ersten Hälfte des 9. Jahrhunderts in Jerusalem lebten, wandten sich den *Avelei Zion* (die Trauernden um Zion) zu, einer Gruppe, die sich der Trauer über die Zerstörung des Tempels und Jerusalems hingab. Zu dieser Gruppe zählten auch die rabbanitischen Juden.

Die karäische Bewegung führte zur Prüfung des biblischen Textes durch die Rabbaniten und daraus folgend zur Festlegung des buchstabengetreuen Lesens der hebräischen Bibel (Masora).

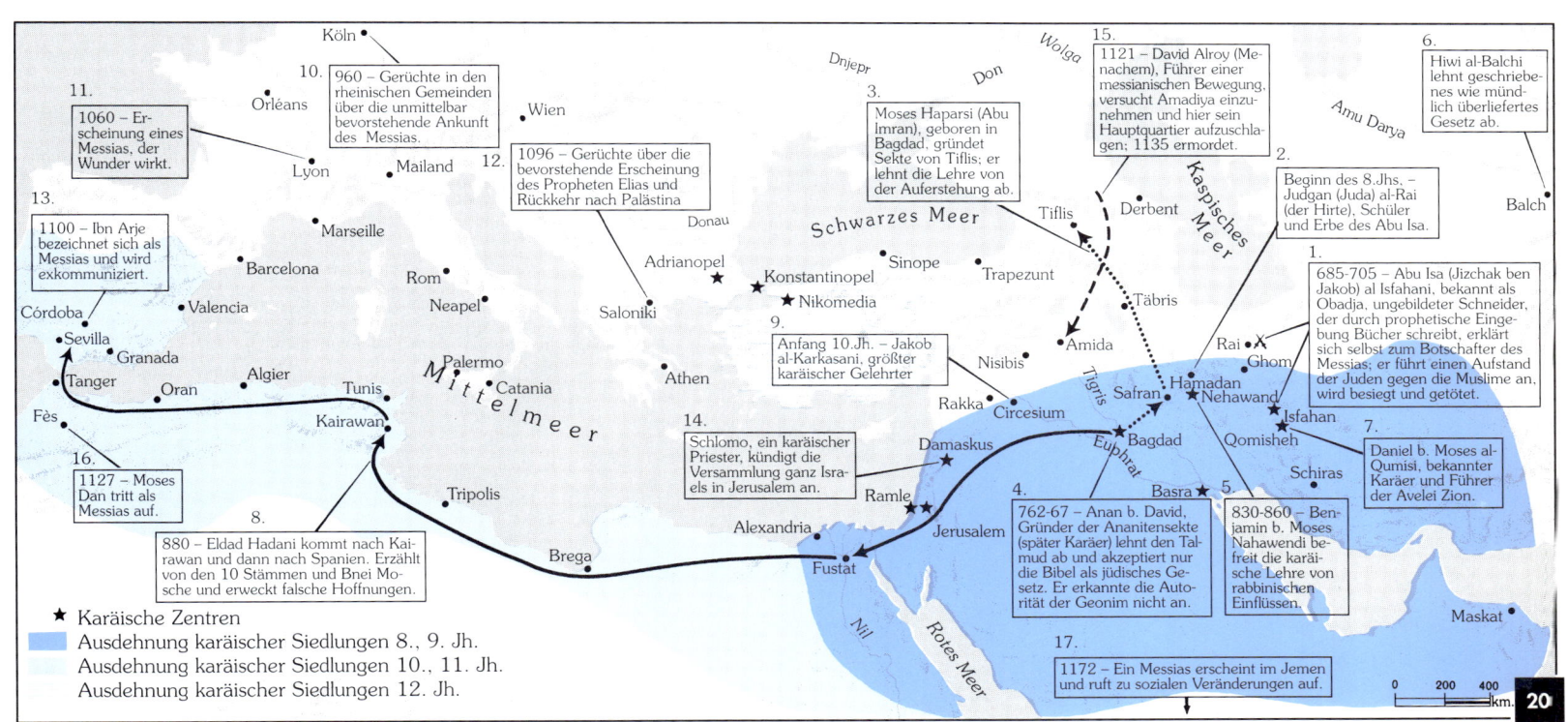

Die Gaonate in Babylon

SURA		PUMBEDITA	SURA		PUMBEDITA
	589	Mar Chanan of Ikija	Rav Hilai b. R. Chanina	818	
Rav Mar bar Huna	591	(?) Mar Rav Mari b. R. Dimi (früher von Firuz-Schapur und Nehardea)	Rav Kimoi b. R. Aschi	822	
Rav Chanina	614	Mar Rav Chanina von Bei-Gihara (Firuz-Schapur)	Rav Moses (Mescharscheja) Kahana b. R. Jakob	825	
Rav Huna	650	Rav Chana (oder Huna)		828	Rav Joseph b. R. Chija
Rav Scheschna (auch Mescharscheja b. Tachlifa genannt)				833	Rav Jizchak b. R. Chanania
	651	Rav Rabba	Rav Kohen Zedek b. Ivomai	838	
		Rav Bosai		839	Rav Joseph b. R. Ravi
Rav Chanina von Nechar-Pekod	689	Rav Huna Mari b. R. Joseph	Rav Sar Schalom b. R. Boas	842	Rav Paltoi b. R. Abbaje
		Rav Chija von Merschan	gemeinsam { Rav Natronai b. R. Hilai	848	
		Mar Rav Ravja (oder Mar Janka)	Rav Amram b. Scheschna	853	
Rav Hilai ha-Levi von Naresch	694			857	Mar Rav Acha Kahana b. Rav
Rav Jakob ha-Kohen von Nechar-Pekod	712			858	Rav Menachem b. R. Joseph b. Chija
	719	Rav Natronai b. R. Nechemia		860	Rav Mattathias b. Mar Ravi
		Rav Juda		869	Rav Abba (Rabba) b. R. Ammi
Mar Samuel	730		Rav Nachschon b. R. Zadok	871	
	739	Rav Joseph		872	Rav Zemach b. R. Paltoi
Rav Mari Kohen von Nechar-Pekod	748	Rav Samuel b. Rav Mar	Rav Zemach b. Mar R. Chaijim	879	
	752(?)	Rav Natroi Kahana b. Rav Mar Amuna	Rav Malcha	885	
		Rav Abraham Kahana	Rav Hai b. Rav Nachschon		
Rav Acha	756			890	Rav Hai b. David
Rav Jehudai b. R. Nachman	757		Rav Hilai b. Rav Natronai	896	
Rav Achunai Kahana b. Mar R. Papa	761	Rav Dodai b. Rav Nachman (Bruder des R. Jehudai, Gaon von Sura)		898	Rav Kimoi b. R. Achai
	764	Rav Chanania b. R. von Scharscheja	Rav Schalom b. R. Mischael	904	
Rav Chaninai Kahana b. R. Huna	769			906	Rav Juda b. R. Samuel (Großvater des R. Scherira)
	771	Rav Malcha b. Rav Acha	Rav Jakob. b. R. Natronai	911	
	773	Rav Rabba (Abba) b. R. Dodai		917-26	Rav Mevasser Kahana b. R. Kimoi
Rav Mari ha-Levi b. R. Mescharscheja	774		Rav Jom Tov Kahana b. R. Jakob	924	
Rav Bebai ha-Levi b. Abba von Nechar-Pekod	777			926-36	Rav Kohen Zedek b. R. Joseph (zu Lebzeiten seines Vorgängers ernannt)
	781	Rav Schinoi	Rav Saadia b. R. Joseph (Rav Saadia Gaon)	928	
	782	Rav Chaninai Kahana b. Rav Abraham		936	Rav Zemach b. R. Kafnai
	785	Rav Chuna ha-Levi b. Rav Issai		938	Rav Chanania b. R. Juda
Rav Hilai b. R. Mari	788	Rav Manasse b. Mar Joseph	Rav Joseph b. R. Jakob	942-44	
	796	Rav Jesaia ha-Levi b. Mar R. Abba		943	Rav Aaron b. R. Joseph ha-Kohen Sargado
Rav Jakob ha-Kohen b. R. Mordechai	797			960	Rav Nechemia b. R. Kohen Zedek
	798	Rav Joseph b. R. Schila		968	Rav Scherira b. R. Chanania
	804	Rav Kahana b. R. Chaninai	Rav Zemach b. R. Jizchak (Nachkomme v. Paltoi)	988(?)	
Rav Ivomai	810	Rav Ivomai	Rav Samuel b. Hofni ha-Kohen	997(?)	
Rav Ivomai, Onkel seines Vorgängers	811			998	Rav Hai b. R. Scherira
	814	Rav Joseph b. R. Abba	Rav Dosa b. Rav Saadia	1013	
Rav Zadok b. Mar R. Jesse (oder Aschi)	816	Rav Abraham b. R. Scherira	Rav Israel b. R. Samuel b. Hofni	1017	
			Rav Asaria ha-Kohen (Sohn von R. Israel?)	1034	
			Jizchak (?)	1037	
				1038-58	Rav. Hesekia b. David (Exilarch und *Gaon*)

Bagdad, eine Gründung des Kalifen al-Mansur, zog viele jüdische Siedler an. Obwohl die Anfänge der jüdischen Diaspora in Babylonien vor der islamischen Eroberung stattfanden, fallen die Epoche des Gaonats und die der muslimischen Herrschaft zeitlich zusammen. Der Verfall des Gaonat begann mit dem Tod von Rabbi Hai Gaon im Jahre 1038. Die Zeit des Gaonats ist für die Geschichte des jüdischen Volkes von besonderer Bedeutung, weil das jüdische Zentrum in Babylon eine entscheidende Rolle im Leben der Juden spielte. Man hatte die Kraft, die Auseinandersetzung um hegemoniale Einflüsse auf das jüdische Leben zu führen und sich schließlich durchzusetzen.

Die Lebensführung der Juden in Babylon änderte sich bereits vor der arabischen Eroberung, indem sie Mustern folgten, die später für die Juden in Europa während des Mittelalters typisch waren.

Drückende Steuern, Aufstände, kriegerische Auseinandersetzungen und die allgemeine Unsicherheit zwangen die Bauern, ihre Güter zu verlassen und Zuflucht in den Städten zu suchen. Diese Entwicklung setzte sich unter arabischer Herrschaft fort. In der ersten Hälfte des 9. Jahrhunderts konnte Rav Mosche Gaon bereits schreiben, daß in Babylon die meisten Leute kein Land besaßen (Hemda Genuza, 60:65). Die kleinen Gemeinden und bäuerlichen Siedlungen verloren an Bedeutung, die Städte hingegen wuchsen und vermehrten sich. Zentren der jüdischen Bevölkerung verschwanden; Bagdad wurde zum Mittelpunkt.

Die Finanzeinrichtungen der Juden in Bagdad entwickelten sich in solchem Maße, daß sie bedeutenden wirtschaftlichen Einfluß im Kalifat ausübten. Zwei jüdische Bankiers, Josef b. Phineas und Aron b. Amram, und ihre Erben, die Söhne von Aron und Netira, begannen ihre Geschäfte im Bezirk von Ahwaz (Persien) und dehnten ihre Tätigkeit später auf den internationalen Handel aus. Wir kennen die Partner und die Art der Zusammenarbeit bei Geschäftsunternehmungen der beiden Familien. Sie waren auch als

Der Aufbau einer Jeschiwa

7 Vorsitzende der Reihen in der Versammlung (*Alufim* – Ehrentitel der Thoragelehrten
3 Mitglieder

Jeder Vorsitzende einer Reihe leitete eine Reihe von 10 Mitgliedern der Jeschiwa

70 Schüler

Der Platz in der Hirarchie war fest und gewöhnlich wurde er vom Vater dem Sohn oder einem nahen Verwandten übergeben

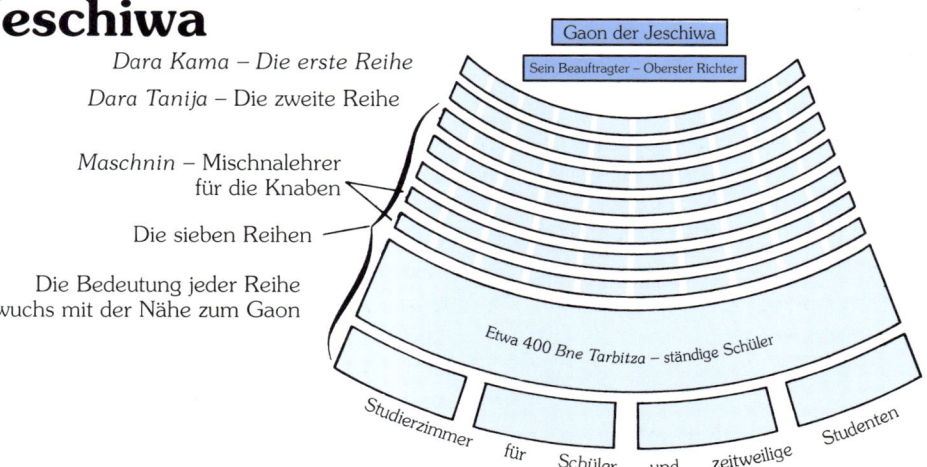

Dara Kama – Die erste Reihe
Dara Tanija – Die zweite Reihe

Maschnin – Mischnalehrer für die Knaben

Die sieben Reihen

Die Bedeutung jeder Reihe wuchs mit der Nähe zum Gaon

Geldverleiher tätig und zu ihren Kunden gehörten der Wesir des Kalifen al Muqtadir, Mohammed ibn Abdullah ibn Yahya (912/913), aber es gibt Hinweise, daß sie sich schon früher mit Kreditgeschäften befaßten. Auch der Kalif selbst gehörte zu ihren Kunden; sie verfügten über Kapitalien, die Juden und Nichtjuden bei ihnen anlegten. Als Sicherheit für die Kredite verpfändete ihnen der Kalif die Steuern der Bauern im Gebiet von Ahwaz. Sie waren im internationalen Geldverkehr tätig und sahen sich daher in der Lage, den Exilarchen und den Gaon zu unterstützen. Angeblich waren sie die Erfinder des *schufatadschijja*, einer Art Wechsel, den man gegen einen Ersatz einlösen konnte.

Nicht einmal die Akademien von Sura und Pumbedita konnten sich der Anziehungskraft von Bagdad entziehen. 150 Jahre vor dem Ende des Gaonats übersiedelten beide Akademien als voneinander unabhängige Institutionen am Ende des 9. Jahrhunderts nach Bagdad. Jede Akademie bewahrte ihre Unabhängigkeit, ihren Charakter, ihre Lehrmethoden und eigene öffentliche Veranstaltungen. Berühmte Geonim waren R. Saadia, Samuel b. Hofni und R. Hai, die alle Einwohner von Bagdad waren. Babylon war allerdings nicht in der Lage, alle Gelehrten finanziell zu unterstützen, die im Westen in Gefangenschaft saßen und der Legende nach die Überlieferung des babylonischen Talmud mitbrachten. Dichter und Grammatiker wanderten nach Spanien aus. Denn es gab keine wesentlichen Unterschiede zwischen der Situation der Juden in Babylon und in anderen Ländern unter islamischer Herrschaft.

Die Ausdifferenzierung des arabischen Weltreiches durch die Gründung einzelner Emirate seit der zweiten Hälfte des 8. Jahrhunderts verursachte einen gewissen Wandel im jüdischen Leben. Die folgenden Begebenheiten bedeuteten Wendepunkte und neue Chancen für die Juden: die Trennung Spaniens vom Gesamtreich 756 und die nachfolgende Ausbildung einzelner Emirate; die Unabhängigkeit Marokkos 788; Tunesiens Unabhängigkeit 800; die Ägyptens durch Ahmad ibn Tulun 868 und Persiens 935. Es gab weder einen Wandel in den Beziehungen der Mitglieder der einzelnen Gemeinwesen noch einen solchen in den durch Recht und Gewohnheit bestimmten Beziehungen der Gemeinden in der Diaspora untereinander. Alle erkannten die Autorität der zentralen jüdischen Organisationen, das Exilarchat und das Gaonat als machtvolle Elemente der Einheit und Belehrung des jüdischen Volkes an. Das Gaonat in Palästina war als gleichwertiges Gegenstück zum babylonischen anerkannt.

R. Saadia (882-942) gehörte zu den bedeutendsten Geonim. Er wurde im Gebiet von Fadschum in Ägypten geboren, ging nach Palästina und 922 nach Babylon, wo er zum Gaon der Akademie von Sura 928 ernannt wurde. Saadia führte einen beharrlichen Kampf gegen die Karäer, und er soll ihren Vormarsch aufgehalten haben, obwohl gerade sein Kampf dazu beitrug, daß sie sich zu einer Sekte organisatorisch zusammenschlossen. Berühmt wurde seine polemische Auseinandersetzung mit dem Gaon in Palästina, Aron ben Meir, über die Kalenderberechnung und die Festlegung der Feste. Ebenso bekannt sind seine Streitigkeiten mit dem Exilarchen David ben Zakkai über Fragen des Vorrangs. Sein religiöses und gelehrtes Werk umfaßt Schriften zur *Halacha*, Auslegung, Philosophie, Grammatik, Liturgie, *Pijut* und eine Übersetzung der Bibel in das Arabische.

Das babylonische Gaonat endete mit zwei überragenden Gestalten: R. Scherira b. Chanina Gaon (c.906-1006), Gaon von Pumbedita von 968 bis 1006, und seinem Sohn R. Hai Gaon (939-1038). Scherira gehört zu den produktivsten Verfassern von Rechtsgutachten. Einer seiner berühmtesten Briefe war eine Antwort auf eine Anfrage des Rabbi Jakob b. Nissim b. Schahin aus Kairawan, die sich auf Mischna und Talmud bezog. Scheriras Antwort gilt als klassisches Werk jüdischer Geschichtsschreibung zur Generationenfolge jüdischer Gelehrter von der Zeit des Großen Sanhedrin bis zur Periode des Gaonat. Sein Sohn und Nachfolger Hai Gaon, der Gaon von Pumbedita, war einer der großen halachischen Gelehrten, Liturgiker, Richter und Schriftsteller. Mit seinem Tod endete das babylonische Gaonat offiziell.

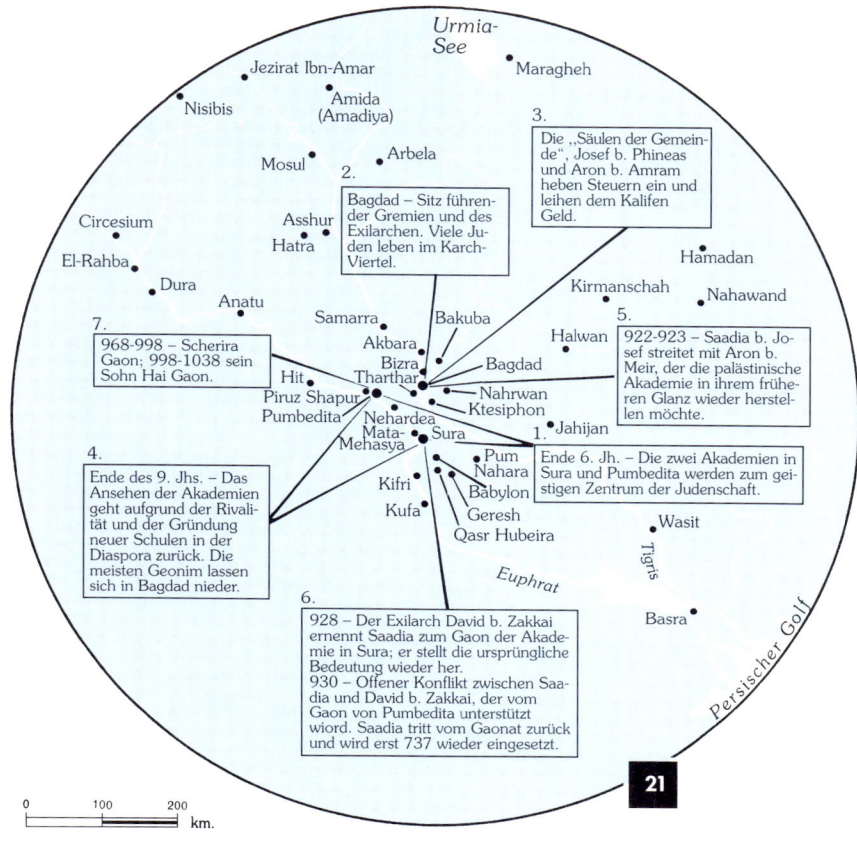

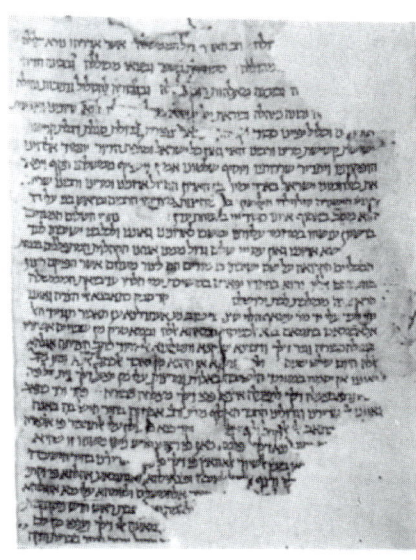

Ein Brief aus Fustat an R. Hai Gaon

Beziehungen zwischen Babylonien, Eretz Israel und der Diaspora

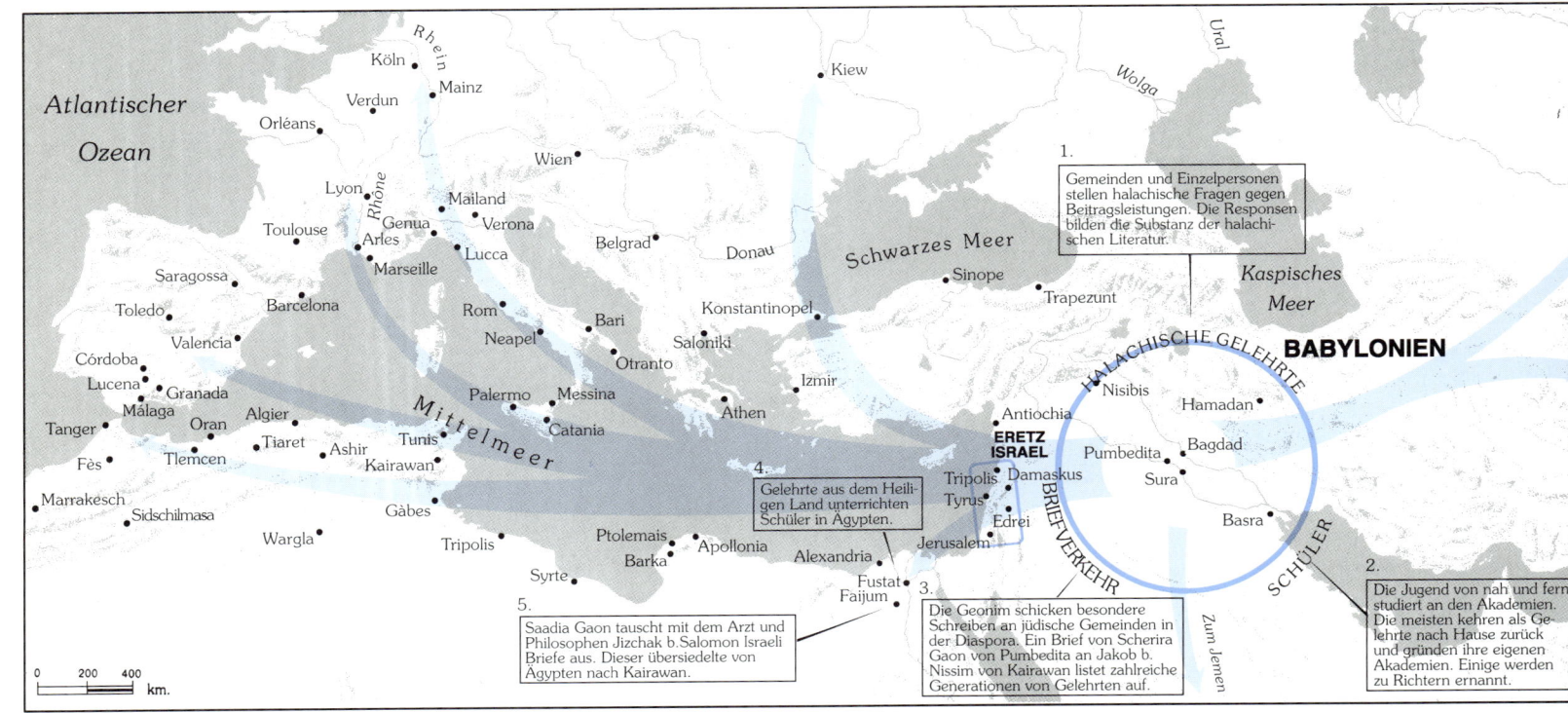

Die Kontakte zwischen den babylonischen Geonim und den Gemeinden in der Diaspora waren häufig und erstreckten sich auf das gesamte Siedlungsgebiet der Juden. Das Gaonat wurde der spirituelle und halachische Mittelpunkt für das gesamte Judentum; westliche und östliche Gemeinden erhielten richtungsweisende Ratschläge. Die enge Verbindung zu den Juden in der Diaspora war die Ursache für die allgemeine Verbindlichkeit des halachischen Gesetzes. Konkret erreichte man dieses Ziel durch die Gesandten der Geonim in der Diaspora – Schüler der babylonischen Akademien und rabbinisch gebildete Richter, die von den Geonim ordiniert worden waren. Diese Leute begründeten und erhielten den dominierenden Einfluß der Halacha in der Diaspora, solange die gelehrten Zentren in Babylonien bestanden. Diese Beziehungen drückten sich auch in den finanziellen Hilfeleistungen aus, welche die jüdischen Gemeinden den Akademien zukommen ließen. Darin mag auch der Grund liegen, daß die Juden eine bedeutende Rolle im internationalen Handel spielten. Eine beachtliche Korrespondenz zu den Geldflüssen enthält die Kairoer Genisa.

Andere Gemeinden, besonders in Italien und am Rhein, hatten sehr enge Verbindungen zu den Akademien in Palästina (Eretz Israel), und sie übernahmen deren Tradition der synagogalen Poesie.

Die Geonim von Eretz Israel – die Wanderung (Alija) nach Eretz Israel

Der Feldherr Jawhar eroberte Palästina für den fatimidischen Kalifen al Muizz nach der Unterwerfung Ägyptens 969. Die Fatimiden waren Schiiten und herrschten über eine Bevölkerung, die hauptsächlich sunnitisch war. Deshalb wurden sie in Palästina, Ägypten und Syrien als Fremde betrachtet. Paltiel (gest. 975), ein Jude aus Oria, war während der Eroberung Ägyptens Arzt des al Muizz und außerdem für die Versorgung des fatimidischen Heeres verantwortlich. Aufgrund seiner einflußreichen Position war es ihm möglich, jüdische Gemeinden zu unterstützen. Als er starb, wurde er in Eretz Israel begraben. Die meisten fatimidischen Herrscher setzten Juden in verschiedenen Funktionen ein: Der jüdische Konvertit Jakub Ibn Killis war Wesir des Kalifen al Aziz (978-990) und unterstützte jüdische Gemeinden. Die Juden in Eretz Israel erlebten unter den Fatimiden eine Zeit der Prosperität, insbesondere in den großen Gemeinden Tyrus und Sidon. Jerusalem, Tiberias und Ramle waren bedeutende jüdische Zentren. Kleine jüdische Gemeinden existierten in Transjordanien. Die günstige Situation währte nicht lange, denn 996 bestieg Kalif al-Hakim (996-1021) den Thron der Fatimiden. Im Rahmen einer rigorosen islamischen Moral verfolgte er die Angehörigen anderer Religionen. Darüber hinaus gab es verheerende Erdbeben 1034 und 1067, die Ramle besonders schrecklich betrafen. Eretz Israel litt unter den Verfolgungen al-Hakims insgesamt, Jerusalem hingegen hatte dazu noch die Gewalttaten der nubischen Truppen des Kalifen zu ertragen. Auch einzelne Synagogen wurden zerstört.

In dieser Zeit übersiedelte die Große Jeschiwa von Jerusalem nach Ramle. 1024 – 1029 erpreßte man von den Juden in Jerusalem und von den dort seit hundert Jahren lebenden Karäern eine enorme Summe für die Staatskasse. Die Pilgerreisen nach Jerusalem gingen zu Ende, nur mehr 50 Juden sollen in der Stadt gelebt haben.

Die Situation besserte sich etwas unter al-Hakims Nachfolger al-Zahir (1021-1034), und die jüdische Bevölkerung erholte sich langsam. 1099 begann allerdings die Katastrophe der Kreuzzüge.

Trotz der Gefahren zu Lande und zu Wasser setzten viele Juden ihre Pilgerreisen nach Eretz Israel fort, besonders während des

Laubhüttenfestes. Ihre Ziele waren vor allem Jerusalem, der Ölberg und Hebron. Mit ihnen kamen auch Juden, die sich in Jerusalem niederlassen wollten. Unter ihnen befand sich die Gruppe der *Avelei Zion* (Die Trauernden um Zion), Leute, die „ihre Familien verließen, die ihre Geburtsländer verwarfen, die Städte verließen und in den Bergen wohnten". „Leute aus dem Osten und dem Westen, die sich in der Nähe Jerusalems niederlassen wollten, gaben ihre Besitzungen auf und entsagten den weltlichen Dingen." Der karäische Gelehrte Sahl ben Mazlia, berichtet, daß „Jerusalem zu dieser Zeit ein Zufluchtsort für alle Flüchtlinge und ein Trost für alle Trauernden war, eine Raststätte für die Armen und Demütigen; hier wohnten die Diener Gottes aus verschiedenen Städten und Familien; hier wohnten jene, die den Tod besangen und die Verfasser von Lobgesängen; und dies auf hebräisch, persisch und arabisch".

Ramle war ein wichtiges Zentrum für Juden aus Babylon, bekannt als *Knesset al-Iraquiin*; umgekehrt wurden Juden, die in Ägypten lebten, als *Knesset al-Shamiin* bezeichnet. Die Karäer hatten ihre eigene Synagoge in Ramle. Eretz Israel diente auch als Durchzugsgebiet für Juden, die von Osten nach Westen zogen.

Nicht einmal Angriffe von Beduinenstämmen 1029 und 1030 hinderten die jüdische Einwanderung aus Spanien, wie ein Brief, der 1053 von Jerusalem nach Toledo gesandt wurde, beweist. Darin war von „Sepharden" die Rede, die mit ihren Familien in Ramle und Jerusalem wohnten. Sogar der sephardische Gelehrte Josef ibn Abitur beabsichtigte Spanien zu verlassen und nach Eretz Israel zu ziehen; ein Freund riet ihm aber, zuerst nach Ägypten zu gehen. Auch die Geschichte der Wanderung des Rabbi Juda Halevi ist für diese Zeit typisch. Auch aus Nordafrika und Syrien kamen Einwanderer nach Eretz Israel. Enge Verbindungen gab es zwischen Juden in Tripolis und Eretz Israel. Testamente aus Italien, Ägypten und Nordafrika bezeugen die Gewohnheit, sich im Heiligen Land begraben zu lassen. Andererseits verließen viele Juden Eretz Israel; in Ägypten entstand auf diese Weise die Gemeinde von Alexandria. Viele Auswanderer waren Gelehrte und Absolventen der *Jeschiwot*, und es spricht einiges dafür, daß sie durch das Bedürfnis nach traditioneller Bildung in den Diasporagemeinden zur Auswanderung veranlaßt wurden.

Im Unterschied zu den dürftigen Lebensbedingungen in Jerusalem war Ramle ein wirtschaftliches Zentrum. Ein Jude führte den Titel eines „Sekretärs der Kaufleute". Entweder diente er als Treuhänder für umstrittene Besitzungen, oder er war der „Vorsitzende der Kaufleute", wie die arabische Form der Bezeichnung nahelegt. In Tyrus arbeiteten die Juden als Glasbläser und kleine Kaufleute. Auch hier gab es einen jüdischen Funktionär, der als „Sekretär der Kaufleute" bezeichnet wurde. Tyrus war ein ebenso wichtiges jüdisches Zentrum wie Ramle. Als die Seldschuken 1071 Jerusalem eroberten, übersiedelte die palästinische Akademie nach Tyrus. Die Juden in den Küstenstädten erfreuten sich besserer Lebensbedingungen als jene im Landesinneren. Als Färber hatten sie sogar ein Monopol. Die Gemeinden, besonders Jerusalem, litten unter enormem Steuerdruck.

In dieser Zeit war Eretz Israel für seine Geonim und seine Gelehrtenzentren bekannt. Allerdings wurden diese durch die schwierigen Existenzbedingungen von der prosperierenden babylonischen Diaspora überschattet. Die letzten Geonim in Eretz Israel waren Elia b. Salomon und sein Sohn Abiathar, der während des ersten Kreuzzugs lebte, nach Tripolis ging und dort 1109 starb. Die palästinische Akademie verlegte man nach Damaskus.

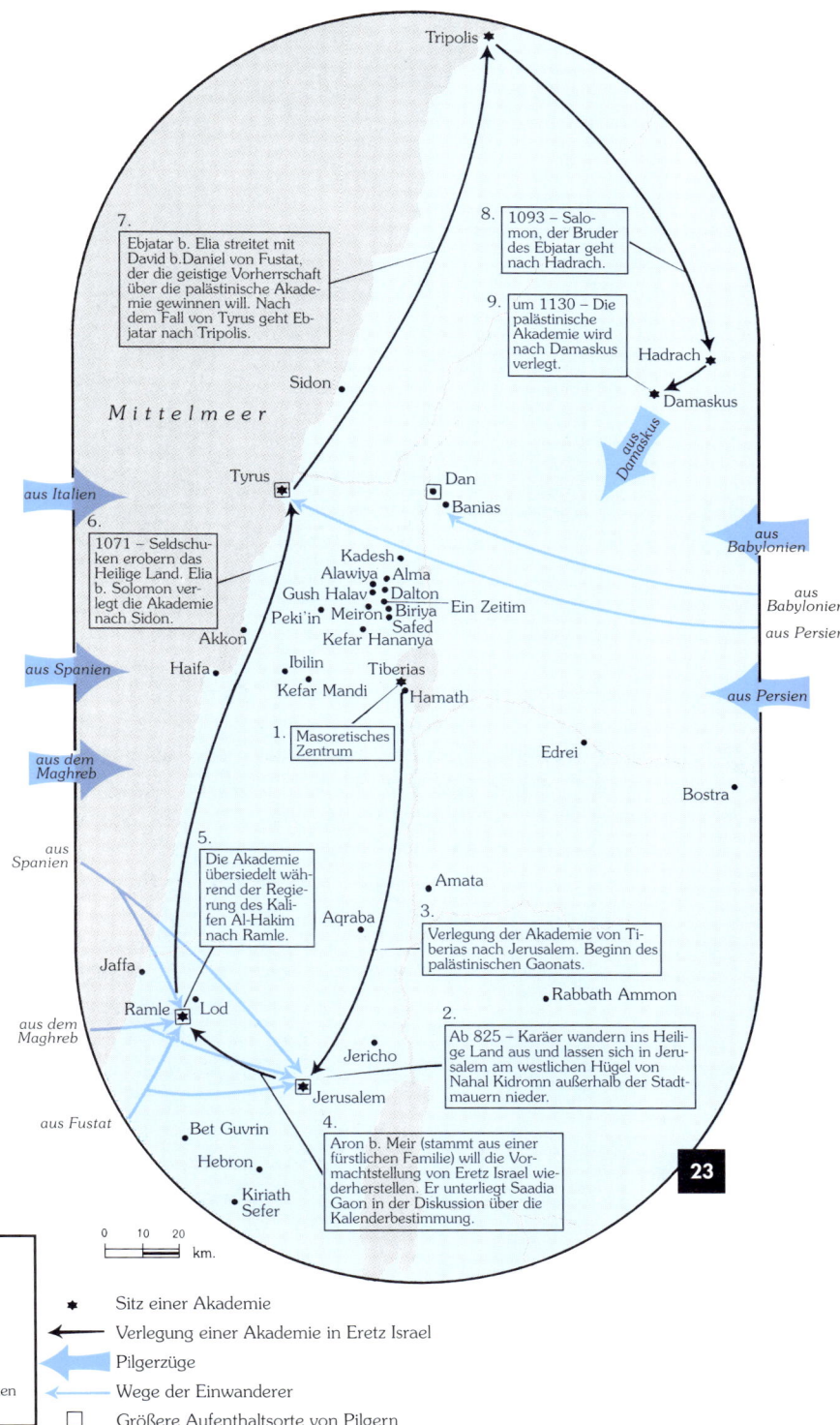

Das Gaonat in Palästina

ca.844-915	Zemach	988-	Samuel b. Joseph ha-Kohen
ca.915-932	Aron b. Moses ben Meir	...	Jose b. Samuel
ca.932-934	Jizchak (Sohn von Aaron?)	...	Schemaia
ca.934-948	Ben Meir (Bruder von Aaron)	1015	Josia b. Aron b. Abraham
ca.948-955	Abraham b. Aron	1020-1027	Solomon b. Joseph ha-Kohen
ca.933-926	Aron	1027-1051	Solomon b. Juda
933-	Joseph ha-Kohen b. Ezron	1051-1062	Daniel b. Azaria
(2 Jahre)	?	1062-1083	Elia b. Solomon b. Joseph ha-Kohen
(30 Jahre)	?	1084-1109	Abiathar b. Elia

Juden in Nordafrika
12. bis 15. Jahrhundert

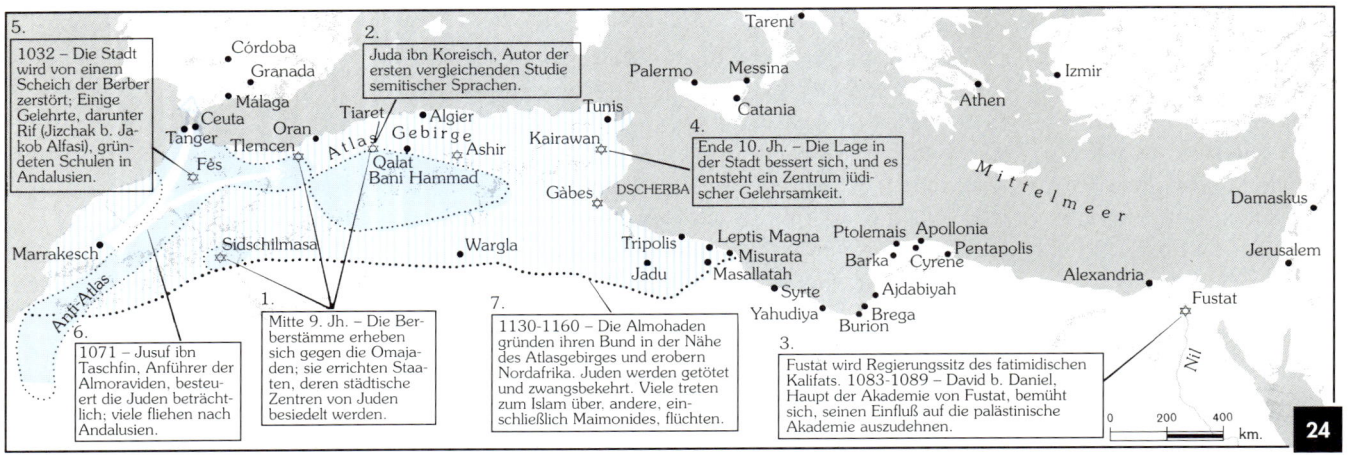

- ✡ Zentrum jüdischen Lebens
- Gebiete der Berberstämme im 9. Jahrhundert
- Größte Ausdehnung des Herrschaftsgebietes der Almohaden

Die Rechtsstellung der Juden in Nordafrika war, wie in allen anderen islamischen Ländern, die eines geschützten Volkes *(dimmi)*. Den ersten hundert Jahren der islamischen Eroberung folgte keine Organisation, es gab keine Pax Islamica. Als die abassidische Herrschaft jene der Omajjaden ablöste, revoltierte eine Vereinigung verschiedener Berberstämme gegen die arabischen Machthaber in Kairawan und im westlichen Tripolitanien. Ibn Rustam, einer der Führer der Revolte, floh und gründete ein eigenes Herrschaftsgebiet im heutigen Algerien mit dem Zentrum Tiaret. Gleichzeitig entstand ein Königreich in der Stadt Tlemcen und in der Oase Tafilalt mit dem Zentrum Sidschilmasa. Diese Herrschaftsgebiete wurden wichtige jüdische Siedlungsgebiete. Tiaret war der Aufenthaltsort von R. Juda ibn Koreisch, einem bekannten Philologen und Schriftsteller des 9. Jahrhunderts. Juden lebten auch auf der Insel Dscherba.

Als Ägypten erobert wurde und sich hier das Kalifat niederließ, wurde Kairawan das „große Handelszentrum in Afrika", wie es in einer Quelle von 978 bezeichnet wurde, sowie ein Mittelpunkt jüdischer Gelehrsamkeit. Mit der Schwächung der fatimidischen Gewalt in Nordafrika, ging die Herrschaft auf die Ziriden in Kairawan über.

Der Berber Jusuf ibn Ziri war Begründer dieser Dynastie und ein treuer Verbündeter der Fatimiden. Er setzte seine Söhne mancherorts als Regenten ein. Allmählich stärkten sie ihre Macht und gestalteten ihre Beziehungen zu den Fatimiden in Kairo enger; sie erkannten aber die Oberherrschaft der Abassiden im fernen Bagdad an. Sie gründeten die Stadt Aschir und veranlaßten Juden, sich dort niederzulassen. Scherira Gaon und Samuel b. Hofni standen mit Juden in Aschir in Briefwechsel. Kairawan war nicht allein ein Mittelpunkt des Thorastudiums und jüdischen Lebens: Die Stadt Gàbes im Süden war ein berühmtes Zentrum des Gelehrsamkeit. Die Anwesenheit R. Jizchaks b. Jakob, bekannt als Alfassi (Autor des Rif, geb. um 1013 in Qalat Bani Hammad in Algerien, gest. 1103 in Lucena, Südspanien), in Fès machte die Stadt im 11. Jahrhundert zu einem Zentrum des Thorastudiums.

1032 wurde Fès von einem der Berberscheiks eingenommen, die Stadt und das jüdische Viertel wurden zerstört und viele Juden getötet. Trotz aller Unglücksfälle setzten die jüdischen Gelehrten von Fès ihre gelehrte Korrespondenz mit den Geonim von Babylon fort. Die großen babylonischen Geonim richteten ihre Schreiben an „Abraham" oder „Tanchum". Möglicherweise wa-

Marokko

Tunesien

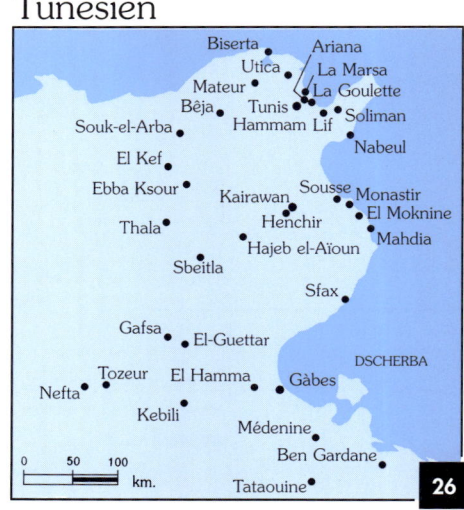

Ägypten

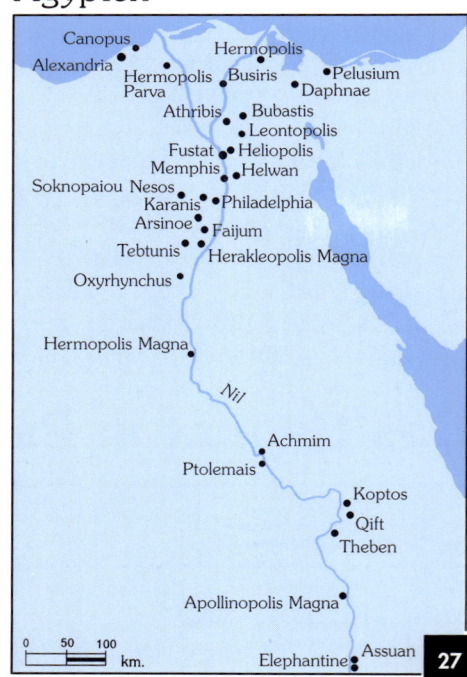

ren diese beiden Vorsteher und Richter der Gemeinde. Einige Gelehrte verpflanzten von hier das Thorastudium nach Spanien. Fès wurde von den Muslimen als jüdische Stadt betrachtet. Ebenso hielten die Juden von Tiaret und Sidschilmasa den Kontakt zu den babylonischen und palästinischen Geonim aufrecht. Obwohl Berber, Omajjaden und Heere der Fatimiden diesen Städten zeitweise schwer zusetzten, blieben sie Zentren des internationalen Fernhandels und zogen weiterhin jüdische Siedler an. Kairawan spielte darüber hinaus eine wichtige Rolle bei den Kontakten nach Babylon.

In Nordwestafrika bildeten einige Berberstämme eine religiös, sozial und militärisch bestimmte Gemeinschaft, die als die Almoraviden bekannt wurde und sich einer radikaleren religiösen Rechtgläubigkeit verschrieb. 1062 gründete ihr Anführer Jusuf ibn Taschfin Marrakesch und unternahm Eroberungszüge in Afrika und nach Spanien. 1071 erpreßte er von den nordafrikanischen Juden die ungeheure Summe von 100 000 Dinar. Wahrscheinlich zogen deshalb viele Juden von Nordafrika nach Spanien. Dennoch kann die Herrschaft der Almoraviden nicht mit jener der Almohaden, die im 12. Jahrhundert viele jüdische Gemeinden zerstörten, verglichen werden.

Muslimisches Spanien:
Wirtschaft und jüdische Siedlungen
10. bis 12. Jahrhundert

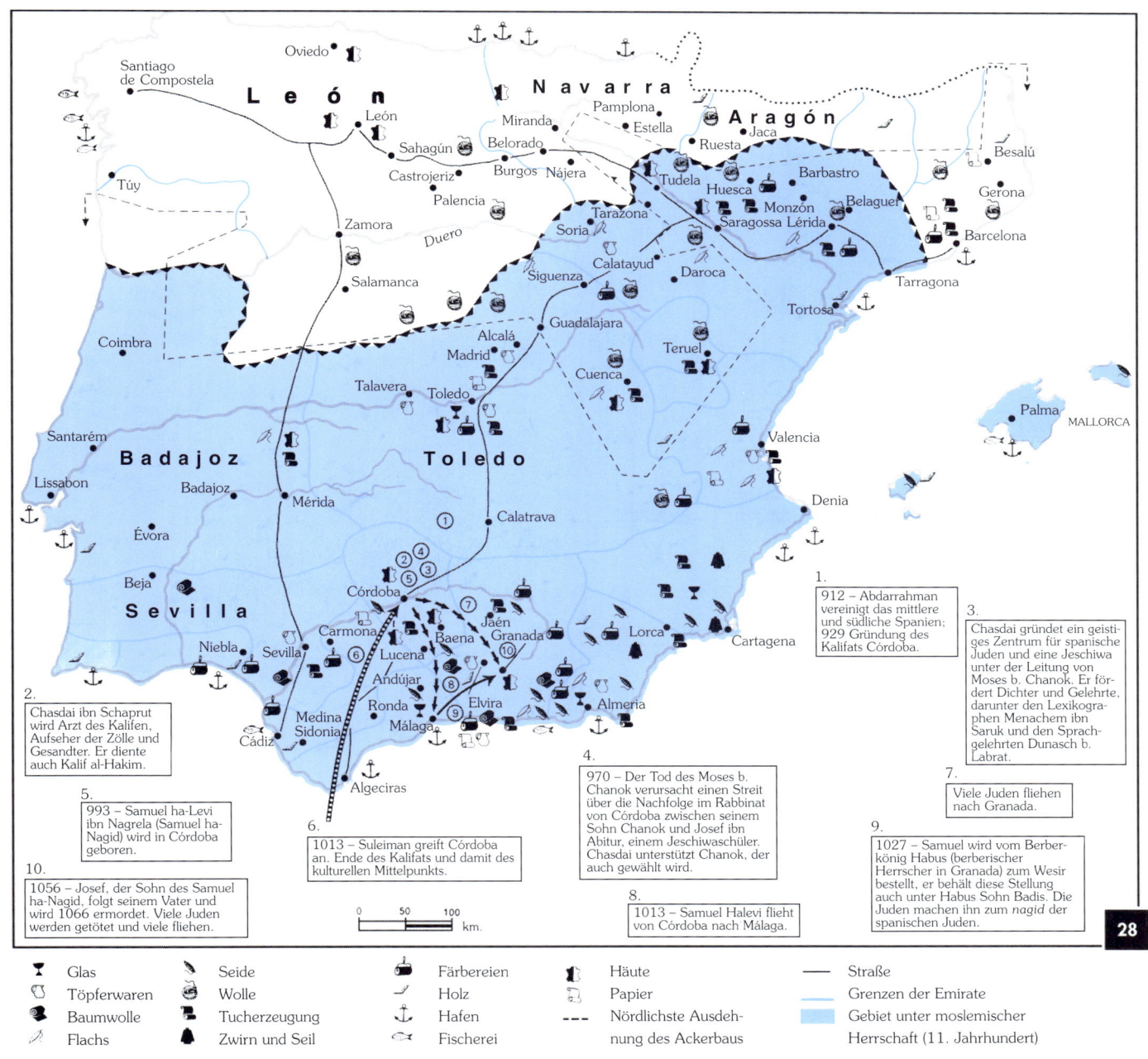

1. 912 – Abdarrahman vereinigt das mittlere und südliche Spanien; 929 Gründung des Kalifats Córdoba.

2. Chasdai ibn Schaprut wird Arzt des Kalifen, Aufseher der Zölle und Gesandter. Er diente auch Kalif al-Hakim.

3. Chasdai gründet ein geistiges Zentrum für spanische Juden und eine Jeschiwa unter der Leitung von Moses b. Chanok. Er fördert Dichter und Gelehrte, darunter den Lexikographen Menachem ibn Saruk und den Sprachgelehrten Dunasch b. Labrat.

4. 970 – Der Tod des Moses b. Chanok verursacht einen Streit über die Nachfolge im Rabbinat von Córdoba zwischen seinem Sohn Chanok und Josef ibn Abitur, einem Jeschiwaschüler. Chasdai unterstützt Chanok, der auch gewählt wird.

5. 993 – Samuel ha-Levi ibn Nagrela (Samuel ha-Nagid) wird in Córdoba geboren.

6. 1013 – Suleiman greift Córdoba an. Ende des Kalifats und damit des kulturellen Mittelpunkts.

7. Viele Juden fliehen nach Granada.

8. 1013 – Samuel Halevi flieht von Córdoba nach Málaga.

9. 1027 – Samuel wird vom Berberkönig Habus (berberischer Herrscher in Granada) zum Wesir bestellt, er behält diese Stellung auch unter Habus Sohn Badis. Die Juden machen ihn zum *nagid* der spanischen Juden.

10. 1056 – Josef, der Sohn des Samuel ha-Nagid, folgt seinem Vater und wird 1066 ermordet. Viele Juden werden getötet und viele fliehen.

- Glas
- Töpferwaren
- Baumwolle
- Flachs
- Seide
- Wolle
- Tucherzeugung
- Zwirn und Seil
- Färbereien
- Holz
- Hafen
- Fischerei
- Häute
- Papier
- Nördlichste Ausdehnung des Ackerbaus
- — Straße
- Grenzen der Emirate
- - - - Gebiet unter moslemischer Herrschaft (11. Jahrhundert)

Andalusien, wie die Iberische Halbinsel genannt wurde, blühte während der Herrschaft Abdarrahmans II. (822-852) auf. Trotz einiger Revolten ließ er ein System von Befestigungsanlagen zur Verteidigung gegen christliche Angriffe erbauen und schloß Bündnisse mit anderen islamischen Fürsten. So konnte er den normannischen Überfällen auf die Küstenstädte Widerstand leisten. Er widmete sich kulturellen Angelegenheiten und ließ öffentliche Bauten in Córdoba und anderswo errichten. Diese Gebäude sind bis heute der Stolz Spaniens. Córdoba wurde ebenso ein religiöses und kulturelles Zentrum der Juden.

Am Ende des 10. Jahrhunderts wurden Jakob und Joseph Ibn Jau zu Vorstehern der jüdischen Gemeinde ernannt. Jakob war *Nassi* (Fürst) aller Juden im muslimischen Spanien und in Marokko und Algerien, die unter der Herrschaft der spanischen Muslimen standen. Die Brüder waren reiche Seidenkaufleute und -fabrikanten. Jakob wurde zum Steuereinheber ernannt und durfte rabbinische Richter ernennen. Der bedeutendste Gelehrte in Spanien war Chasdai ibn Schaprut.

Das muslimische Granada konsolidierte sich im 11. Jahrhundert und umfaßte den gesamten südöstlichen Teil der Halbinsel. Rabbi Samuel b. Joseph Halevi ibn Nagrela (Samuel Haganid) war ein herausragender Vorsteher der Gemeinde in Granada. Er wurde 993 in Córdoba geboren und flüchtete 1013 nach Málaga, indem er den Eroberungen der Berber folgte. Er besaß eine hervorragende jüdische und allgemeine Bildung, beherrschte Arabisch und machte sich rasch einen Namen als Lehrer und Schreiber arabischer Briefe. Samuel gehörte dem Beraterstab des Wesirs von Granada an. Zuerst war er Steuereinnehmer für einige Herrschaftsbezirke; später wurde er in den Diensten des König Habbus Finanzminister und Wesir. Unter der Regierung des Nachfolgers, Badis, gewann er an Einfluß. Von 1038 bis 1056 befehligte er erfolgreich das Heer. Samuel betrachtete alle seine Siege als Zeichen göttlichen Eingreifens und seine anderen Unternehmungen als Teil einer göttlichen Mission, in welcher er der Gesandte Gottes war, um sein Volk zu verteidigen. Daraus folgend erfüllte er seine Aufgaben mit Eifer und einer für Hofbeamte ungewöhnlichen Loyalität. Samuel stand mit R. Nissim von Kairawan in Briefwechsel, dessen Tochter seinen ältesten Sohn Joseph heiratete. Ferner mit R. Hai Gaon, den Häuptern der Jeschiwot in Palästina und den Vorstehern der ägyptischen Gemeinden. In Spanien hielt er engen Kontakt mit Jizchak ibn Chalfun, den er auch förderte. Ebenso mit dem Dichter und Philosophen Salomon ibn Gabirol. Mit beiden tauschte er Gedichte aus. Er war nicht nur Dichter, sondern auch Rechtsgelehrter, der ein wesentliches halachisches Werk verfaßte. Er war auch als Philologe und Verfasser theologischer Abhandlungen bekannt. In seiner Zeit herrschte in Granada wirtschaftliche Prosperität. Hier lebten viele jüdische Kaufleute und Handwerker. Man schätzte die jüdische Bevölkerung auf 5000 Personen. Daher nannten die Muslime die Stadt *Gharnatat al-Yahud* (Granada der Juden). Die Jeschiwa in Granada hatte viele bekannte Gelehrte.

In den muslimischen Gebieten Nordspaniens lebten die meisten Juden in Saragossa. Die Herrscher gehörten zur Banu-Tujib-Dynastie, die geordnete Beziehungen zu ihren christlichen Nachbarn unterhielten. In der zweiten Hälfte des 11. Jahrhunderts kam eine neue Familie, die Banu Hud aus Jemen, an die Macht. Die Stadt wurde eine der reichsten in ganz Spanien. Die meisten Juden waren Pelzhändler, oder sie arbeiteten in der Flachs-, Tuch- und Lederverarbeitung. In der Umgebung von Saragossa waren sie als Bauern und Weinproduzenten tätig; sie trieben mit den Kaufleuten von Barcelona und Südfrankreich Handel. Die Gemeinde hatte eine große Zahl von Thoragelehrten, Ärzten und Intellektuellen. Am Herrscherhof herrschte eine Atmosphäre der Toleranz, Juden standen daher in Hofdiensten. In den 1030er Jahren diente Abu Jizchak Jekuthiel b. Jizchak ibn Hasan als Ratgeber des Königs Mundhir II. Jekuthiel war in der Thora und in weltlichen Bereichen gebildet. Er förderte Thoragelehrte und Dichter. 1039 wurde er vom letzten König der Banu-Tujib-Dynastie hingerichtet.

Ein Gefäß aus Elfenbein aus dem Spanien des 10. Jahrhunderts. Das Original befindet sich im Besitz der Spanischen Gesellschaft in New York.

Die Reconquista
Bis zur Mitte des 12. Jahrhunderts

Zwischen Muslimen und Christen tobte über Jahrhunderte hinweg ein unentschiedener Kampf. Karl der Große unterstützte die Christen mit der Einrichtung der Spanischen Mark, einer Pufferzone zwischen dem muslimischen Spanien und dem Frankenreich. In Barcelona bestand eine feste christliche Herrschaft. Die Juden beschäftigten sich hier mit Handel und erhielten Felder und Weingärten zu bestimmten Leiheformen. Sie konnten Land aber auch zu Vollbesitz (Allod) innehaben. Juden trieben Grundstücksgeschäfte mit Bischöfen und Klöstern. Die Geschäftsurkunden wurden hebräisch geschrieben bzw. haben zumindest eine hebräische Unterschrift.

Die wirtschaftliche Tätigkeit der Juden in Barcelona und in der Nachbarschaft entwickelte sich bis zu den Feldzügen des Jahres 1391 auf den verschiedensten Gebieten. Neben den Privilegien, die das Leben der Juden in Barcelona regelten, existiert eine ältere Sammlung, die als das „Buch der Gewohnheiten" bekannt ist. Dort wurden ebenfalls die Angelegenheiten der Juden geregelt. Es entstand zwischen 1053 und 1071. Eine Bestimmung stellte die Bestrafung eines Mannes, der einen Juden verletzt oder getötet hatte, dem König anheim: Die Juden waren also vom guten Willen des Herrschers abhängig. Die Konzilien von Gerona 1067/1068 und 1078 bestimmten, daß Juden, die von Christen Land kauften, den Zehent zu entrichten hätten.

Ordoño I. (850-866) drang in das Gebiet zwischen Salamanca und Saragossa ein. Er unternahm Anstrengungen, Nordspanien zu besiedeln, und wählte León zu seinem Hauptsitz. Sein Sohn Alfons III. (866-909) setzte die Politik des Vaters fort und eroberte vorübergehend Gebiete in Nordportugal. Innere Auseinandersetzungen lähmten weitere Fortschritte der christlichen Sache. Vielleicht war er auch durch den muslimischen König Abdarrahman III. abgeschreckt, der König von Andalusien war. Während der Herrschaft des Königs Ramirez II. (931-950) rebellierte Graf Ferdinand Gonzales von Kastilien gegen den König. Damit beginnt die eigentliche Geschichte Kastiliens. Ramirez schloß ein Bündnis mit Tota, der Königin von Navarra, die mit Chasdai ibn Schaprut Verhandlungen führte. Die Juden in Kastilien waren vom guten Willen des Herrschers abhängig. Einen Juden zu töten oder zu verwunden, wurde mit einer schweren Geldstrafe geahndet, die an den Herrscher zu bezahlen war, als ob die Juden sein Eigentum gewesen wären. In der Tat unterschieden sich die Regelungen in den einzelnen Städten und Landschaften. Die besonderen Umstände jüdischen Lebens sind anläßlich eines Aufstands der Bewohner von Castrojeriz im Jahre 1035 zu erkennen. Um das Land wirtschaftlich zu fördern, siedelte König Sancho III. (der Große) Juden gegen den Willen der Christen an. Nach seinem Tod 1035 drangen christliche Bewohner von Castrojeriz in die königlichen Güter in Burgos ein und töteten 60 Juden. Die jüdischen Siedler in ländlichen Gebieten bedurften nicht nur der Zustimmung der Herrschers, sich dort anzusiedeln, sondern auch des konkreten physischen Schutzes. Die Siedlungen befanden sich auf Königsland und wurden als *villa nova de Judaeis* bezeichnet. Solche Siedlungen gab es in Navarra und Aragon.

Ferdinand I. vereinigte Kastilien, León und Galicien unter einer Krone (1037) und begründete damit das größte spanische Königreich. Die Regierung seines Sohnes Alfons VI. (1065-1109) fiel mit den gewaltigen Ereignissen in Europa zur Zeit des ersten Kreuzzugs zusammen. In dieser Zeit unterschied sich im christlichen Spanien das Verhalten gegenüber den Juden grundsätzlich von dem im restlichen Europa. Alfons VI., der den Titel eines Kaisers aller Spanier annahm, führte Krieg gegen die Muslime. Seine frühe Beschäftigung mit der Reconquista, als er auch französische Ritter ins Land rief, war wahrscheinlich einer der Gründe, warum die Juden hier nicht wie ihre Brüder in anderen Teilen Europas getötet wurden..

Die Dienste, die von den Juden der herrschenden Macht geleistet wurden, schuf ihnen eine günstige Ausgangsposition. Die Juden in Spanien, die zahlreicher als die aschkenasischen (Juden in Frankreich und Deutschland) waren, behielten ihre Wohnsitze auch nach dem Rückzug der Muslime nach Süden. Jene Juden, die wichtige Positionen in der lokalen Verwaltung der arabischen Emirate gehabt hatten, spielten eine wichtige Rolle bei der Aufrichtung der Herrschaft der christlichen Sieger.

Alfons VI. besiegte die Herrscher von Sevilla, Badajoz und Granada und erzwang Tributzahlungen. Er eroberte auch Coimbra in Portugal und half, ein portugiesisches Königreich zu errichten.

Am 6. Mai 1085 eroberte er Toledo, und bei den Kapitulationsverhandlungen versprach er den Muslimen, ihre Rechte zu beachten und ihre Moscheen in Ehren zu halten. Doch nur zwei Generationen später wurden die Muslime gezwungen, ihre Wohnstätten in der Stadt aufzugeben, und die wichtigste Moschee wurde 1102 in eine Kirche umgewandelt. Im 12. Jahrhundert lebten nur mehr wenige Muslime in Toledo. Die Juden lebten weiter im Südwesten der Stadt, wo sich auch eine Befestigungsanlage befand. Überreste jüdischer Bauten überlebten bis heute.

Die Juden konnten sich glücklich schätzen, eine Person wie Josef Nasi Ferruziel (genannt Cidellus) in ihren Reihen zu haben. Er war Beamter am Königshof und setzte sich für ihre Belange ein. Er wurde in Cabra im Königreich Granada geboren, wurde Arzt Alfons' VI. und *Nassi* aller Juden, die im Königreich lebten. Er unterstützte die Juden in Guadalajara, als die Stadt von Alfons erobert wurde. Er half auch jenen, die vom Süden nach dem Norden zogen. Die großen Güter, die er in und um Toledo besaß, wurden nach seinem Tod von der Krone eingezogen. Noch vorhandene königliche Dokumente tragen seine Unterschrift als Zeuge in lateinischer Schrift. Er bezeugte ebenso das bekannte *privilegium immunitatis* von 1110, das ein Jahr nach Alfons' Tod ausgestellt wurde. Josef vertrat einen klaren Standpunkt in innerjüdischen Angelegenheiten und vertrieb rücksichtslos die Karäer aus Kastilien.

Die Reconquista

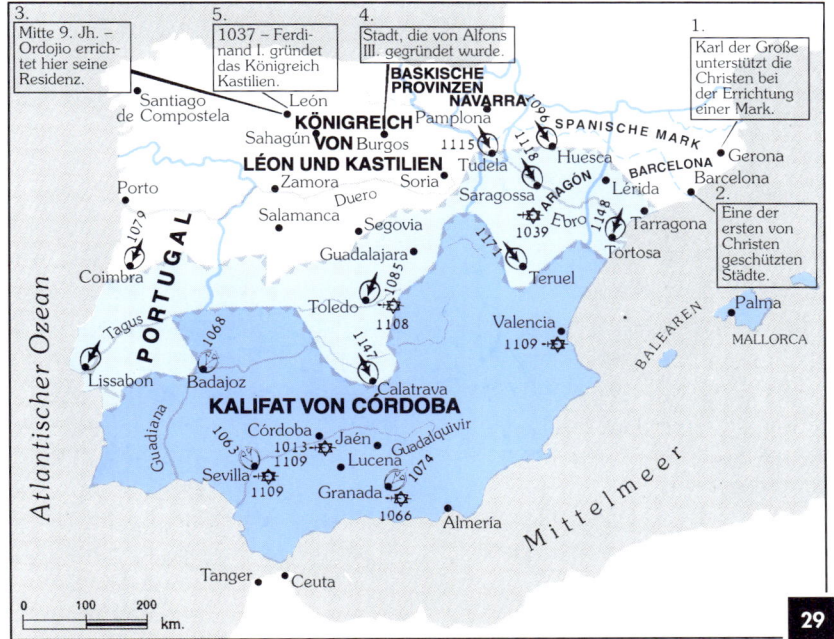

⊖ Von Christen eroberte Stadt mit Datum
⊖ Tributzahlungen an Christen
⊖ Von Almohaden und Almoraviden ausgeführte Massaker an Juden

Jüdische Gemeinden in Aschkenas
bis 1096

Zur Zeit der Sachsenkaiser (918-1024) entstanden die ersten jüdischen Gemeinden im ostfränkischen Gebiet, dem späteren Deutschland. Otto I. und Otto II. (973-983) überließen den Bischöfen von Magdeburg und Merseburg die Herrschaft über die Juden in ihren Bischofssitzen. Heinrich II. (1002-1024) bestätigte dem Bischof von Merseburg 1004 dieses Recht. Aus Mainz wurden die Juden allerdings 1012 vertrieben. Möglicherweise stand dies mit der Konversion des Priesters Wecelin in Zusammenhang, denkbar wäre auch eine Reaktion auf die Nachricht über einen Brand der Kirche zum Heiligen Grab in Jerusalem, für den man den fatimidischen Kalifen al-Hakim verantwortlich machte. Wenig später nahm man den Vertreibungsbefehl zurück, vielleicht aufgrund einer Intervention des Rabbi Jakob b. Jekuthiel bei Papst Benedikt VIII. (1012-1024).

Die herausragende Stellung von Mainz bewirkte manche Kontakte zwischen Juden und dem Herrscher. Die Ansiedlung der Juden fand im frühen 10. Jahrhundert oder schon etwas früher statt. Mit der Ankunft des Kalonymos und seiner Familie begann der Aufstieg der Mainzer Gemeinde zu einer der führenden.

Speyer war günstig am Rhein und der alten Römerstraße gelegen. Eine jüdische Gemeinde wurde hier 1084 von Bischof Rüdiger (1073-1090) privilegiert. Der Bischof war einer der wichtigsten Parteigänger Heinrichs IV. im Investiturstreit. Sein Nachfolger Johann (1090-1104) setzte diese Politik fort, auch hinsichtlich der Juden in Speyer.

Rüdiger strich die Bedeutung der Juden für die Vergrößerung einer Siedlung zu einer Stadt deutlich heraus. 1090 erhielten die Juden in Speyer ein Privileg Heinrichs IV., dessen Grundzüge sich in fast allen Judenprivilegien des Mittelalters wiederfinden, wenn sie auch modifiziert und ergänzt wurden. Im Privileg legte der Kaiser die Rahmenbedingungen des Handlungsspielraums der Juden fest und regelte das Verhältnis zur christlichen Umwelt. Grundsätzlich unterstanden sie der kaiserlichen Gewalt; daß sie zur Kammer des Herrschers gehörten, legte vermutlich erst Friedrich I. Barbarossa (1152-1189) fest. Im Falle Speyers war der Bischof an den Herrschaftsrechten über die Juden beteiligt.

Auch Worms war eine wichtige Gemeinde. 1014 begann man mit dem Bau einer Synagoge und vollendete sie 1034. Wenig später sind bereits Juden in der Stadt nachzuweisen. Für die Unterstützung des Kaisers im Investiturstreit in seiner Auseinandersetzung mit dem Bischof erhielten sie zum Lohn, wie andere Wormser Bürger, Zollerleichterungen. Die Geschäftskontakte der Wormser Juden reichten bis Frankfurt und Goslar. Von der Mitte des 11. Jahrhunderts an waren Worms und Mainz Zentren des Thorastudiums in Aschkenas.

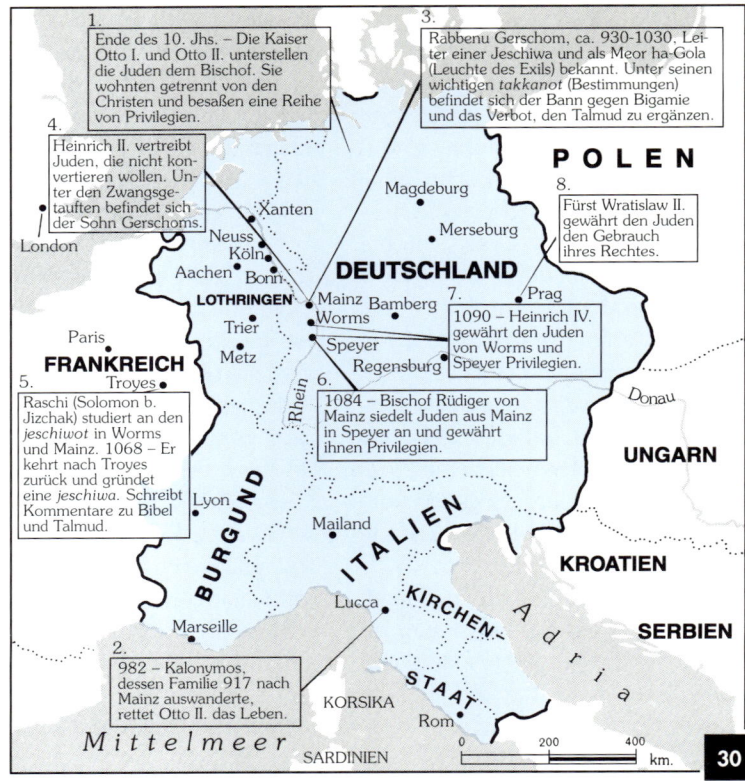

In Köln sind Juden zur Zeit des Erzbischofs Anno (1056-1075) nachzuweisen, die archäologischen Reste der Synagoge werden nach neuesten Forschungen schon auf die Zeit um 800 datiert. Das Verhältnis zwischen Christen und Juden im 11. Jahrhundert war anscheinend störungsfrei. Erzbischof Anno könnte sogar die Dienste jüdischer Geldverleiher in Anspruch genommen haben. Juden besuchten jedenfalls die dreimal jährlich stattfindenden Märkte in Köln. Offensichtlich genossen sie entsprechende Privilegien und Abgabenfreiheit.

Kleinere Gemeinden existierten in Trier und Metz.

Folgenreich für die jüdischen Gemeinden am Rhein war der erste Kreuzzug. Die bewaffneten Pilger, die sich unter Führung des Grafen Emicho zum sogenannten Bauernkreuzzug versammelten, griffen die rheinischen Gemeinden an. Salomo bar Simeon, ein zeitgenössischer jüdischer Historiograph, beschreibt die Massaker von 1096: „Sehet, wir ziehen den weiten Weg, um die Grabstätte (Haus der Schande) aufzusuchen und uns an den Ismaeliten zu rächen, und siehe, hier wohnen unter uns die Juden, deren Väter ihn (Christus) unverschuldet umgebracht und gekreuzigt haben! So lasset zuerst an ihnen uns Rache nehmen und sie austilgen unter den Völkern, daß der Name Israel nicht mehr erwähnt werde; oder sie sollen unsersgleichen werden und zu unserem Glauben (und sich zu dem Sohne der Abgesonderten) bekennen."

Die jüdischen Gemeinden waren voller Sorge und schickten einander warnende Briefe mit Ratschlägen, um die Gefahren abzuwenden. Peter der Einsiedler kam nach Trier mit einem Brief der französischen Gemeinden, in denen sie ihre Glaubensgenossen baten, die Kreuzfahrer mit Geld und Nahrungsmitteln zu versorgen. Zahlungen an bestimmte Heerführer konnten Erfolg haben; so verhielt es sich auch mit Gottfried von Bouillon, der später der erste König von Jerusalem wurde. Er leistete bei seinem Aufbruch zum Kreuzzug einen Eid, das Blut Jesu an den Juden zu rächen. Die rheinischen Gemeinden wandten sich an den Parnaß von Mainz, Kalonymos, der bei Kaiser Heinrich IV. intervenierte, der sich damals in Oberitalien aufhielt. Auf Heinrichs Anordnung hin verschonte Gottfried die Juden; möglicherweise wurde er durch größere Zahlungen der Gemeinden in Köln (500 Mark) und Mainz beschwichtigt.

Dem Zug Emichos eilte eine Gruppe unter der Führung eines gewissen Volkmar voraus. Volkmar und sein Gefolge trafen gegen Ende Mai 1096 in Prag ein und begannen einen Monat später, die Juden in Massen umzubringen. Die weltlichen Behörden waren außerstande, ihnen Einhalt zu gebieten, und der heftige Einspruch des Bischofs Cosmas verhallte ungehört.

Am 3. Mai 1096 versuchten Kreuzfahrer die Juden in Speyer zu attackieren. „Diese waren die Ersten, die an dem heiligen Sabbathtage ihren Schöpfer heiligten, da sie sich nicht taufen lassen wollten. Darunter befand sich auch eine angesehen fromme Frau, die sich zur Heiligung des göttlichen Namens selbst schlachtete... Die übrigen wurden, ohne ihren Glauben wechseln zu müssen, von dem Bischof (Johann) gerettet." Am 18. Mai langten die Kreuzfahrer in Worms an. Der Bischof versuchte die Juden zu schützen, indem er einige in seine Burg aufnahm. Diejenigen, die in der Stadt zurückblieben, wurden ermordet. Eine Woche später kam es zu einem Massaker an jenen, die sich zunächst zum Bischof geflüchtet hatten. In Mainz spielte der Rheingraf Emicho eine berüchtigte Rolle. Er behauptete, daß eine göttliche Erscheinung ihm geboten hätte, die Juden zu bekehren oder zu töten. Die Katastrophe der Mainzer Gemeinde gilt als eines der großen heroischen Kapitel in der Geschichte des jüdischen Volkes.

In Köln versteckten der Erzbischof und einige Bürger die Juden und brachten sie in kleineren Siedlungen im Umfeld der Stadt unter. Zunächst vergriffen sich die Kreuzfahrer am Besitz der Juden. Drei Wochen lang konnten sich die Juden erfolgreich verstecken, am 24. Juni wurden sie in Neuss, am 25. in Wevelinghoven und zuletzt am 30. Juni in Moers entdeckt und erschlagen.

Die Vernichtung der aschkenasischen Gemeinden war fast vollständig durchgeführt worden. Die meisten der Gelehrten von Mainz und Worms waren tot.

Der Weg der Kreuzfahrer war blutig. Ihr Ziel im Heiligen Land war Jerusalem. Hier fochten die Juden zusammen mit den Muslimen um ihr Leben. Nach der Niederlage wurde die gesamte jüdische Bevölkerung erschlagen.

Die Massaker von 1096

Pfeiler der Wormser Synagoge

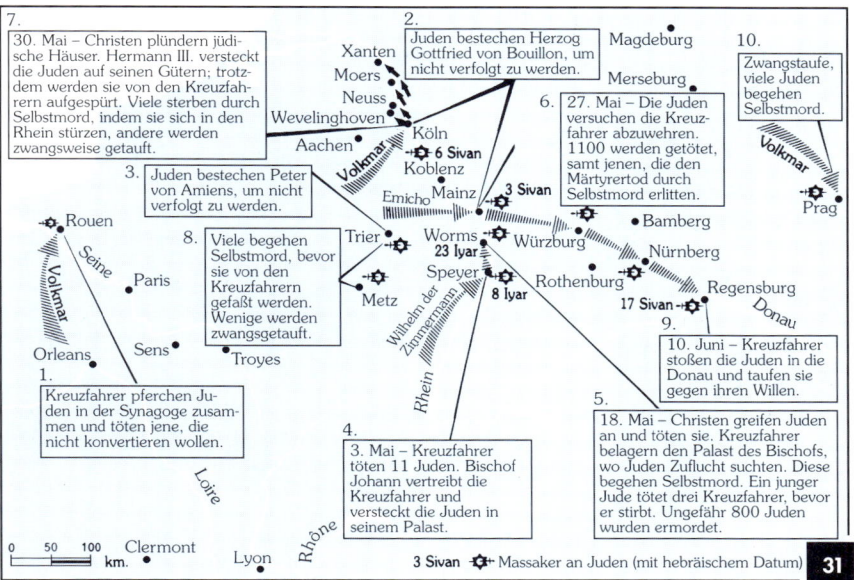

Der erste Kreuzzug
1096 bis 1099

Kreuzritter

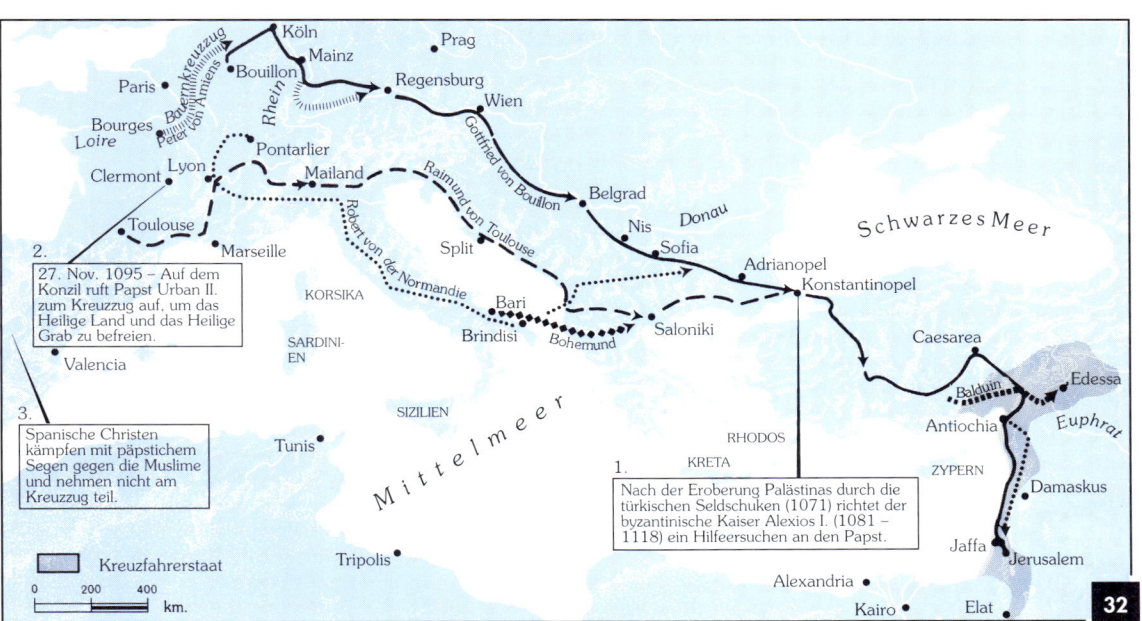

Das Königreich der Kreuzfahrer in Eretz Israel

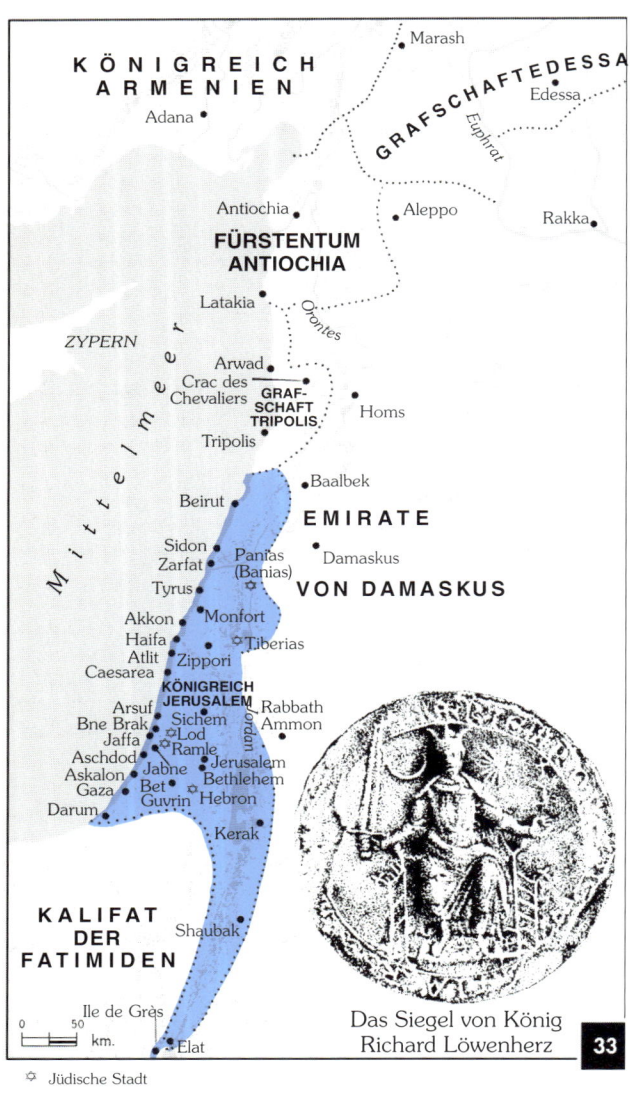

Das Siegel von König Richard Löwenherz

Am Neumondstage des Siwan, am Tage, wo Israel zum Sinai gekommen war, um die Thora zu empfangen, wurden auch diejenigen, die sich im bischöflichen Palaste befanden, aufgeschreckt. Die Feinde verfuhren mit ihnen, wie sie mit den früheren verfahren waren, mißhandelten sie und übergaben sie dem Schwerte. Diese, durch das von ihren Brüdern gegebene Beispiel gestärkt, heiligten noch eifriger den Namen ihres Schöpfers, sie legten selbst Hand an sich; so ward die Mutter niedergestreckt auf ihre Kinder, und der Vater fiel über seine Söhne und ward auf ihnen geschlachtet. Jeder tötete seinen Bruder, seinen Blutsverwandten, Frau und Kinder, der Bräutigam seine Braut und eine barmherzige Mutter und ihr einziges Kind. Und alle nahmen freudigen Herzens das himmlische Gericht an, machten Frieden mit ihrem Herrn und riefen: „Höre Israel! Der Herr ist unser Gott, er ist einzig."

A. M. Habermann, Sefer Gzerot Ashkenaz ve-Tsarfat, Jerusalem 1946, Seite 29

Während (vom Schwerte) zerteilte Kinder zuckend zuhauf lagen, beeilten sie sich, die anderen zu töten, die sich in ihrem Blut wälzten, hingeworfen auf dem Boden vor Deiner Heiligkeit
wollen sie in Ewigkeit vor Deinen Augen (wimmeln).

David b. Meschullam von Speyer: Gott! Schweige nicht über mein Blut. Bußhymne für den Versöhnungstag

Die Belagerung von Jerusalem

7. Juni bis 15. Juli 1099

Siegel Friedrich Barbarossas

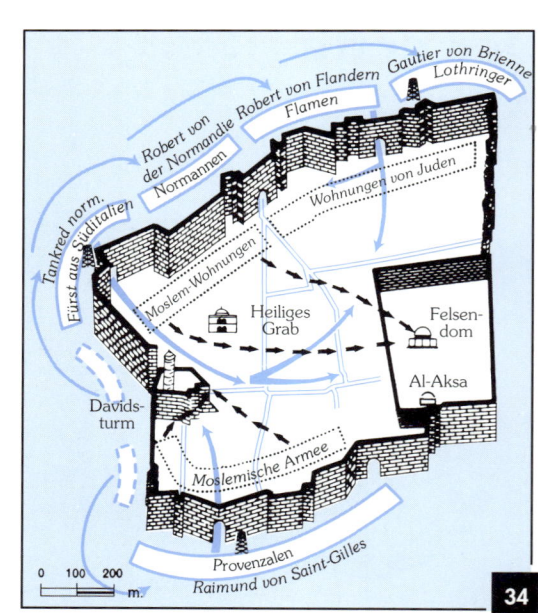

Die weiteren Kreuzzüge

Ein ganzes Jahr verging nach dem Fall von Edessa (1144), bevor eine Gesandtschaft den Hof Papst Eugens III. (1145-1153) erreichte und um Hilfe bat. Im Dezember 1145 erließ der Papst eine Bulle, mit der er zum zweiten Kreuzzug aufrief. Er versprach denen, die dem Aufruf folgten, einen Nachlaß ihrer Schulden und Streichung der Zinsen. Dies wirkte sich auf die im Geldverleih tätigen Juden aus. Der Papst erklärte auch, daß der Kreuzzug einer Buße entsprach, daß jedem, der am Kreuzzug teilnahm und seine Sünden bereute, vergeben werden und die Strafe für seine Sünden erlassen würde. Der Widerhall war gering, bis sich Bernhard von Clairvaux der Sache annahm. Am 31. März 1146 trat er auf einer Versammlung des französischen Adels unter Vorsitz König Ludwigs VII. in Vezelay auf. Seine Rede beeindruckte die Versammelten derart, daß viele beschlossen, das Kreuz zu nehmen. Er predigte für den Kreuzzug rund ein Jahr in den rheinischen Städten und überzeugte auch König Konrad III. (1138-1152), das Kreuz zu nehmen. Gleichzeitig stachelte der fanatische Zisterzienser Rudolf die Massen im Rheinland an, die Juden zu töten.

Eine Wiederholung der Massaker von 1096 schien bevorzustehen. Diesmal aber traten kirchliche und weltliche Machtträger für die Juden ein. Sie wandten sich an Bernhard von Clairvaux, der für die Verkündigung des Kreuzzugs verantwortlich war. Er galt insgesamt als Autorität in der christlichen Welt und insbesondere im Zisterzienserorden, dem ja auch Rudolf angehörte. Sie verlangten von ihm, klug und verantwortungsvoll zu handeln, um die Juden zu schützen. Jüdische Quellen zeigen Anerkennung für die religiöse Haltung Bernhards, die ihn veranlaßte, für die Juden einzutreten. Unglücklicherweise gelang es ihm nicht, viele jüdische Gemeinden zu schützen. Die Massaker an den französischen Juden in Ham, Sully, Carentan und Ramerupt begannen, bevor die Kreuzfahrer Deutschland erreichten. Rabbi Tam (Jakob b. Meir 1100-1171) befand sich unter den Verwundeten von Ramerupt. Zum Glück befolgte König Ludwig VII. nicht den Rat des Abtes von Cluny, Petrus Venerabilis (1092-1156), der in einem giftigen und verletzenden Brief, der sogar im Mittelalter kein Vergleichsbeispiel hat, die totale Vernichtung der Juden forderte.

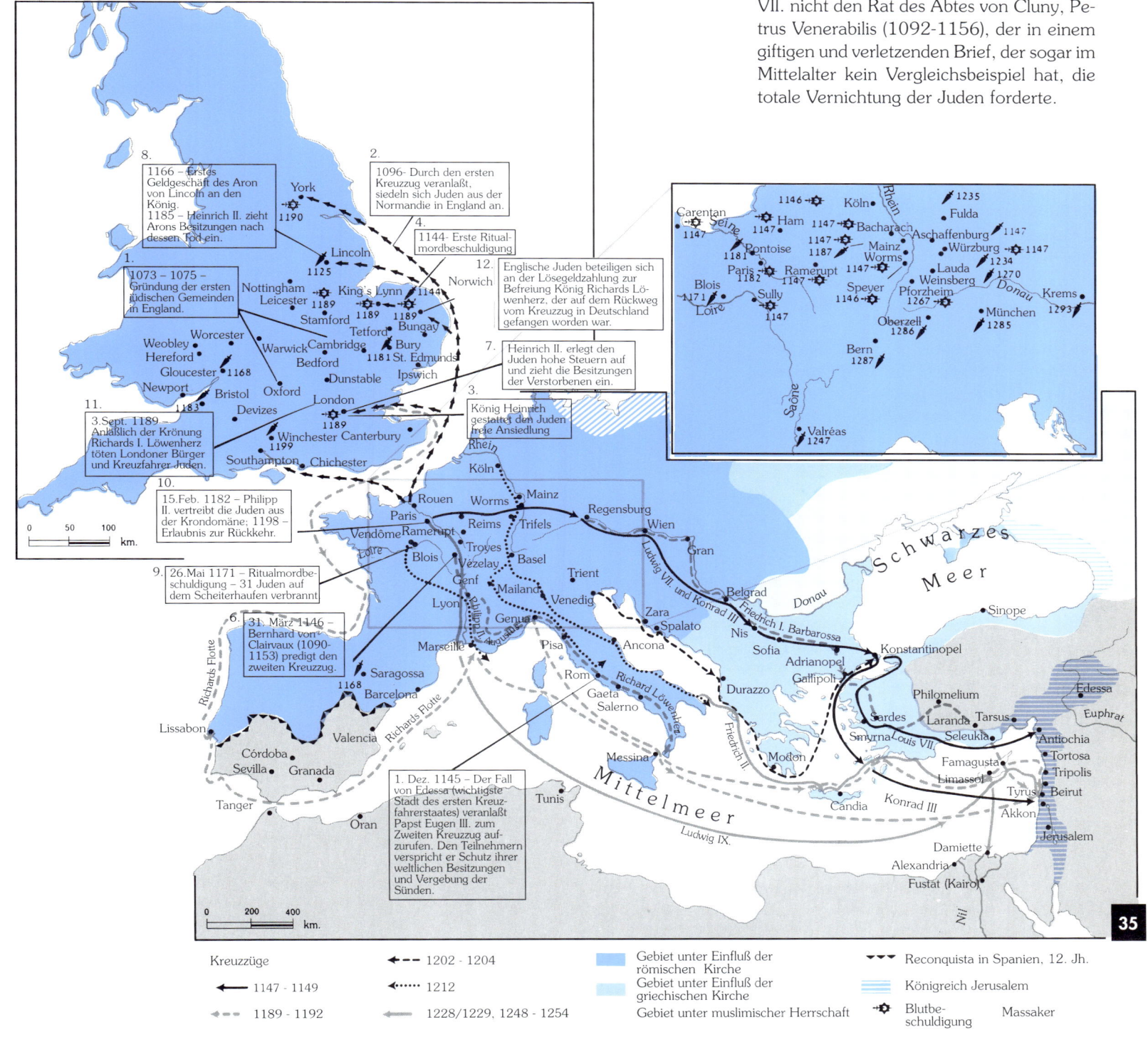

König Stephan (1135-1154) schützte die Juden in England. In Deutschland waren Köln (nur einige Juden konnten sich auf die erzbischöfliche Wolkenburg retten), Worms, Mainz, Bacharach, Würzburg und Aschaffenburg von Verfolgungen betroffen. Die Ausfälle gegen die Juden endeten 1147.

In Frankreich kam es vereinzelt auch zu Verfolgungen zwischen dem zweiten und dritten Kreuzzug. Die Verfolgung nach einer Ritualmordbeschuldigung 1171 in Blois ist allerdings politisch zu deuten. 1182 wurden die Juden von Philipp II. Augustus (1180-1223) aus der Krondomäne vertrieben. Alle Schulden, die Christen bei Juden hatten, wurden annulliert, und die Juden mußten ein Fünftel der Schulden an den König bezahlen. 1198 erlaubte der König den Juden zurückzukehren.

Die Niederlage der Kreuzfahrer bei Hittin (1178) und Saladins Einnahme von Jerusalem verursachte neue Kreuzzugsbegeisterung. Die Päpste Gregor VIII. (1187) und Clemens III. (1187-1191) riefen die Christen auf, das Heilige Land zu retten. Auch damals trat ein Prediger auf: der Zisterzienser Heinrich von Albano, der von dem berühmten Joachim von Fiore unterstützt wurde. Sie verbrachten den Winter 1190/1191 in Palästina. Die Juden von Mainz, Speyer, Worms, Straßburg und Würzburg (durch diese Städte wollten die Kreuzfahrer ihren Weg nehmen), beschlossen, ihre Heimstätten zu verlassen und sich vorübergehend abseits der Kreuzfahrerstraßen niederzulassen. Friedrich Barbarossa (1152-1190) und sein Sohn Friedrich von Schwaben schützten die Juden. Sogar Vertreter der Kirche traten für die Juden ein.

In England war der Kreuzzug eng mit der Person des Königs, Richards I. Löwenherz (1189-1199), verbunden. Acht Monate lang (1189/1190) erlitten die Juden Verfolgungen. Der größte Teil der Londoner jüdischen Gemeinde wurde vernichtet. Im Februar/März 1190 waren davon auch die ländlichen Gemeinden betroffen. Die Massaker waren gut organisiert, und sie waren Anzeichen einer möglichen vollständigen Vertreibung aus England.

Der vierte Kreuzzug (1202-1204), der auf Initiative Innozenz' III. (1198-1216) stattfand, endete, ohne sein Ziel zu erreichen. Innozenz hatte gehofft, daß dieser Kreuzzug das Schisma zwischen Ost und West beenden würde. Er sah das Unternehmen als Samarias Rückkehr nach Zion an, aber seine Hoffnungen erfüllten sich nicht. Alle weiteren Kreuzzüge übten keinen Einfluß mehr auf das Schicksal der Juden aus. Insbesondere die Ereignisse am Beginn des ersten Kreuzzugs begründeten eine Tradition im Judentum, die sich im Zeitalter der Hussitenkriege wieder deutlich bemerkbar machen sollte: Die Scharen, die aus Brabant nach Böhmen marschierten, identifizierte man mit den Verfolgern von 1096 im Rheinland.

Die Stadt Norwich

Karikatur eines englischen Juden von 1233, das den Jizchak, Sohn des Jurnet aus Norwich (mit Krone) und Mitglieder seines Haushalts zeigt.

Christliche Karikaturen englischer Juden

BIS ZUR ZEIT DES SCHWARZEN TODES

Beginn des Buches Numeri, *Pentateuch des Herzogs von Sussex*, mit den vier führenden Stämmen Israels, die um die Laubhütte lagern. Frühes 14. Jahrhundert, Aschkenas.

Blutbeschuldigungen

In England fand die erste bezeugte Ritualmordbeschuldigung statt, doch verbreitete sich bald darauf diese Beschuldigung auch auf dem Kontinent und sogar in den islamischen Ländern. 1144 beschuldigte man die Juden in Norwich, einen christlichen Knaben namens William gekauft und vor Ostern angeblich gekreuzigt und getötet zu haben. Die Stilisierung des Knaben zum Märtyrer und Heiligen hat politische Hintergründe.

Nach weiteren Beschuldigungen in Frankreich und Deutschland beschloß Kaiser Friedrich II. 1235, die Sache aufzuklären. Er beauftragte einige angesehene und gelehrte jüdische Konvertiten, eine Untersuchung durchzuführen, ob es Juden gestattet war, Blut für rituelle Zwecke zu verwenden. Die Gutachter kamen zu dem Schluß, daß dies nicht der Fall war, und der Kaiser fügte dieses Urteil seinem Privileg für die Juden des Reiches 1236 hinzu. 1247 erließ Papst Innozenz IV. ein Verbot, Juden des Ritualmordes zu bezichtigen. Diese Maßnahme verhinderte aber künftige Vorfälle dieser Art nicht.

Papst Gregor X. (1271-1276) bekämpfte diese Beschuldigung gegen die Juden nochmals, indem er das Verbot dem allgemeinen Judenprivileg „Sicut Iudeis", einer von den Päpsten seit dem Beginn des 12. Jahrhunderts erlassenen Schutzurkunde, 1272 hinzufügte.

1343 versuchte man ein unehelich geborenes Kind dem Vorsteher der jüdischen Gemeinde in Brünn zu verkaufen. Ein ähnliches Angebot erhielt 1699 Meyer Goldschmidt, Hofjuwelier des Königs von Dänemark.

1540 erließ Papst Paul III. (1534-1549) eine Bulle (*Licet Iudeis*) an die Bischöfe Polens, Böhmens und Ungarns, in der er die Anschuldigung, daß Juden das Blut christlicher Kinder verwendeten, zurückwies.

Der berühmteste Fall begab sich in Trient, der lange Zeit als Vorbild und Berechtigung dieser Beschuldigung betrachtet wurde. Er betraf den 1475 ermordeten Simon von Trient; seine angeblichen Mörder und andere Juden wurden hingerichtet, Simon im 18. Jahrhundert selig gesprochen. Die Seligsprechung wurde erst 1965 von Papst Paul VI. aufgehoben. Auch in Spanien wurde diese Beschuldigung 1490/91 erhoben, doch wurde die Leiche des „Heiligen Kindes von Laguardia" nie gefunden. Die Inquisition und der Inquisitor Tomás von Torquemada behaupteten, Juden und „Conversos" hätten die Tat begangen, um das Christentum zu vernichten.

Im Mittelalter war eine andere Form der Blutbeschuldigung wesentlich häufiger verbreitet: der Vorwurf der Hostienschändung. Neben anderen Leuten, Zauberern und später auch Hexen wurden die Juden beschuldigt, sich eine Hostie zu verschaffen, sie zu martern und schließlich zu zerstören. Sinnvoll kann diese Beschuldigung nur im Rahmen des Eucharistiedogmas von 1179 erklärt werden, das zur Erfindung zahlreicher Geschichten über Hostienwunder führte. Die Beschuldigung der Hostienschändung ging zahlreichen Verfolgungen und Vertreibungen voraus.

Die Reiseberichte des Benjamin von Tudela 1160 bis 1173

Benjamin von Tudela war ein Handelsreisender, der 1159 oder 1160 nach Palästina reiste und 1172/73 nach Spanien zurückkehrte. Sein Buch *Sefer ha-Massaot* (Buch der Reisen) enthält eine lebhafte Schilderung seiner Reisen. In jeder Stadt besuchte er die jüdische Gemeinde und versuchte einiges über ihr Leben zu erfahren. So wurde sein Bericht die wichtigste Quelle für die jüdischen Gemeinden in Europa und im Osten. Benjamin besuchte das Heilige Land während der Herrschaft der Kreuzfahrer und traf auch in Jerusalem einige Juden. Nachdem Benjamin den Weg in das Heilige Land gezeigt hatte, zog eine größere Anzahl von Juden bis in die Zeit des Juda al-Harizi von Spanien und Aschkenas aus bis nach Palästina.

Reich geschmückte Titelseiten des Teils *Schelach Lecha* (Num. 13.1-15). Ägypten, 11. Jahrhundert

Gedenktafel für R. Benjamin in Tudela

Die Reisen des Benjamin von Tudela:

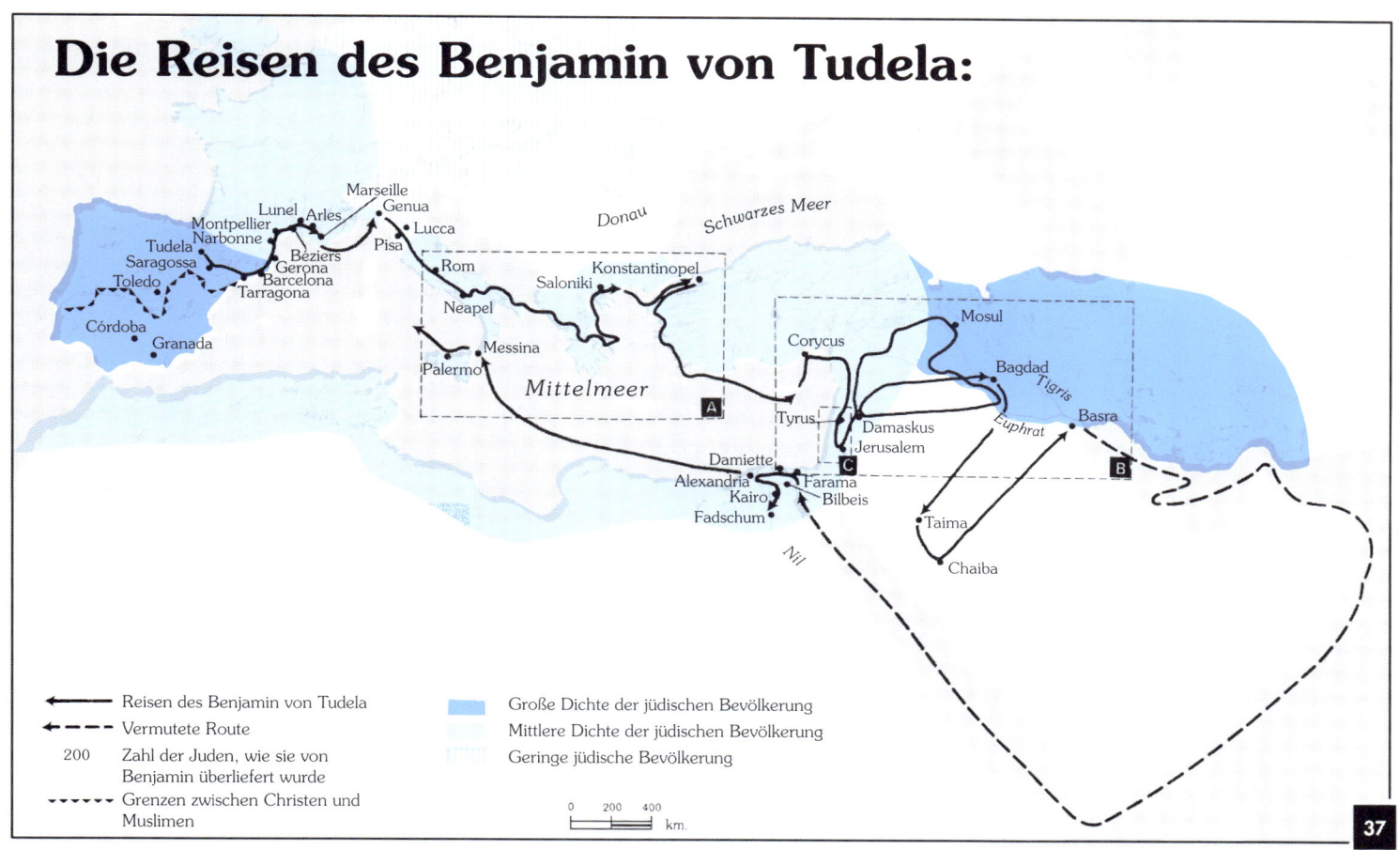

Gemeinden in Italien, Griechenland und Kleinasien

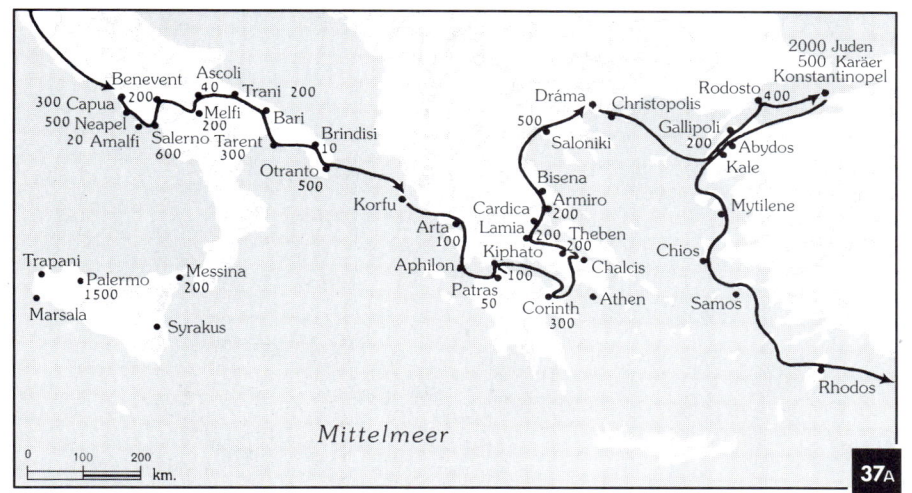

Eine Seereise

Im Heiligen Land

Im Vorderen Orient

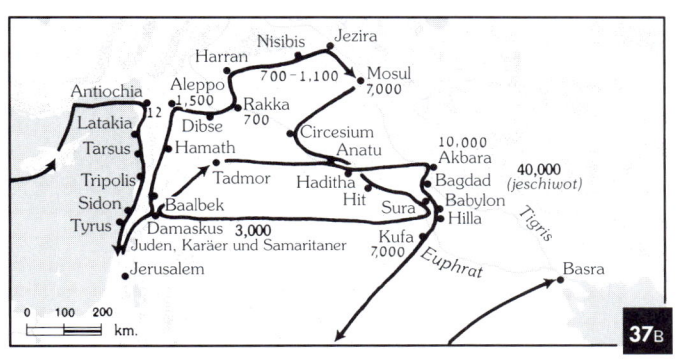

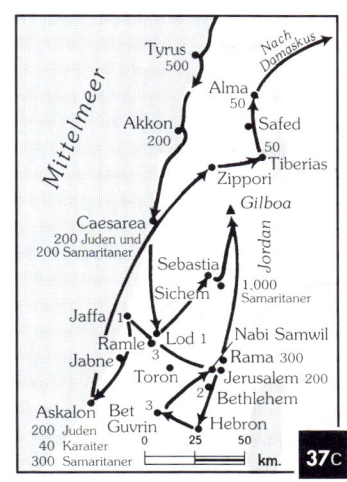

Einwanderung in das Heilige Land 12. Jahrhundert

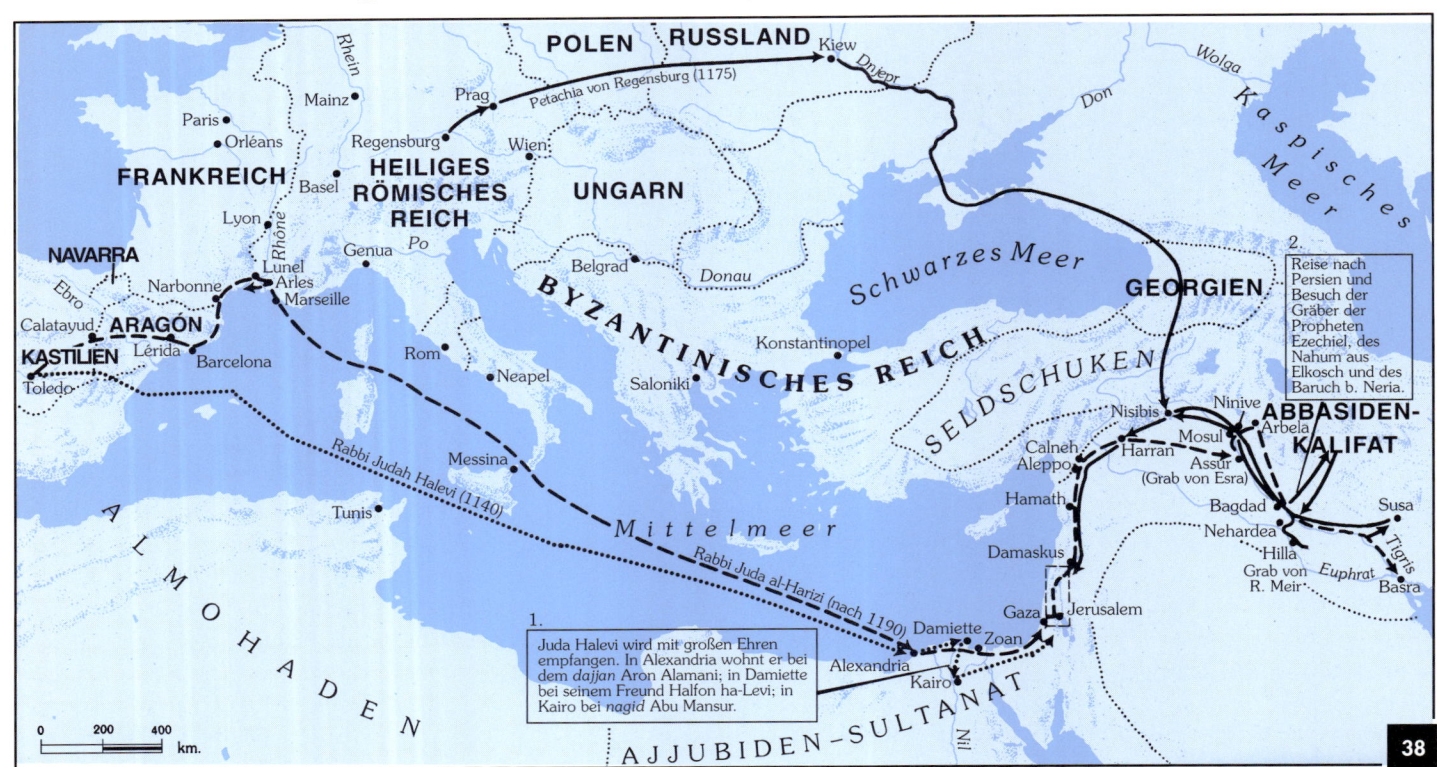

Die von Nachmanides nach seiner Ankunft in Jerusalem errichtete Synagoge (offensichtlich im Stil der Kreuzfahrer)

Inneres der Nachmanides-Synagoge mit restaurierten Pfeilern

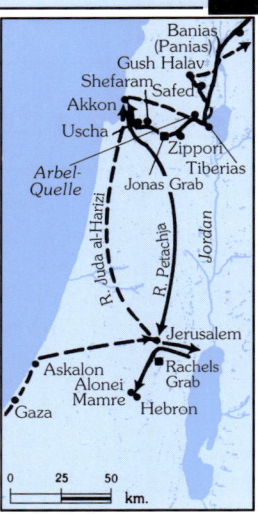

Jüdische Gemeinden im Heiligen Land
12. bis 14. Jahrhundert

Der andauernde Zustrom von Christen aus Europa veränderte das Leben im Land nicht nachhaltig, weil die Christen keine dauerhaften Siedlungen anlegten. Das Land war wirtschaftlich schlecht organisiert und auch das feudale System der Kreuzfahrer war nicht geeignet, die Lebensgrundlagen ausreichend zu sichern. Während der Kreuzfahrerzeit gab es etliche jüdische Gemeinden auf dem Lande, die schon während oder vor der arabischen Periode bestanden. In der zweiten Hälfte des 12. Jahrhunderts lebten Juden in Tiberias, der Hauptstadt des „Fürstentums von Galiläa", und in Safed, einer wichtigen Festung in Galiläa. Beide Städte waren von jüdischen Dörfern umgeben.

Bis zur Eroberung Jerusalems durch Saladin war es Juden, mit Ausnahme einiger weniger Familien, verboten, sich in Jerusalem anzusiedeln. Trotzdem traf Benjamin von Tudela bei seinem Besuch in Jerusalem einige Juden, die als Färber arbeiteten und das Monopol vom König gekauft hatten. Diese Juden wohnten entweder nahe dem Königspalast oder nahe der Zitadelle (Davidsturm).

Tyrus, Sidon und Askalon hatten die größten jüdischen Gemeinden im Lande.

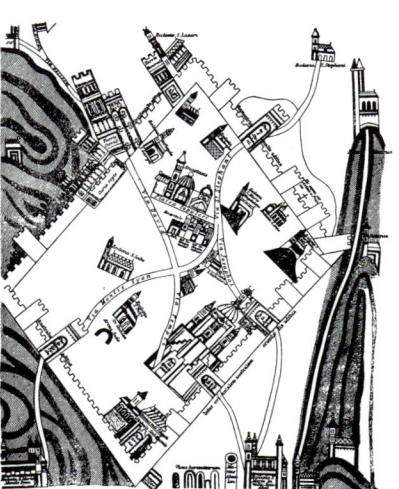

Jerusalem im 12. Jahrhundert
(Aus: J. Prawer, *A History of the Crusader Kingdom*, Hebrew ed., Jerusalem 1963, S.138)

Nach Benajamin von Tudela lebten ungefähr 5000 Juden in Tyrus und 200 in Askalon. In diesen Städten lebten auch Karäer und Samaritaner. Auch in Akkon, Beirut und Caesarea lebten viele Juden. Die Eroberung durch die Kreuzfahrer eröffnete eine günstige wirtschaftliche Entwicklung für die Juden. Ihr Einkommen gründete sich vor allem auf handwerkliche Tätigkeit. In Tyrus z. B. bestanden jüdische Glasmanufakturen. Die wieder in Eretz Israel angesiedelten Juden (*Jischuw*) hielten den Kontakt mit ihren Herkunftsländern aufrecht, woher sie im Kielwasser der Kreuzfahrer gekommen waren. Die Bedeutung der Alija des Rabbi Juda Halevi lag nicht nur in ihrer religiös anspornenden Emotionalität, sondern in der Umsetzung praktischer siedlungspolitischer Zielsetzungen.

Benjamin von Tudela war der erste Jude, der in den 1160er Jahren das Heilige Land erreichte. Ungefähr um 1175 brach Petachja von Regensburg zu einer Reise in das Heilige Land auf.

Die *Alija* einer Gruppe von Rabbinern und ihren Schülern unter der Führung von Rabbi Simson b. Abraham von Sens im Jahre 1209 gab einen mächtigen Anstoß zur Wiederbelebung des Jischuw. 1216 traf Juda al-Harizi bei einem Besuch im Heiligen Land eine Gruppe aus Frankreich unter der Führung des Rabbiners Joseph b. Baruch aus Clisson und seines Bruders Meir. Infolge der Pariser Talmuddisputation (1240) und der folgenden Talmudverbrennung wanderte Rabbi Jechiel von Paris mit seinem Sohn aus, und Ramban (Nachmanides) ging 1267 nach der Disputation von Barcelona (1263) nach Palästina.

Als der deutsche König Rudolf I. den Juden eine hohe Sondersteuer auferlegen wollte, beschlossen Tausende Juden unter der Führung des Rabbi Meir von Rothenburg (Maharam), das Land zu verlassen. 1286 wurde Meir in Oberitalien gefangengenommen und in Ensisheim in Haft gehalten. Der König verlangte ein riesiges Lösegeld. Meir verweigerte und verbot die Zahlung, da er befürchtete, einen Präzedenzfall zu schaffen, der die Obrigkeit dazu ermuntern könnte, Rabbiner und Gemeindevorsteher gefangenzusetzen, um große Geldsummen zu erpressen. Er starb in Gefangenschaft 1293 und wurde später auf dem Wormser Friedhof begraben.

Auch von Nordafrika und Ägypten wanderten Juden ins Heilige Land. Askalon stand im Brennpunkt dieser Alija.

1209/10 besuchte der babylonische Exilarch (wohl David b. Zakkai II., Exilarch in Mosul) Eretz Israel. Anläßlich dieses Besuches erfahren wir, daß Safed ein „Staat" war, nämlich das Zentrum der jüdischen Besiedlung in Galiläa. Über die jüdische Gemeinde in Tiberias ist hingegen wenig bekannt. Benjamin von Tudela berichtet über 50 jüdische Familien, die dort lebten. Eine alte Überlieferung berichtet, daß die Schüler des Maimonides, der in Fustat 1204 gestorben war, seine Überreste exhumierten und in Tiberias wiederbestatteten. Die Bedingungen in Tiberias waren für die jüdische Besiedlung und die Wiederbelebung des Jischuw besonders geeignet.

Am Beginn des 13. Jahrhunderts gewann die jüdische Gemeinde in Jerusalem an Bedeutung. Rabbi Jechiel b. Jizchak ha-Zarfati wohnte hier und pflegte Kontakte mit der Gemeinde in Fustat. Streitigkeiten in der Gemeinde konnten erst 1240 gelöst werden. 1244 wurde die Stadt von den Kwarizmi-Türken geplündert und zerstört.

Als Ramban 1267 nach Jerusalem kam, fand er die Gemeinde am Ende. Der *Minjan* (die Gebetsgemeinschaft) konnte nicht mehr gebildet werden, so daß man sich auf *schear jaschuw* (ein Rest bekehrt sich) berief, um sich zum Gebet versammeln zu können (Jesaja 7.3). Er hatte eine Thorarolle aus Sichem mitgebracht und erneuerte ein Gebäude, das als Synagoge dienen sollte. 1268 ging er nach Akkon, wo er 1270 starb.

Akkon war im 13. Jahrhundert eine große und wichtige jüdische Gemeinde. Es gab dort ein jüdisches Viertel und ein 1206 nachgewiesenes „Jüdisches Haus". Als der gerade gekrönte König von Jerusalem, Johann von Brienne, Akkon besuchte, empfingen ihn die Vertreter der fränkischen und griechischen Gemeinden, aber auch Mitglieder der jüdischen, die eine Thorarolle mit sich trugen. Juda al-Harizi beschreibt die Gemeinde als halachisch unwissend, „kein Mensch konnte in die Bresche springen" trotz der Ankunft von 300 Rabbinern aus Frankreich und England im Jahre 1211.

Die Muslime eroberten die Stadt 1291 und brachten Christen und Juden um. Einer der Überlebenden, der Spanien erreichte, war Rabbi Jizchak von Akkon, der die Zerstörung beschrieb.

Einwanderung in das Heilige Land 13. bis frühes 14. Jahrhundert

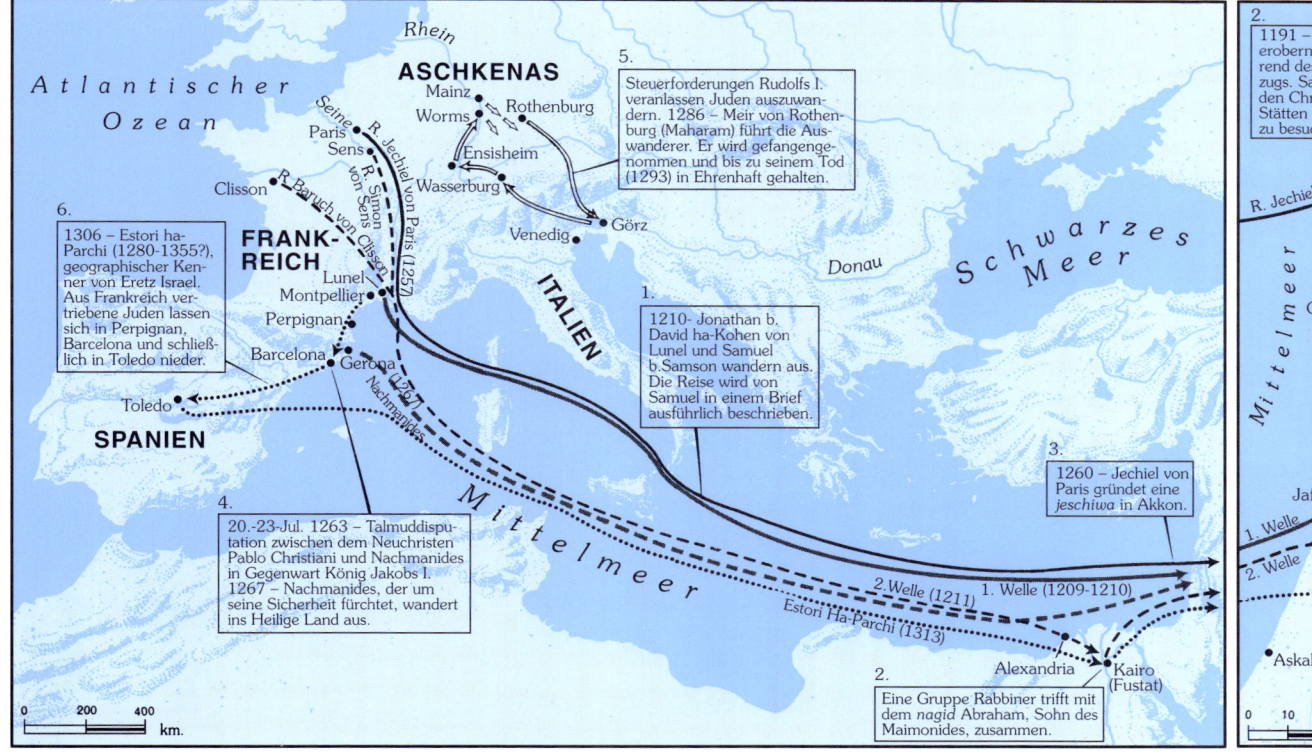
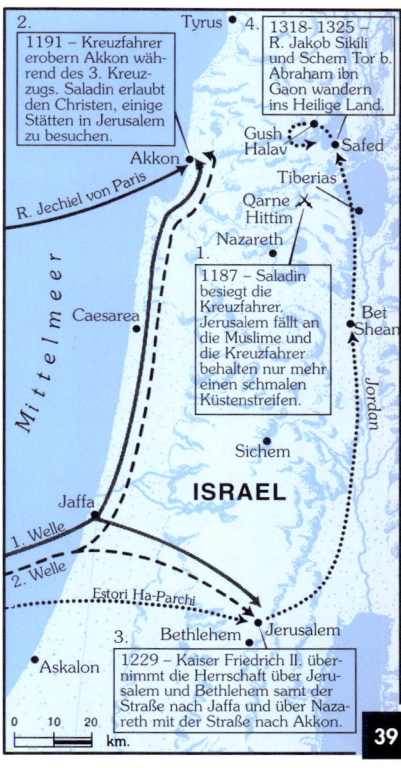

Juden in Italien und die Päpste
13. Jahrhundert

Das Leben der Juden in Italien im 12. und 13. Jahrhundert war durch die ständigen politischen Veränderungen gekennzeichnet. Beginnend mit Alexander III. (1159-1181) bemerkt man päpstlicherseits eine intensive Diskussion über die Rechtsstellung der Juden mit judenfeindlichen Tendenzen. Die meisten Juden lebten im südlichen Teil Italiens; Rom war von Juden relativ dicht bevölkert, während die nördlichen Städte Lucca, Pisa und Venedig nur kleine jüdische Gemeinden beherbergten. Jechiel Anav, ein Verwandter des Nathan b. Jechiel, war Ratgeber Papst Alexanders III. in finanziellen Angelegenheiten.

Die herausragenden politischen Ereignisse dieses Zeitraums waren die staufische Herrschaft in Sizilien, das Eingreifen Karls von Anjou im Jahre 1266 und nach der Sizilianischen Vesper die Kämpfe zwischen den Anjous und dem Hause Aragon in Süditalien. Juden unterstützten die kriegerischen Unternehmungen der Könige von Aragon mit finanziellen Mitteln.

Teilweise schon auf dem Dritten Laterankonzil (1179), aber besonders auf dem Vierten Laterankonzil (1215), das unter dem Vorsitz Innozenz' III. tagte, wurde eine Reihe von Bestimmungen erlassen, die das christlich-jüdische Zusammenleben erschweren sollten. Besonders bekannt wurde der Artikel, nach dem die Juden ein eigenes Zeichen zu tragen verpflichtet wurden. Dies diente der Unterscheidung von den Christen, um sexuelle Kontakte zu verhindern; doch war diese Bestimmung auch in gewisser Weise im Sinne der Rabbiner, die auf das Tragen traditioneller Kleidung Wert legten. Ferner wurde ein Höchstzinssatz festgelegt, der den päpstlichen Vorstellungen von den „moderaten" Zinsen entsprach.

Durch die Verbreitung der Kabbala wurden Bari und Otranto wichtige Zentren der Gelehrsamkeit.

Jüdische Gemeinden in Spanien und die Reconquista
13. und 14. Jahrhundert

In der Regierungszeit König Jakobs I. (1213-1276) von Aragón wurde die Reconquista fortgesetzt, die auch Auswirkungen auf die Juden hatte. König Jakob ermunterte die Juden von Marseille und Nordafrika, sich in seinem Reich niederzulassen. Viele Juden unterstützten seine Eroberungszüge gegen die Balearen und Valencia. Zur Besiedelung und Entwicklung der eroberten Gebiete schenkte er Land und andere Güter den Juden, die sich in den Grenzgebieten des Rechtsstatus eines Siedlers erfreuten. Er eximierte die Gemeinden von Steuern und begründete die Gemeinde von Perpignan neu, die damals zum Königreich Aragón gehörte. Viele neu gegründete Gemeinden genossen Handelsprivilegien. Juden hatten auch Schlüsselpositionen in der Hofverwaltung inne, einschließlich der Verwaltung des Kronschatzes.

Die meisten dieser Beraterposten wurden von Juden eingenommen, die auch eine bedeutende Rolle in den jüdischen Gemeinden spielten. Unter den Bedeutenderen von ihnen befanden sich Nachmanides von Gerona; die Brüder Salomon und Bahya Alconstantini von Saragossa, die den König bei seinen Eroberungszügen unterstützten und an der Kontroverse um die Schriften des Maimonides teilnehmen sollten; Juda de la Cavalleria, der nach 1257 königlicher Schatzmeister und Bailli von Saragossa war. Seit 1260 beaufsichtigte Juda die königlichen Einnahmen und kümmerte sich um eine sparsame Ausgabenpolitik. Trotzdem ist seit 1260 ein gewisser Verfall des Einflusses der Juden zu bemerken.

Trotz der Bedeutung der Juden in der Zeit Jakobs war ihre Existenz in Aragón nicht völlig gesichert und nicht durchwegs von Wohlstand geprägt. Obwohl sich keine königliche Maßnahme direkt gegen die Juden richtete und keine antijüdische Politik feststellbar ist, kam es doch zu gewissen Veränderungen. In der Zeit Jakobs I. wurden von Innozenz III. und Gregor IX. Bestimmungen erlassen, welche die Stellung der Juden schwächten. 1228 wurde auch in Aragón ein Höchstzinssatz von 20 Prozent festgesetzt, der jenem der christlichen Kaufleute in Florenz entsprach. Der Judeneid wurde nicht mehr als Beweis vor Gericht zugelassen. Juden wurden zunehmend von der Verwaltung ausgeschlossen. Ohne Beteiligung des Königs wurde 1250 in Spanien erstmals das Gerücht über einen Ritualmord in Umlauf gesetzt, nach dem Juden einen christlichen Knaben in Saragossa ermordet hätten.

Diese Ereignisse waren für den Wandel der Lebensumstände der Juden in Spanien bezeichnend. Die Disputation von Barcelona im Jahre 1263, an der Nachmanides teilnahm und der Jakob I. präsidierte, war zweifellos von der Kirche, insbesondere von den Dominikanern initiiert worden. Diese waren strenge Verfechter einer militanten Kirchenpolitik. Die Politik Jakobs gegenüber den Juden schwankte zwischen entgegengesetzten Interessen: Einerseits brauchte er die Juden für seine eigenen Zwecke, vor allem in der königlichen Verwaltung, andererseits ließ er sich von kirchlichen Prinzipien leiten, nach denen er für Bekehrung, untergeordnete Stellung und Beschränkungen eintrat. Letztendlich siegte die Haltung der Kirche, es ist aber nicht klar auszumachen, zu welchem Zeitpunkt dies geschah.

Die Herrschaft Peters III. (1276-1285), Sohn und Nachfolger Jakobs I., ist ein wichtiges Kapitel in der Geschichte der Juden des Königreichs Aragón. Er war der erste spanische Herrscher, der dem Druck der Judenfeinde nachgab, und er erließ zahlreiche gegen die Juden gerichtete Bestimmungen.

Dennoch war auch er gezwungen, die Dienste der Juden in außen- wie auch innenpolitischen Angelegenheiten in Anspruch zu nehmen. So waren Moses Alconstantini und Mitglieder der Familie Abravalia aus Gerona unter seinen Hofberatern. Ihre Tätigkeit in Verwaltung und Finanz war ein Überbleibsel aus der Zeit der Reconquista. Ein Ratgeber aus der Familie der Abravalia begleitete Peter auf seiner Unternehmung gegen Sizilien 1282 (Sizilianische Vesper). In seiner späteren Regierungszeit unterdrückte Peter die Juden nun durch eigene Maßnahmen, indem er sie aus allen einflußreichen Stellen entfernte. Sein Nachfolger Alfons III. (1285-1291) hörte auf die Klagen des städtischen Adels gegen die Juden, wodurch sich die Situation weiter verschärfte.

Gleichzeitig mit Jakob I. herrschten in León-Kastilien Ferdinand III. der Heilige (1217-1252) und Alfons X. der Weise (1252-1284). Während Jakobs Eroberung der Balearen (1224-1233) und Valencias (1238) eroberte Ferdinand III. die meisten Städte Andalusiens (Córdoba 1236, Murcia 1243). Dadurch entstand ein Zugang zum Mittelmeer, der dem Königreich Aragón den Süden eröffnete. In der Folge eroberte Kastilien 1246 Jaén und 1248 Sevilla.

Nachdem Alfons die Unternehmungen seines Vaters abgeschlossen hatte, wurde die Reconquista für 200 Jahre unterbrochen. Während der letzten Unternehmungen, die in der Zeit Ferdinands und Isabellas stattfanden, waren die Juden nicht mehr als Siedler tätig, sondern beteiligten sich daran nur mehr in der Form von Steuerzahlungen.

Alfons X. setzte das Werk seines Vaters Ferdinands III. fort, nämlich die Herausgabe eines Gesetzbuches im Geiste des römischen und kanonischen Rechts. Dieser Kodex heißt *Las siete partidas*, weil er aus sieben Teilen besteht. Er wurde in der Mitte des 14. Jahrhunderts in Kraft gesetzt. Das hervorstechendste Charakteristikum dieser Gesetzessammlung ist der Versuch, die spanische Gesellschaft entsprechend dem christlichen Zeitgeist zu organisieren. In der allgemeinen Abteilung des Kodex (Teil sieben) verlangte man auch von den Juden Bescheidenheit in der Kleidung. Der Höchstzinssatz jüdischer Darlehen für Christen wurde mit 33 1/3 % festgesetzt. Weitershin wurde der Wortlaut des Judeneids festgelegt, aber auch die Schändung der Synagogen verboten. Im 14. und 15. Jahrhundert diente der Kodex zur Verfestigung der Rechtsbasis, hatte aber wenig Einfluß auf das Leben der Juden, sieht man von einigen Bemerkungen zur Tätigkeit jüdischer Ärzte ab. Die Christen waren mit dem im Kodex ausgesprochenen Judenschutz nicht glücklich. Die jüdischen Gemeinden besaßen aber immer noch die Privilegien aus der Zeit vor Alfons X.

Alfons schränkte die jüdische Selbstverwaltung in Kastilien nicht ein. Die jüdische Rechtssprechung blieb weiterhin unabhängig, und die jüdischen Richter stützten sich auf jüdisches Recht. Es war aber den Streitparteien erlaubt, sich an das Königsgericht zu wenden. Der König hatte auch das Recht, einen obersten jüdischen Richter zu ernennen. der in jeder jüdischen Gemeinde mit der jüdischen Rechtssprechung beauftragt war. Er wirkte als oberster Appellationsrichter und trug den Titel eines „Rab de la Corte".

Es sei dem Rat übermittelt, daß wir (die Gemeinde von Barcelona), die Gemeinde von Villafranca del Penedes, die Gemeinde von Tarragona und die Gemeinde von Montblanch, eine gemeinsame Kassa für die Bezahlung der Steuern und Abgaben führen, die uns von der Krone auferlegt werden. Wann immer sie (die anderen Gemeinden) neue Bestimmungen hinsichtlich der Steuervoranschläge einzuführen gedenken, sei es durch Leute, die die Voranschläge durchführen, sei es durch die Vorlage von Memoranden oder durch individuelle Erklärungen, um den Erfordernissen des Königs entgegenzukommen, zwingen wir ihnen unseren Willen nicht auf, obwohl wir in der Überzahl sind und ihnen in allen Angelegenheiten übergeordnet sind. Wenn wir etwas ohne ihren Rat unternehmen sollten, würden sie uns nicht beachten. Manchmal senden wir Leute zu ihnen oder sie Abgesandte mit ihren Entscheidungen zu uns. Nur wenn sie keine dieser Vorgangsweisen auf unsere Bitte hin beachten, dann zwingen wir sie durch die Obrigkeit, vor uns zu erscheinen oder die Maßnahmen in ihrer Gemeinde durchzuführen, die in unserer schon in Kraft sind. An anderen Orten dekretiert die übergeordnete Gemeinde an ihre abhängigen Körperschaften nach ihrem Willen.

(Solomon b. Abraham Adret, Responsa III No. 411) aus: Y. Baer, A History of Jews in Christian Spain, Bd. 1. Übersetzt aus dem Hebräischen von Louis Schoffman, Philadelphia, 1961, S. 216/217.

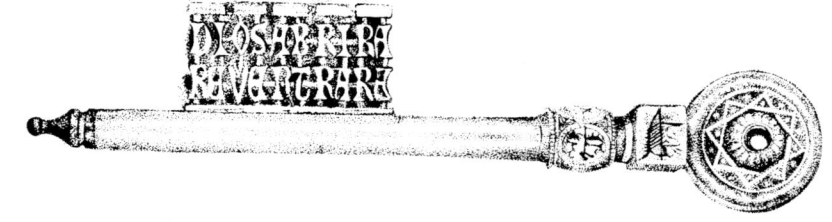

Zeichnung des Schlüssels, den Ferdinand III. von den Juden aus Sevilla zur Erinnerung an die Eroberung der Stadt erhielt (23. Nov. 1248). Der Schlüsselbart trägt die Inschrift: *Dios abrirá, Rey entrará* (Gott öffnet und der König tritt ein).

Die „Collecta"- Organisation

Die „Collecta" war eine regionale Organisation der jüdischen Gemeinden, die sich im Rahmen der Steuerbezirke bildete. Sie entstand in der Absicht, einen einzigen, zentralen Schatz für eine Gruppe von Gemeinden zur Verfügung zu haben, in der eine größere Gemeinde mehreren kleineren übergeordnet war. Diese organisatorische Struktur schuf eine wechselseitige Allianz, die nicht nur auf geographischer Nähe, sondern auf einer Fülle von Beziehungen zwischen großen und kleinen Gemeinden basierte. Trotz der Abhängigkeit der kleineren Gemeinden waren die größeren nicht immer imstande, ihnen ihren Willen aufzuzwingen.

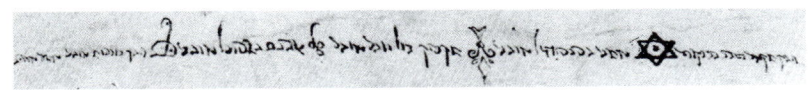

Unterschrift von Juden auf einer Verkaufsurkunde von 1248.
Der Davidstern ist Teil der Unterschrift eines Zeugen.

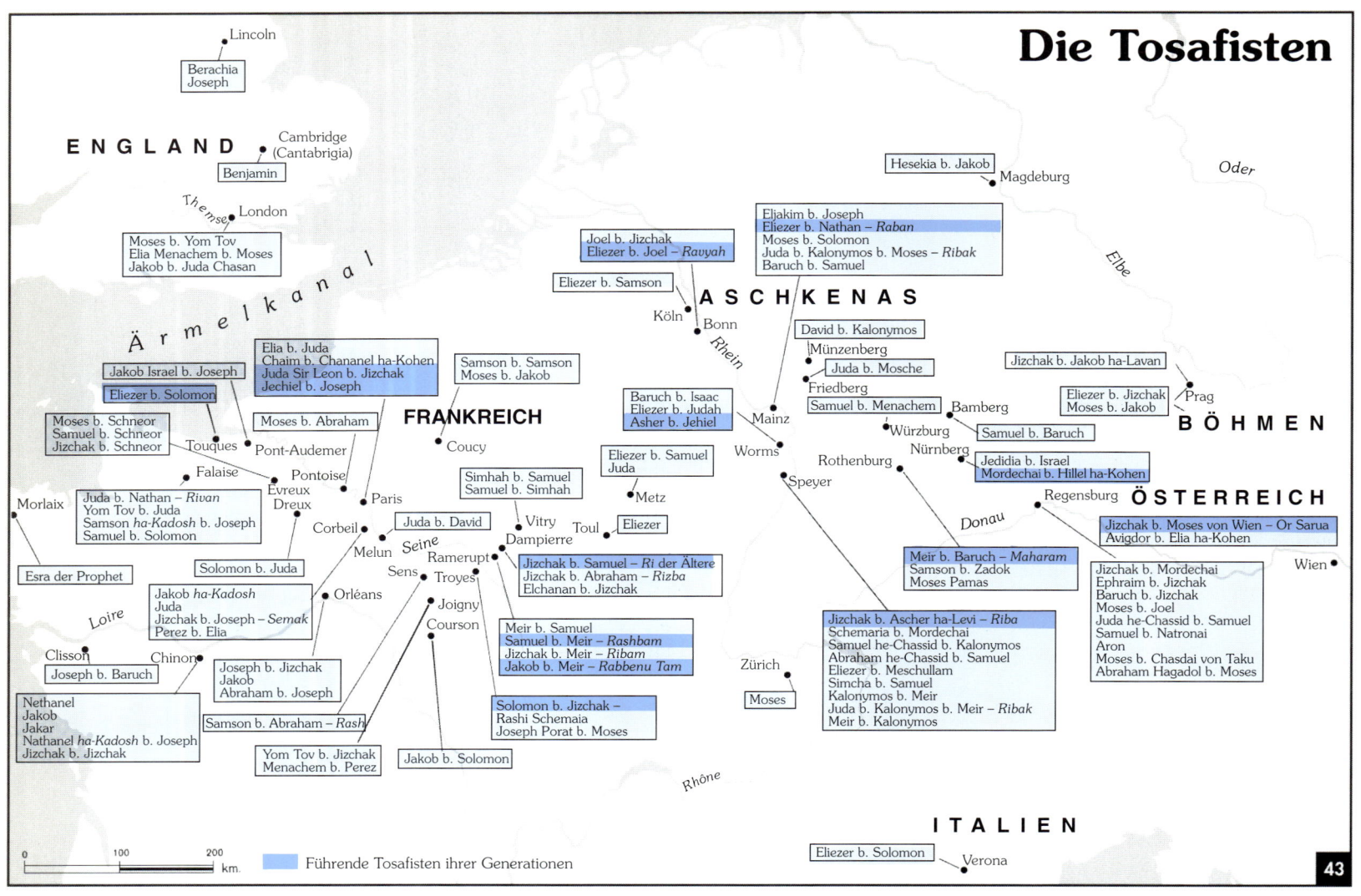

Die Tosafisten

Trotz der harten und schweren Belastungen in der Diaspora verschwand die spirituelle Kreativität der Juden niemals. Auf den verschiedensten geistigen Gebieten leistete man bedeutende Beiträge zur Ideenwelt des Mittelalters und der folgenden Generationen. Spanische Juden beteiligten sich an der Übersetzung klassischer philosophischer Werke vom Arabischen in das Lateinische. Sie bildeten eine Brücke zwischen der antiken und der mittelalterlichen Kultur.

Die spezifisch jüdischen Aspekte hatten viele Facetten, die von der Bibelauslegung bis zur Kabbala reichten. Jüdische Weise und Gelehrte leisteten in verschiedenen Ländern ihren Beitrag zum geistigen Gebäude des Volkes, und in einigen europäischen Ländern war ihre Leistung zwischen dem 11. und dem 14. Jahrhundert geradezu einzigartig. Wenn ein Land für den großen Kommentator der Bibel, Raschi, berühmt wurde, war ein anderes für die Entstehung der Kabbala bekannt und wieder ein anderes die Heimat für philosophische und ethische Literatur. Alle diese Leistungen wurden kostbarer Besitz des jüdischen Volkes.

Eine Analyse des intellektuellen Klimas, in dem die *tosafot* (Zusätze, d. h. eine Sammlung von Talmudkommentaren) entstanden, enthüllt eine vergleichbare gelehrte Tätigkeit auf den Gebieten der mittelalterlichen lateinischen Literatur, des römischen und kanonischen Rechts und der christlichen Bibelexegese. Trotz der Unterschiede und der Barriere, die Juden und Christen trennte, wurden beide durch das gleiche intellktuelle Klima stimuliert. Sie traten einander nicht nur in religiösen Disputationen gegenüber, sondern sie trafen sich auch, um voneinander zu lernen. Christliche Kommentatoren wurden von Juden bei der Erklärung schwieriger Bibelstellen unterstützt, und die Bemerkung *Hebraeus meus dicit* (ein Jude sagt mir) findet sich häufig in den Schriften des Andreas, eines Abälard-Schülers im 12. Jahrhundert.

Obwohl die *tosafot* eine kollektive Sammlung wie Mischna und Talmud darstellen, kann man unterschiedliche Methoden und regionale Unterscheidungen zwischen Frankreich, Deutschland, England und anderen Ländern feststellen. Raschis Schüler erweiterten und entwickelten Raschis Kommentar bis zur Vollendung und leiteten damit eine neue Periode der Bibelexegese ein. Typisch für die Übergangsepoche waren seine Schüler Schemaja von Troyes und Simcha b. Samuel von Vitry. Die bedeutendsten Werke schufen aber die beiden Schwiegersöhne Raschis: Juda b. Nathan (Rivan), der Begründer einer Gelehrtenfamilie, die Raschis Talmudkommentare überprüfte, Glossen hinzufügte und auch unabhängig Kommentare zu den meisten Talmudtraktaten schrieb. Oft benützte er Kommentare der Weisen von Mainz und kritisierte sogar Raschi. Der andere Schwiegersohn, Meir b. Samuel von Rameru (auch Ramerupt), wird hie und da als „Vater der Rabbiner" bezeichnet. Dessen Söhne waren Samuel b. Meir (Raschbam), Jizchak b. Meir und Jakob b. Meir (Rabbenu Tam), der den Kommentaren seines Vaters den Namen gab – *tosafot*.

Diese Weisen waren Augenzeugen der Verfolgungen und Massaker an den französischen Juden während der Kreuzzüge und ihrer Vertreibung aus der Krondomäne 1182. Sie waren es, die zur Auswanderung ins Heilige Land aufforderten. In den Städten Frankreichs und Deutschlands waren sie Anziehungspunkt für viele Schüler, die ihre Methoden der Gelehrsamkeit fortsetzten. Daher war es einer aus der Schülergeneration, Moses b. Jakob von Coucy, der in der Lage war, ein monumentales Werk, den *Sefer Mitzvot Gadol* (Se Ma G), das große Buch der Gebote, zu schaffen, der das grundlegende Nachschlagewerk beim Studium der Halacha wurde.

Die Werke der Tosafisten erreichten auch Böhmen; so kamen Schüler aus Prag (Eleasar b. Jizchak und Jizchak b. Jakob ha-Lavan, ein Bruder des berühmten Reisenden Petachja aus Regensburg) nach Rameru, um bei Rabbenu Tam zu studieren. Einige dieser Gelehrten wirkten später in Deutschland und andere in Böhmen und Rußland. Sogar in Ungarn gab es zwei Tosafisten, die Proselyten Abraham und Jizchak, die offenbar erst zum Judentum übergetreten waren.

Rameru, Regensburg und Dampierre waren wichtige Zentren tosafistischen Schaffens; in der Regensburger Jeschiwa wirkten Gelehrte wie Joel b. Jizchak ha-Levi und sein Sohn Eleasar b. Joel ha-Levi (Ravja). Der Vorsteher der Jeschiwa von Dampierre war Jizchak b. Abraham (Rizba), Enkel des Samson b. Josef von Falais, der bei Rabbenu Tam studiert hatte. Rizba war ein bedeutender Kenner der Halacha und rabbinischer Richter (*posek*), dessen Entscheidungen von vielen Gelehrten späterer Generationen beachtet wurden. Unter denen, die sich auf seine Ansichten in manchen Fragen des jüdischen Rechts stützten, war Jonathan b. David ha-Cohen aus Lunel, ein Bewunderer von Maimonides (Rambam). Rizba kannte wahrscheinlich die Schriften des Rambam, weil er Empfänger eines der Briefe war, die Meir b. Todros Abulafia aus Toledo an südfranzösische Rabbiner schickte, die sich mit der Lehre des Maimonides über die Auferstehung beschäftigten. Sein jüngerer Bruder war Samson b. Abraham aus Sens, der besonders für seine Kommentare über bestimmte Ordnungen der Mischna bekannt wurde. Er verwendete auch den Jerusalemer Talmud als Quelle für halachische Entscheidungen. Wenig ist über sein Leben bekannt, aber sein literarisches Vermächtnis ist umfangreicher als das anderer Tosafisten. Die Masse seiner Arbeiten ist in seiner eigenen Sprache überliefert und wurde von seinen Schülern nicht überarbeitet. In seinen Schriften erkennt man einen großen Gelehrten, dessen geistiger Horizont von der Halacha geprägt war.

Nachdem Samson von Sens am Beginn des 13. Jahrhunderts ins Heilige Land ausgewandert war, wurde Paris das Zentrum des Thorastudiums in Nordfrankreich. Der Jeschiwa stand Juda b. Jizchak (bekannt als Juda Sir Leon von Paris, 1166-1224) vor, Schüler und Verwandter des Jizchak b. Samuel von Dampierre (ha-Zaken). Die Schule wurde 1182 anläßlich der Vertreibung der Juden aus der französischen Krondomäne von König Philipp II. Augustus geschlossen und 1198 wiedereröffnet, als die Juden zurückkehren durften. Jechiel von Paris, Moses von Coucy und Jizchak von Vienne studierten an dieser Schule. Ascher b. Jechiel (Rosch, 1250-1327) war ein hervorragender Gelehrter und von bestimmendem Einfluß auf die Juden in Deutschland. Er verließ Deutschland 1303, ging nach Spanien und wurde Rabbi in Toledo. Er führte in Spanien die Art des Studiums der Tosafisten aus Aschkenas ein.

Nach der berüchtigten Disputation von Paris (1240) und der folgenden Talmudverbrennung (1242) verfiel das geistige Leben der Juden in Frankreich und erlosch mit der Vertreibung im Jahre 1306 gänzlich.

Die chassidische Bewegung in Aschkenas entwickelte sich im 12. und 13. Jahrhundert. Samuel b. Kalonymos he-Chassid von Speyer und sein Sohn Juda he-Chassid von Regensburg (ca. 1150-1217) waren die Begründer, und ihr bedeutendstes Werk ist der *Sefer Chassidim*. Das Buch beinhaltet lebensnahe, pragmatische, ethische Lehren, die sich am zeitgenössischen Leben der Juden in Deutschland in ihrer christlichen Umgebung orientieren. Es geht um spirituelle Erneuerung, und die Frommen werden belehrt, sich von Sünde fernzuhalten und daß eine rechtschaffene Lebensführung Garant für die Erlösung im künftigen Leben sei. Verschiedene Weltanschauungen kommen in diesem Buch zum Ausdruck, und Fachleute sind der Auffassung, daß einige Gedanken direkt von den in Deutschland vorherrschenden Ideen beeinflußt sind. Die Verwendung von Deutsch und Französisch weist auf solche Einflüsse hin. Der Chassid, die Hauptfigur, wird als Ideal dargestellt – in seinem Verhalten, seinem bewußten jüdischen Leben und in seinen Beziehungen zu den christlichen Nachbarn. Während er sich der harten Realität bewußt ist, der sein Volk ausgesetzt ist, ist er aufgerufen, die Last der Gemeinde zu tragen und diese auf dem rechten Wege weiterzuführen.

Die Verbreitung der Kabbala

Die jüdische Mystik in ihren verschiedenen Erscheinungsformen war eine weitere Äußerung spiritueller Kreativität. Sie wurzelte in der Theosophie als Ausdruck der Schöpfung und enthüllte die Schechina (Gotteseinwohnung) und die verheißene Erlösung im künftigen Leben. Die Kabbala nahm mit ihren sozialen und historischen Implikationen einen besonderen Platz unter den mystischen Philosophien ein. Das zentrale Werk der Kabbala ist der *Sefer ha-Sohar*, neben dem andere Werke wie *Tikkunei Sohar* und *Raaja Meheimna* (Der gläubige Hirte) zu erwähnen sind. Am Beginn des 13. Jahrhunderts wurde eine Reihe kabbalistischer Werke in Südfrankreich und im nordöstlichen Spanien geschrieben. Der im Laufe des 13. Jahrhunderts in Spanien entstandene „Sohar" wurde von Rabbi Moses de Leon vermutlich zwischen 1275 und 1285 in seine endgültige Form gebracht.

Die kabbalistische Literatur ist aber auch Protest gegen moralische Mißstände in der jüdischen Gesellschaft, die nach dem Vorbild der genannten Werke verbessert werden sollten. Die Autoren suchten aber auch eine Lösung des Problems der Diaspora, Erklärungen zur Schechina und gaben sogar praktische Anweisungen, um Erlösung zu finden (siehe auch Karte 86 mit Details zur Lurianischen Kabbala in Safed im 17. Jahrhundert).

Zwei Seiten einer Sammlung religiöser Gesetze aus der Raschi-Schule (ca. 13. Jahrhundert).

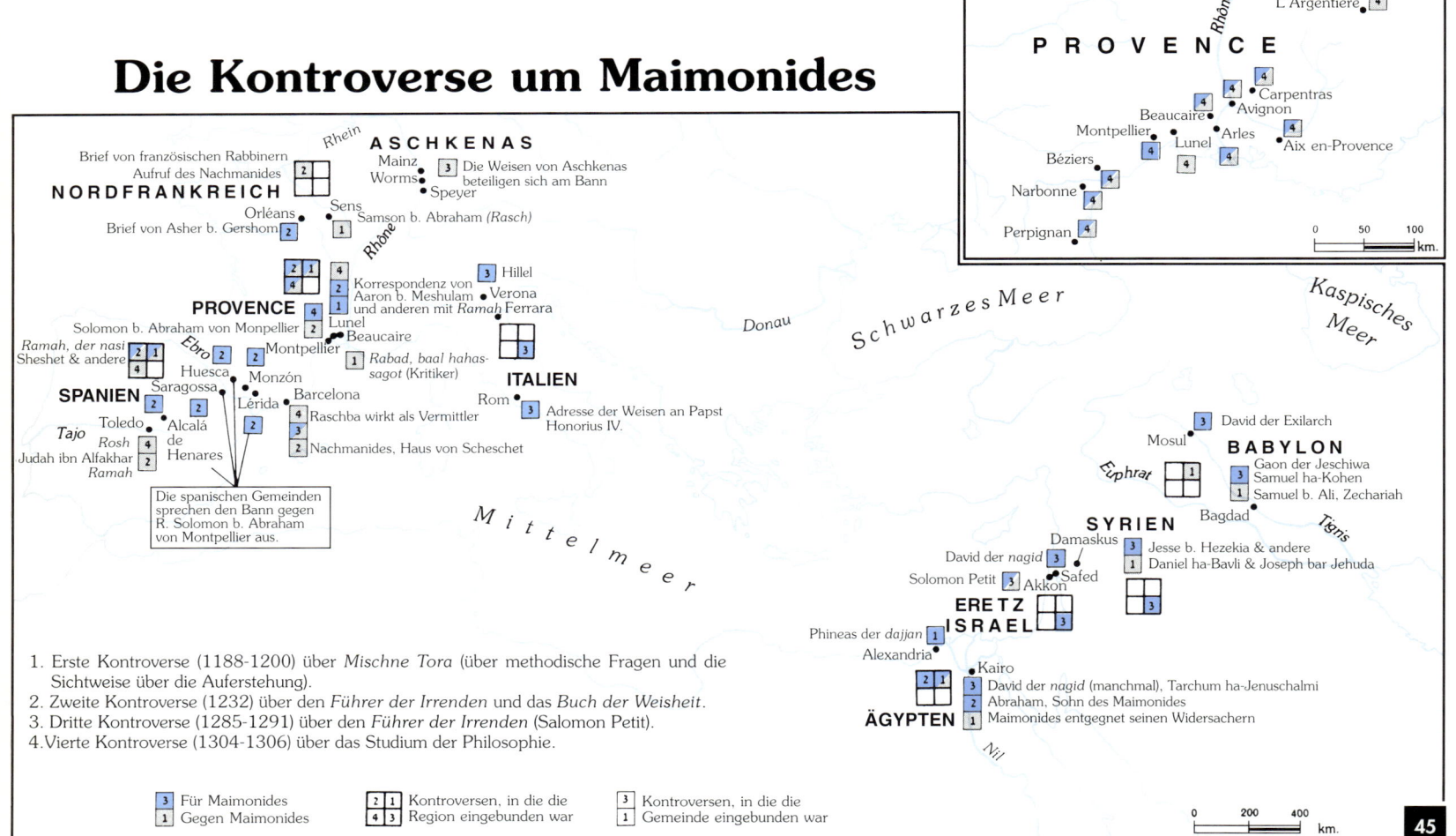

54

Zeichnung des Siegels von Nachmanides, aufgefunden 1972 in der Nähe von Akkon. Die Inschrift lautet: *Mosche b. Rabbi Nachman, Nua Nefesch, Gerondi Chassak*. Moses der Sohn von Rabbi Nachman, die Ruhe der Seele aus Gerona. Sei stark!.

Die Schriften und die Tätigkeit des Moses b. Maimon (Rambam, 1135-1204) umfassen alle Aspekte des Lebens der Juden zu seiner Zeit. Sie beeinflußten und beschäftigten die Juden sogar über seinen Tod hinaus.

Die in seinen Schriften berührten Themen sind weit gespannt und beschäftigen sich mit Kommentaren, Halacha (*Mischne Tora*), Medizin, Rechtsgutachten, erkenntnistheoretischen Fragen, Philosophie und Wissenschaft. Im „Führer der Irrenden" versuchte er ein vollständiges philosophisches System für die Interpretation der jüdischen Schriften zu entwickeln. Das Buch zeigt, wie das Judentum mit dem Christentum und dem Islam verklammert ist, zeigt aber auch die Bedrohung auf, die diese beiden mächtigen Systeme für das spirituelle und physische Überleben der Juden darstellen.

Rambams halachischer Zugang zum Problem der Auferstehung verursachte eine gewaltige Auseinandersetzung, die fast zu einer Spaltung unter den Juden führte und ungefähr 100 Jahre lang andauerte und von der Juden in Ost und West, in islamischen Ländern und im christlichen Europa erfaßt wurden.

Die vier Auseinandersetzungen befaßten sich mit Rambams Methoden, Philosophie und seinen Schriften und waren nur verschiedene Phasen in einer weiterführenden Polemik, die noch zu Lebzeiten Rambams am Ende des 12. Jahrhunderts begann. Die erste Kontroverse entstand aus der kritischen Betrachtung des Werkes *Mischne Tora*, seiner Definition der halachischen Gesetze und seiner Ansichten über die Auferstehung. Die zweite (1232) entstand um die Bücher *Führer der Irrenden* und *Sefer ha-Madda*; während der dritten (Ende des 13. Jahrhunderts) unternahm man den Versuch, den „Führer" offiziell zu verbieten; wärend der letzten beschäftigte man sich mit Rambams philosophischen Schriften, die eine untergeordnete Rolle spielten. Die zweite Kontroverse war die entscheidende. Sie fand zu einer Zeit statt, in der geistige und religiöse Konflikte auch im Christentum und im Islam stattfanden. Damals fand auch der Albigenserkreuzzug in Südfrankreich statt. In diese Auseinandersetzung waren die bedeutendsten jüdischen Gelehrten der Zeit verwickelt, und sie hatte weitreichende Auswirkungen auf die kritische Betrachtungsweise der jüdischen gelehrten Ausbildung. 1232 erließen Salomon b. Abraham von Montpellier und seine Schüler David b. Saul und Jona b. Abraham Gerondi mit Unterstützung nordfranzösischer Rabbiner ein Verbot des Studiums der philosophischen Schriften Rambams. Im Gegenzug erging ein Bann gegen Salomon von Montpellier und seine Schüler im Sommer 1232, hinter dem die aragonesischen Gemeinden bzw. David Kimchi, ein Befürworter des Maimonides standen. Sie suchten Hilfe bei den Parnassim von Toledo. Nachmanides versuchte einen Kompromiß zu erreichen, indem er vorschlug, die philosophischen Schriften in differenzierter Weise unter Berücksichtigung des Alters und der Gemeindezugehörigkeit im Studium einzusetzen. Sein wichtigstes Anliegen war es, eine Spaltung unter den Juden zu verhindern. Eine der Konsequenzen aus dieser Polemik bestand darin, daß die Inquisition ihre Aufmerksamkeit den jüdischen religiösen Angelegenheiten und Schriften zuwandte.

Unterschrift des Maimonides auf einem Rechtsgutachten.

Denkmal des Maimonides auf der Tiberias-Plaza in Córdoba.

Hebräische Handschriften aus Deutschland, Frankreich und Spanien

Illuminierte Seite mit einem Gebet für Jom Kippur im zweiten Band des Wormser Machsor, Deutschland, ca. 1270

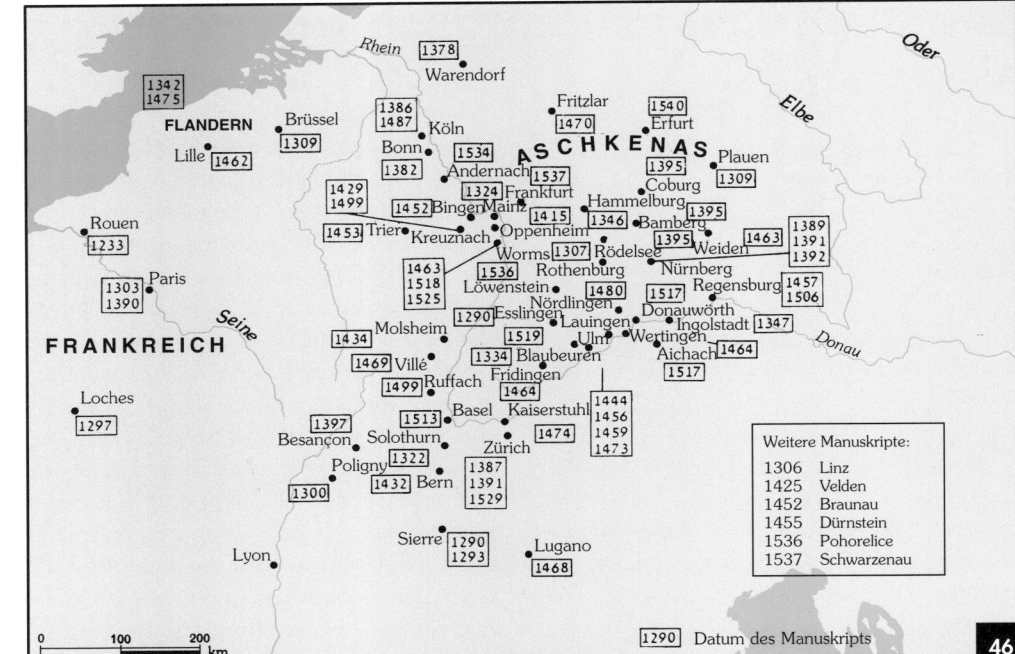

In vielen jüdischen Gemeinden arbeiteten Schreiber und kopierten Lehr- und Nachschlagewerke. Als Beruf entwickelte sich das Schreibwesen, als reiche Leute Schreiber mit dem Kopieren von Büchern speziell für ihren eigenen Gebrauch beauftragten.

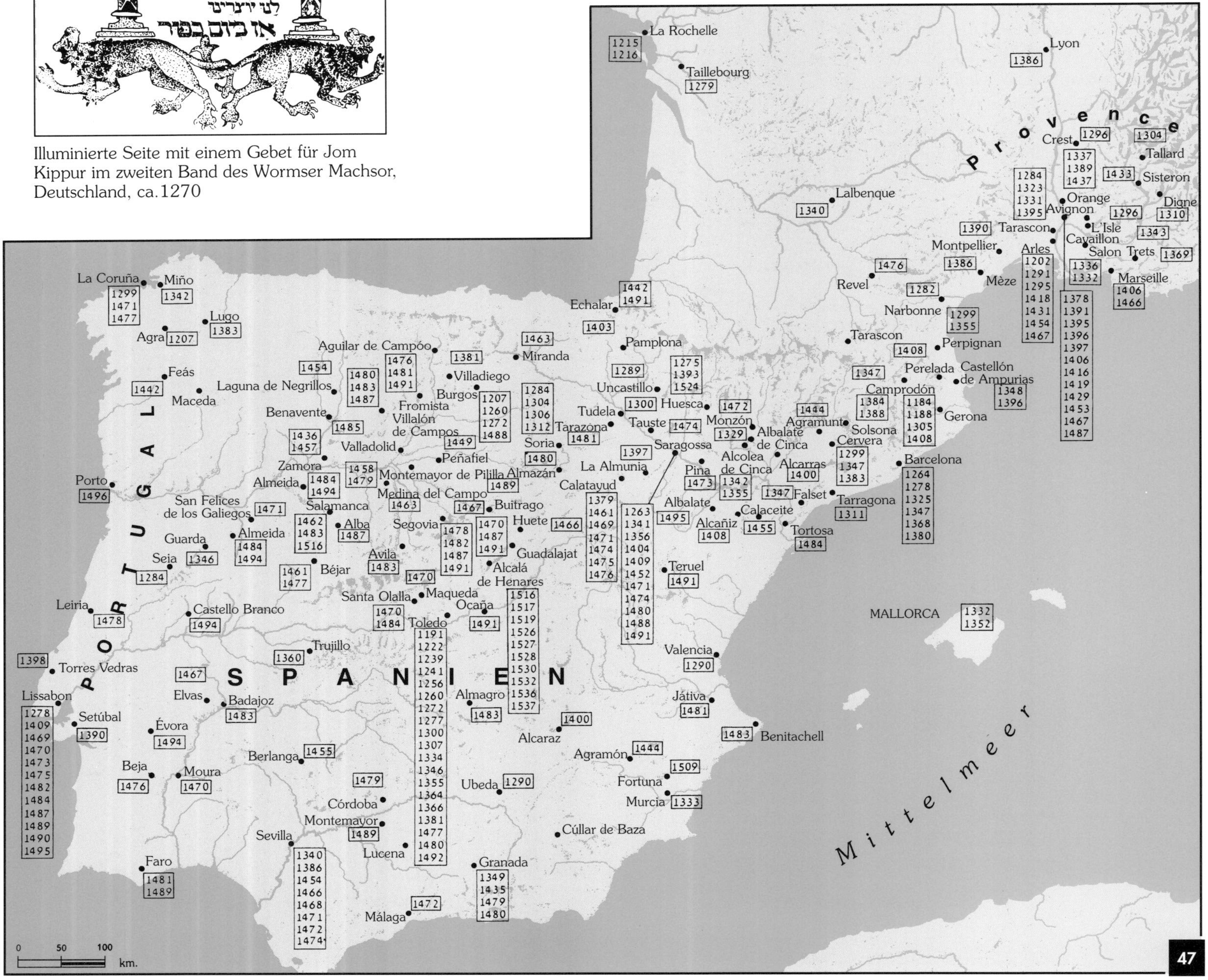

Die Juden in England bis zu ihrer Vertreibung

Die Geschichte der Juden in England im 13. Jahrhundert läßt sich im wesentlichen als eine der Verfolgung und Unterdrückung durch die staatliche Gewalt und die Bevölkerung insgesamt beschreiben. Der König und die englische Kirche beabsichtigten vom Beginn des Jahrhunderts an, die Juden zum Christentum zu bekehren, und errichteten 1232 in London zu diesem Zweck ein Haus für konvertierte Juden (*domus conversorum*).

Die Steuerpolitik gegenüber den Juden war erbarmungslose Ausbeutung. König Edward I. (1272-1307) billigte die Versuche der Kirche, die Juden zu bekehren. Aus vielen Städten wurden die Juden vertrieben, während andere Privilegien erhielten, nach denen ihnen gestattet wurde, „keine Juden dulden zu müssen". Leicester erhielt als erste Stadt 1231 ein derartiges Privileg. Nachdem die Juden aus den Städten der Königinmutter 1275 vertrieben worden waren, gingen sie in die Königsstädte. Doch fanden auch lokale Vertreibungen weiterhin statt.

1275 erließ Edward I. ein Gesetz, das *Statutum de Judaismo*, in dem er versuchte, seine jüdischen Untertanen zu einem Wechsel ihrer Beschäftigung zu veranlassen: Statt Geldverleih gegen Zinsen sollten sie Handwerk und Landwirtschaft betreiben. Der Versuch schlug fehl, weil zu dieser Zeit die englische Judenschaft bereits völlig verarmt war. Von der städtischen Bevölkerung bedrängt, befahl der König die *archae*, ein Archiv, in dem die Schuldurkunden aufbewahrt wurden, zu schließen. Es stellte sich heraus, daß nichts mehr da war, was man aus den Juden herauspressen konnte.

Am 18. Juli 1290 erließ Edward ein Gesetz, das den Juden ab Anfang November den Aufenthalt in England verbot. Die Juden durften nur ihren persönlichen Besitz mitnehmen, der Rest ihres Eigentums wurde konfisziert. Als Ersatz für den Verlust für die Krone gestattete das Parlament dem König, von Kirchengütern eine Steuer in der Höhe von 10% und von weltlichen Besitzungen 15% einzuziehen. Diese Steuern waren aber eine Kleinigkeit im Vergleich zu jenen Summen, die 100 Jahre früher von den Juden bezahlt wurden. Die Zahl der Vertriebenen wird auf 4000 Personen geschätzt, die vor allem nach Frankreich und Deutschland gingen.

Hebräische Quittung des Jose, Sohn des Elias, Jose, Sohn des Moses und Juda aus Frankreich. H. Loewe, *Stars and Jewish Charters Preserved in the British Museum*, London 1932, Tafel IX.

Die jüdischen Gemeinden in Frankreich
13. Jahrhundert

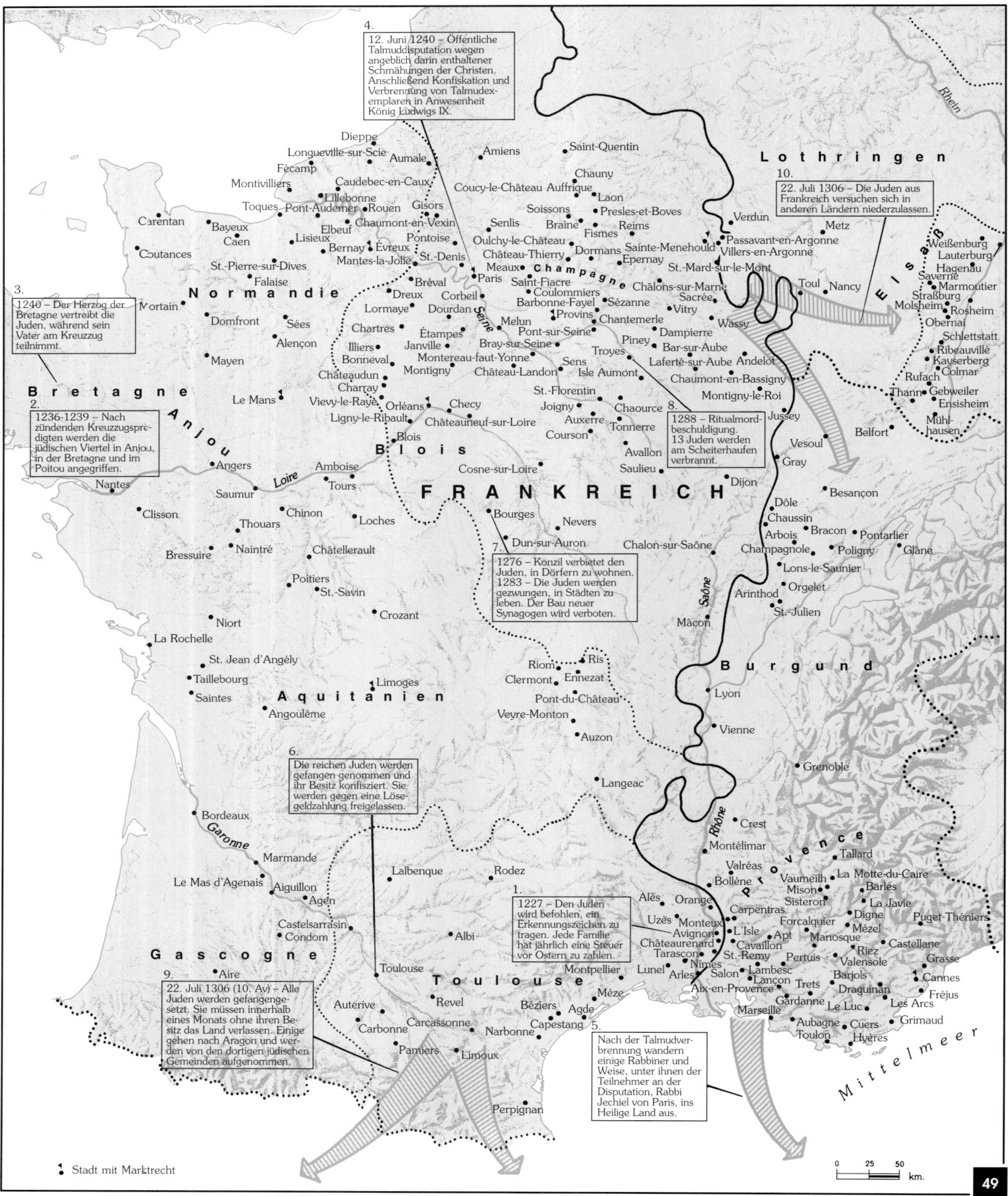

Im 13. Jahrhundert erlebte Frankreich einen Prozeß der Zentralisierung, und mit der wachsenden Macht des Königs ging eine Verschlechterung der Lebensbedingungen der Juden einher. Zwischen 1236 und 1239 verstärkten sich, vielleicht im Zusammenhang mit den Predigten für einen neuen Kreuzzug, die judenfeindlichen Gefühle. In Anjou, im Poitou und in der Bretagne wurden jüdische Viertel angegriffen, worauf sich Papst Gregor IX. in einem Schreiben an die französischen Bischöfe wandte, in dem er befahl, sie sollten diese Vorfälle verurteilen; dies, obwohl der Papst für seine ungünstige Haltung gegenüber den Juden bekannt war.

Die Vertreibung der Juden aus England hinterließ einen tiefen Eindruck in Frankreich. Schon 1291 und wiederum am 6. Juni 1299 unternahm Philipp IV. (der Schöne) Vertreibungsversuche, die aber scheiterten. Er verbot Juden, die aus der Gascogne (der englische König war auch Herzog der Guyenne) vertrieben worden waren, die Einwanderung nach Frankreich. Berücksichtigt man Philipps erpresserische Politik im allgemeinen, erschien eine Judenvertreibung aus Frankreich unvermeidlich. 1306 ordnete er die Vertreibung aus allen seinen Herrschaftsgebieten an. Seine Vorgehensweise und die Absichten ähneln denen der Vertreibung von 1182; es ist aber zu bedenken, daß Philipp II. Augustus damals möglicherweise in jugendlichem Überschwang handelte, während der bereits erfahrene Philipp IV. eine kaltblütige, wohlkalkulierte Entscheidung traf. 1182 war nur die relativ kleine Krondomäne betroffen, 1306 betraf die Vertreibung fast das gesamte heutige Frankreich. Der König erhoffte sich reichen finanziellen Gewinn, da er das Vermögen der Juden sehr hoch einschätzte.

Ein kleiner Teil der Vertriebenen ging in die Gascogne, die Mehrzahl fand in den Königreichen Aragón (einschließlich der Provence) und Navarra Aufnahme. In Barcelona siedelten sich 60 Familien an. 1315 wurde ihnen die Rückkehr nach Frankreich gestattet. Ihre endgültige Vertreibung erfolgte 1394.

König David. Aus einer illuminierten Handschrift; Ostfrankreich, 1280

Die Rindfleischverfolgung 1298

Darstellungen von Juden aus dem 13. Jahrhundert

Verfolgungen in Aschkenas
13. und 14. Jahrhundert

Soziale Spannungen und judenfeindliche Predigten bildeten in der zweiten Hälfte des 13. Jahrhunderts eine ernsthafte Bedrohung der jüdischen Gemeinden in Deutschland. Zur Zeit des Thronstreits zwischen Adolf von Nassau und dem Habsburger Albrecht, als die königliche Friedensgewalt stark eingeschränkt war, brach am 20. April 1298 eine Judenverfolgung im fränkischen Röttingen los, der die Beschuldigung einer Hostienschändung vorangegangen war. Unter der Führung eines Ritters, den man „König Rindfleisch" nannte, breitete sich das Morden in Franken, Schwaben, Hessen und Thüringen aus. Mit unvorstellbarer Grausamkeit wurden ganze Judengemeinden vernichtet; unter den Toten befand sich Rabbi Mordechai b. Hillel und seine Familie, die in Nürnberg gelebt hatten. Erst die Entscheidung im deutschen Thronstreit zugunsten Albrechts beendete das Wüten gegen die Juden im Herbst 1298.

Zwischen 1336 und 1339 griffen die sogenannten Armlederbanden (man nannte sie so nach ihren ledernen Manschetten) jüdische Gemeinden in Franken und im Elsaß an. Wieder wurden Juden ermordet und Gemeinden zerstört. Besonders waren die Gemeinden in Rufach, Ensisheim, Ribeauvillé und Mülhausen betroffen. In Colmar brachte die einheimische Bevölkerung die Juden um. Als die Armlederbanden sogar den Landfrieden bedrohten, schloß eine Anzahl von Städten einen 10jährigen Waffenstillstand mit Johann Zimberlin, einem Führer der Armlederbewegung im Elsaß.

Die lokalen Machthaber versuchten den Frieden herzustellen, indem sie zusätzliche Vereinbarungen, vor allem in den Rheingebieten, mit den Verfolgern zu treffen suchten, doch waren diese nur kurzfristig erfolgreich. Diese Verfolgungen zeigen recht deutlich, daß bereits ein Klima entstanden war, in dem nur wenige Jahre später die Massenmorde zur Zeit des Schwarzen Todes möglich wurden.

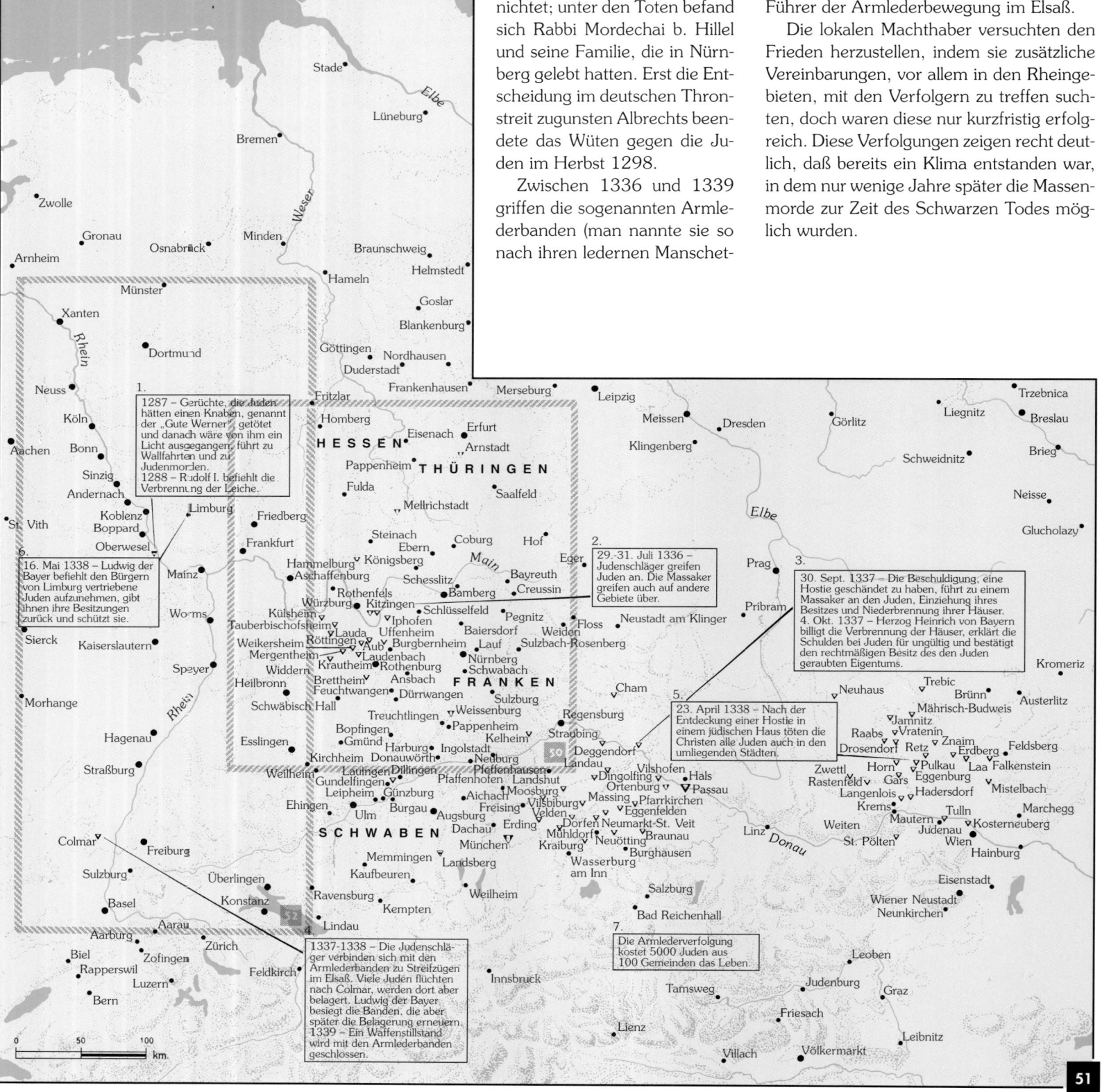

Massaker in den Rheingebieten

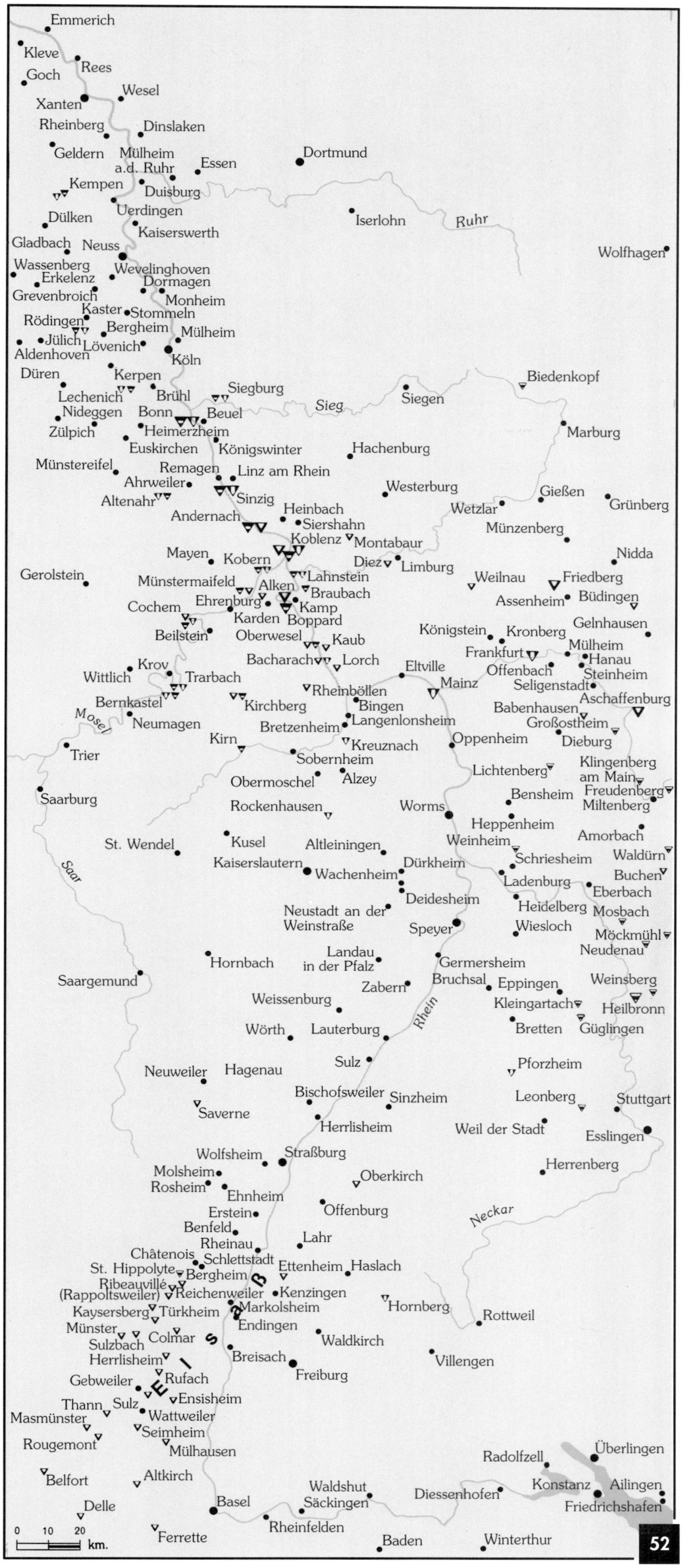

Jüdische Gemeinde
Größere Gemeinde (vor 1239)
Massaker vor 1298 (ohne die Verfolgungen zur Zeit des „Guten Werner")
Verfolgungen z. Zt. des „Guten Werner" 1287
Rindfleischverfolgung 1298
Armlederverfolgung 1336-1339

Die Pastoureaux und die Lepra-Massaker

1320 bis 1321

Aus der populären religiösen Bewegung der Pastoureaux (Hirten) in Agen in Südfrankreich entwickelte sich der Plan eines Kreuzzugs, dessen Ziel die Erstürmung Granadas und damit die Befreiung des letzten Stück Landes unter muslimischer Herrschaft im christlichen Europa war. Auf ihrem Weg wandten sich die Anhänger der Bewegung zuerst gegen die jüdischen Gemeinden in Südfrankreich und dann gegen jene, die jenseits der Pyrenäen in den Königreichen Aragón und Navarra lagen. Papst Johannes XXII. trat den Kreuzfahrern entgegen; auch König Jakob II. von Aragón traf Gegenmßnahmen. Um die Gemeinden im nördlichen Spanien zu schützen, entsandte er seinen Sohn Alfons, um die Kreuzfahrerbewegung zu unterdrücken. Dies ist eines der wenigen Beispiele für eine Bewegung, die sich für die Befreiung der Christen von muslimischer Herrschaft einsetzte, aber von jenen Kräften zum Stillstand gebracht wurde, die sich gewöhnlich für solche Ziele einsetzten.

Nicht genug damit, man beschuldigte 1321 die Juden in Chinon (wenige Kilometer südlich der Loire) der Brunnenvergiftung in geheimer Verständigung mit den Leprakranken, die als Ausgestoßene aus der Gesellschaft fern der Ballungszentren lebten.

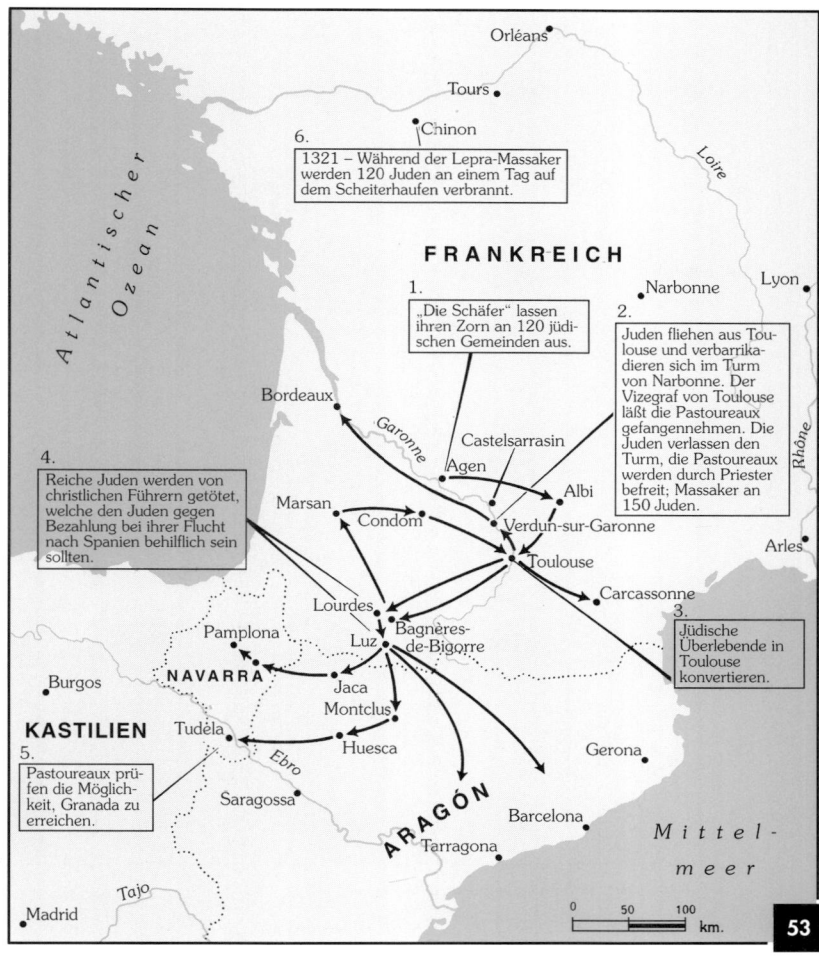

Der Schwarze Tod 1348 bis 1350

Die Seuche begann sich im Sommer 1348 im Südwesten Europas auszubreiten und reichte mit ihren Ausläufern in der Folgezeit bis nach Mitteleuropa. In panischer Angst suchte man nach Schutz und Erklärungen für das große Sterben und beschuldigte schließlich die Juden, die Brunnen vergiftet zu haben. Ein Beweis dafür schien es zu sein, daß angeblich die Juden verhältnismäßig weniger von der Pest dahingerafft wurden. Besonnene Angehörige der Führungsschicht in den Städten wiesen diese Anschuldigungen zurück. Zu Judenverfolgungen kam es meist vor dem Ausbrechen der Seuche, sogar in Städten, die von der Pest gar nicht erreicht wurden. Politische Machtkämpfe zwischen einzelnen städtischen Gruppen und ihre Bündnisse mit adeligen Machthabern im Umland waren der tatsächliche Grund für die Pogrome. In Deutschland war Karl IV. nicht in der Lage, den Ausschreitungen Einhalt zu gebieten, und sicherte manchen Städten schon im vorhinein Straflosigkeit zu, wenn Juden ermordet werden sollten. An der nach den Massakern zu verteilenden Beute verlangte er seinen Anteil. Für die Überlebenden, die sich in den folgenden Jahren in ihrer alten Heimat wieder ansiedeln durften, bedeuteten diese Ereignisse im allgemeinen eine sehr deutliche Verschlechterung ihrer Lebensbedingungen. Auch in Spanien setzte in dieser Zeit ein Verfall der jüdischen Gemeinden in politischer, kultureller und wirtschaftlicher Hinsicht ein.

Papst Clemens VI. (1342-1352) erkannte, wie absurd diese Beschuldigungen gegen die Juden waren, und wies sie in einer Bulle 1348 zurück.

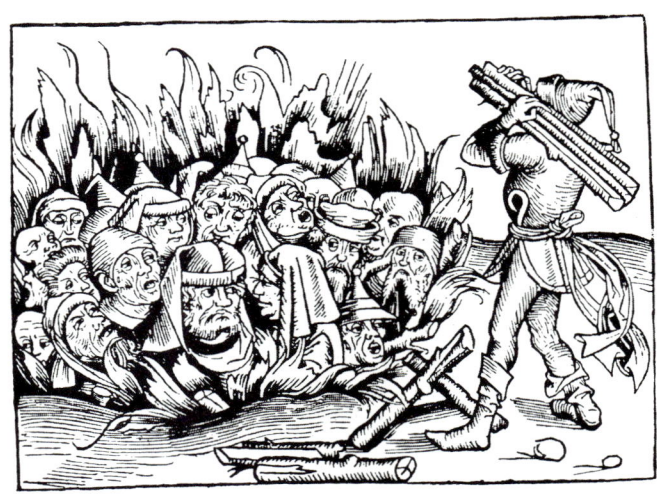

Holzschnitt, der die Verbrennung jüdischer Märtyrer in Deutschland zeigt. Aus Hartmann Schedels *Weltchronik*, 1493

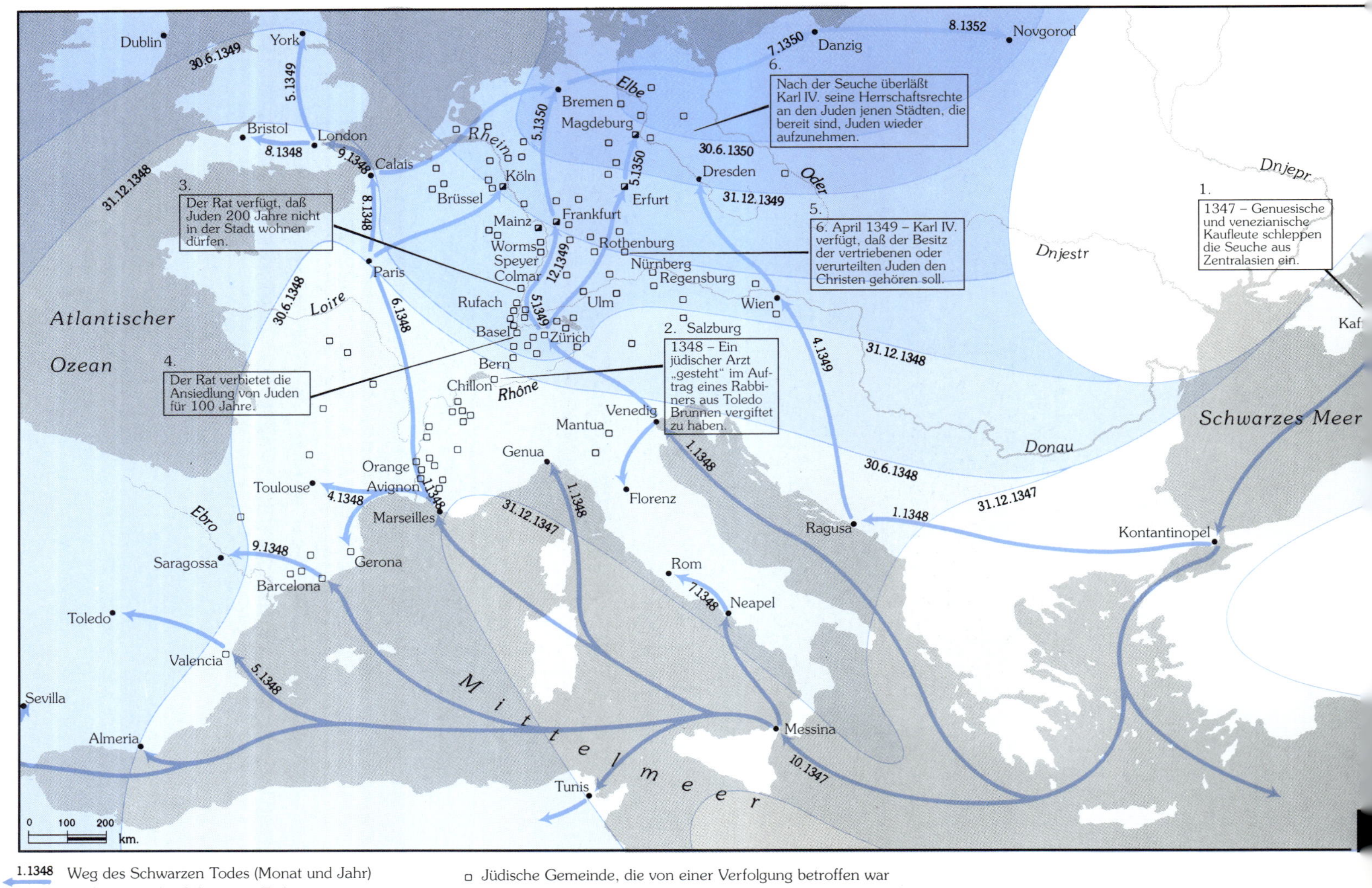

1.1348 Weg des Schwarzen Todes (Monat und Jahr)
Ausbreitung des Schwarzen Todes in sechsmonatigen Phasen

□ Jüdische Gemeinde, die von einer Verfolgung betroffen war
■ Jüdische Gemeinde, die sich verteidigte

BIS ZUR VERTREIBUNG AUS SPANIEN

Bücherverbrennung durch Pedro Berruguette. Der heilige Dominikus
überwacht die Verbrennung. Das schwebende Buch ist das Neue Testament.

Das Ende der jüdischen Gemeinden in Frankreich
14. Jahrhundert

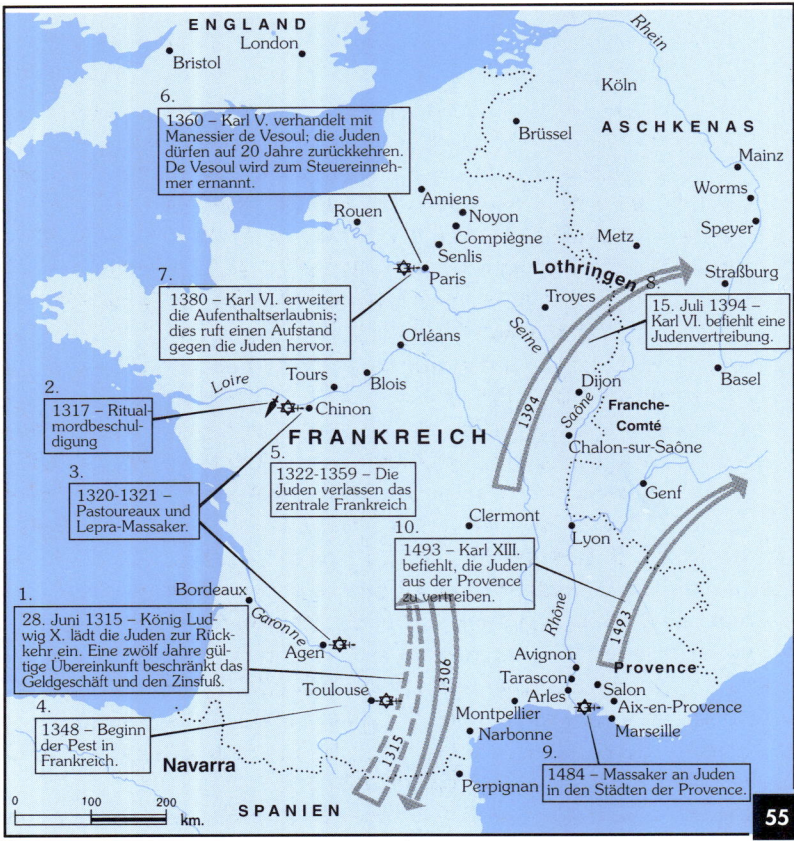

Der 100jährige Krieg (zwischen England und Frankreich 1337-1453) stellte Frankreich vor soziale und wirtschaftliche Probleme. Zwischen 1359 und 1361 unternahm man den Versuch, Juden im Land wieder anzusiedeln. Man stellte den Juden Schutzprivilegien aus, und etwa 20 Jahre lang war es ihnen erlaubt, relativ hohe Zinsen von den verborgten Kapitalien zu berechnen. Doch schon 1365 und 1366 versuchten einige politisch einflußreiche Gruppierungen, eine neuerliche Vertreibung beim König zu erreichen. Karl V. (1364-1380) bereitete am 6. Januar 1367 eine entsprechende Verfügung vor, die aber nicht verwirklicht wurde. Der König befahl aber, ein Inventar der jüdischen Besitzungen anzulegen. Ähnliche Anordnungen ergingen 1368 und 1370. Als Karl V. 1380 starb, kam es zu tödlichen Angriffen auf die Juden. Sie starben als Märtyrer, und ihre Kinder wurden entführt. Der Prevot von Paris, Hugues Aubriot, versuchte den Verfolgern entgegenzuarbeiten und gab sogar entführte Kinder ihren Eltern zurück. Doch wurde er bald abgesetzt und eingekerkert. Aubriot und die Juden waren Opfer der gegen den König gerichteten Unternehmungen von 1382. Karl VI. wich dem Druck der Öffentlichkeit und ordnete am 15. Juli 1394 die Vertreibung der Juden an. Sie mußten Frankreich bis zum 3. November verlassen, sieben Jahre bevor ihr von Karl V. auf zwanzig Jahre gewährtes Privileg auslief.

Am 7. Dezember 1394 wurden die Juden auch aus Toulouse vertrieben: zwölf Familien aus der Stadt und weitere sieben aus der Umgebung. Jüdische Gemeinden blieben in der Franche-Comté, in Lothringen bzw. in der Provence und in Navarra bestehen. Als die Provence 1481 unter die Herrschaft des französischen Königs kam, sollte der Vertreibungsbefehl auch hier gültig sein, doch ließ sich der König durch die Bitten von Juden aus Marseille, Arles, Aix-en-Provence, Tarascon und Salon-de-Provence erweichen und erneuerte ihre Privilegien. 1484 kam es mit Ausnahme von Salon in den Städten der Provence zu Tumulten, und am 19. August 1484 verbot König Karl VIII. (1483-1498) den Juden die Neuansiedlung in Arles. 1486 wandte sich der Stadtrat von Arles an seine Vertreter in der Ständeversammlung und verlangte die Vertreibung der Juden. Judenfeindliche Bestrebungen hatten seit der Vertreibung der Juden aus Spanien 1492 deutlich zugenommen, und schließlich gab der König dem Druck nach. Ende Juli 1493 ordnete er an, daß die Juden konvertieren oder innerhalb von drei Monaten Arles verlassen mußten. Es gelang den Juden zwar, eine Verschiebung der Ausweisung zu erreichen, aber 1500 und 1501 mußten sie wegziehen. Nur wenige Juden blieben im päpstlichen Territorium zurück. Die Erneuerung jüdischer Ansiedlung in Südwestfrankreich würde von flüchtigen Konversen aus Spanien bewerkstelligt, doch es dauerte lange, ehe es ihnen erlaubt wurde, sich offen als Juden zu bekennen.

Die Anfänge der jüdischen Besiedlung Polens

Über die jüdische Besiedlung Polens vor dem 13. Jahrhundert lassen sich mit wenigen Ausnahmen nur Spekulationen anstellen. 1264 privilegierte Herzog Boleslaw der Fromme von Kalisch die Juden in Großpolen. Die Bestimmungen entsprechen jenen, wie sie erstmals 1244 von Friedrich dem Streitbaren in Österreich gewährt wurden. Die Juden kamen zusammen mit anderen deutschen Siedlern nach Polen und brachten ihre alten Rechte mit. Darunter befand sich auch das von Papst Innozenz IV. erlassene und von Ottokar II. bestätigte Verbot der Ritualmordbeschuldigung.

Kasimir der Große bestätigte und erweiterte dieses Privileg und übertrug es auch auf die später unter seine Herrschaft gelangten Gebiete wie Kleinpolen (Hauptstadt: Krakau) und das Gebiet der Rotrussen (Hauptstadt: Lemberg). Im Anschluß an die Vereinigung Polens und Litauens 1386 kam es dann im Jahre 1388 auch zur Übernahme dieser Bestimmungen in Litauen durch den Großfürsten Witold.

Eine Wanderung gewissen Umfangs von Juden aus Deutschland mag seit der Mitte des 14. Jahrhunderts nach Polen stattgefunden haben, die wiederholt behauptete zahlenmäßig bedeutsame Verlagerung jüdischen Lebens nach Polen in dieser Zeit ist durch Quellenbelege nicht zu decken. Häufig sind in dieser Zeit bereits Verfolgungen nachzuweisen, besonders in der Regierungszeit Ladislaus II. Jagiello. So erhob man 1399 in Posen eine Ritualmordbeschuldigung gegen die Juden, der ein Massaker folgte. 1407 kam es zu antijüdischen Ausschreitungen

Inneres einer Synagoge aus dem 13. Jahrhundert in der jüdischen Nachbarschaft von Toledo. Nach der Verfolgung 1391 wurde sie in die Kirche Santa Maria La Blanca umgewandelt

durch Studenten der Krakauer Universität (gegr. 1364, zweite Gründung 1400).

Die wichtigsten jüdischen Siedlungen in Litauen waren Brest, Troki und Grodno. Im seit 1336 zu Litauen gehörigen Wolhynien befand sich die bedeutendste Gemeinde in Ludmir. Die bäuerliche Beschäftigung der Juden ging im Laufe der Zeit zurück, und die jüdisch-städtische Kultur begann sich über den gesamten Herrschaftsbreich von Polen bis in die Ukraine auszudehnen. 1441 erkannte Kasimir IV. sogar eine karäische Gemeinde an, die gleiche Rechte wie die Christen genoß. Mit der Unruhe im Zusammenhang mit der Vertreibung aus Spanien 1492 könnten die Vertreibungen aus Litauen und Krakau 1495 zusammenhängen.

Die Juden in Spanien bis zu den Massakern 1391

Der Schwarze Tod, der 1348 Aragón erreichte, führte zu mörderischen Angriffen auf die Juden, die man für den Ausbruch der Seuche verantwortlich machte. Kastilien erlebte eine radikale Verringerung der Bevölkerung in der zweiten Hälfte des 14. Jahrhunderts, die nicht nur auf die Seuche, sondern auf ein Anwachsen der Sterblichkeit im allgemeinen und auf Wanderbewegungen zurückzuführen war. Für diese Faktoren konnte man die Juden nicht verantwortlich machen. Deswegen hat wohl eine Attacke gegen die Juden 1354 in Sevilla kaum mit dem Schwarzen Tod etwas zu tun. Die Ursachen waren lokaler Natur; vorgeschoben wurde eine Hostienschändung.

Die Herrschaft Peters des Grausamen von Kastilien (1350-1369) wurde von seinem Halbbruder Heinrich von Trastamara bekämpft, und in dieser Auseinandersetzung waren die jüdischen Gemeinden die Leidtragenden. Heinrich war der erste Machthaber in Spanien, der eine judenfeindliche Haltung zu einer der Leitlinien seiner Politik machte. Er erklärte, daß er gegen seinen Bruder Krieg führte, um Kastilien von den jüdischen Ratgebern seines Bruders zu befreien. Im Frühjahr 1355 war Toledo von diesen Maßnahmen betroffen, als Heinrichs Truppen die Stadt eroberten und das kleine jüdische Viertel von Alcana angriffen und ausraubten. 1000 Juden sollen nach dem Zeugnis des zeitgenössischen Historiographen Pedro Lopez de Ayala umgekommen sein. Das größere Viertel in Toledo wurde nicht angegriffen, weil die jüdische Gemeinde Söldner zu ihrem Schutz angeworben hatte.

Auch andere Gemeinden in Kastilien wurden angegriffen. 1360 rückte Heinrich vom nördlichen Kastilien nach Süden vorwärts und griff die jüdischen Gemeinden, die auf seinem Wege lagen, an. Im April 1366 nahm er Burgos und verlangte von der jüdischen Gemeinde eine Million Maravedi Lösegeld; denselben Betrag verlangte er in Toledo. Die Juden mußten ihre Thorakronen verkaufen, um den Betrag bezahlen zu können. Ein Jahr später war Burgos zum zweiten Mal mit Heinrichs Forderungen konfrontiert. Die ersten Verfolger waren französische und englische Söldner, die in den Diensten der verfeindeten Brüder standen. Sie waren für die Vernichtung der jüdischen Gemeinden in Kastilien verantwortlich. Nicht einmal die südlichen Gemeinden blieben verschont. Peter, der geschworene Schutzherr der Juden, gestattete den Muslims in Granada, die ihn unterstützten, Juden aus Jaén als Sklaven zu verkaufen.

Zur Vorgeschichte der Verfolgungen von 1391 gehört die Konfiskation der Synagogen von Sevilla, die 1378 durch die judenfeindliche Agitation des Archidiakons von Ecija, Ferrant Martinez, verursacht wurde. Am 4. Juni 1391 brachen in Sevilla antijüdische Tumulte aus, die sich in ganz Andalusien ausbreiteten und gegen alle jüdischen Gemeinden in Spanien gerichtet waren. Alle sozialen Gruppen waren an diesen Vorgängen beteiligt. Ungefähr einen Monat später kam es auch zu Angriffen gegen die Juden in Aragón.

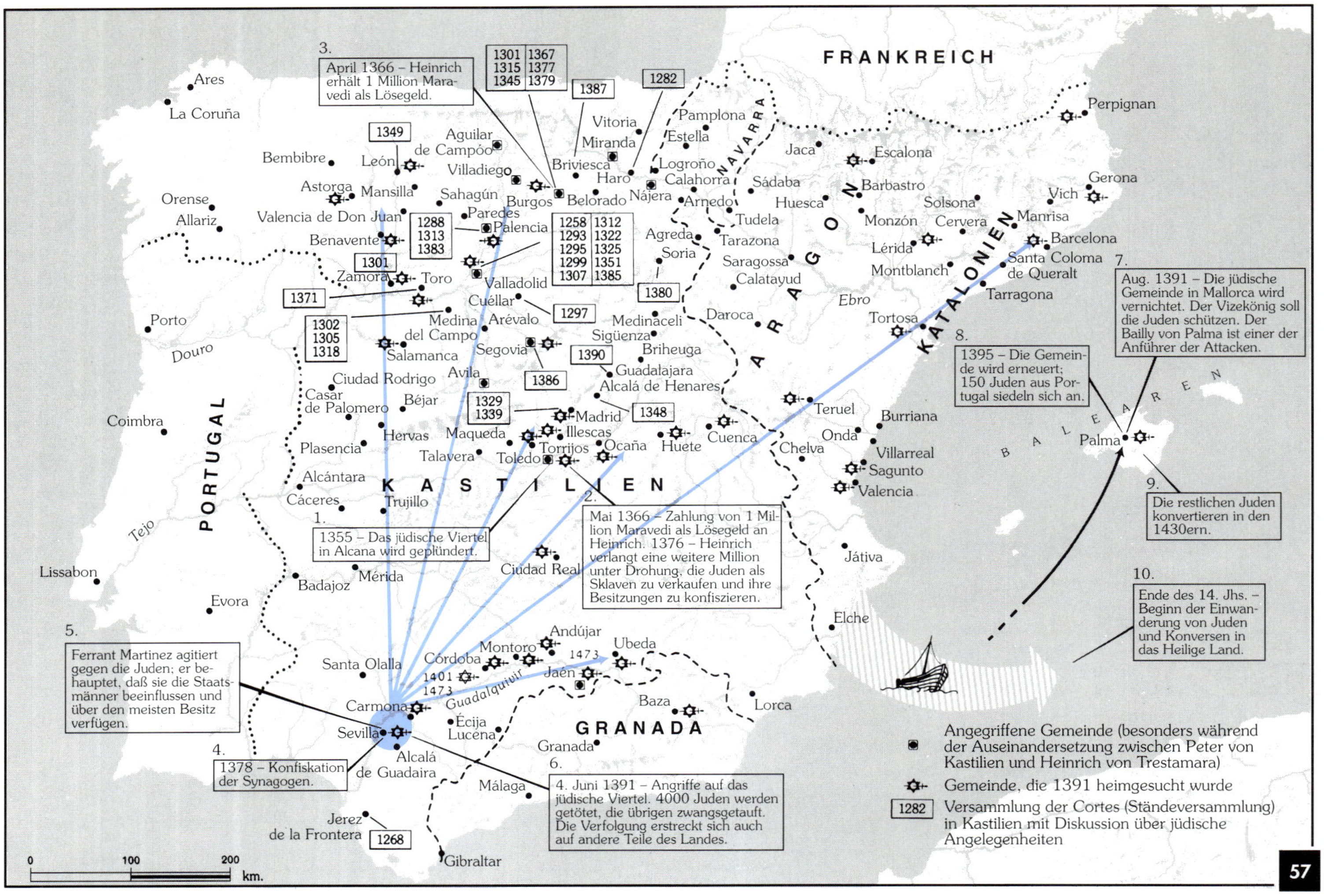
FRANKREICH
PORTUGAL
KASTILIEN
NAVARRA
ARAGON
KATALONIEN
GRANADA
BALEAREN
Douro
Tejo
Ebro
Guadalquivir
3.
April 1366 – Heinrich erhält 1 Million Maravedi als Lösegeld.
1301 1367
1315 1377
1345 1379
1387
1282
1349
1288
1313
1383
1258 1312
1293 1322
1295 1325
1299 1351
1307 1385
1301
1371
1302
1305
1318
1297
1380
1390
1386
1329
1339
1348
1268
Ares
La Coruña
Bembibre
León
Aguilar de Campóo
Villadiego
Vitoria
Miranda
Briviesca
Pamplona
Estella
Logroño
Calahorra
Haro
Nájera
Belorado
Burgos
Sahagún
Mansilla
Astorga
Orense
Allariz
Valencia de Don Juan
Paredes
Palencia
Benavente
Zamora
Toro
Valladolid
Cuéllar
Medina del Campo
Arévalo
Porto
Salamanca
Segovia
Ciudad Rodrigo
Avila
Béjar
Casar de Palomero
Coimbra
Hervas
Plasencia
Maqueda
Madrid
Illescas
Torrijos
Toledo
Talavera
Ocaña
Huete
Cuenca
Alcántara
Cáceres
Trujillo
Medinaceli
Sigüenza
Briheuga
Guadalajara
Alcalá de Henares
Agreda
Soria
Arnedo
Tudela
Tarazona
Saragossa
Calatayud
Daroca
Sádaba
Jaca
Huesca
Escalona
Barbastro
Monzón
Lérida
Montblanch
Cervera
Solsona
Vich
Gerona
Perpignan
Manrisa
Barcelona
Santa Coloma de Queralt
Tarragona
Tortosa
Teruel
Burriana
Onda
Villarreal
Sagunto
Valencia
Chelva
Játiva
Elche
Lorca
Palma
7.
Aug. 1391 – Die jüdische Gemeinde in Mallorca wird vernichtet. Der Vizekönig soll die Juden schützen. Der Bailly von Palma ist einer der Anführer der Attacken.
8.
1395 – Die Gemeinde wird erneuert; 150 Juden aus Portugal siedeln sich an.
9.
Die restlichen Juden konvertieren in den 1430ern.
10.
Ende des 14. Jhs. – Beginn der Einwanderung von Juden und Konversen in das Heilige Land.
2.
Mai 1366 – Zahlung von 1 Million Maravedi als Lösegeld an Heinrich. 1376 – Heinrich verlangt eine weitere Million unter Drohung, die Juden als Sklaven zu verkaufen und ihre Besitzungen zu konfiszieren.
1.
1355 – Das jüdische Viertel in Alcana wird geplündert.
Ciudad Real
Lissabon
Evora
Badajoz
Mérida
5.
Ferrant Martinez agitiert gegen die Juden; er behauptet, daß sie die Staatsmänner beeinflussen und über den meisten Besitz verfügen.
Santa Olalla
Andújar
Montoro
Córdoba
1401
1473
Ubeda
Jaén
Baza
Carmona
Sevilla
Écija
Lucena
Granada
Alcalá de Guadaira
4.
1378 – Konfiskation der Synagogen.
6.
4. Juni 1391 – Angriffe auf das jüdische Viertel. 4000 Juden werden getötet, die übrigen zwangsgetauft. Die Verfolgung erstreckt sich auch auf andere Teile des Landes.
Málaga
Jerez de la Frontera
Gibraltar
0 100 200 km.
Angegriffene Gemeinde (besonders während der Auseinandersetzung zwischen Peter von Kastilien und Heinrich von Trestamara)
Gemeinde, die 1391 heimgesucht wurde
1282 Versammlung der Cortes (Ständeversammlung) in Kastilien mit Diskussion über jüdische Angelegenheiten
57

Das jüdische Viertel in Toledo

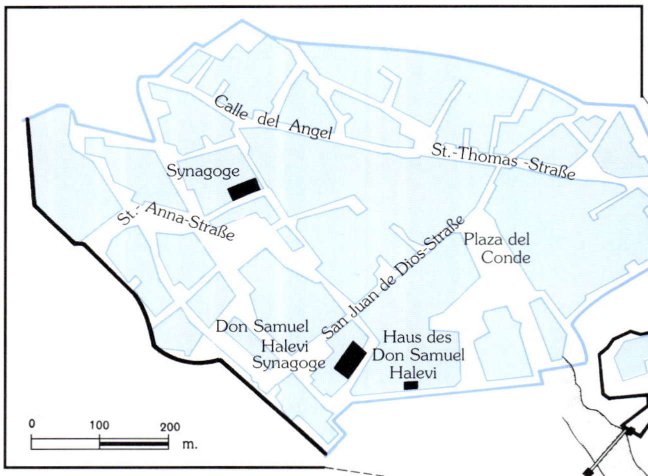
Calle del Angel
St.-Thomas-Straße
Synagoge
St. Anna-Straße
San Juan de Dios-Straße
Plaza del Conde
Don Samuel Halevi Synagoge
Haus des Don Samuel Halevi
0 100 200 m.

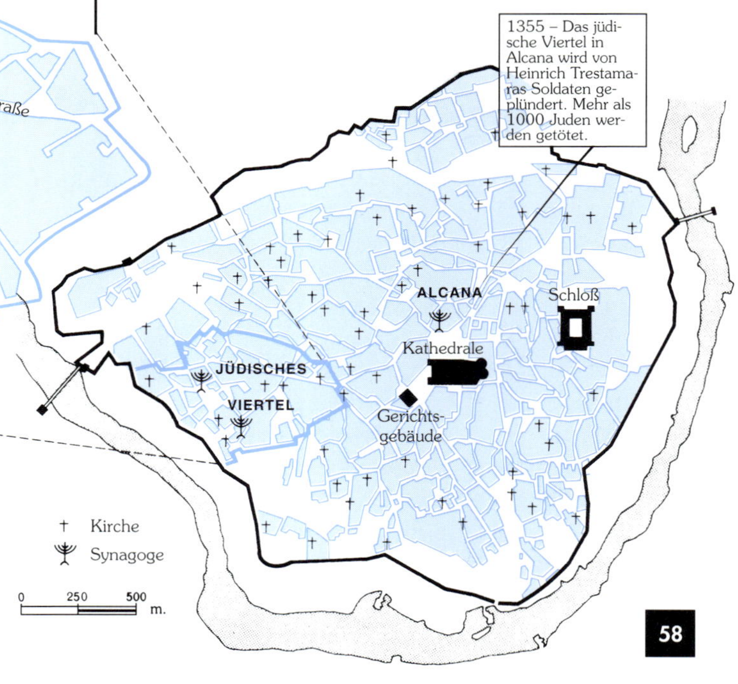
1355 – Das jüdische Viertel in Alcana wird von Heinrich Trestamaras Soldaten geplündert. Mehr als 1000 Juden werden getötet.
ALCANA
Schloß
Kathedrale
JÜDISCHES VIERTEL
Gerichtsgebäude
Kirche
Synagoge
0 250 500 m.
58

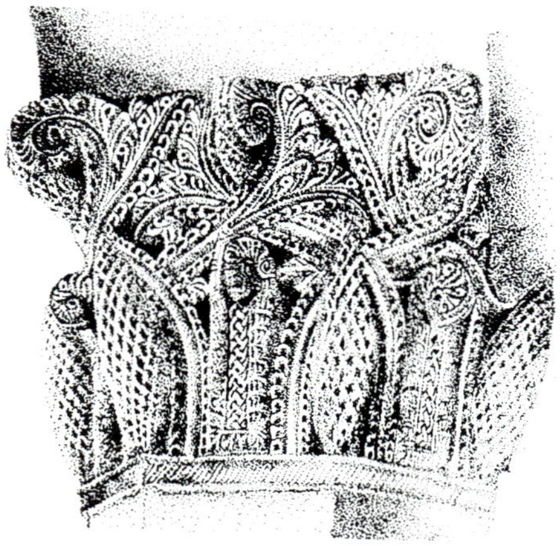

Kapitell eines der Pfeiler in der Synagoge von Toledo

In Katalonien wurden die meisten jüdischen Gemeinden zerstört, die Tumulte waren von einem Aufstand der Handwerker und der Bauern gegen ihre Herren begleitet. Dieser Aufstand trat aber in seiner Bedeutung hinter dem Kreuzzug gegen die Juden zurück, obwohl sich die politisch Verantwortlichen über die wahren Zusammenhänge ziemlich im klaren waren. Die Krone zog aus den Ereignissen Vorteile: Johann I. von Aragón (1387-1395) befahl, ein Inventar des Besitzes der getöteten Juden zu erstellen, und zog ihn zugunsten der Krone ein.

Zwei Gemeinden in Aragón blieben von den Vorgängen unberührt: Saragossa, die Hauptstadt, und Perpignan. Rabbi Chasdai versuchte in Saragossa die Verteidigung zu organisieren und warb einen Adeligen namens Francisco d'Aranda zu diesem Zweck mit Bewaffneten an. Ende 1391 verließ der König Saragossa, um im Lande Frieden zu stiften. Überall führte er Verhandlungen über die Höhe der ihm zu bezahlenden Strafgelder und über die Voraussetzungen der Wiedererlangung der königlichen Huld. Einige Städte schoben erfolgreich den Juden die Schuld an den Tumulten zu.

Nur wenige jüdische Gemeinden in Kastilien blieben verschont. Sogar große Gemeinden verschwanden, als hätten sie nie existiert. Nur Navarra entkam den Verfolgungen unbeschädigt.

Viele spanische Juden retteten ihr Leben durch den Übertritt zum Christentum. Auch aus diesem Grund entsteht der Eindruck, ganze Gemeinden seien samt ihren Parnassim ausgelöscht worden. Sogar bedeutende jüdische Persönlichkeiten konvertierten schon vor den Tumulten 1391, einige unter dem Einfluß des Dominikaners Vincent Ferrer. Dadurch entstand ein neues Phänomen: Gemeinden von Konversen, die zum Judentum zurückkehren wollten und heimlich den jüdischen Ritus pflegten. Als im 15. Jahrhundert Juden wieder zurückkehrten, bestanden neben diesen Gemeinschaften der Konversen auch Gemeinden, die sich offen zum Judentum bekannten.

Jüdische Besiedlung in Portugal
13. und 14. Jahrhundert

Seit Portugal unter der Herrschaft Alfons III. (1248-1279) unabhängig geworden war, entwickelten die jüdischen Gemeinden ihre eigene Organisationsform. Die Krone ernannte einen Vorsteher für alle Juden im Land, den man *arrabi mor* nannte. Dieser ernannte wiederum sieben Vorsteher in den einzelnen Regionen, die den Titel eines *arrabi menors* führten. Der *arrabi mor* beaufsichtigte das Leben in den Gemeinden in umfassender Weise. Er vermittelte zwischen der Krone und der einzelnen Gemeinde; er repräsentierte diese vor dem König und übermittelte die Wünsche der Krone an die Gemeinde. Er beriet den König in Steuerangelegenheiten und anderen Gebühren, die den Juden auferlegt werden sollten. Eigentlich war er kein Vertreter der Juden, sondern eher ein Verwalter des Königs in Angelegenheiten, die Juden betrafen.

Das 14. Jahrhundert verlief für die Juden relativ ruhig, sieht man von manchen judenfeindlichen Vorkommnissen und Maßnahmen ab, die wohl auf kirchlichen Druck veranlaßt wurden, wie das Tragen des jüdischen Abzeichens oder die Beschränkung des Wohnrechts. Obwohl die von der Kirche angestachelte judenfeindliche Atmosphäre schließlich zu den Verfolgungen von 1449 führten, blieb das jüdische Leben zunächst ungestört in Funktion.

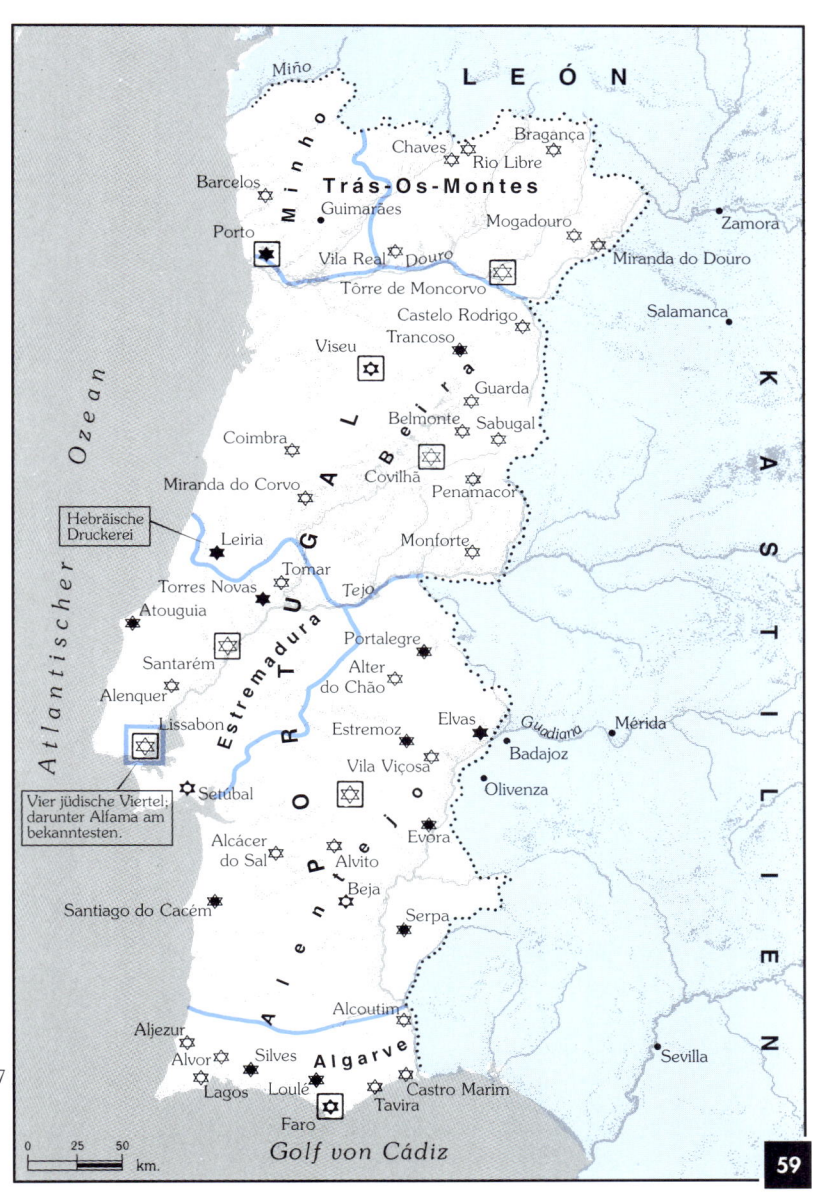

- ✡ Jüdische Gemeinde im 13. Jahrhundert (1279-1325)
- ✡ Neue jüd. Siedlung z. Zt. der Herrschaft Alfons IV., 1325-1357
- ★ Gründung zur Zeit Pedros, 1357-1467
- ✦ Gründung zur Zeit Ferdinands, 1367-1383
- — Grenzen der regionalen Organisation unter dem *arrabi mor*
- ☐ Regionaler Vorort

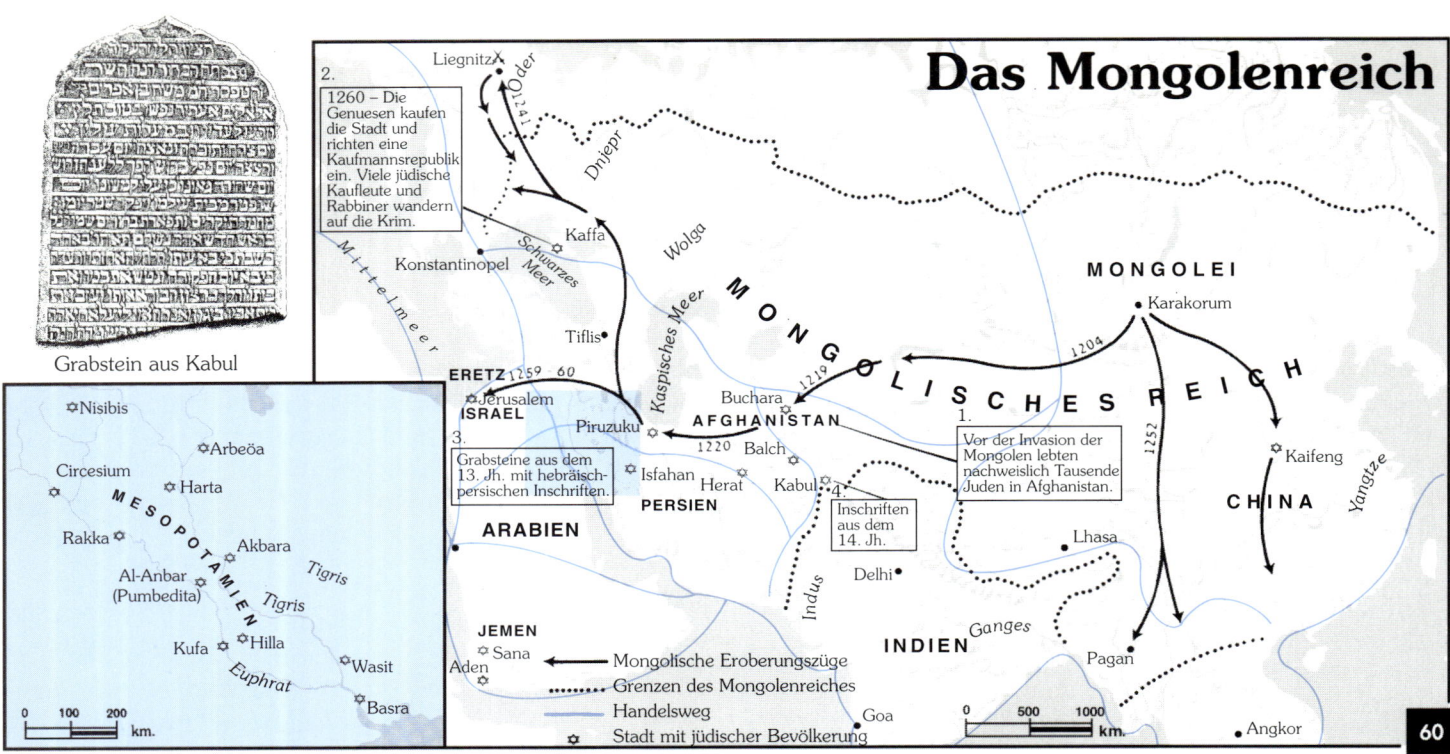

Das Mongolenreich

Grabstein aus Kabul

Die mongolischen Angriffe auf Palästina

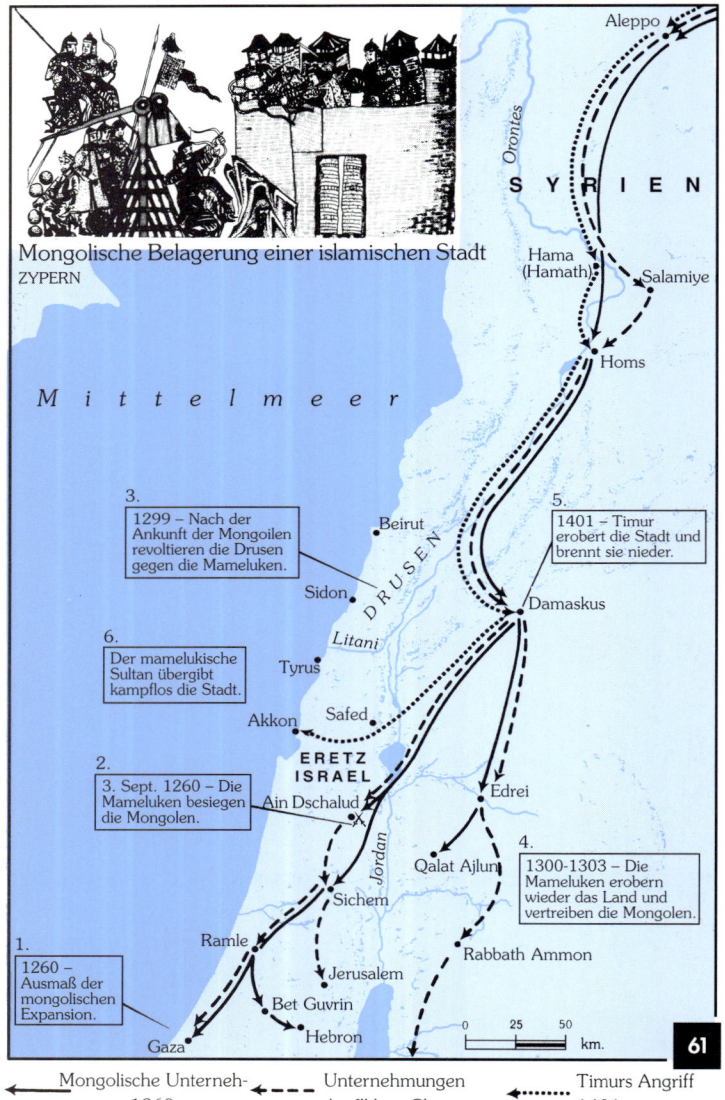

Mongolische Belagerung einer islamischen Stadt

Der Mongolensturm gegen Europa und den Vorderen Orient im 13. Jahrhundert verursachte einschneidende Veränderungen. Ganze Staaten verschwanden, und die Bevölkerung in den betroffenen Gebieten wurde dezimiert.

Noch zu Lebzeiten des Dschingis Khan (gest. 1227) erreichten die Mongolen den Dnjepr, und 1241 überschritten sie die Oder und besiegten ein schlesisches und polnisches Heer bei Liegnitz. 1258 drangen die Mongolen unter der Führung des Ilkhans Hügälü in Mesopotamien ein, eroberten es, zogen nach Palästina weiter und erreichten 1260 Gaza. Am 3. September 1260 besiegte ein mamelukisches Heer unter der Führung von Baibars die Mongolen in der berühmten Schlacht bei Ain Dschalud entscheidend. Damit wurde die Mamelukenherrschaft über Palästina gesichert. 1299 unternahm der Ilkhan Ghasan einen neuerlichen Angriff mit Unterstützung von Armeniern und Drusen aus dem Libanon. 1401 griff der tatarische Fürst Timur, der am Ende des 14. Jahrhunderts das Mongolenreich erneuerte, Damaskus an und steckte die Stadt in Brand. Palästina überlebte ohne kriegerische Auseinandersetzung, indem es sich den Mongolen bis zum Tod Timurs 1405 unterwarf.

Von den mongolischen Angriffen war besonders die muslimische Bevölkerung betroffen. Unter ihnen waren die meisten Opfer, wenn sich auch im Laufe der Ereignisse die Mongolen dem Islam annäherten und es sogar zu Konversionen kam. Viele jüdische Gemeinden wurden gerettet, so in Bagdad (1258), in Aleppo, wo die Juden 1260 in der Hauptsynagoge Unterschlupf fanden und unbehelligt blieben, und schließlich in Damaskus. Der Mongolensturm rief unter den Juden in Italien und Spanien messianische Hoffnungen hervor. Einige glaubten, die Mongolen wären Abkömmlinge der verlorenen zehn Stämme Israels. In Europa verdächtigte man die Juden, sie hätten Kontakte zu den Mongolen, und beschuldigte sie, daß sie ihnen Waffen in Weinfässern lieferten.

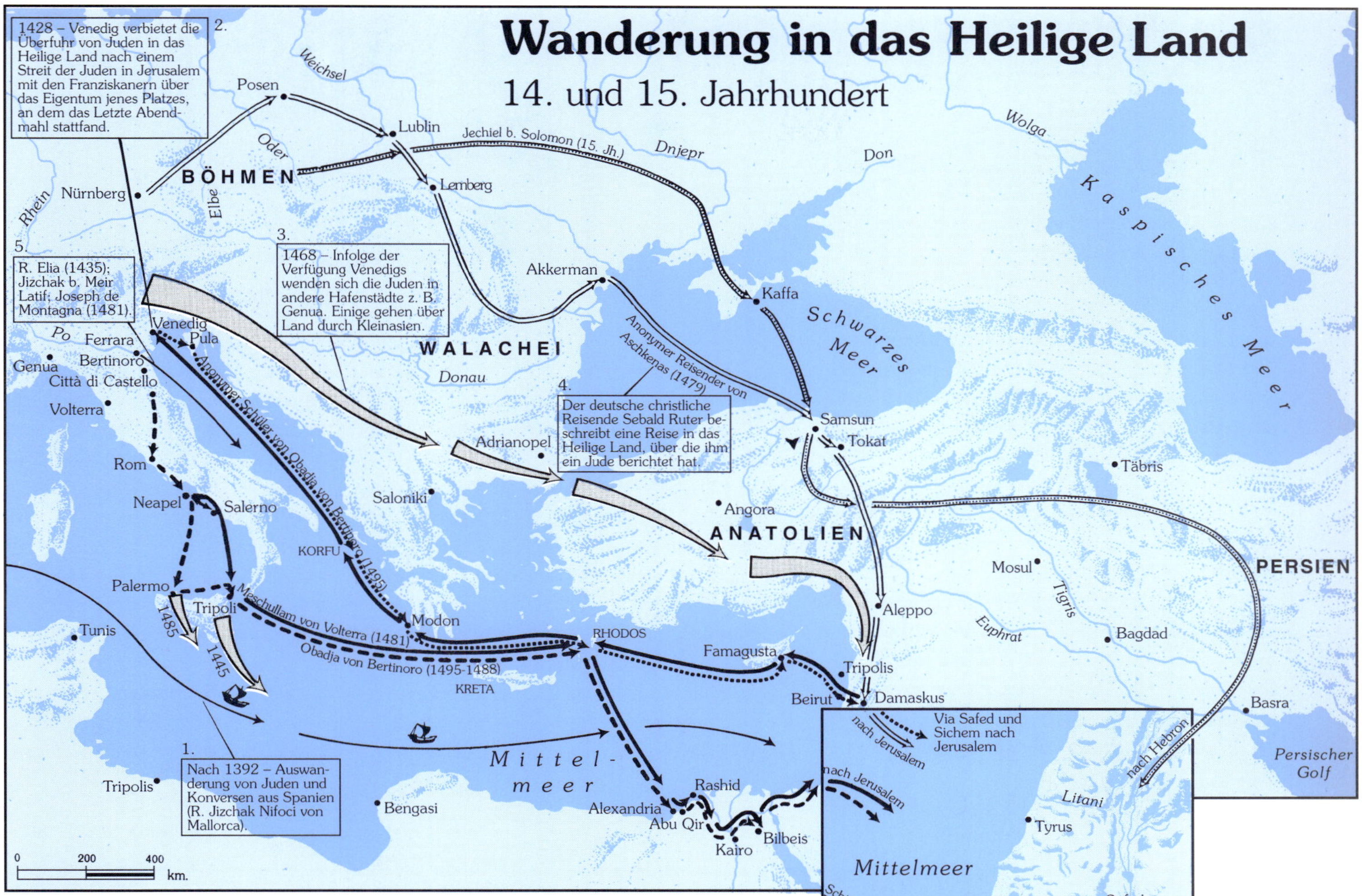

Wanderung in das Heilige Land
14. und 15. Jahrhundert

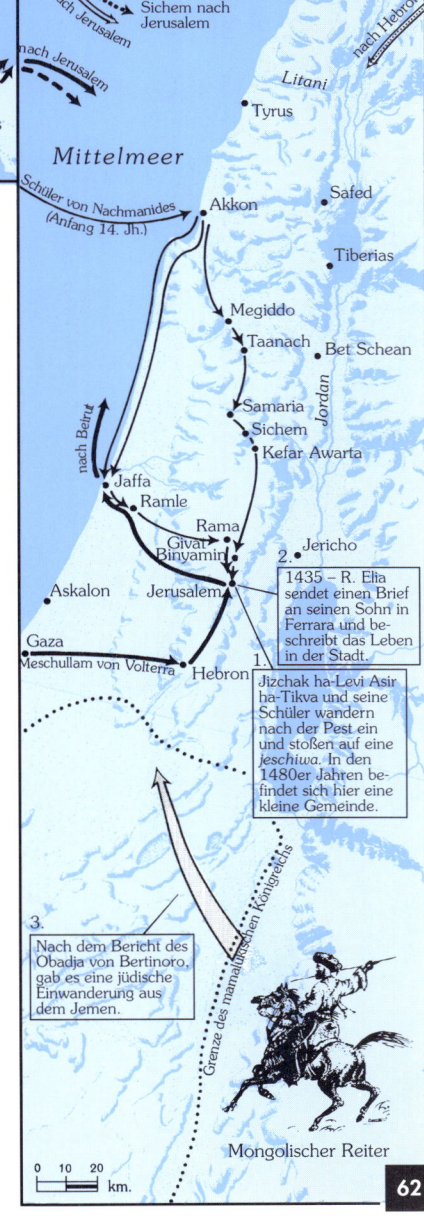

Holzschnitt einer Ansicht von Jerusalem von Erhard Reuwich, 1486

Die Massaker in Spanien 1391 verstärkten die Auswanderung nach Eretz Israel. Über die Einwanderer ist nicht viel bekannt; unter ihnen befand sich ein Konverse namens Jizchak Nifoci aus Mallorca. Man ging trotz der schwierigen Lebensbedingungen und der Verfolgungen der Mamelukenherrschaft nach Palästina. Auch aus Aschkenas kamen einige Juden ins Heilige Land. Juden aus Italien hatten schon früher Verbindungen nach Eretz Israel und leisteten den dortigen Gemeinden Spenden. In den 1480er Jahren wanderten zwei bedeutende Persönlichkeiten aus Italien aus: der Bankier und Kaufmann Meschullam von Volterra (1481) und Obadja von Bertinoro (1488). Von beiden haben sich Berichte über die Verhältnisse in Palästina erhalten. Meschullam zeichnet ein recht beachtliches Bild der Gemeinden in Gaza, Obadja setzte sich oftmals kritisch mit dem erbärmlichen Zustand der Gemeinde in Jerusalem auseinander.

Die Auswanderer mußten sich ihren eigenen Weg nach Palästina suchen, eine sehr schwierige Aufgabe, da Venedig verboten hatte, jüdische Reisende nach Palästina zu befördern.

Die Anfänge des Osmanischen Reiches

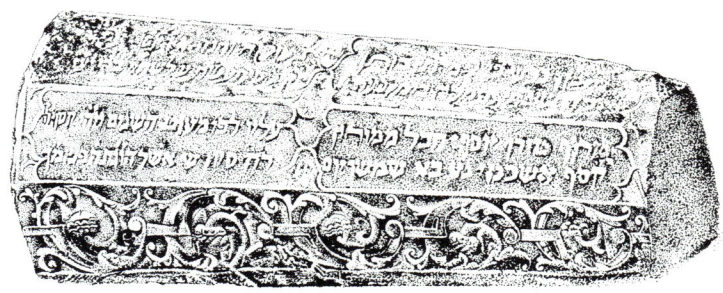

Jüdischer Grabstein von einem Friedhof in der Nähe von Istanbul.

Der Einbruch der Osmanen in das byzantinische Reich fand über eine längere Periode verteilt statt. So wurde die byzantinische Herrschaft in Kleinasien und auf der Balkanhalbinsel allmählich ausgehöhlt. Landschaft um Landschaft wurde von Byzanz getrennt. Auch die Seemächte Venedig und Genua trugen dazu bei, indem sie viele Inseln im östlichen Mittelmeer unter ihre Kontrolle brachten. Gerade in diesen Gegenden kam es zu einer Erneuerung jüdischen Lebens. Die Türken eroberten Gallipoli 1354 und Adrianopel 1361. Von dort war der Weg für weitere Unternehmungen gegen Europa frei, und von 1361 bis 1430 erfüllte sich das Schicksal Makedoniens. Saloniki konnte sich unter venezianischer Herrschaft seit 1423 halten, ehe die Stadt 1430 von den Türken besetzt wurde. Von da an wurde das Osmanische Reich eine ernste Bedrohung für das christliche Europa.

Im 14. Jahrhundert gab es nur einige wenige jüdische Niederlassungen in Kleinasien bzw. in den restlichen byzantinischen Gebieten. In Konstantinopel gab es eine kleine jüdische, aber auch eine karäische Gemeinde. Die Romaniot (byzantinische Juden) waren nicht in der Lage, unter byzantinischer Herrschaft ein reiches kulturelles und geistiges Leben zu entfalten; nach der osmanischen Eroberung integrierten sie sich in die neu entstehenden Gemeinden.

Der Fall von Konstantinopel 1453 durch die Belagerung Mehmeds II. wurde von den Juden als zweiter Fall von Rom betrachtet. Konstantinopels Politik gegen die Juden wurde als eine furchtbare Manifestation aller Elemente des Judenhasses gesehen. Seine Eroberung förderte die Entstehung messianischer Hoffnungen im Sinne einer bevorstehenden Errettung der Juden. Juden und Conversos verließen daher Spanien und siedelten sich im Heiligen Land und an Orten unter osmanischer Herrschaft an. Die Einwanderer meinten, sie würden „unter die schützenden Schwingen der Schechina, der göttlichen Gegenwart", genommen.

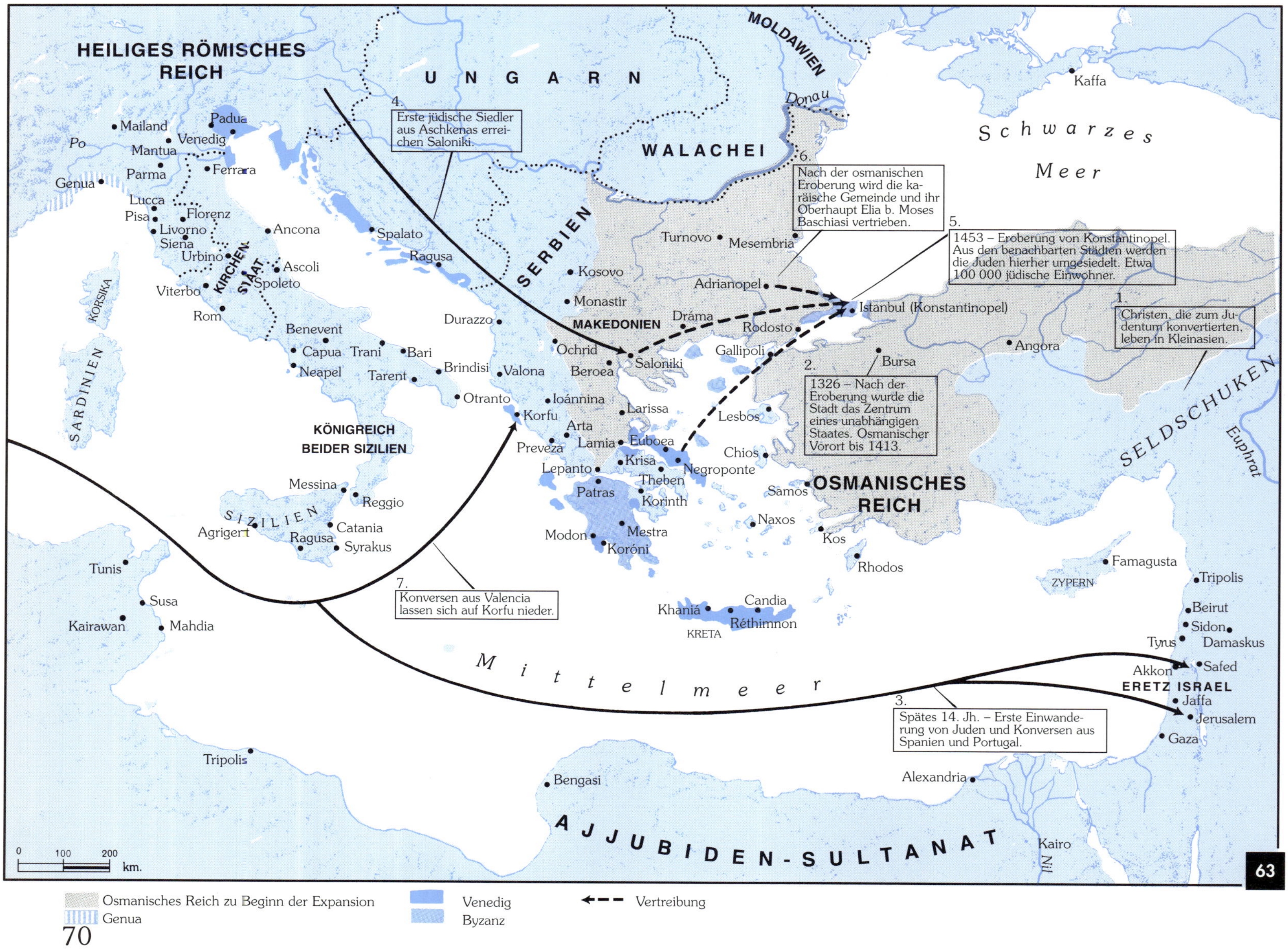

Nach der Eroberung von Konstantinopel richteten die Osmanen hier ihre Hauptstadt ein, die Juden nannten die Stadt auch Kosta und besiedelten die fast völlig verlassene Stadt zwangsweise mit Menschen aus Saloniki, Adrianopel und anderen Städten, darunter auch Juden.

1470 siedelte sich die erste Gruppe von Juden aus Deutschland in Saloniki an. Ihnen folgte 1492 nach der Vertreibung aus Spanien eine große Zahl sephardischer Flüchtlinge, die auch aus Portugal, Sizilien, Kalabrien und Neapel stammten. Die Stadt wurde zusammen mit Konstantinopel, Adrianopel und Bursa ein blühendes jüdisches Zentrum.

Die Eroberung von Damaskus und Aleppo 1516 und die Errichtung der osmanischen Herrschaft in Palästina (1516) und Ägypten (1517) eröffnete den Juden in der Diaspora neue Horizonte.

In diesen Städten konnten die venezianischen und katalonischen Bewohner der Handelsviertel der osmanischen Belagerung nicht widerstehen. Auch die jüdisch-byzantinische Gemeinde wurde aufgerieben und das Viertel zerstört.

Der Fall von Konstantinopel

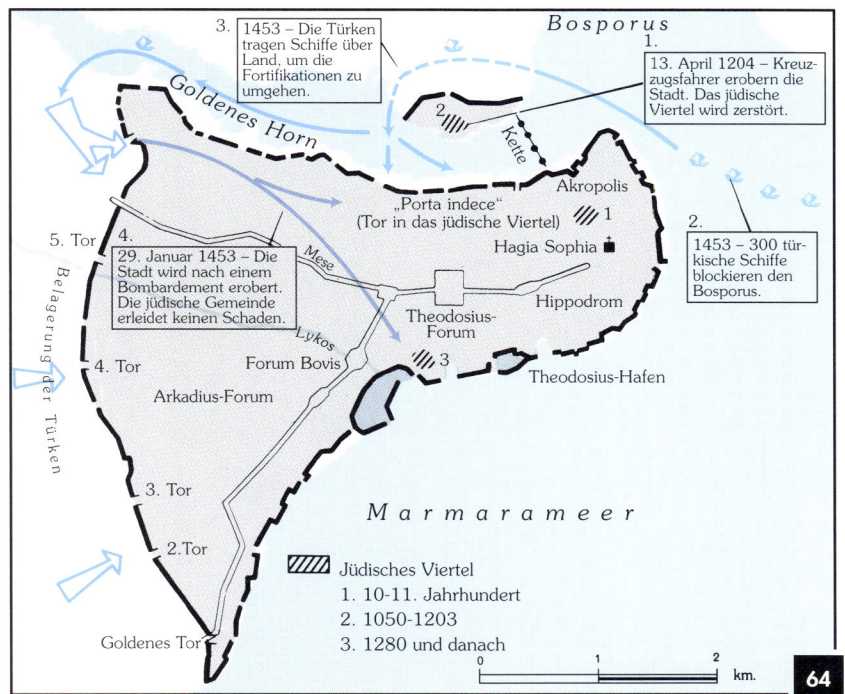

Ausschnitt aus einem Holzschnitt, der Konstantinopel darstellt (1520).
In der Mitte der jüdische Friedhof (siehe Pfeil)

Der Handel im Mittelmeer
14. und 15. Jahrhundert

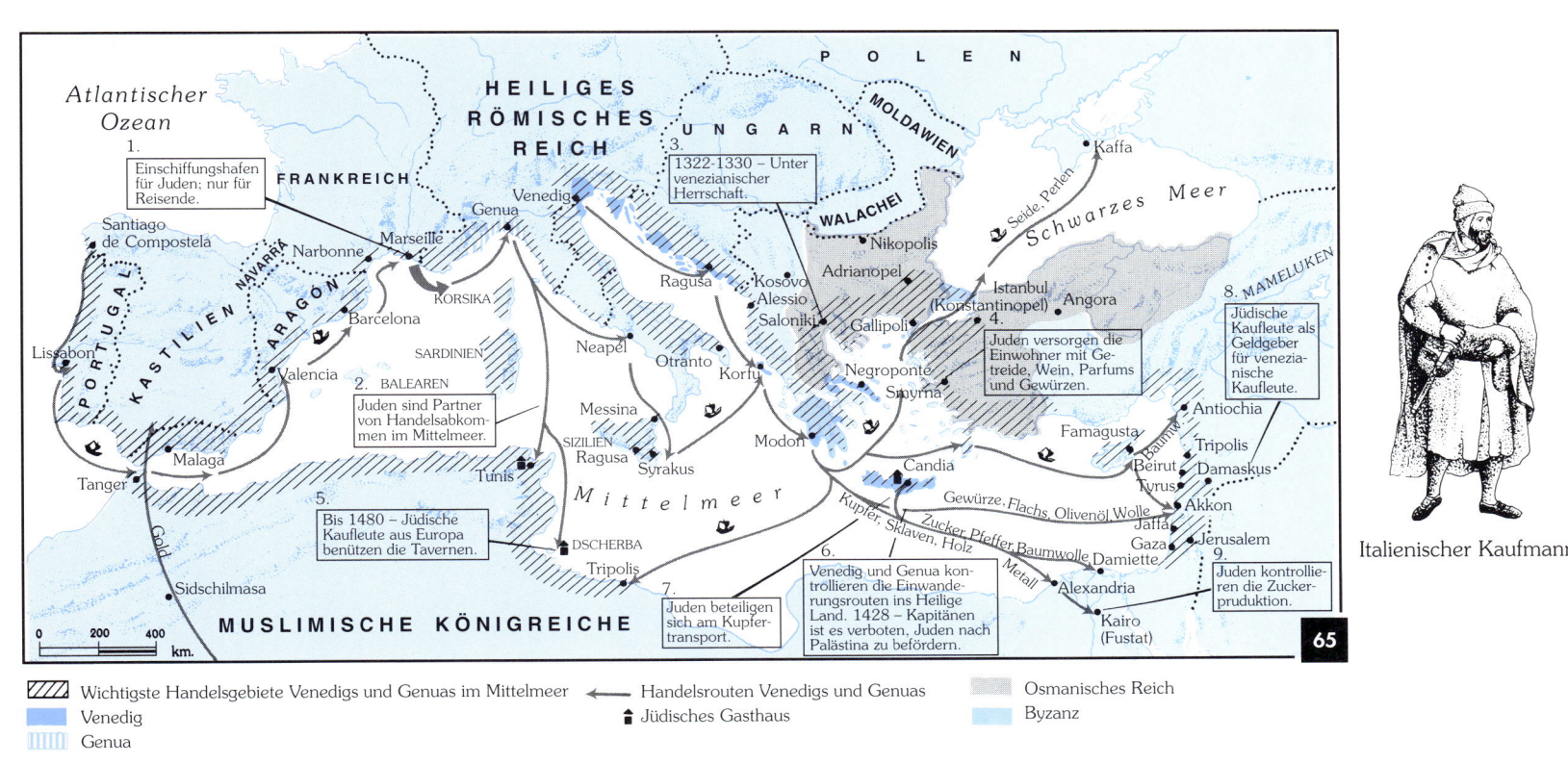

Italienischer Kaufmann

Die wirtschaftliche Tätigkeit der Juden in den Mittelmeerländern umfaßte sehr verschiedene Bereiche. So schlossen Juden mit Schiffseignern Verträge zur Zusammenarbeit. Der Schiffseigner führte die Handelsunternehmung durch, und ein Jude finanzierte sie bzw. die Ware. Spezielle Formen der Zusammenarbeit gab es zwischen Christen und solchen Juden, die in muslimischen Ländern wohnten und den venezianischen, christlichen Kaufleuten Geld für die Bezahlung der Zölle, die auf den Waren lagen, vorstreckten. Einige Hafenstädte (z. B. auf Kreta) hatten eigene Beherbergungsstätten für jüdische Reisende. Viele Juden dienten als Agenten im Handel zwischen Europa und den islamischen Ländern.

Diese Tätigkeit der Juden war trotz vieler Beschränkungen recht beachtlich. Pro Reise durften nur vier Juden auf ein Schiff; einige Kapitäne lehnten es ab, Juden nach Ägypten mitzunehmen; Venedig verbot seinen Kapitänen, Juden aufzunehmen, deren Ziel das Heilige Land war, und die mamelukischen Herrscher in Syrien und Ägypten unterdrückten ihre jüdischen Untertanen im allgemeinen.

Im 14. und 15. Jahrhundert entwickelte sich der europäische Handel im Vergleich zur Zeit der Radhaniten 300 Jahre zuvor in bemerkenswerter Weise. Die Kredittechnik und die Finanzierungsmöglichkeiten hatten sich deutlich verbessert, und die Handelsrouten waren kürzer und sicherer geworden.

Die Juden in Deutschland im Schatten der Vertreibungen und Verfolgungen
14. und 15. Jahrhundert

Die Verfolgungen zur Zeit des Schwarzen Todes und auch die Seuche selbst konnten die jüdischen Gemeinden letztlich nicht vernichten. Allerdings verschlechterten sich die Lebensbedingungen der Juden deutlich. In vielen Orten war ihre Aufenthaltserlaubnis begrenzt. Nur wenige Gemeinden konnten sich erholen, und Mitte des 15. Jahrhunderts verdichtete sich das Netzwerk der Gemeinden trotz der fortwährenden Bedrängung der jüdischen Bevölkerung. Die Prager Juden retten sich zwar während der Zeit

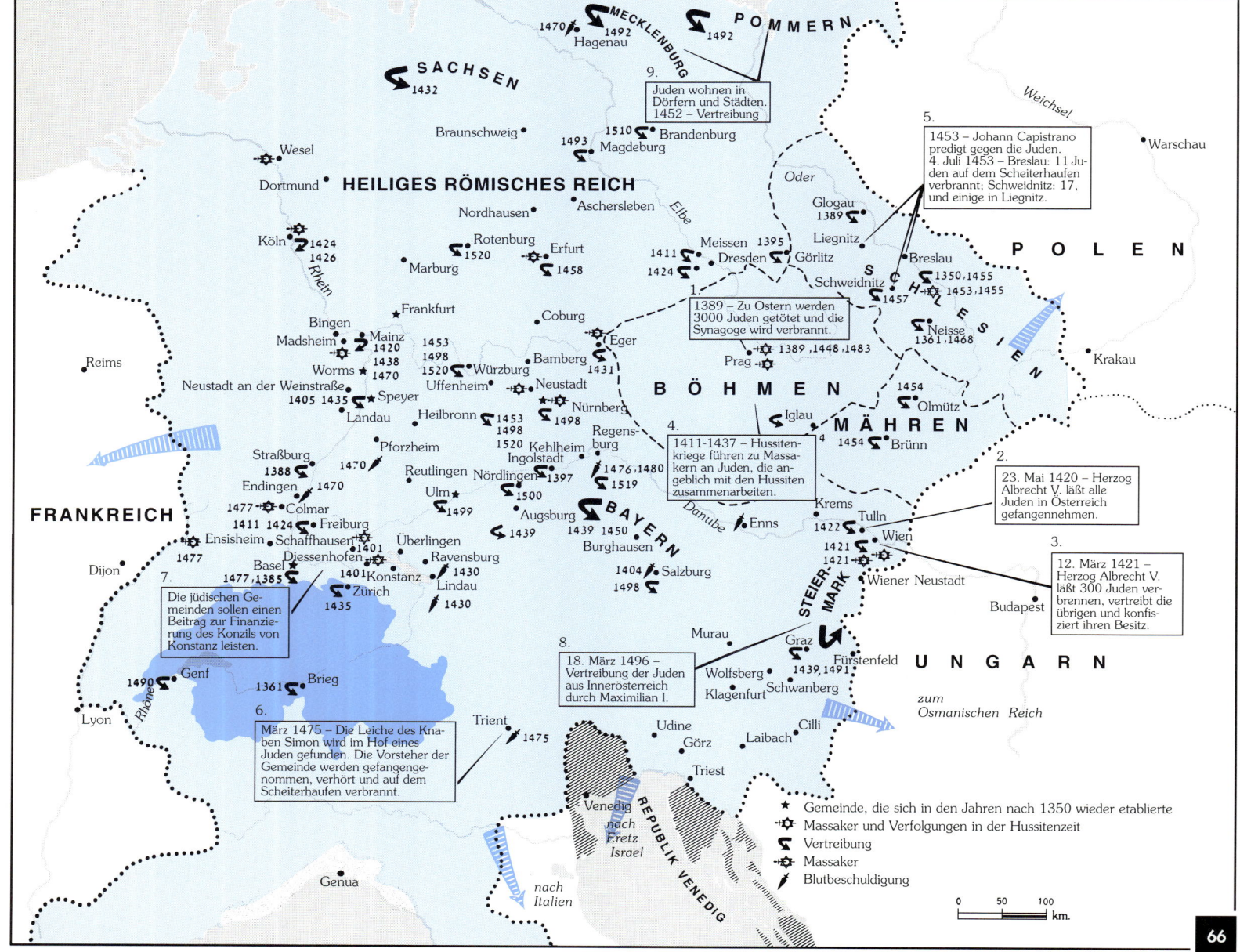

des Schwarzen Todes, erlebten aber eine Verfolgung im Jahre 1389. In den 80er Jahren des 14. Jahrhunderts gab es eine Reihe von Vertreibungen und Verfolgungen.

In der zweiten Hälfte des 15. Jahrhunderts predigte Johannes von Capistrano in deutschen Städten und stachelte die Leute gegen die Juden auf. Manche der Vertreibungen gingen auf die Initiative von Bürgern zurück. In Köln war der Rat 1424 nicht bereit, das Aufenthaltsprivileg für die Juden zu verlängern. König Sigismund verlangte, die Vertreibung zu verschieben, und ernannte Herzog Adolf I. von Kleve zum Schiedsrichter. In seinem Urteil erklärte er am 14. Juli 1425, daß die Stadt ihre Entscheidung auch ausführen durfte; die Juden waren allerdings schon 1424 ausgewiesen worden. Die Flüchtlinge ließen sich in den dem Erzbistum benachbarten Gebieten nieder. In Mainz führte ein Streit zwischen dem Erzbischof und den Bürgern der Stadt Mainz zur Vertreibung. Kurfürst Albert III. von Brandenburg (1470-1486) schrieb 1462: „Jeder Herrscher ist berechtigt, die Juden als sein Eigentum zu betrachten, ja sogar sie zu töten. Einige wenige aber müssen als Zeugnis für die Wahrheit des Christentums überleben. Dieses Schicksal können Juden nur abwenden, indem sie ein Drittel ihres Besitzes für die Kosten der Krönungsfeierlichkeiten eines Herrschers zur Verfügung stellen."

Kaiser Maximilian I. (1493-1519) erließ am 18. März 1496 einen Vertreibungsbefehl, der sich auf die Juden in der Steiermark bezog. In dieser Urkunde zählte er alle gängigen Beschuldigungen gegen die Juden auf: Entführung und Ermordung christlicher Knaben, womit er die Legenden und Unwahrheiten, die über Juden unter den Christen im Umlauf waren, bestärkte. Gegen eine Zahlung der Landstände führte er die Vertreibung durch, siedelte die vertriebenen Juden aber nahe der Ostgrenze des Reiches wieder an. Die Juden Mährens und Böhmens blieben unbehelligt, in Regensburg widersetzte sich der Kaiser dem Verlangen einer Vertreibung.

Man könnte glauben, daß nach der Wahl Karls I. von Spanien zum Kaiser des Heiligen Römischen Reiches (Karl V., 1519-1556) er die Juden in Deutschland genauso hart behandeln würde, wie seine Großeltern Ferdinand und Isabella das in Spanien getan hatten. Er unterschied aber zwischen der Politik gegenüber den Juden in den beiden Herrschaftsbereichen, besonders seitdem er mit den Problemen der lutherischen Lehre beschäftigt war. An seinem Hof war der Jude Joseph (Joselmann) b. Gerschon von Rosheim (um 1478-1554) erfolgreich als *Schtadlan* (Fürsprecher) der Juden in Deutschland tätig. Zu kleineren Veränderungen des jüdischen Lebens in Deutschland kam es im 16. Jahrhundert. Das Gravitationszentrum der Juden verschob sich nach Polen, Litauen, Böhmen und Mähren. Schon im 14., besonders aber im 15. und 16. Jahrhundert begann die jüdische Auswanderung nach Norditalien und in Richtung des Osmanischen Reiches, einschließlich Palästinas.

Zentren der Entstehung von Judenfeindschaft

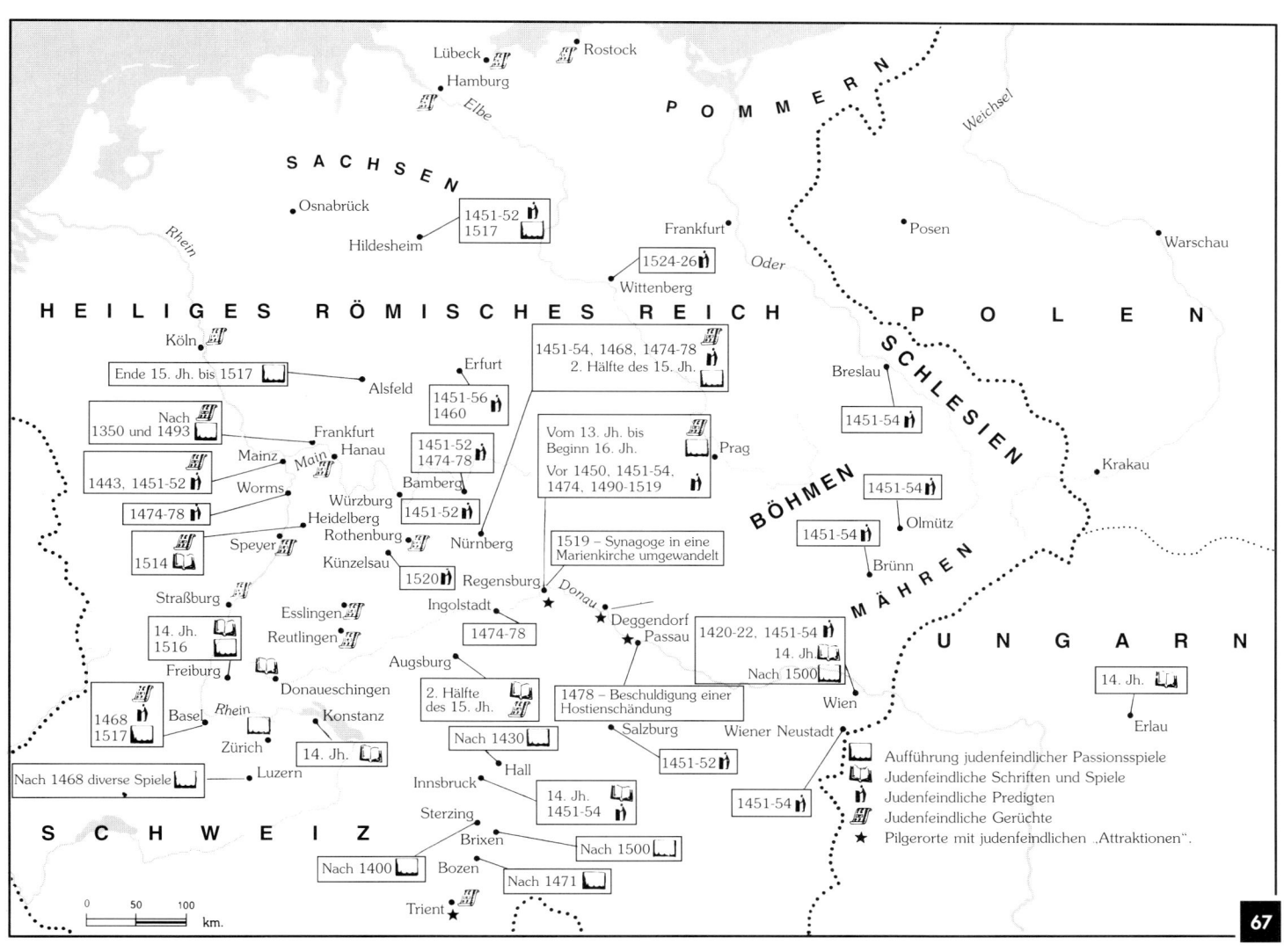

Die Juden in der Schweiz
13. bis 15. Jahrhundert

Die älteste jüdische Gemeinde im heutigen Schweizer Raum scheint in Basel gewesen zu sein, wo die Juden das erste Mal 1213 erwähnt wurden. Weitere Gemeinden in diesem Gebiet entstanden noch im gleichen Jahrhundert in Luzern, Bern, Zürich, Genf und Lausanne. Die meisten Juden waren als Geldverleiher tätig, es gab aber auch Juden, die andere Berufe ausübten, sowie Weingartenbesitzer.

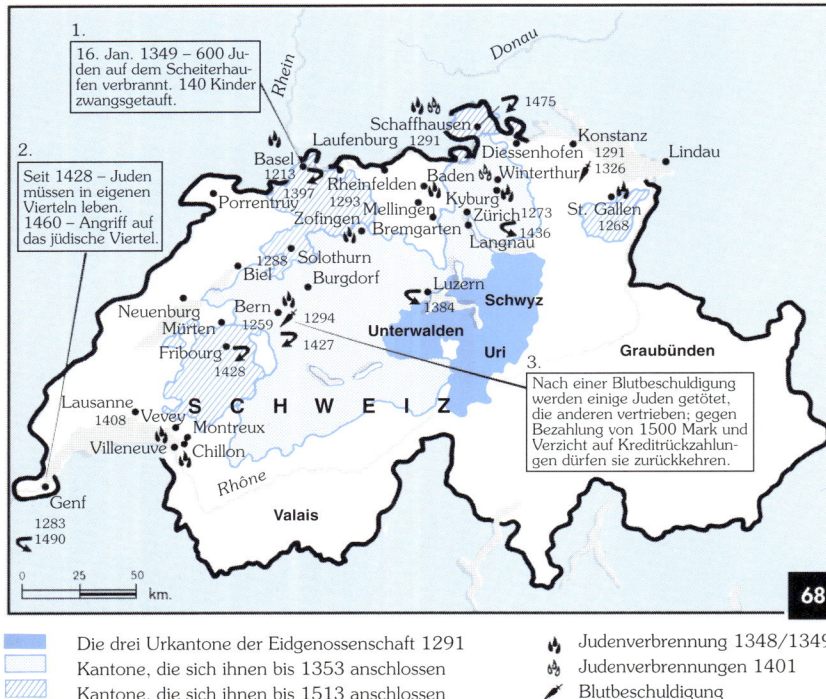

Holzschnitt aus dem 15. Jahrhundert, der die Marterung des Knaben Simon darstellt – Gegenstand der Ritualmordbeschuldigung von Trient, 1475

Die Juden in Spanien am Vorabend der Vertreibung
15. Jahrhundert

Die Vertreibung der Juden aus Spanien 1492 hat ihre Wurzeln in den Verfolgungen von 1391, als rund 200 000 Juden zwangsgetauft wurden und ihr weiteres Leben neben den überlebenden jüdischen Gemeinden, zu denen sie nicht mehr gehörten, und den christlichen, die sich ihrer Integration widersetzten, führten. Die Apostaten Pablo de Santa Maria aus Kastilien (vorher Salomon ha-Levi, Rabbi von Burgos) und Jeronimo de Santa Fe (vorher der Arzt Joschua ha-Lorki von Alcaniz) wurden berühmte Persönlichkeiten unter den Christen. Beide wirkten gegen ihre früheren Glaubensgenossen, jeder versuchte auf seine Weise, die Obrigkeit zu einer Konversion der noch in Spanien lebenden Juden zu drängen. Auf den Rat des Jeronimo rief der Gegenpapst Benedikt XIII. 1413 zu einer Disputation in Tortosa auf. Man lud zwölf Rabbiner aus Aragón zur Teilnahme ein. Die Disputation, die ungefähr zwei Jahre dauerte (1413 und 1414), verursachte in den aragónesischen Gemeinden beträchtliche Verwirrung, da sie ohne ihre Rabbiner und Vorsteher, die in der Auseinandersetzung mit den Apostaten in Tortosa beschäftigt waren, auskommen mußten. In diesen Jahren gab es eine Reihe von Apostaten. Der Dominikaner Vincent Ferrer reiste von Stadt zu Stadt und predigte die Bekehrung zum Christentum und übte Druck auf die Juden aus.

Erst zu Beginn der 30er Jahre des 15. Jahrhunderts kann man Anzeichen für eine Erholung der Gemeinden in Kastilien erkennen; besonders an dem Versuch, eine landesweite jüdische Organisation durch umfassende Rechtsnormen zu begründen. 1432 versammelte Abraham von Soria, der „Rab de la Corte", die Vertreter der kastilischen Gemeinden, um das jüdische Gerichts- und Erziehungswesen zu erneuern, die Praxis der Steuereinhebung festzulegen, Verräter zu bekämpfen und Bestimmungen für eine bescheidenere Lebensführung zu erlassen.

Im Unterschied zu den kastilischen Gemeinden erlebten die großen Gemeinden Aragóns keine Erneuerung nach 1391. In den 30er Jahren des 15. Jhs. verschwanden die Gemeinden auf den Balearen.

Die Angriffe gegen die Konversen 1449 in Toledo und Ciudad Real sind nur vor dem Hintergrund einer christlichen Gesellschaft zu verstehen, die nicht willens war, die Neuchristen und ihre Nachkommen vorbehaltlos zu akzeptieren. Pedro Sarmiento, der von König Johann II. von Kastilien zum Heerführer bestellt worden war, stiftete die Tumulte in Toledo an. Der Stadt war eine drückende Kriegssteuer auferlegt worden, die von neuchristlichen Steuereinnehmern eingehoben wurde. Dies diente als Vorwand für die Übergriffe, die sich gegen die Konversen, aber nicht gegen die Juden richteten. Neuerlich kam es zu Ausschreitungen gegen die Konversen in Toledo 1467 und in den andalusischen Städten 1473-1374.

Der Rechtsstatus der Konversen in der tiefreligiösen Umgebung eines militanten Christentums, das nach religiöser Einheit strebte, wurde Gegenstand vieler polemischer Schriften. Die Auseinandersetzung um Integration und Ausgrenzung war Anlaß für Polemiken gegen die Juden und die Konversen. Alfonso de Espina, ein Franziskaner,

Jüdische Gemeinden in Spanien

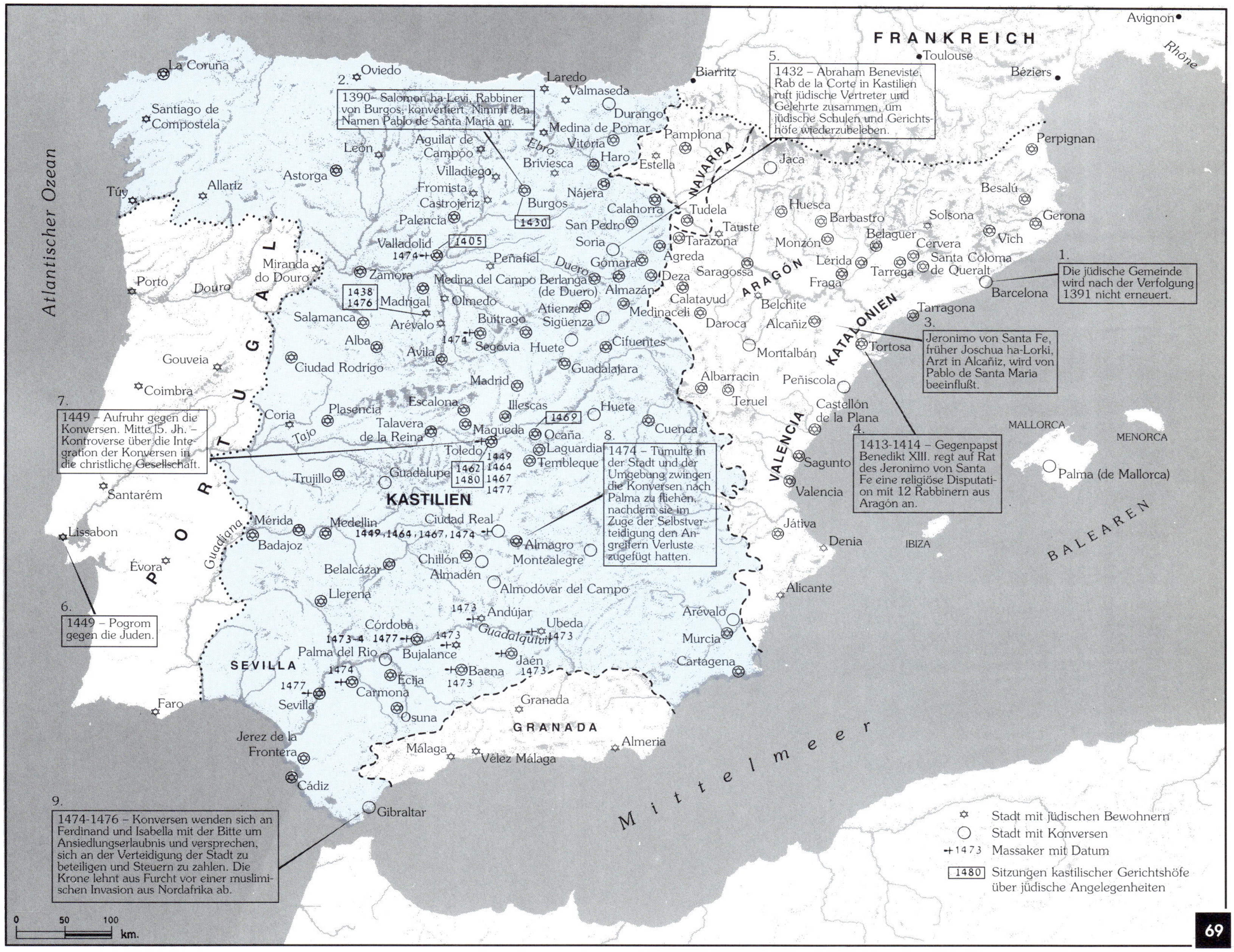

Das Königreich Aragón in der Zeit Alfons V.

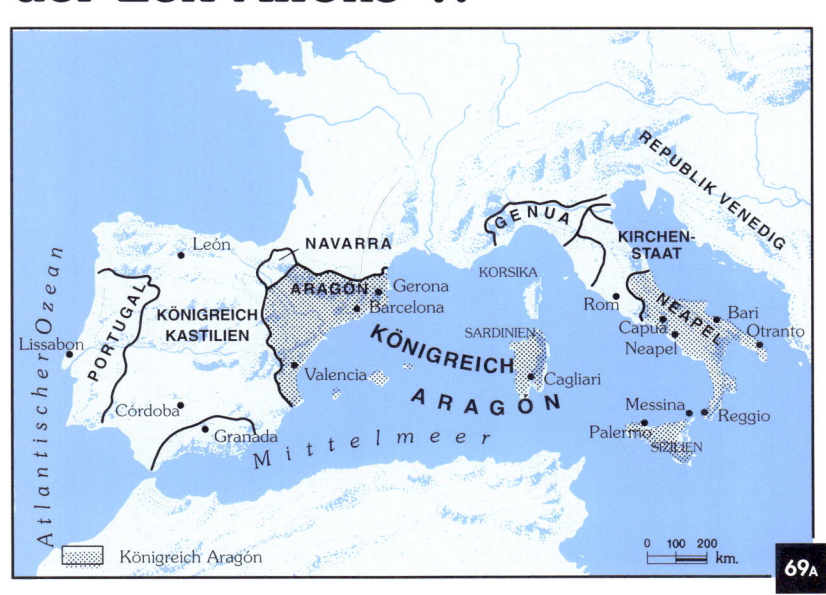

veröffentlichte ein wichtiges Buch 1460, in dem er behauptete, daß die Beachtung des mosaischen Gesetzes durch die Konversen nur von ihren Kontakten mit den Juden herrührten und daß diese mißliche Situation nur durch Vertreibung der Juden beendet werden könnte. Alfonso war demnach der Spiritus rector einer nationalen spanischen Inquisition.

Die Thronbesteigung von Ferdinand und Isabella in Kastilien 1474 und in den vereinigten Königreichen 1479 ließ die Juden wieder hoffen. Als die Konversen 1474 um eine Ansiedlung in Gibraltar baten und versprachen, dem Christentum die Treue zu halten, wurden sie von Ferdinand und Isabella zurückgewiesen. Die katholischen Könige entwickelten einen Plan für die Organisation eines vereinigten Königreiches, der in mehreren Stufen erfüllt werden sollte: Die Herrschaft sollte durch die Herstellung einer ruhigen Atmosphäre und der Verhütung von Aufständen des Adels und der Bürger gefestigt werden. Man wollte eine nationale spanische Inquisition einführen, die sich mit dem Problem der Treue der Konversen zum Christentum auseinandersetzen sollte. Zuletzt ging es um die Eroberung Granadas, des letzten Stützpunktes der Muslime in Westeuropa und die Vertreibung der Juden. Mit diesen Maßnahmen trachteten sie ein vereinigtes Königreich von Kastilien und Aragón zu schaffen nach dem Motto „Ein Volk, eine Herrschaft".

Der erste Schritt war 1475/1476 die Niederschlagung der Revolte des Marquis von Villena, mit der er eine Union zwischen Portugal und Kastilien herbeiführen wollte. Die Kronprinzessin Joana, die Tochter Heinrichs IV. von Kastilien, sollte Alfons V. von Portugal heiraten. Danach beschäftigten sich Ferdinand und Isabella mit der „jüdischen Häresie" der Konversen.

1477 baten sie Papst Sixtus IV. um Erlaubnis, eine nationale Inquisition in Spanien einrichten zu dürfen. Dies wurde 1478 bewilligt, und 1480 wurden zwei Dominikaner, Miguel de Murillo und Juan de San Martin, als erste Inquisitoren bestellt. Sie begannen ihre Tätigkeit am 1. Januar 1481 in Sevilla für ganz Andalusien und Spanien. 1483 wurde gegen die Juden in Andalusien ein Vertreibungsbefehl erlassen. Innerhalb eines Monats hatten sie Andalusien zu verlassen. Damals wurde der Dominikaner Tomas de Torquemada zum Generalinquisitor des spanischen Königreichs ernannt. Er war für die Vertreibungen in Andalusien, Saragossa und Albarracin 1486 verantwortlich. Die letztere wurde auf Verlangen Ferdinands bis zur allgemeinen Vertreibung 1492 verschoben. Inquisitionstribunale wurden systematisch in ganz Spanien eingerichtet.

Während des Krieges gegen Granada wurden die jüdischen Gemeinden schwer besteuert, die Beträge stiegen von Jahr zu Jahr. Am 25. November 1491 kapitulierte Granada. Am 6. Januar zogen die katholischen Könige im Triumph in die Stadt ein. Am 31. März 1492 unterzeichneten sie das Edikt, in dem die Vertreibung der Juden aus ganz Spanien verfügt wurde. Besonders wurde hervorgehoben, daß der Grund für die Vertreibung ein religiöser war: Es gebe nämlich solange keine Hoffnung auf Integration der Conversos, als die Juden Wohnrecht in Spanien genossen. Es besteht kein Zweifel, daß die in dem Edikt formulierten Gedanken jene des Torquemada waren, der seine antijüdische Haltung mit den Schriften des Alfonso de Espina begründete.

Die Eroberung von Granada
1. Januar 1492

Vergleich der allgemeinen Jahressteuer der Juden 1474 und der Kriegssteuer 1491 für die Eroberung Granadas

Stadt	1474	1491		Stadt	1474	1491
Alaejos	–	3 770		Jerez de la Frontera	1 500	
Alcalá	5 000	45 000		León	2 600	44 870
Alfara	1 000	15 120		Lorca	–	11 785
Almagro	800	–		Madrid	1 200	11 825
Almansa	1 100	5 200		Madrigal	4 500	42 120
Almazán	4 500	76 234		Medina del Campo	8 500	64 000
Arnedo	3 000	–		Merida	2 500	38 000
Avila	1 200	83 750		Miranda	2 000	13 350
Ayllón	2 000	33 120		Olmeda	500	5 800
Badajoz	7 500	65 750		Palencia	2 000	14 500
Belvis	–	13 539		Plasencia	5 000	53 400
Benavente	3 500	16 000		Salamanca	4 800	51 020
Briviesca	2 500	38 550		Saldaña	2 000	23 970
Burgos	700	28 350		Segovia	11 000	140 000
Cáceres	8 200	42 775		Sevilla	2 500	
Cartagena	–	3 742		Talavera de la Reina	2 500	52 000
Castrojeriz	1 100	6 120		Toledo	3 500	107 560
Córdoba	1 200			Toro	2 000	16 070
Coria	3 300	25 030		Trujillo	7 500	111 400
Escalona	1 000	4 000		Valladolid	5 500	60 120
Estadillo	1 800	12 600		Vitoria	3 000	30 870
Guadalajara	6 500	90 620		Zamora	6 500	100 650
Huete	4 000	44 750				

1474 wurde die Steuer in Maravedis bezahlt, 1491 in Goldmünzen (Castellanos; 1 Castellano = 485 Marevedi)

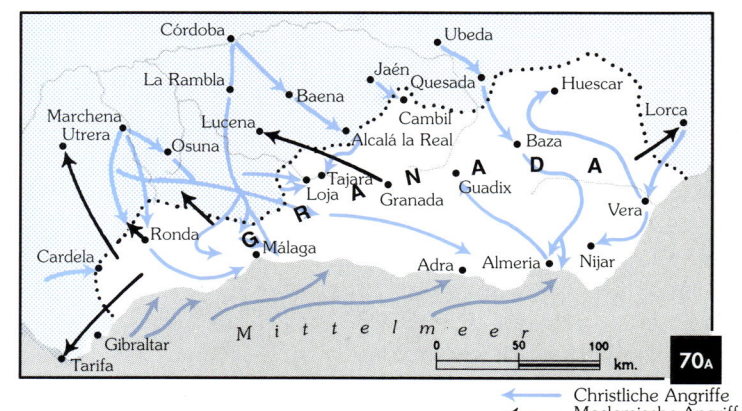

76

Gewalt gegen die Konversen in Córdoba 1473

Der Kampf der Israeliten mit Amalek. Zeichnung aus der spanischen Bibelübersetzung des Moses Arragel (1422-1430).

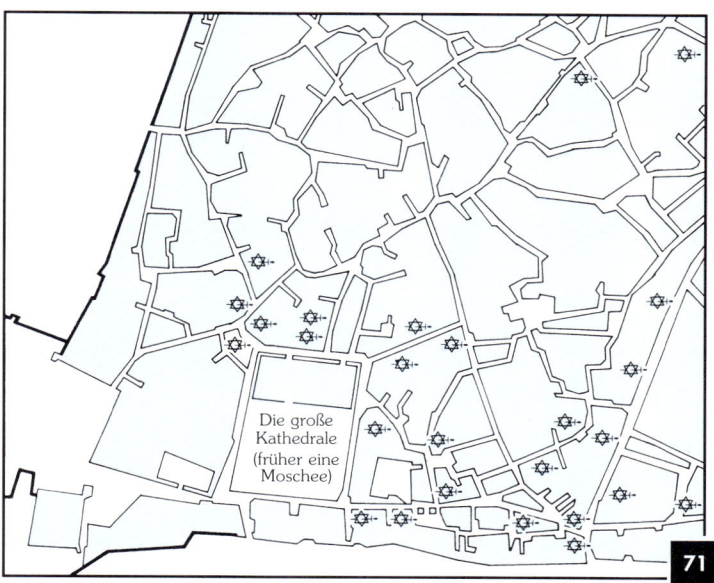

Abb. rechts: Córdoba 1473

Die große Kathedrale (früher eine Moschee)

Jüdische Gemeinden in Italien
14. bis 16. Jahrhundert

Die Ausbreitung der jüdischen Siedlungen in Italien erfuhr nach dem Schwarzen Tod und insbesondere nach den Judenschuldentilgungen König Wenzels durch Zuwanderung von Juden aus Deutschland nach Norditalien eine nachhaltige Veränderung. Völlig neue Gemeinden wurden gegründet. Die Ansiedlungsbedingungen in Italien waren recht günstig. Jüdische Geldverleiher förderten die jüdischen Ansiedlungen in Norditalien und trugen zur Entwicklung der städtischen und ländlichen Zentren bei. Die Ansiedlung wurde durch die Geldhändler erleichtert, die eine *condotta*, ein Privileg, erhielten, das für jenen Zeitraum gültig war, der für die Gründung einer Gemeinde erforderlich war.

Auch die Päpste des ausgehenden 14. Jahrhunderts, wie Urban V. (1362-1370) und Bonifaz IX. (1389-1404), erließen die „Sicut-Iudeis"-Urkunde. Der Gegenpapst Benedikt XIII. (1394-1417) war den Juden feindlich gesinnt, seine Animosität erreichte ihren Gipfel während der Disputation von Tortosa (1413-1414). Sein Nachfolger Martin V. (1417-1431) erließ zwei weitere Schutzbullen und versuchte die judenfeindlichen Agitationen der Franziskaner zu zügeln. Indifferenz und Feindlichkeit wechselten einander in der Haltung der Päpste ab. Kalixt III. (Alfonso Borgia, 1455-1458), der spanische Papst, zeigte seine Abneigung gegenüber dem Judentum, indem er absichtlich die ihm anläßlich seiner Wahl von der römischen jüdischen Gemeinde übergebene Thorarolle fallen ließ. Sixtus IV. war entscheidend an der Einrichtung der spanischen Inquisition beteiligt, und 1475 bestätigte der päpstliche Inquisitionsgerichtshof die Richtigkeit der Ritualmordbeschuldigung von Trient. Dies wurde in einer Urkunde 1478 niedergelegt. Rodrigo Borgia, der spätere Papst Alexander VI. (1492-1503), hatte als Vizekanzler der päpstlichen Kurie großen Einfluß auf die Päpste des späten 15. Jahrhunderts.

Die Vertreibung der Juden aus Spanien hatte auch in Italien Veränderungen zur Folge, besonders in den aragónesischen Herrschaftsgebieten, Sizilien, Sardinien und Süditalien, weil die Juden auch von hier vertrieben wurden. Bis Ende April 1492 gab es kein Vertreibungsedikt, das jenem in Spanien vergleichbar gewesen wäre. Am 23. Mai erklärte der Stadtrat von Palermo sogar, daß es verboten sei, Juden zu verletzen. Am 9. Juni jedoch verboten Ferdinand und Isabella die Auswanderung aus Sizilien und den Geldtransfer in das Osmanische Reich. Juden mußten ein Inventar ihrer Besitzungen anfertigen und ihre Wechselbriefe bei Notaren hinterlegen. Am 18. Juni wurde die Vertreibungsurkunde publiziert. Sie rief eine Welle des Protestes hervor. Am 20. Juni warnten die Bürger von Messina den König vor dem Schaden, der durch die Abwanderung der Juden entstehen würde. Palermo argumentierte, daß die Abwanderung jüdischer Handwerker sich negativ auf die Versorgung mit Waffen und landwirtschaftlichen Geräten auswirken würde. Auf Verlangen der Juden erließ der Statthalter Schutzbestimmungen zugunsten der Juden und fuhr sogar dann fort, sie zu schirmen, als er gezwungen worden war, die günstigen Befehle rückgängig zu machen. Die Juden hatten Erfolg, ihre Vertreibung bis zum 12. Januar 1493 zu verschieben. In der Zwischenzeit versuchte man beharrlich, den König zur Rücknahme der Ausweisung zu überreden. Ferdinand bestand aber auf dem Ausweisungsbefehl, der auch die Juden von Malta und Sardinien betraf.

Ungefähr 40 000 Juden verließen allein Sizilien. Die Zahl der aus Sardinien Vertriebenen war verhältnismäßig gering. Papst Alexander VI. gestattete den Flüchtlingen, sich im Kirchenstaat anzusiedeln. Andere siedelten sich auf dem von den Osmanen beherrschten Balkan an und wieder andere im Königreich Neapel, wohin auch Flüchtlinge aus Spanien gelangt waren.

1503 kam das Königreich Neapel unter spanische Herrschaft, und am 25. November 1510 erging ein Ausweisungsbefehl an die Juden, bis Ende März 1511 mußten sie das Land verlassen haben. Die Rückkehr war ihnen für immer verboten. Die Konversen in Apulien und Kalabrien und solche, die in Abwesenheit von der Inquisition verurteilt worden waren, durften ihre Angelegenheiten in Ordnung bringen und mußten nach einigen Monaten das Land verlassen. Es wurde ihnen erlaubt, ihre bewegliche Habe mitzunehmen, mit Ausnahme von Gold und Silber. Trotz des Edikts wurde es 200 Familien gestattet, gegen eine Zahlung von 2000 Dukaten jährlich zu bleiben. Die meisten Juden verließen das Königreich, und 1541 ordnete man die vollständige Vertreibung an.

Darstellung aus einer hebräischen illuminierten Handschrift, *Arba Turim* von Jakob b. Ascher, Mantua 1435

Die Stadt Rom

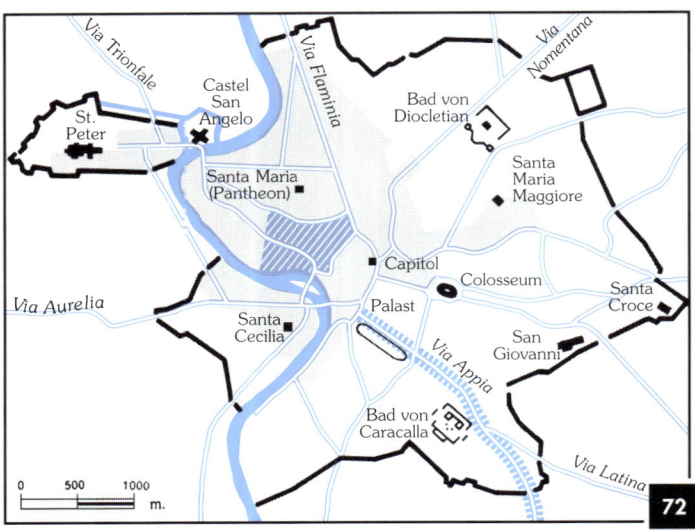

///// Wohngebiet der Juden

Die jüdischen Gemeinden in Italien

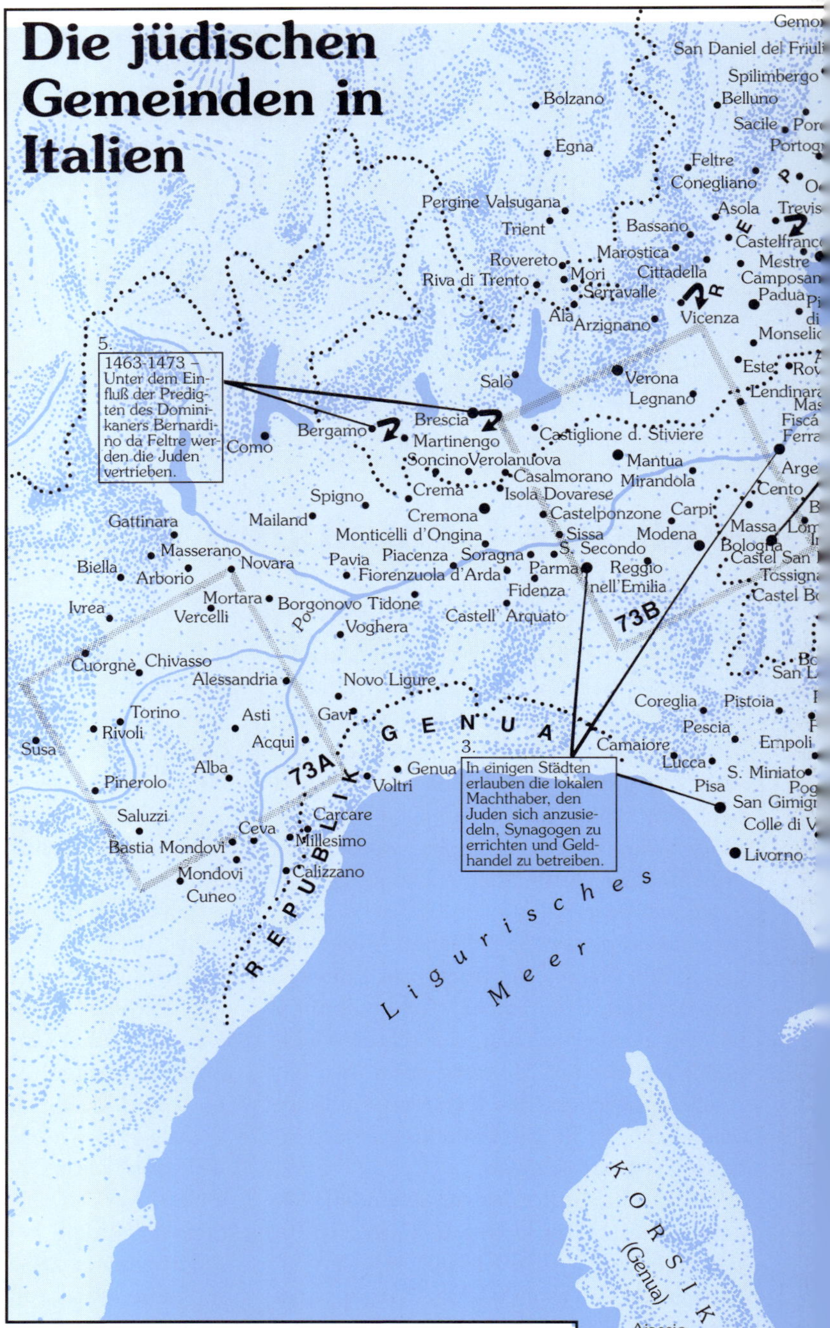

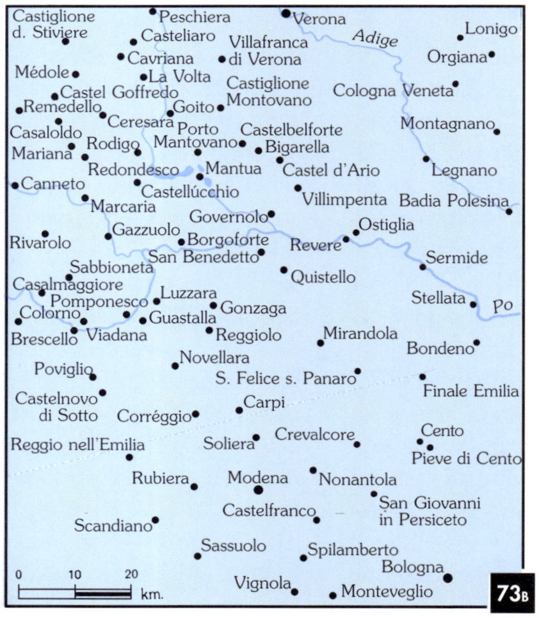

5. 1463–1473 – Unter dem Einfluß der Predigten des Dominikaners Bernardino da Feltre werden die Juden vertrieben.

3. In einigen Städten erlauben die lokalen Machthaber, den Juden sich anzusiedeln, Synagogen zu errichten und Geldhandel zu betreiben.

Thoraschrein
Detail einer Zeichnung aus einer italienischen Haggada, 1453.

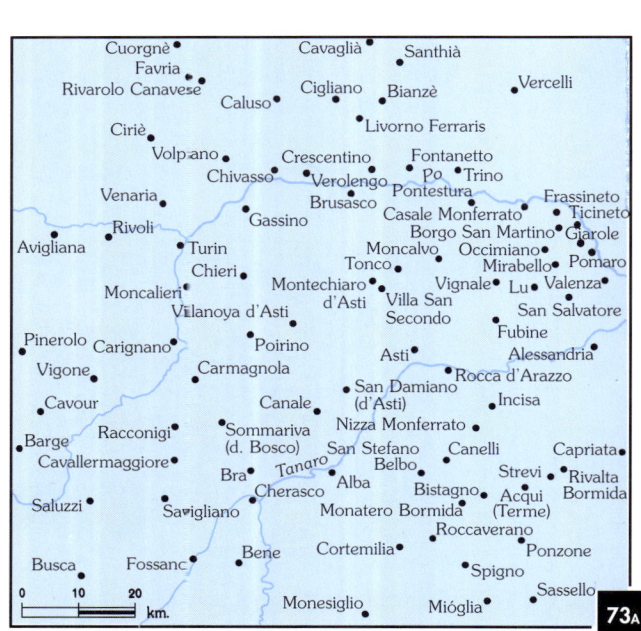

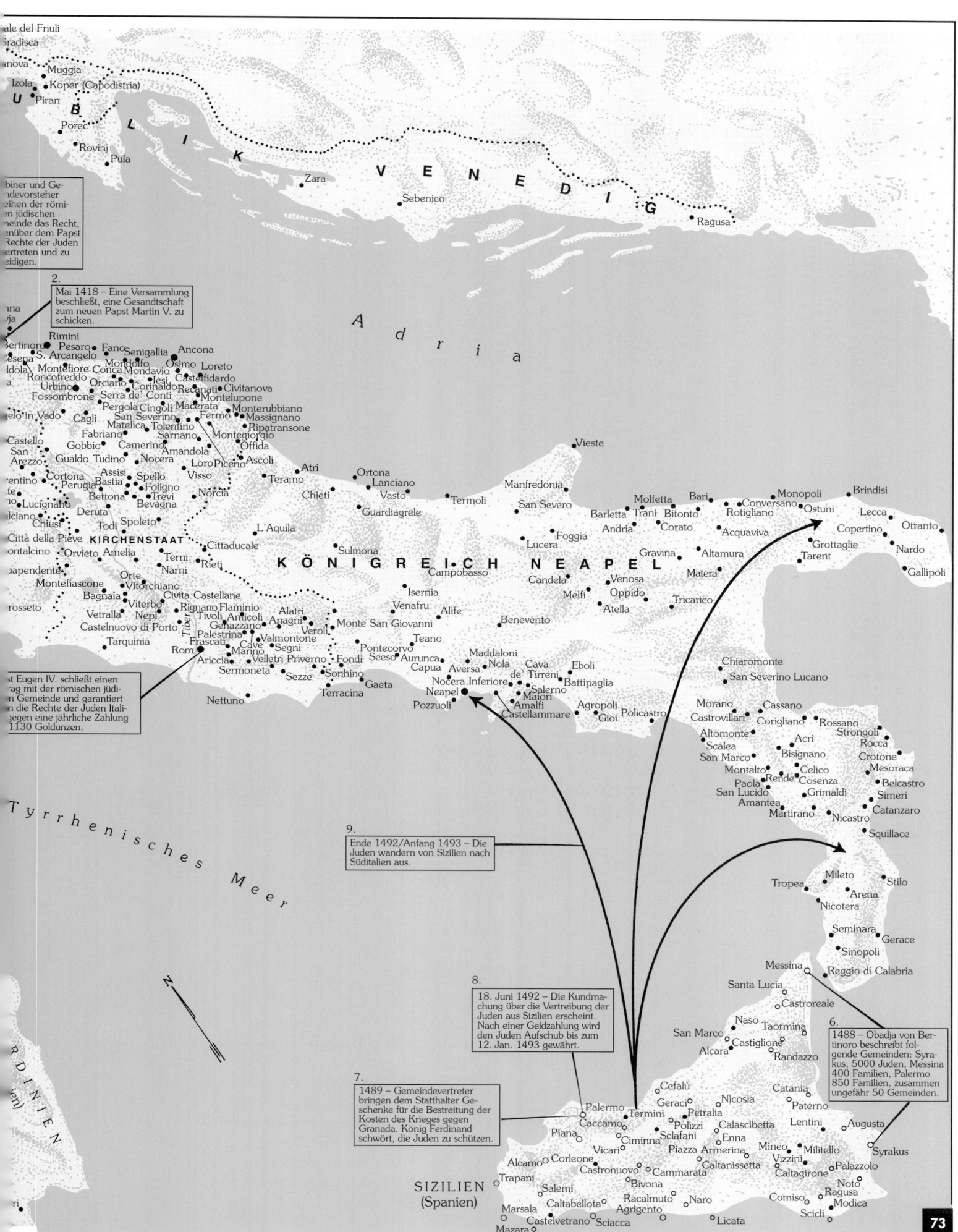

Demographische Veränderungen in der Diaspora
Vom 14. Jahrhundert bis zur Vertreibung aus Spanien

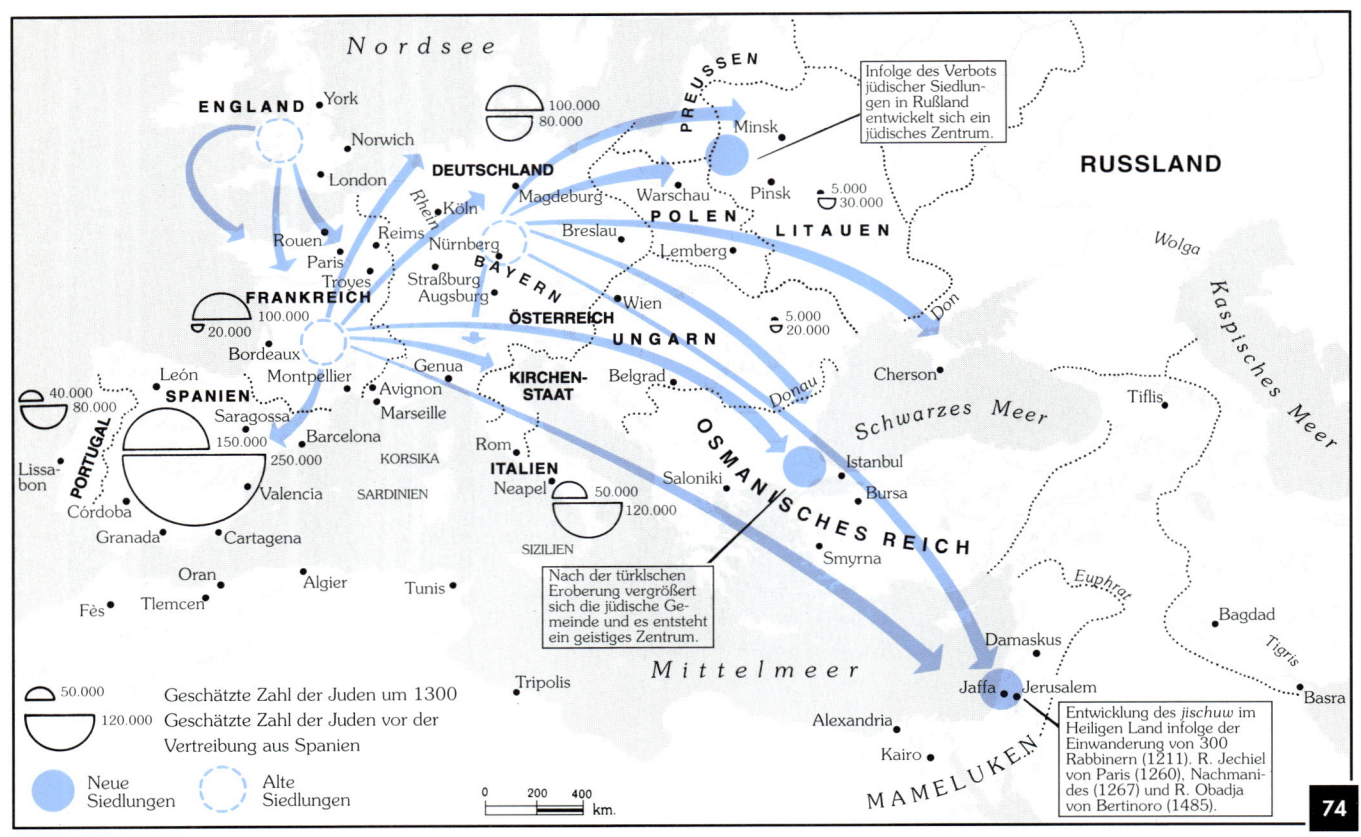

Um die Zahl der Juden im Mittelalter zu schätzen, stehen im allgemeinen nur Steuerlisten und Martyrologien (zur Erinnerung an die Opfer von Verfolgungen angelegte Bücher, in denen die Namen der Märtyrer festgehalten wurden) zur Verfügung. Diese beziehen sich auf einen gewissen Zeitpunkt und auf bestimmte Orte. Sie sind also nur beschränkt für allgemeine Schätzungen zu gebrauchen. Einen etwas besseren Überblick gewährt die Anzahl der Häuser in den Judenvierteln, die im Spätmittelalter für viele Städte zu ermitteln sind. Allerdings muß man auch bei dieser Methode mit einer gewissen Unschärfe rechnen. Punktuelle Vertreibungen veränderten die Situation bisweilen in erheblichem Maße. Die Juden lebten meist in Städten, begannen aber in der zweiten Hälfte des 14. Jahrhunderts Minderstädte zu besiedeln, wodurch das neuzeitliche Phänomen des Landjudentums entstehen sollte.

Jüdische Trachten aus dem 15. Jahrhundert

Wichtige Vertreibungen

1290	Edward I. vertreibt die Juden aus England
1306	Philipp IV. vertreibt die Juden aus Frankreich (Ludwig X. läßt sie für 12 Jahre zurückkehren)
1322	Karl IV. vertreibt die Juden erneut aus Frankreich
1367	Vertreibung aus Ungarn
1381	Vertreibung aus Straßburg
1394	Karl VI. vertreibt die Juden aus Frankreich
1421	Vertreibung aus Österreich
1426	Vertreibung aus Köln
1439	Vertreibung aus Augsburg
1450	Vertreibung aus Bayern
1453	Vertreibung aus Breslau
1467	Vertreibung aus Tlemcen
1483	Vertreibung aus Andalusien
1492	Vertreibung aus Spanien
1492	Vertreibung aus Sardinien
1493	Vertreibung aus Sizilien
1495	Vertreibung aus Litauen
1496	Vertreibung aus Portugal (1497 durch Zwangstaufe ersetzt)

England

Die statistischen Informationen beziehen sich nur auf die Zeit der Vertreibung. Der Historiker Georg Caro (1867-1912) schätzte auf der Basis von Steuerunterlagen die Zahl der jüdischen Bevölkerung zwischen 1280 und 1283 auf 2500 bis 3000. Andere Berechnungen ergaben eine Zahl zwischen 15 000 und 17 500. Salo W. Baron (1895 bis 1989) vermutete, daß die wahrscheinliche Zahl zwischen diesen beiden Schätzungen zu suchen sei. In London lebten offenbar nicht mehr als 2000 bis 2500 Juden, die Masse der restlichen Juden in anderen englischen Städten. Zur Zeit der Vertreibung 1290 wohnten daher schätzungsweise 10 000 Juden im Lande; eine vergleichsweise kleine Zahl bei einer Gesamteinwohnerzahl von 3,5 Millionen.

Frankreich

Auch für Frankreich sind die statistischen Daten dürftig. Im Süden gab es eine dichte jüdische Bevölkerung. Nach Benjamin von Tudela gab es in Arles 200 jüdische Familien, als er 1160 in der Stadt war; 1194 waren mehr als ein Viertel der Bevölkerung Juden. Eine ähnliche Situation bestand in Tarascon. Im September 1341 lebten in Aix-en-Provence 1205 Juden in 203 Häusern. Das sind etwa 10% der Gesamtbevölkerung. In Narbonne ging die Zahl der jüdischen Bevölkerung zurück, 1305 lebten nicht mehr als 1000 Juden in einer Stadt mit 15 000 Einwohner. In Toulouse gab es 15 jüdische Familien wie auch in Béziers, Albi und anderen Städten Südfrankreichs. Nur in Marseille bestand eine große jüdische Gemeinde. In Avignon schworen 1358 210 Familienoberhäupter dem Papst einen Untertaneneid. Gegen Ende des 14. Jahrhunderts nahm die jüdische Bevölkerung zu, so daß 1414 eine Erweiterung des Friedhofs notwendig wurde. In Carpentras lebten 1276 64 Familien; trotz der Vertreibung im Jahre 1322 wuchs die Zahl der Familien auf 90 im Jahre 1343. 1486 übten die Bürger Druck auf die Juden aus, um das jüdische Viertel zu verkleinern, dessen Bewohner 1476 12% der Stadtbevölkerung ausmachten.

In Nordfrankreich lebten z. B. in Troyes zur Zeit Raschis (1040-1105) nicht mehr als 100 Juden. Die Vertreibung aus der Krondomäne und besonders aus Paris 1182 berührte die Fürstentümer Champagne, Burgund, Poitou und Normandie nicht. Zur Zeit der Vertreibung 1306 schätzte der Historiker Heinrich Graetz (1817-1891) die sicher übertriebene Zahl von 100 000 Juden.

Deutschland

Deutschlands jüdische Bevölkerung vermehrte sich vom 11. bis zum 13. Jahrhundert deutlich. In den folgenden zwei Jahrhunderten verlangsamte sich das Wachstum. Die Städtegründungen der Stauferzeit förderten die Ansiedlung der Juden. Die Zahl der Opfer während des ersten Kreuzzugs z. B. in Mainz erlauben einen Rückschluß auf die Größenordnung der dort lebenden Juden am Ende des 11. Jahrhunderts. Nach hebräischen Quellen betrug die Zahl der Ermordeten 1100 bis 1300 Personen, nach christlichen 1014. Die Nürnberger Gemeinde umfaßte 1338 212 steuerpflichtige Personen, 1449 nur mehr 150. Die aus dem Nürnberger *Memorbuch* gewonnenen Zahlen (1298: 628 Opfer, 1349: 570) wären noch kritisch zu interpretieren.

Salo W. Baron schätzt die Gesamtzahl der Juden in Deutschland und Österreich am Beginn des 14. Jahrhunderts auf etwa 10 000. Im gesamten Reich lebten um 1500 etwa 12 Millionen Menschen, die Zahl der Juden lag vielleicht bei 25 000; sie machten also einen sehr geringen Prozentsatz an der Bevölkerung aus.

Italien

In Italien unterschieden sich die Verhältnisse im Norden und Süden sehr stark voneinander. Zu Beginn der 60er Jahre des 13. Jahrhunderts spricht Benjamin von Tudela von 500 steuerzahlenden Familien in Neapel, 600 in Salerno, 500 in Otranto, 300 in Capua, 300 in Taranto, 200 in Benevent, 200 in Melfi und 200 in Trani. In der Hafenstadt Amalfi lebten 20 Familien, als sich die Stadt in einer wirtschaftlich schwierigen Situation befand. In Sizilien lebte zu dieser Zeit eine große Zahl von Juden: 200 Familien in Messina und 1500 in Palermo – dies war die am stärksten von Juden besiedelte Stadt Süditaliens. Bis zur Verteibung 1493 war Sizilien das Zentrum jüdischen Lebens in Italien. Zur Zeit der Vertreibung lebten in Palermo und Syrakus je 5000 Juden. Nicolo Ferorelli schätzte die Zahl der Juden in Sizilien im Jahre 1492 auf 50 000. Dies wird durch eine Berechnung von Attilio Milano (1907-1969) bestätigt, der auf 37 046 Juden in Sizilien, Malta, Gozo und Pantelleria kam. Während der aragonesischen Herrschaft existierte auch eine Gemeinde auf Sardinien. Im 16. und 17. Jahrhundert wuchs die Gemeinde in Rom ebenfalls beträchtlich (1527 waren es 1738 Juden). Unter den norditalienischen Gemeinden war die in Venedig mit einigen hundert Juden am bedeutendsten.

Vom 15. bis 17. Jahrhundert wechselten die Juden in Italien öfters ihren Wohnsitz und suchten jenen Grad der Gemeindeorganisation zu erreichen, wie er im 13. Jahrhundert in Deutschland und Spanien bestanden hatte.

Die Zahl der Einwanderer überstieg häufig jene der in Italien geborenen Juden. Nach der Vertreibung der Juden aus den südlichen Städten zwischen 1492 und 1511 verschob sich das Zentrum nach Rom und weiter nordwärts. Die Gesamtzahl betrug 25 000 bis 30 000 und blieb für einige Jahrhunderte unverändert.

Spanien

Die jüdische Bevölkerung wuchs von 60 000 im Jahre 1300 auf 160 000 im Jahre 1492. Im Gegensatz dazu nahm die Zahl der Juden in Aragón auf 75 000 ab, und in Navarra lebten 15 000 Juden. Die Kenntnis der Größe der jüdischen Bevölkerung in Spanien im Jahre 1492 ist ein entscheidender Faktor, um Schätzungen für Europa, Afrika und Asien ab dem 16. Jahrhundert vorzunehmen. Die Zahl der aus Spanien vertriebenen Juden wurde von Christen und Juden geschätzt und überliefert. Der Priester und Historiker Andres Bernaldez, ein Zeitgenosse, schätzte, daß aus Kastilien 35 000 und aus Aragón 6000 Familien vertrieben wurden. Die jüdischen Schätzungen liegen zwischen

50 000 und 53 000 Familien. Jizchak Abrabanel (1437-1508) berichtet, daß 300 000 Juden die Grenze nach Portugal überschritten, und dies würde für Kastilien eine Zahl von 150 000-200 000 Juden bedeuten. Eine andere Berechnungsmethode bezieht sich auf die Größe der Gemeinden. So umfaßte die Gemeinde in Caceres in Estremadura 130 Personen, und die benachbarte in Talavera de la Reina zwischen 1477 und 1487 168 Familien. Diese Zahlen entsprechen der durchschnittlichen Größe einer Gemeinde. Eine nach konservativen Methoden vorgenommene Schätzung wird zeigen, daß zwischen 1486 und 1491 in Kastilien 14 400 bis 15 300 Familien lebten. Wenn man eine Familie mit sechs Personen rechnet, ergäbe dies rund 100 000 Personen.

Weitere Schlüsse lassen sich aus den Gebühren ziehen, die die Flüchtlinge beim Überschreiten der Grenze nach Portugal zu zahlen hatten. Jede Person mußte acht Cruzados für die Einwanderung und acht Monate Aufenthalt bezahlen. Daraus ergibt sich eine Zahl von 120 000 Flüchtlingen. Man weiß aber auch, daß die Zahl jener, die auf gemieteten Schiffen nach Afrika gingen, annähernd 50 000 betrug. Einige 1000 Flüchtlinge überquerten 1493 die Grenze nach Navarra, nachdem sie Schutz- und Geleitbriefe erhalten hatten. Sie gelangten in spanische Hafenstädte, wo sie sich einschifften. Ungefähr 50 000 Juden gingen nach Italien und einige tausend nach Avignon. Die Summe dieser Zahlen bringt uns auf eine Schätzung von 200 000 Juden.

Diese Zahlen beziehen sich nur auf Europa, wozu noch die Juden in Polen und Litauen hinzugezählt werden müssen. Dort lebten im 15. Jahrhundert in 50 bis 60 Gemeinden schätzungsweise 30 000 Personen. In Ungarn und auf dem Balkan gab es bis zur Ankunft der Flüchtlinge aus Spanien nur wenige jüdische Gemeinden.

Verglichen mit unserem Wissen über die Bevölkerungsverhältnisse der europäischen Juden, tappen wir bezüglich Nordafrikas, einschließlich Ägyptens und Asiens, im dunkeln. Nordafrika hatte beachtliche jüdische Gemeinden im 10. und 11. Jahrhundert, die jedoch im 12. und 13. Jahrhundert an Bedeutung verloren. Nach der Verfolgung von 1391 und der Vertreibung von 1492 kamen Juden von Spanien nach Nordafrika. In Asien gab es Ballungszentren im Irak und im Iran, und man kann begründet annehmen, daß sich ihre Gesamtzahl auf mehrere tausend belief. Wir haben keine Information über die Größe der jüdischen Gemeinden des 16. Jahrhunderts im Jemen, dem Osmanischen Reich, im byzantinischen Kleinasien und in Palästina. Wir wissen aber, daß die Neubelebung der jüdischen Einwanderung in Palästina im Laufe des 16. Jahrhunderts zu einem Anwachsen der jüdischen Bevölkerung im Heiligen Land führte.

Jüdische Bevölkerung in Europa
(in Prozenten)

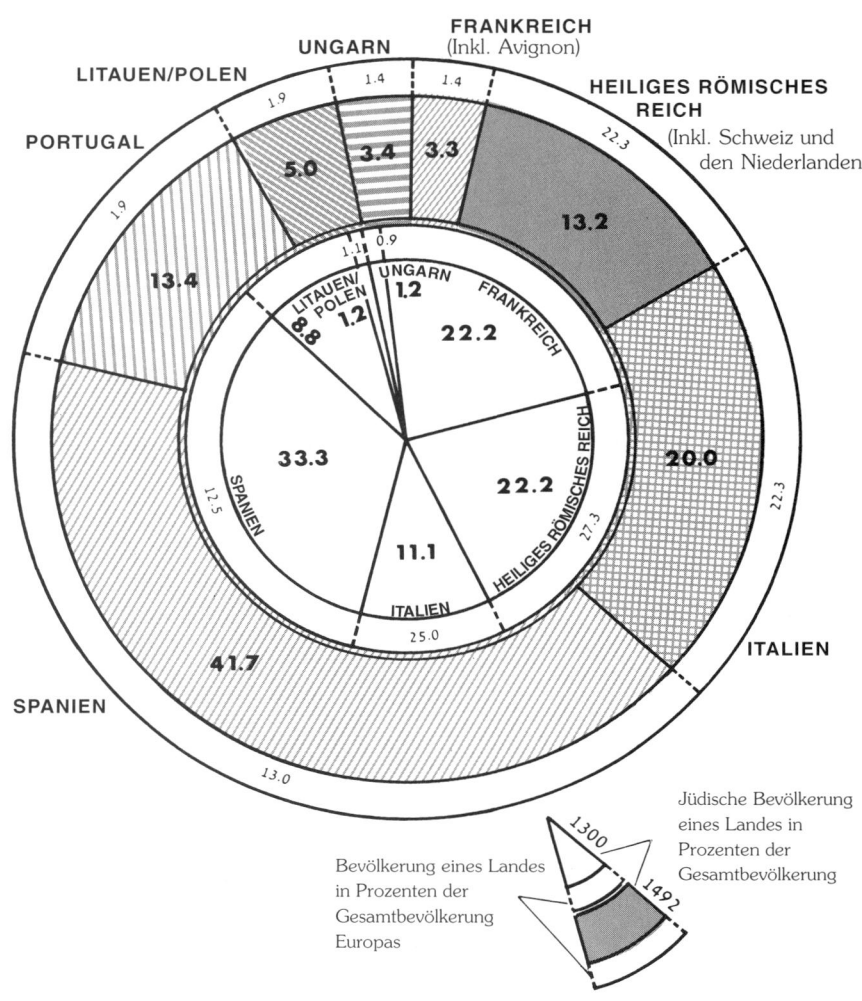

	1300	1492
Gesamtbevölkerung	44.000.000	53.800.000
Jüdische Bevölkerung	450.000	600.000
Prozentsatz der jüdischen Bevölkerung gegenüber der Gesamtbevölkerung	1.02	1.22

Das Vertreibungsedikt

Granada, 31. März 1492

Don Fernando und Doña Isabela ... von Gottes Gnade ... etc ... dem Erbprinzen Don Juan, unserem geliebten Sohn, den Infanten, Prälaten, Herzogen, Markgrafen, Grafen, Vorstehern der Orden, Prioren, Ricos omes, ..., den Alcalden der Burgen und Befestigungen unserer Königreiche und Herrschaften, allen Ratgebern, Alcalden, Alguasils, Merinos, Caballeros, Escuderos, den Amtleuten und Notablen der angesehenen und gehorsamen Stadt Avila und allen anderen Städten, Dörfern und Flekken in dem zu ihr gehörigen Bischofssprengel und allen anderen Erzbistümern, Bistümern und Diözesen unserer Königreiche und Herrschaften und den Aljamas der Juden in der genannten Stadt Avila und allen anderen Städten, Dörfern und Flecken in ihrem Bischofssprengel und in allen anderen Städten, Dörfern und Flecken unserer Königreiche und Herrschaften und allen anderen Juden und Leuten, Männern und Frauen jeglichen Alters und allen anderen Personen, welchen Ranges, Würde, Vorranges und Standes sie sein mögen, und denen, die der Inhalt dieses Edikts in irgendeiner Weise betrifft, Gnade und Grüße.

Sie sollen wissen und müssen wissen, daß uns berichtet wurde, daß in unseren Königreichen schlechte Christen leben, die sich wie Juden betragen und von unserem heiligen katholischen Glauben abfallen, vor allem wegen der Verbindungen zwischen den Juden und Christen. In der Cortes, die wir in Toledo 1480 abgehalten haben, befahlen wir die Abtrennung der genannten Juden in allen Städten, Dörfern und Flecken in unseren Königreichen und Ländern, ihnen jüdische Viertel zu überlassen und solche Viertel abzutrennen, wo sie leben sollten, und hofften, daß durch diese Abtrennung die Angelegenheit in Ordnung kommen würde. Ferner befahlen wir, eine Inquisition in unseren Königreichen und Herrschaften durchzuführen. Wie ihr wißt, geschah es so, und in mehr als zwölf Jahren wurden bekanntlich viele Sünder von den Inquisitoren, Kirchenleuten und vielen anderen weltlichen Gewalthabern gefunden.

Denn den Christen entstand großer Schaden, durch ihre Verbindungen und ihre Gespräche, die sie mit Juden hatten und noch haben, weil es ist nachgewiesen, daß die Juden subversive Handlungern setzen und versuchen, die gläubigen Christen vom heiligen, katholischen Glauben abzubringen und sie zu ihrem verdammten Glauben und ihrer Meinung zu bekehren. Die Juden unterweisen sie in ihren Zeremonien und Einhaltung der Gesetze, organisieren Treffen, bei denen sie den Christen Vorlesungen halten und sie über das belehren, woran sie glauben und woran sie sich nach ihrem Gesetz halten, beschneiden sie und ihre Kinder und versorgen sie mit Büchern, in denen ihre Prediger zitiert sind. Sie informieren sie auch darüber, wann sie fasten müssen, kommen zu gemeinsamen Lesungen zusammen und lehren sie die Geschichte ihres Rechts. Die Juden versuchen, die Christen, so gut sie nur fähig sind, zur Beachtung und Einhaltung des Gesetzes Mosis zu überreden und ihnen verständlich zu machen, daß es kein anderes Gesetz und keine andere Wahrheit als ihre gibt. Dies ist durch viele Bekenntnisse von Juden selbst nachgewiesen, aber auch durch das Zeugnis derer, die irregeführt werden sollten. Dies alles verursachte großen Schaden für unseren heiligen katholischen Glauben.

Obwohl wir über all das im vorhinein in Kenntnis gesetzt wurden, wußten wir, daß das wirkliche Heilmittel gegen all diese Schäden und Unannehmlichkeiten in der Separierung der besagten Juden und Christen in allen unseren Königreichen bestand und darin, sie aus unserem Herrschaftsbereich zu vertreiben. Wir hatten gedacht, es genüge zu befehlen, sie aus den Städten, Dörfern und Siedlungen in Andalusien, wo sie schon großen Schaden angerichtet hatten, zu vertreiben, und meinten, es wäre ausreichende Vorsorge, wenn sie in anderen Städten, Dörfern und Flecken in unseren Königreichen und Herrschaften leben, um ihre Tätigkeit und ihr sündhaftes Treiben, wie es beschrieben wurde, zu beenden.

Wir wurden uns aber darüber klar, daß diese Maßnahmen und die über einige dieser Juden, die dieser großen Sünden und Übertretungen gegen unseren heiligen katholioschen Glauben schuldig befunden wurden, verhängten Strafen sich zur völligen Heilung als ungenügend erwiesen, um die große Sünde und Übertretung gegen den heiligen katholischen Glauben und die Religion zu verhindern und in Ordnung zu bringen. Das war nicht genug für eine vollständige Heilung, um diese Beleidigung des Glaubens zu beseitigen, weil wir sahen und entdeckten, daß die Juden ihre üblen Machenschaften überall fortsetzten, wo sie sich aufhielten und mit Christen in Berührung kamen. Um sicherzustellen, daß nicht weitere Schädigungen unseres heiligen Glaubens stattfinden, durch solche, die Gott fernhält, und solche, die irrten, ihre Haltung aber veränderten und in den Schoß der heiligen katholischen Kirche – unserer heiligen Mutter – zurückkehrten und weil etwas geschehen muß, wenn man die menschliche Schwäche, die Täuschung und die Intrigen des Teufels, der fortwährend gegen uns kämpft, im Sinne hat, haben wir entschieden, die Hauptursache dieser Mißstände durch die Vertreibung der Juden aus unseren Königreichen zu beseitigen. Wann immer ein Mißstand oder ein nachweisbares Verbrechen von einem Mitglied einer Gesellschaft oder einer Gruppe begangen wird, ist es richtig, daß diese Gesellschaft oder Gruppe davon befreit wird oder daß das Niedrige verschwindet oder für das Heil des Erhabenen büßen muß, die Wenigen für das Heil der Mehrheit. Diejenigen, die das gute und anständige Leben in den Städten und Dörfern verderben und in schädlicher Weise andere kränken, sollen aus diesen Orten vertrieben werden. Wenn wir in dieser Weise selbst bei Angelegenheiten verfahren, die für den Staat weniger Schaden verursachen, dann um so mehr bei einem ernstlichen Verbrechen, das eines der gefährlichsten und verderblichsten ist.

Nach Beratungen und in Übereinstimmung mit dem Klerus, hohem und niederem Adel in unserem Königreich, mit anderen gelehrten und wissenden Männern aus unserem Rat, mit denen wir manches in dieser Angelegenheit erwogen haben, stimmten wir deshalb dem Befehl einer Vertreibung der Juden und Jüdinnen aus unseren Königreichen zu. Niemals soll einer von ihnen zurückkehren. Deshalb haben wir dieses Edikt erlassen. Wir befehlen, daß alle Juden, jeden Alters, die in unseren Königreichen und Herrschaften leben, sich aufhalten und gefunden werden, ob sie hier oder anderswo geboren wurden und aus welchem Grund sie sich hier aufhalten, unsere Königreiche und Länder bis Ende Juli dieses Jahres zusammen mit ihren Söhnen und Töchtern, männlichen und weiblichen Dienern und ihren Verwandten, wie alt sie auch sein mögen, verlassen müssen. Sie sollen es nicht wagen, zurückzukehren und dort zu leben, wo sie früher lebten, nicht als Durchreisende oder in anderer Form. Wenn sie dieser Anordnung nicht gehorchen und wenn man sie in unseren Königreichen und Herrschaften auffindet, sollen sie der Todesstrafe verfallen und ihr Vermögen von unserem Hof und dem königlichen Schatzamt eingezogen werden. Diese Strafe soll ohne Prozeß auf der Grundlage dieses Befehls vollzogen werden.

Wir befehlen und verbieten, daß irgend jemand in unseren Königreichen, welchen Standes er sei, von dem genannten Datum an, nämlich vom Ende des kommenden Juli, für immer Juden oder Jüdinnen heimlich oder offen unter seinen Schutz nimmt, ihnen gefällig ist oder sie verteidigt. Das sollen sie weder in ihren Ländereien noch in ihren Häusern oder anderswo in unseren Königreichen und Herrschaften tun. Dies steht unter der Strafe der Konfiszierung ihrer Güter, ihrer Untertanen, Festungen und allen Erbbesitzes. Ebenso sollen sie unsere Gnade verlieren, die sie von uns zum Vorteil des Hofes und des königlichen Fiskus innehaben.

Damit diese Juden und Jüdinnen in angemessener Weise ihre Güter und ihr Eigentum bis Ende Juli verkaufen können, nehmen wir sie und ihre Habe während dieses Zeitraums unter unseren königlichen Schutz und Schirm, so daß sie in dieser Zeit sich sicher im Lande bewegen können, um ihre Mobilien und Immobilien verkaufen, tauschen oder transferieren zu können. Frei und ungezwungen sollen sie alle die mit ihnen zusammenhängenden Angelegenheiten entscheiden können. In dieser Zeit sollen ihnen persönlich und ihrem Eigentum keine Verletzungen, Böses oder Unrecht gegen das Gesetz zugefügt werden. Jeder wird bestraft, der gegen die Sicherheit des Königreichs verstößt.

Ebenso erlauben wir den Juden und Jüdinnen hiermit, aus unseren Königreichen ihren Besitz und Güter mitzunehmen, sei es auf dem Land- oder Seeweg, bis auf Gold, Silber und Münzen und andere Gegenstände, deren Ausfuhr nach dem Gesetz des Königreichs verboten ist. Ausgenommen sind Güter, die nicht verboten sind, und Wechselbriefe. Wir instruieren auch alle unsere Räte und Gerichtshöfe, Regidores, Caballeros und Escuderos, Amtsinhaber und Notable in Avila und in den Städten, Dörfern und Flecken in unseren Königreichen und Herrschaften, alle Untertanen, die unter unserer Herrschaft leben, und Einheimische, daß sie diese Anordnung einhalten und erfüllen sollen und alles was in ihr niedergeschrieben ist; daß sie Hilfestellung geben und jeden unterstützen sollen, der Hilfe braucht bei Verlust unserer Gnade und ihres Eigentums und ihrer Stellung durch den Hof und das königliche Schatzamt.

Damit jeder diese Anordnung erreicht und niemand Unwissenheit vorschützen kann, befehlen wir, daß das Edikt an den üblichen Orten und Plätzen in dieser Stadt und größeren Städten, in Dörfern und in Flecken des bischöflichen Herrschaftsbereiches durch einen Herold im Beisein eines öffentlichen Notars verkündet wird.

Niemand soll bei Verlust unserer Gnade und seiner Ämter und Einzug seines Vermögens dagegen tätig werden. Wir befehlen jeder Person, die vor unseren Hof geladen wird, wo immer wir auch gerade sind, vom Tage unserer Aufforderung an nach 15 Tagen zu kommen und bei derselben Strafe zu erscheinen. Und wir befehlen, daß jeder öffentliche Notar, der dazu aufgefordert wird, das mit seinem Siegel versehene Edikt vorzuweisen, damit wir darüber informiert werden, wie unser Befehl ausgeführt wurde.

Dies ist gegeben in Granada am 31. März im Jahr 1492. Ich, der König. und ich, die Königin, und ich, Juan de Coloma, Sekretär des Königs und der Königin, unsere Herren, haben es wie angeordnet geschrieben.

(Originaltext: R. Leon Tello, Judios de Avila, Avila 1964, S. 91-95)

Die Vertreibung aus Spanien
31. März 1492

Der Vertreibungsbefehl traf die Juden in Spanien überraschend. Man unternahm im Laufe des April erfolglose Anstrengungen, den Befehl rückgängig zu machen. Micer Alfonso de la Caballeria beteiligte sich neben anderen an diesen Bemühungen. Am 1. Mai wurde das Edikt in Kastilien und zwei Tage später in Saragossa veröffentlicht. Innerhalb von drei Monaten sollten die Juden ihre Angelegenheiten ordnen und das Land verlassen. Die spanischen Juden begannen sogleich mit den Vorbereitungen. Unter jenen, die nach Italien auswanderten, befand sich die Familie von Don Jizchak Abrabanel aus Valencia. Da er gezwungenermaßen auf seine Außenstände gegenüber der Krone verzichtete, durfte er Gold, Silber und Juwelen außer Landes bringen, was an sich verboten war. Andere versuchten ihre Wertgegenstände außer Landes zu schmuggeln. Die Machthaber waren an einem ruhigen, geordneten Abzug interessiert. Einige Persönlichkeiten, wie die Nachkommen der Konversen Luis de Santangel und Francisco Pinelo, verhandelten mit Schiffskapitänen und gaben ihnen Garantien für die Anmietung von Schiffen, auf denen die Juden nach Nordafrika und anderswohin gebracht werden sollten. Es war eine Zeit der Probe für die Gemeinden, deren Vorstehern noch das saure Geschäft oblag, über den Gemeindebesitz zu disponieren – Synagogen, Schulen, öffentliche, rituelle Bäder (*Mikwot*) und Friedhöfe.

Der Wert der Besitzungen sank dramatisch; Häuser, Felder und Weingärten wurden für den Preis eines Esels oder eines Maultiers verkauft. Im Gegensatz dazu stieg der Wert von Tuch und Seide, da die Flüchtlinge diese Stoffe mitnehmen durften. Zuerst hofften die Christen, daß ein Teil der Juden den angestammten Glauben aufgeben und als Konvertierte im Lande bleiben würden, in dem sie seit 1500 Jahren gelebt hatten. Sie waren erstaunt über die Glaubenskraft der Juden, als sie sich zu den Hafenstädten, angeblich unter dem Absingen von Hymnen, begaben.

Den Juden war es unter Androhung der Todesstrafe für immer verboten, nach Spanien zurückzukehren, es sei denn, sie waren bereit, sich zu bekehren. In Spanien lebten daher jahrhundertelang keine Juden. Die spanische Vertreibung diente als Modell für die Vertreibungen in Litauen (1495) und Portugal (1496). In Portugal wurde die Vertreibung von König Manuel I. (1495-1521) in eine Zwangstaufe umgewandelt.
Das Leiden der vertriebenen Juden fand Ausdruck in einer bewegenden, zeitgenössischen Dichtung.

Säulenkapitell der 1496/97 in Gouveia, Portugal, inaugurierten Synagoge.

„Ich hörte erzählen von Alten, die aus Spanien vertrieben worden waren, daß auf einem Schiff die Pest ausbrach und der Eigner die Passagiere an einer unwirtlichen Küste aussetzte. Die meisten von ihnen verhungerten, wenige versuchten so weit zu gehen, bis sie eine geeignete Behausung fanden. Einer der Juden versuchte mit seiner Frau und zwei Söhnen vorwärtszukommen. Die Frau war barfuß, bald schwanden ihr die Sinne, und sie verstarb. Der Mann trug seine Söhne, bis sie alle vor Hunger ohnmächtig wurden, und als der Mann aus der Ohnmacht erwachte, waren seine Söhne tot. In großer Verzweiflung rief er zu Gott: „Gott des Universums! Du tust alles, um mich von meinem Glauben abzubringen. Du weißt, daß abgesehen von denen, die im Himmel wohnen, ich Jude bin und Jude bleiben werde, was immer du über mich gebracht hast oder über mich noch bringen wirst." So sprach er, sammelte Staub und Gras, bedeckte seine Söhne und suchte sich einen unbewohnten Ort."

Aus Salomon Ibn Verga (spätes 15. bis frühes 16. Jh.) Shevet Yehudah, hebräische Ausgabe, A. Schochat, Jerusalem 1947, S. 122.

Der Auszug der Juden aus Spanien und Portugal
1492 bis 1497

Die Vertreibung aus Spanien veränderte die Landkarte Europas. Es entstand eine zweite Diaspora innerhalb der Diaspora, spaniolische Gemeinden entstanden innerhalb bestehender jüdischer Gemeinden.

Die meisten Vertriebenen gingen nach Portugal, wo sie sich acht Monate gegen eine Zahlung von acht Cruzeros aufhalten durften. 25 Schiffe, die Pedro Cabron führte, verließen Cadiz mit der Bestimmung Oran. Dort weigerten sich die jüdischen Passagiere auszusteigen, weil sie trotz der Zusicherungen des genuesischen Piraten Fragosso um ihr Leben fürchteten. Sie kehrten nach Asilah in Nordafrika zurück. Stürme zwangen die Schiffe bei Cartagena und Málaga vor Anker zu gehen, wo viele Juden konvertierten, andere aber von einer Seuche dahingerafft wurden. Diejenigen, die in Asilah ausgestiegen waren, blieben dort bis 1493. Sie verbanden sich damals mit einer Gruppe von Juden, die aus Portugal in den Osten unterwegs war, mit Ausnahme der 700 Familienoberhäupter, die nach Marokko gingen.

Andere Flüchtlinge gingen nach Nordafrika, Italien und weiter ostwärts. Einige wanderten nach Avignon. Auf ihrer Flucht waren sie von Räubereien, Erpressung und sogar Mord bedroht. Viele verloren ihr Leben.

Ein grausames Schicksal erwartete die Juden, die nach Portugal geflohen waren. Johann II. (1481-1495) nahm 600 reiche Familien und geschickte Handwerker auf und garantierte ihnen dauerhafte Ansiedlung. Andere, die eine beschränkte Niederlassungserlaubnis erhielten, wurden versklavt, wenn sie das Land nicht zur vorgeschriebenen Zeit verließen.

Die Herrschaft von Johanns Nachfolger Manuel I. (1495-1521) hatte für die Juden in Portugal tragische Folgen, Isabella, die Tochter von Ferdinand und Isabella, willigte in die Ehe mit Manuel nur unter der Bedingung ein, daß er die Juden aus Portugal vertriebe. Am 5. Dezember 1496 erließ er deshalb ein Ausweisungsedikt. Der Text war eine Kurzfassung des spanischen Edikts. Im

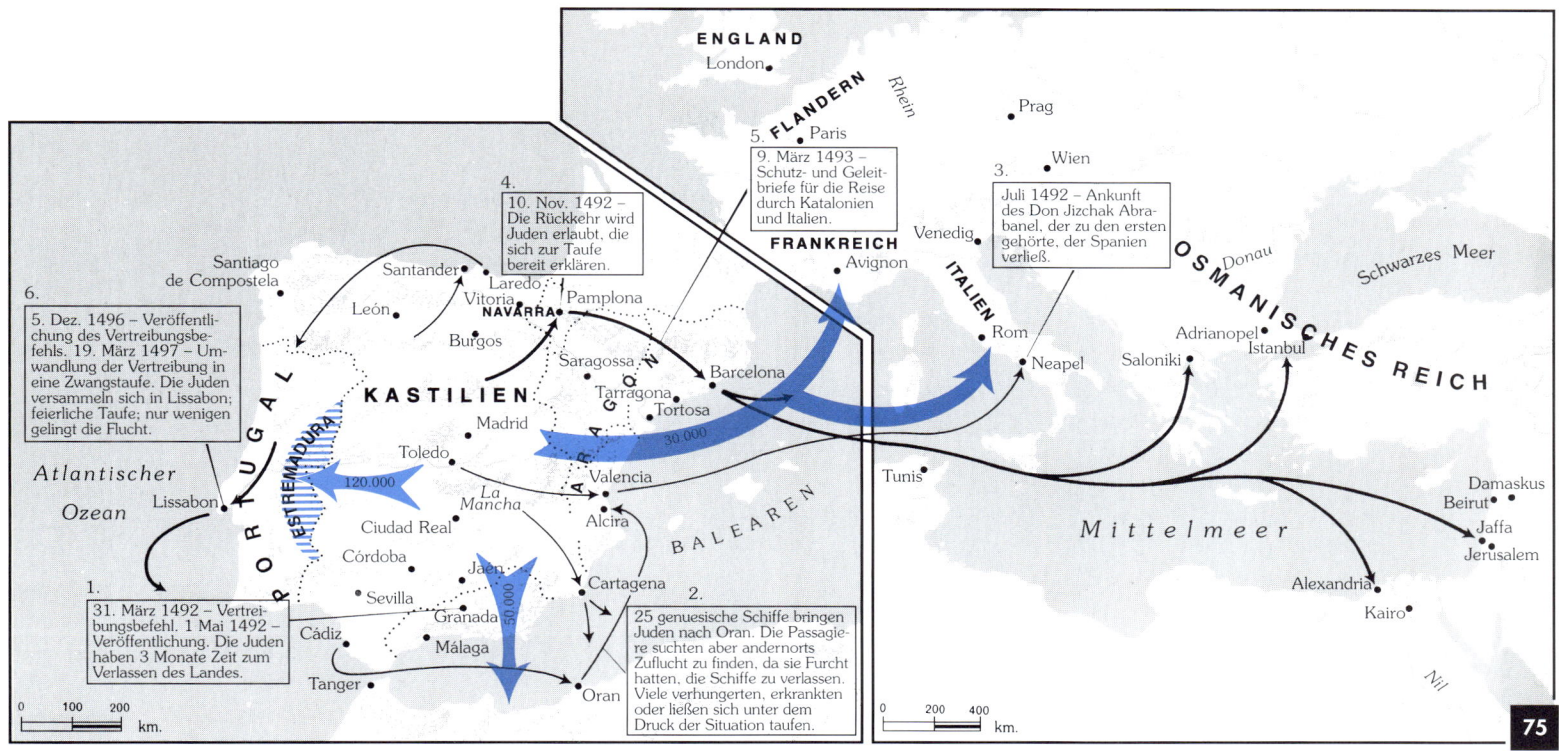

Februar 1497 wurden jüdische Kinder bis zu 14 Jahren, deren Eltern auswandern wollten, ergriffen und zwangsgetauft. Bald wurde die Altersgrenze auf 20 Jahre angehoben, und die Juden begannen auf allen möglichen Wegen das Land zu verlassen. Viele Kinder wurden ihren Eltern vorenthalten und in die portugiesische Kolonie auf der Insel Sao Tome im Golf von Guinea vor der afrikanischen Küste gebracht, wo sie mißhandelt wurden und die meisten von ihnen im Dschungel starben.

Am 19. Mai 1497 erging der Befehl zur Zwangstaufe. Das bedeutet den Wechsel zu einer Politik, die bestrebt war, die jüdische Bevölkerung einem schwach besiedelten Land zu erhalten, einem Land, das nur eine Million Menschen zählte und außerdem gerade dabei war, Westafrika zu besiedeln. Die Zwangskonversion wurde durch ein Täuschungsmanöver abgeschlossen, nämlich durch eine Versammlung in Lissabon, dem einzigen Hafen, von dem aus man offiziell ausreisen durfte. Die versammelten Juden wurden in feierlichem Zeremoniell getauft und zu Bürgern des Königreichs gemacht.

Nur einigen gelang es zu widerstehen und zu entkommen, wie Abraham b. Samuel Zacuto. Am 30. Mai 1497 veröffentlichte der König Befehle, daß die Konversen zwanzig Jahre lang keine Verfolgung durch die Inquisition erleiden sollten, wie dies bei anderen Konversen üblich war. Daraus ist zu entnehmen, daß Manuel I. die Inquisition nach spanischem Vorbild einrichtete.

Die spanischen Exilanten errichteten viele neue Gemeinden in den Mittelmeerländern, das Osmanische Reich erwies sich für die Juden und Konversen als besonders günstig. Spanische Vertriebene zogen auch ins Heilige Land. Nach der Eroberung Palästinas durch die Türken (1517) diente das Land als Drehscheibe für die weitere Ausbreitung und Entwicklung der jüdischen Gemeinden.

„Und als ich, Juda, Sohn meines Herrn, des frommen und weisen R. Jakob, er möge in Frieden ruhen, in Spanien lebte, schmeckte ich Honigduft und meine Augen sahen das Licht und mein Geist war hingegeben, nach der Weisheit zu suchen. Und mit ganzer Kraft versuchte ich den Inhalt des genannten Buches zu verinnerlichen, indem ich mich in diese und jene Stelle vertiefte. Und ich glaube, daß mich dieses Wissen befähigte, mein schreckliches Schicksal nach meiner Vertreibung aus Spanien zu ertragen. Und wer immer davon hört, dem sollen beide Ohren klingen. Von allem Ungemach kann ich nicht berichten, aber einiges werde ich zum Lobe Gottes erzählen.

Meine Familie und ich reisten mit 250 anderen Seelen mitten im Winter 1493 auf einem Schiff, dem Befehl des Königs folgend, von Lissabon ab. Gott warf uns mit einer Seuche nieder, in Erfüllung des Wortes: „Ich will euch durch die Pest heimsuchen und vernichten …". Dies war der Grund, warum wir an keinem Ort aufgenommen wurden. „Geht, ihr Unreinen!" riefen uns die Menschen zu, und wir zogen ruhelos vier Monate über das Meer bei trockenem Brot und wenig Wasser.

R. Juda Hajjat, Maarechet ha-Elohut, Mantua, 1558, Einleitung.

Fluchtwege von aus Spanien vertriebenen Juden

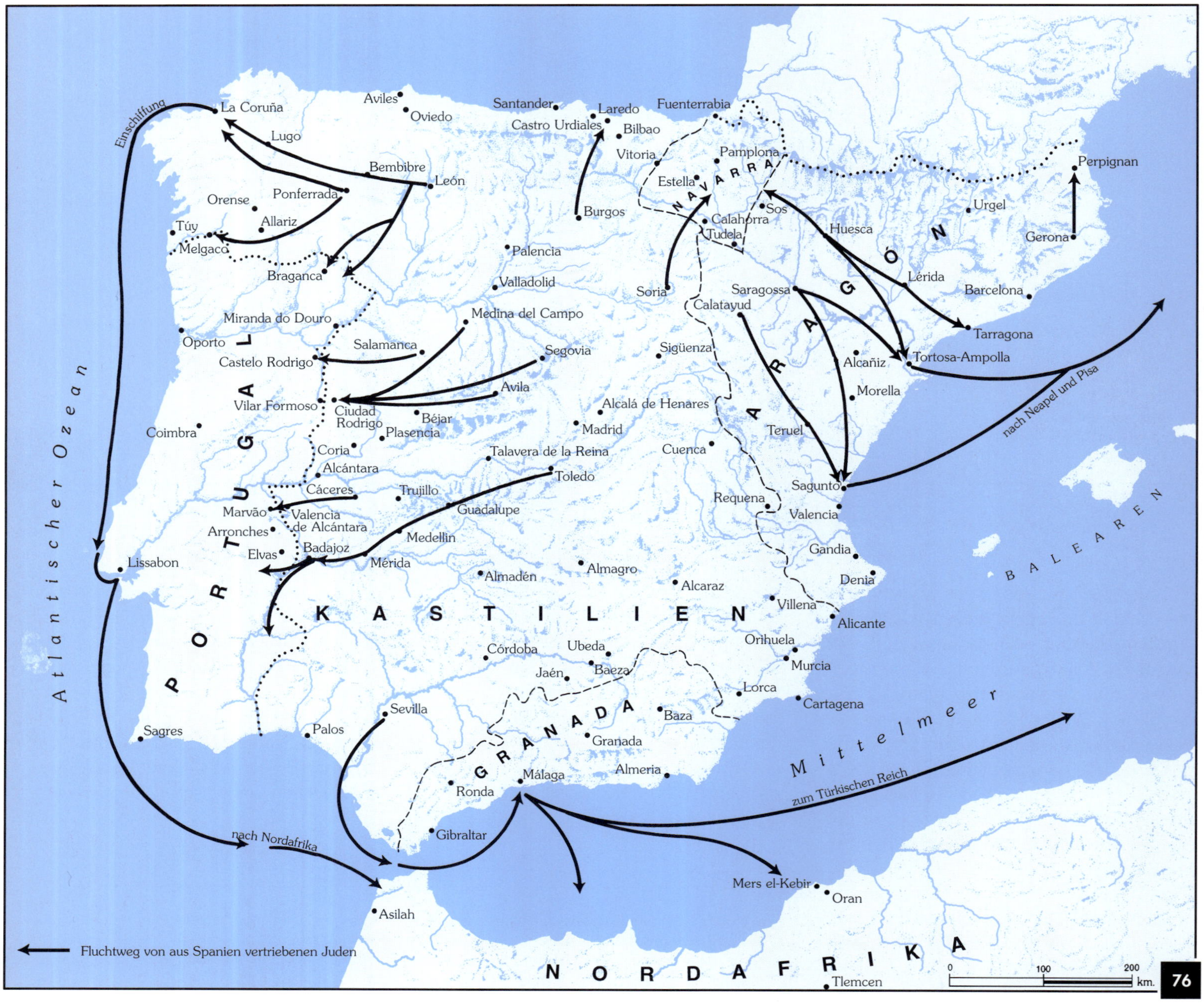

Die Wanderung des R. Juda Hajjat

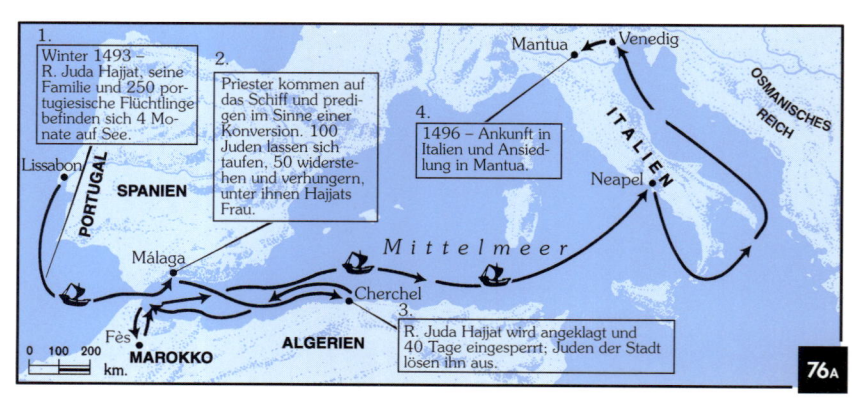

BIS ZU DEN CHMJELNIZKI-MASSAKERN UND DER SABBATIANISCHEN BEWEGUNG

Die türkische Flotte belagert eine Stadt. Spätes 15. Jahrhundert

Das Osmanische Reich am Höhepunkt seiner Entfaltung
Bis 1683

Die Expansion des Osmanisches Reiches in Europa rief in der christlichen Welt große Angst hervor, weil es nach dem Fall von Konstantinopel 1453 keine Macht zu geben schien, die die Entwicklung aufhalten könnte. Mit großem Schwung eroberten die Türken die gesamte südliche Mittelmeerküste bis auf einige Gebiete unter spanischer Herrschaft in Marokko.

Die Versuche einiger Päpste, die christliche Welt zu veranlassen, der Gefahr zuvorzukommen, scheiterten. Insbesondere seit die Christen uneinig waren und durch die Reformation Martin Luthers selbst Auseinandersetzungen führten.

Der Sieg der verbündeten christlichen Truppen unter der Führung von Juan d'Austria, eines Halbbruders König Philipps II. von Spanien, in der Seeschlacht von Lepanto (1571) bedeutete zwar einen Schlag gegen die osmanische Flotte, berührte aber nicht die Etablierung des Reiches. Philipp hatte seine Pläne für den Krieg gegen England und war daran interessiert, die Ruhe an seiner Mittelmeerflanke zu bewahren. Deshalb verhandelte er 1578 erfolgreich mit den Türken über einen Waffenstillstand. 1580 bestieg er den Thron von Portugal und verstärkte seine Vorbereitungen für einen Krieg gegen England, das er 1588 angriff und dabei seine Armada verlor.

Die Türken wandten sich gegen Mitteleuropa, wo sie bereits größere Gebiete in Ungarn kontrollierten und nun das Reich bedrohten. Erst am 28. Oktober 1595 wurden die Türken in der Schlacht von Giurgiu besiegt, womit ihrer Expansion Einhalt geboten wurde.

Unter den herrschenden politischen Umständen war es den Juden möglich, in das Heilige Land einzuwandern und die jüdische Besiedlung aufs neue zu beleben. Im Osmanischen Reich beschäftigten sich die Juden mit Fernhandel, besonders mit Europa. Philipp II. von Spanien verdächtigte sie der offenen und geheimen Unterstützung der türkischen Expansion, insbesondere die aus Spanien exilierten Juden, die sich in größerer Zahl im osmanisch beherrschten Europa niedergelassen hatten, des geheimen Einverständnisses mit den Türken. In vielen Städten auf dem Balkan gab es Flüchtlingsgemeinden, und die Türken ermutigten sie, ihren Wohnsitz in bedeutenden Zentren zu nehmen. So wurde den Juden z. B. befohlen, sich 1453, nach der Einnahme durch die Türken, in Konstantinopel anzusiedeln. In Saloniki verbanden sich spanische, portugiesische und italienische Flüchtlinge mit den ansässigen Romaniots, und noch später gelangten auch aschkenasische Juden dorthin (1470). Die Gemeindeorganisation in Saloniki hatte einen speziellen Charakter, jede Gruppe von Einwanderern bildete ihre eigene Vereinigung (*kahal kadosch*), die ihren Namen nach ihrem Herkunftsland führte oder nach der Stadt, aus der die Mitglieder kamen. Am Höhepunkt ihrer Entwicklung hatte die Stadt 30 solcher Vereinigungen.

Holzschnitt aus dem 15. Jh. Volkstypen. Rechts ein Jude.

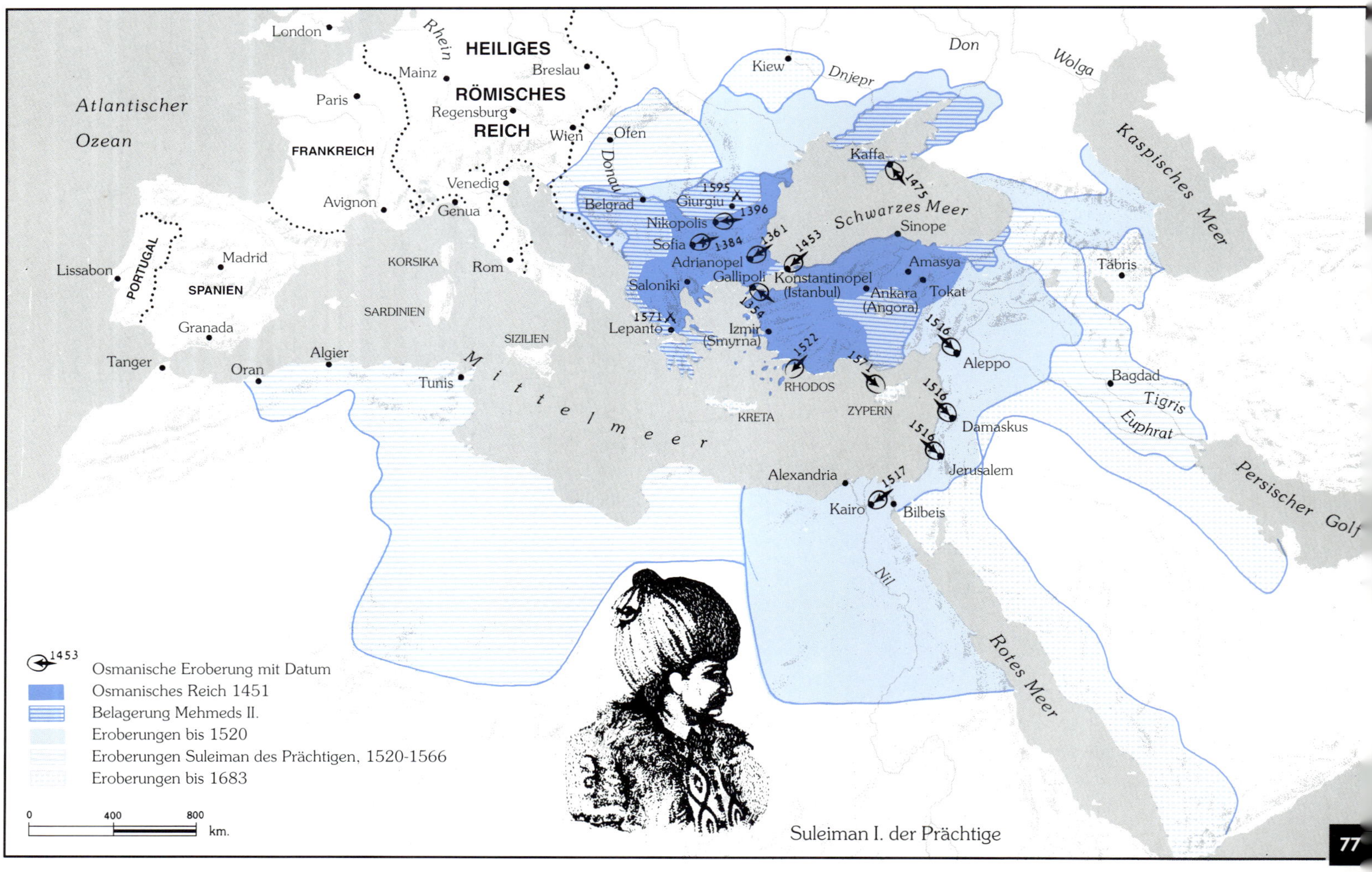

Osmanische Eroberung mit Datum
Osmanisches Reich 1451
Belagerung Mehmeds II.
Eroberungen bis 1520
Eroberungen Suleiman des Prächtigen, 1520-1566
Eroberungen bis 1683

Suleiman I. der Prächtige

Die Juden auf der Balkanhalbinsel

16. Jahrhundert

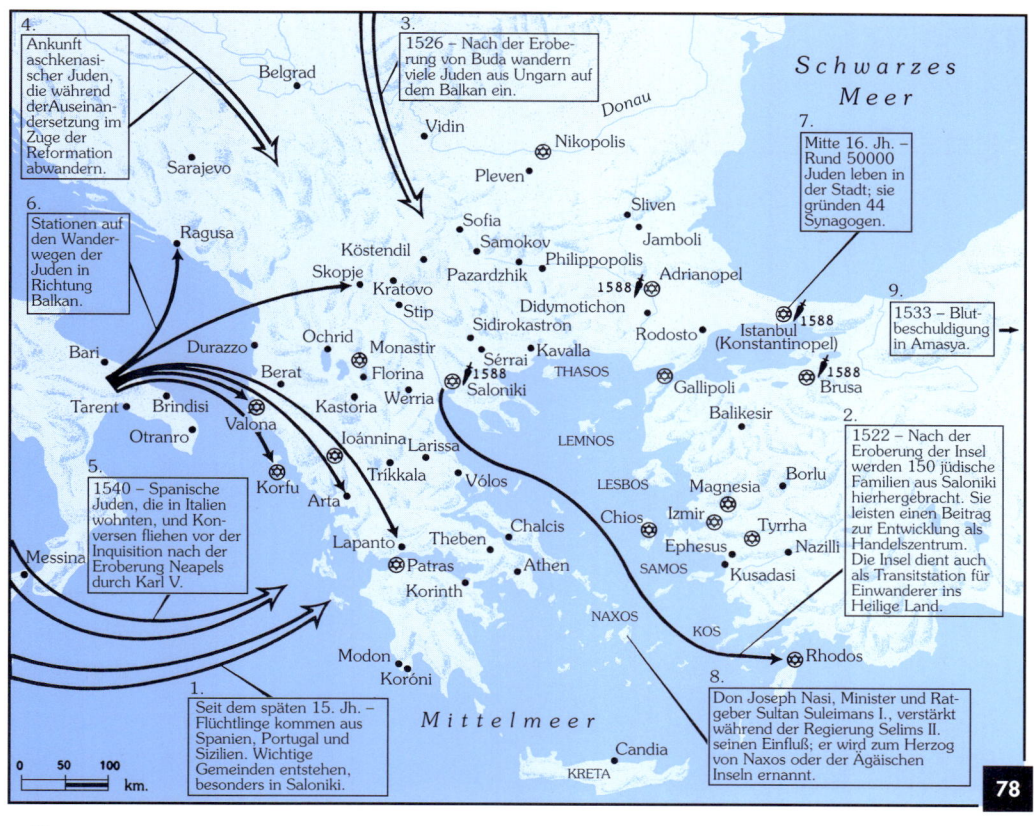

„KONGREGATIONEN" (SYNAGOGEN) IN SALONIKI, 16. JAHRHUNDERT

* Aragon
  Aschkenasi
  Astruc
  Baalei Teschuwa – „Gemeinde der Reuigen"
  Kalabrien (alt)
  Kastilien
* Kastilien (Vertreibung)
  Katalonien
* Katalonien (Vertreibung)
  Korfu
  Etz Chaim (oder *Etz Hadaat*)
  Evora
  Ismael
  Italien
* Lissabon (alt und neu)
  Mallorca (*Baalei Teschuwa*)
  Midrasch (Kastilien)
  Neot Hen
  Otranto
  Portugal (neu)
  Provence
* Apulien
  Schalom (oder *Neve Schalom*)
  Sizilien (alt)
  Sizilien (neu)
  Spanien (Vertreibung)

* Große Kongregation

Textfelder auf Karte 78:
1. Seit dem späten 15. Jh. – Flüchtlinge kommen aus Spanien, Portugal und Sizilien. Wichtige Gemeinden entstehen, besonders in Saloniki.
2. 1522 – Nach der Eroberung der Insel werden 150 jüdische Familien aus Saloniki hierhergebracht. Sie leisten einen Beitrag zur Entwicklung als Handelszentrum. Die Insel dient auch als Transitstation für Einwanderer ins Heilige Land.
3. 1526 – Nach der Eroberung von Buda wandern viele Juden aus Ungarn auf dem Balkan ein.
4. Ankunft aschkenasischer Juden, die während der Auseinandersetzung im Zuge der Reformation abwandern.
5. 1540 – Spanische Juden, die in Italien wohnten, und Konversen fliehen vor der Inquisition nach der Eroberung Neapels durch Karl V.
6. Stationen auf den Wanderwegen der Juden in Richtung Balkan.
7. Mitte 16. Jh. – Rund 50000 Juden leben in der Stadt; sie gründen 44 Synagogen.
8. Don Joseph Nasi, Minister und Ratgeber Sultan Suleimans I., verstärkt während der Regierung Selims II. seinen Einfluß; er wird zum Herzog von Naxos oder den Ägäischen Inseln ernannt.
9. 1533 – Blutbeschuldigung in Amasya.

Palästina unter osmanischer Herrschaft

16. Jahrhundert

Grabstein des Samuel, Sohn des Joel ibn Schuaib aus der aragonesischen Kongregation in Saloniki

Textfelder auf Karte 79:
1. 1516 – Selim I. erobert Palästina.
2. 1522 – Reisende berichten über 1570 Juden (300 Familien), die in der Stadt leben.
3. Safed wird ein bedeutendes jüdisches Zentrum mit 15 000 Einwohnern, die sich mit Landwirtschaft, Tuchmacherei und dem Export nach Damaskus beschäftigen.
4. Die Juden in Safed leben in eigenen Vierteln. In Sichem und Jerusalem in Vierteln mit gemischter Bevölkerung. Es gab vier Gruppen: Mustarabs (im Land geboren), Maghrebis (aus Nordafrika), Aschkenasen und *Sephardim* (Flüchtlinge aus Europa).
5. Spätes 16. Jh. – Beginn des Niedergangs; 1576/77 – Ungefähr 1000 Juden werden nach Zypern vertrieben, um das Zahlenverhältnis zwischen Christen und Juden auszugleichen.

Haupthandelsrouten
16. bis 17. Jahrhundert

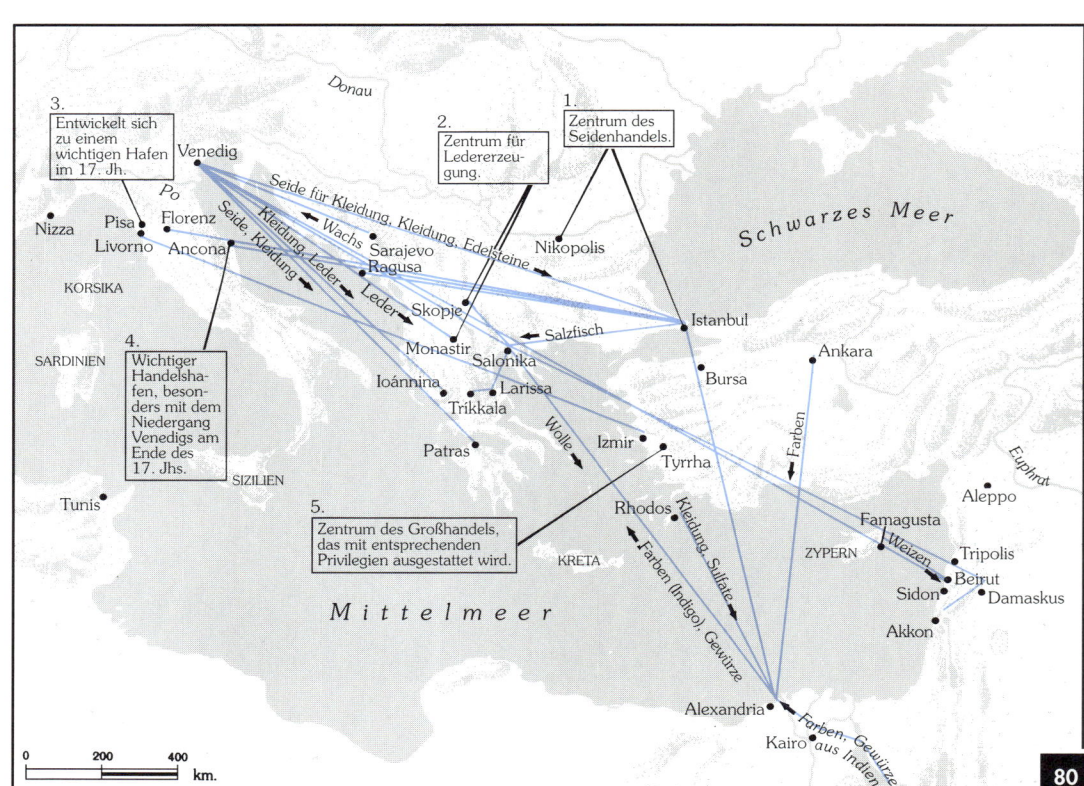

Janitscharen der türkischen Armee im 16. Jahrhundert

Einwanderung ins Heilige Land
16. und 17. Jahrhundert

Die Unsicherheit in Palästina, eine Folge häufig wechselnder Herrschaften, die Belästigungen, die die Juden erfuhren, und die ihnen auferlegten sehr hohen Steuern vermochten nicht, die Juden von der Einwanderung in das Land abzuhalten. Die Einwanderungswelle des 16. Jahrhunderts brachte, wie man Berichten von Pilgern entnehmen kann, frischen Wind auch für die schon in Palästina lebenden Juden. Die Juden wohnten in wenigen Städten, vor allem in Jerusalem, Safed und Tiberias, aber auch in landwirtschaftlich geprägten Dörfern in Galiläa. Hunderte Jahre spielten die Juden in Italien eine spezielle Rolle, um die Juden in Palästina kräftig zu unterstützen, sei es durch direkte Hilfe an die Gemeinden, sei es, daß Italien als Durchgangsland für die Einwanderer diente.

Einige Flüchtlinge aus Spanien, aber auch Kabbalisten kamen in der Hoffnung auf Erlösung in diesem Leben. Im 16. Jahrhundert bestand in Safed eine funktionierende und wachsende jüdische Gemeinde, die auch die Heimat einiger bedeutender Gelehrter war. So Jakob (I.) Berav, Joseph Caro und Moses Trani. 1548 lebten in der Stadt 1900 steuerzahlende Familien, unter denen 716 jüdisch waren.

1560 erhielt Doña Gracia Mendes-Nasi in Tiberias vom Sultan die Erlaubnis (die für ihren Neffen Joseph Nasi 1561 bestätigt und erweitert wurde), die Stadt wieder aufzubauen und die jüdische Gemeinde neu zu gründen. Joseph Nasi befahl die Wiederaufrichtung der Stadtmauern, die 1566 vollendet wurden, und die Anpflanzung von Maulbeerbäumen für die Seidenproduktion. Ein Ruf erging an die jüdischen Gemeinden an den Mittelmeerküsten, daß sie eingeladen seien, sich in Tiberias anzusiedeln, und so traf die gesamte Gemeinde von Cori (im Süden Roms) Vorbereitungen abzuwandern. Nach Joseph Nasis Tod im Jahre 1579 wurde das Tiberias-Unternehmen von Salomon Abenaes (Ibn Jaish), einem portugiesischen Konversen und Staatsmann, fortgeführt, der auch ein reicher Kaufmann und Joseph Nasis Nachfolger am Hof in Konstantinopel war.

Der Rückgang der jüdischen Bevölkerung während des 17. Jahrhunderts im Heiligen Land im allgemeinen und in Galiläa im besonderen spiegelt die Schwierigkeiten, in denen sich die türkische Herrschaft in dieser Zeit befand. Safed z. B. war durch die ständigen bewaffneten Auseinandersetzungen zwischen den osmanischen Paschas und den Drusen schwer in Mitleidenschaft gezogen, aber auch durch Seuchen und eine Heuschreckenplage. Trotz des Versuches, in den 20er Jahren des 18. Jahrhunderts in Safed wieder eine Gemeinde zu gründen, erlangte die Stadt nie mehr die Bedeutung und den Glanz des 16. Jahrhunderts. Jerusalem wurde nun zum Zentrum. Rabbi Jizchak ha-Kohen Scholal, seit 1502 der letzte *nagid* im mamelukischen Ägypten, siedelte sich 1517 in Jerusalem an. Am Beginn des 17. Jahrhunderts wanderte eine große Zahl von Juden in Jerusalem ein, besonders aus Italien. Der vornehme Rabbiner Jesaia b. Abraham ha-Levi Horowitz (genannt ha-Schela ha-Kadosch) siedelte sich 1622 in Jerusalem an.

Es gab eine einzigartige Welle der Unterstützung für die Juden in Palästina unter den Protestanten, vor allem in England und Hol-

Einwanderungsrouten ins Heilige Land

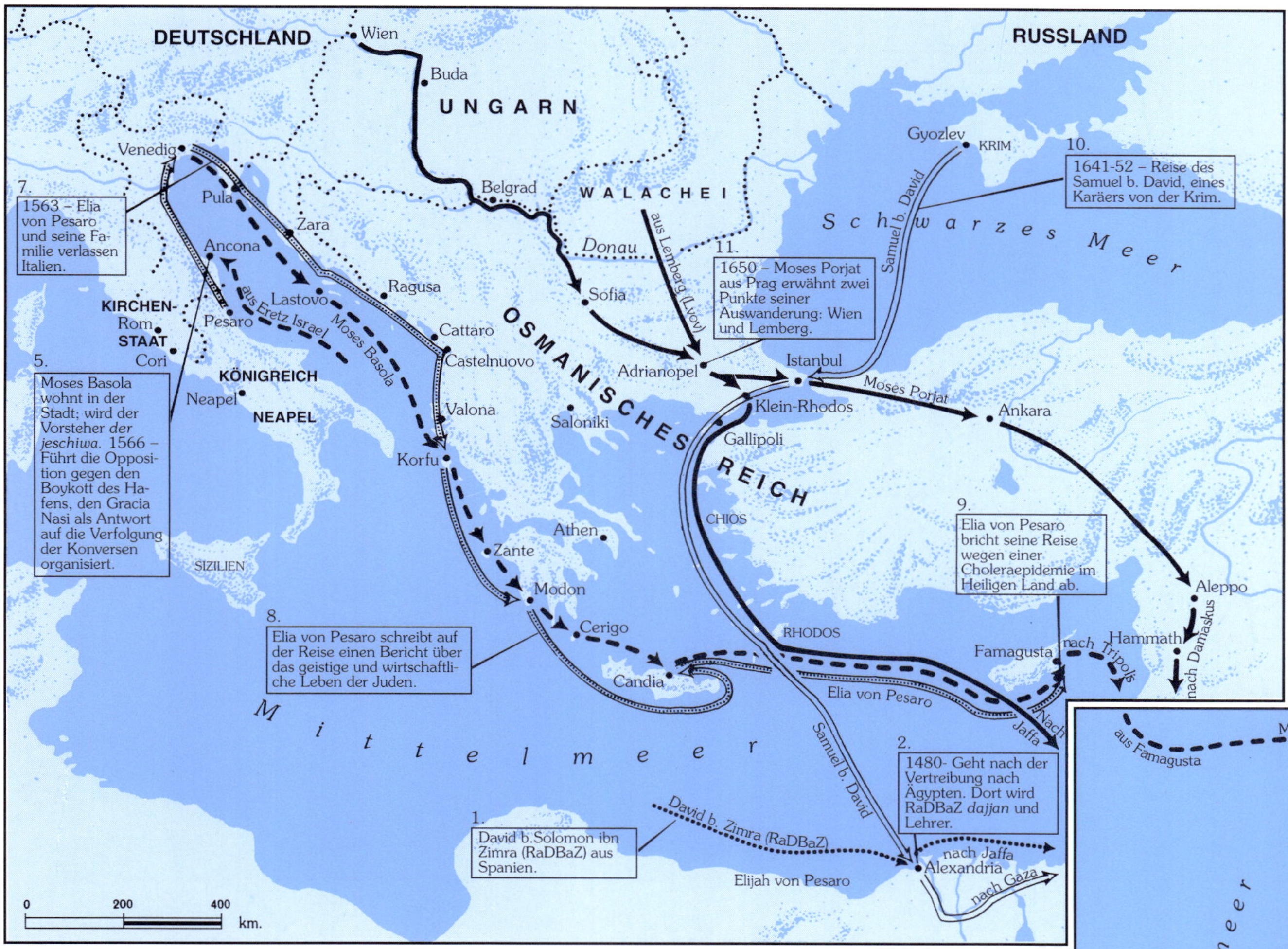

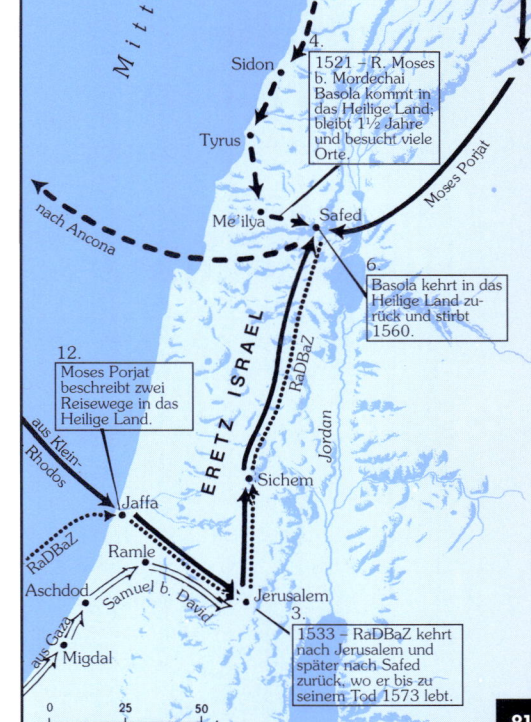

land. Gleichzeitig wurde die Unterstützung der jüdischen Diaspora erneuert. Die meisten Hilfeleistungen erhielt Jerusalem. Die Juden in Italien und den Niederlanden waren besonders spendenfreudig.

Viele Generationen lang waren die Juden im Heiligen Land auf die finanzielle Unterstützung aus der Diaspora angewiesen. Die Gelder wurden von Reisenden und Einwanderern auf gefährlichen Wegen unter Einsatz von Leib und Leben ins Land gebracht. Doch war diese Hilfe ungenügend, und die einzelnen Gemeinden waren gezwungen, in alle Gebiete der Diaspora Gesandte auszuschicken, sogenannte *schadarim* (Abk. für *scheluche de-rabbanan*), um finanzielle Unterstützung aufzubringen. Die Berichte dieser Abgesandten beweisen, wie eng die Verbindungen zwischen den Juden der Diaspora und jenen im Heiligen Land waren.

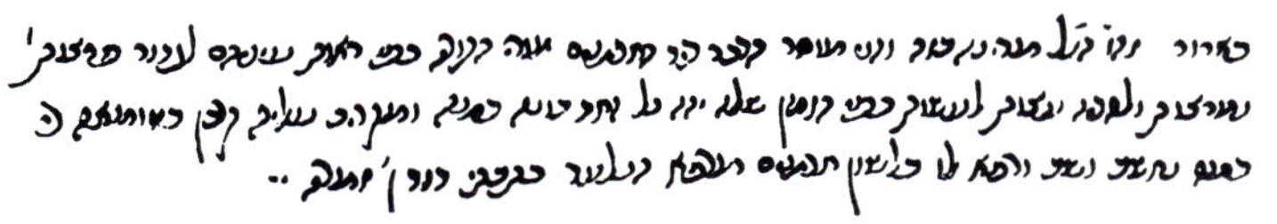

Unterschrift des R. David ben Zimra (RaDBaZ)

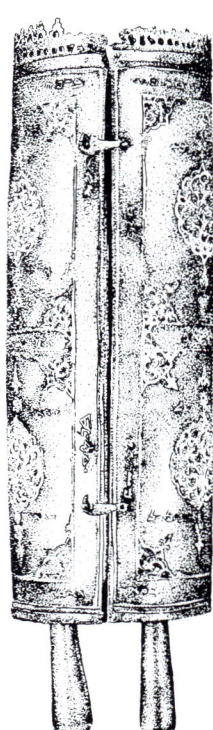

Thoramantel aus Damaskus 1565. Geritztes Kupfer mit Silberverzierung

Gesandte aus dem Heiligen Land in die Diaspora
8. bis 17. Jahrhundert

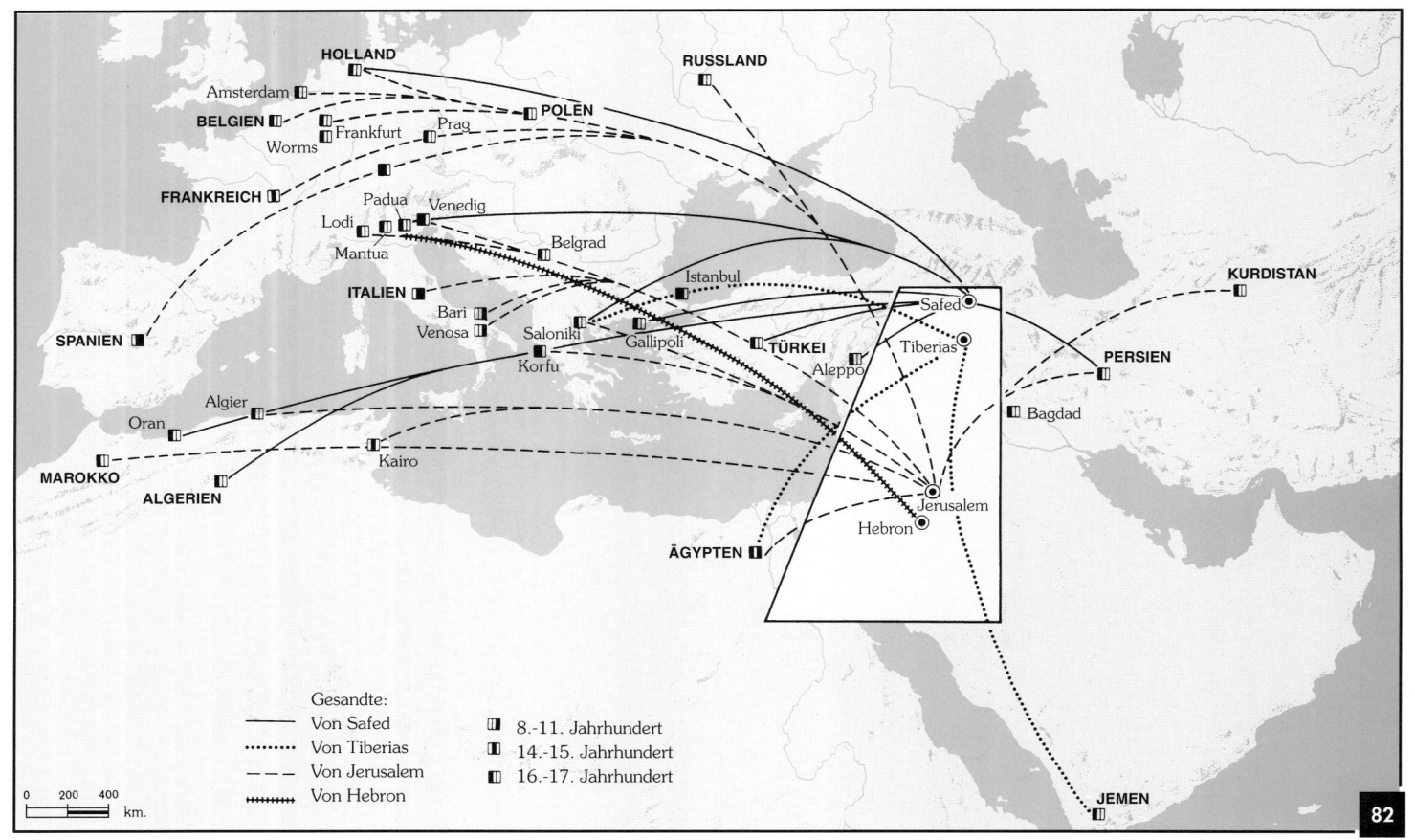

Jüdische Gemeinden
15. bis 16. Jahrhundert

In Nordafrika

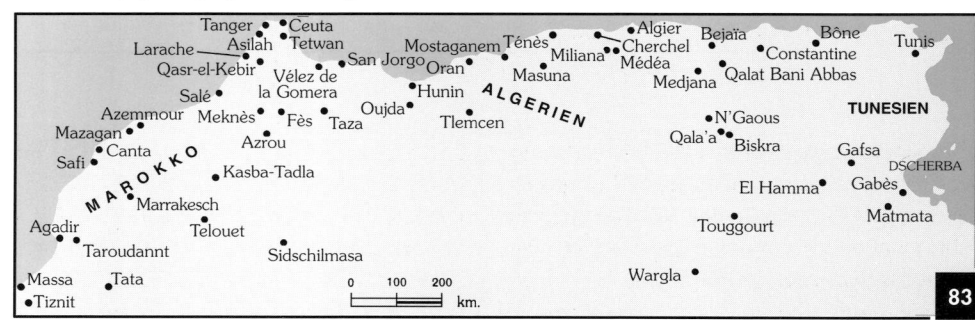

Im Nildelta

Verbindungen mit RaDBaZ

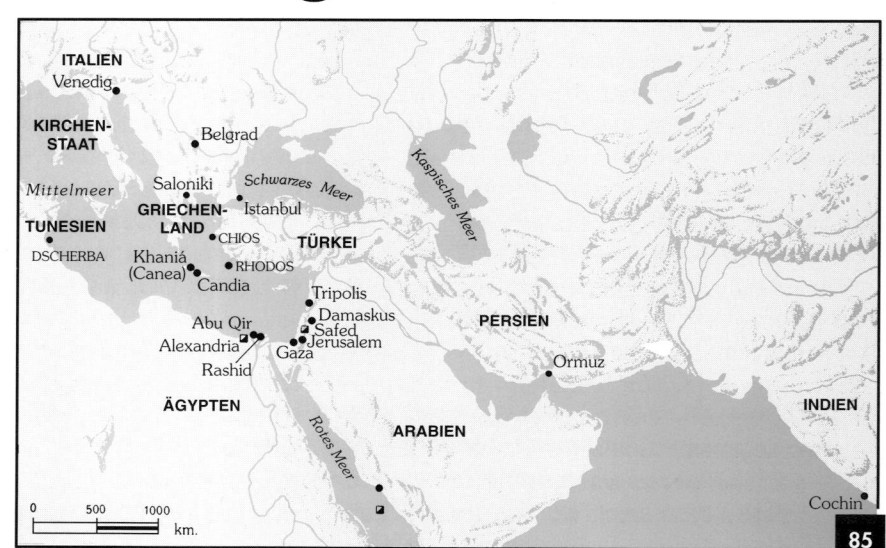

Kabbalisten und kabbalistische Zentren
16. und 17. Jahrhundert

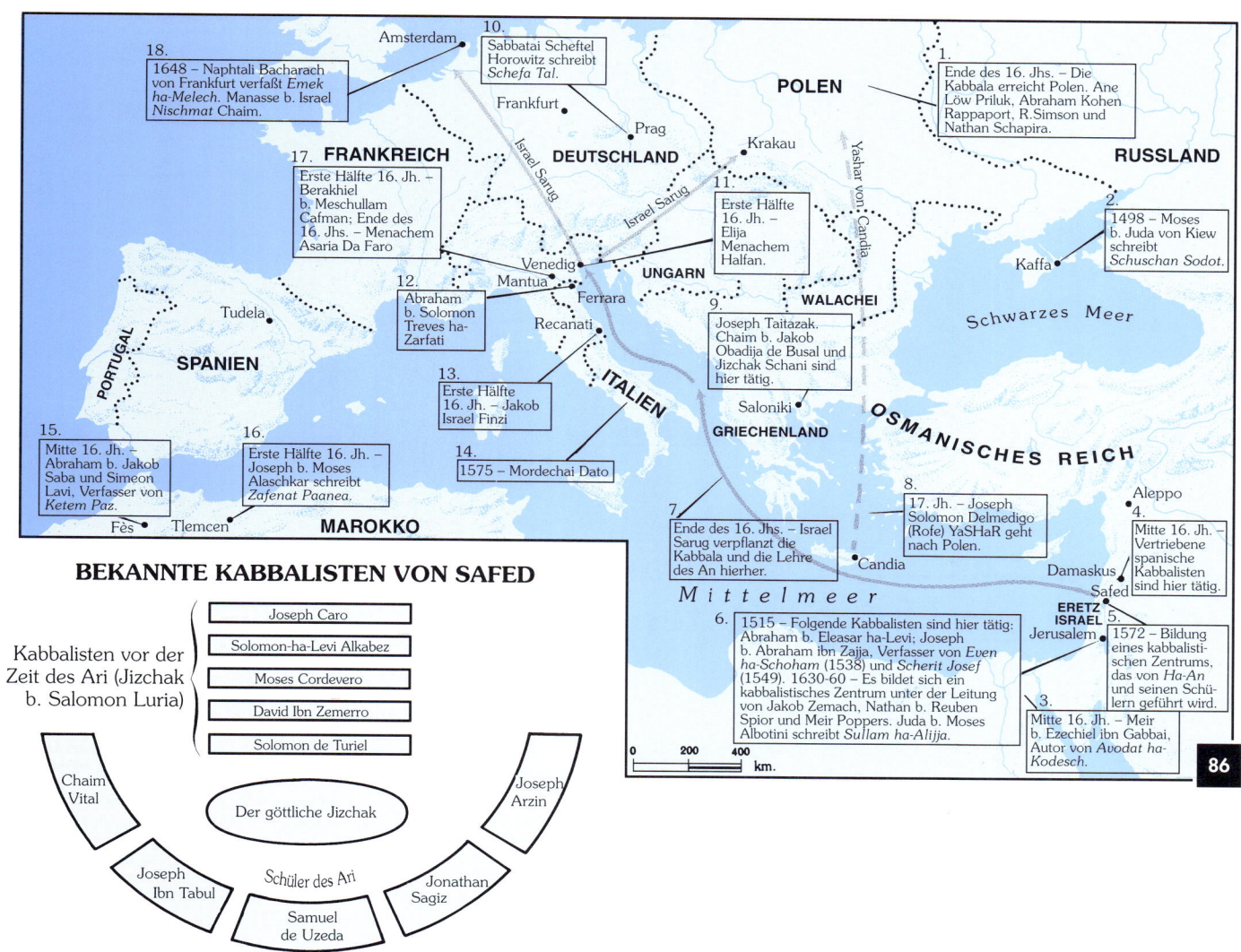

Die Verfolgungen des Jahres 1391 in Spanien und die folgenden Ereignisse mit ihrem Höhepunkt der Vertreibung im Jahre 1492 machten auf die zeitgenössischen Kabbalisten einen tiefen Eindruck. Weitreichende Veränderungen im Denken der Kabbalisten waren die Folge. Das Erlösungsproblem gewann an Bedeutung, besonders da sich Hoffnungen auf das Kommen des Messias im Jahre 1492 als unbegründet erwiesen (man leitete dies aus der Bibelstelle Hiob 38.7 her „beim Jubelchor der Morgensterne", und der Zahlenwert des hebräischen Wortes für „singen" ergibt 1492). Die messianische Enttäuschung und die Katastrophe der Vertreibung führte die Kabbalisten zur Suche nach der Seele.

Zwei Bücher anonymer Autoren, die um 1500 erschienen, waren besonders signifikant: *Sefer ha-Meschiv*, ein Kommentar zum Pentateuch und *Kaf ha-Ketoret*, in dem das Buch Psalmen kommentiert wurde. Die Autoren versuchten die apokalyptische Bedeutung jedes Wortes der Bibel zu betonen. Es gab „sieben Methoden die Tora auszulegen" (Num. R. 13.15) und jede Generation hatte ihre eigene Methode; so beschäftigte eben ihre Generation die Vertreibung und die Erlösung. In *Kaf ha-Ketoret* war dies das vorherrschende Thema, und hier wurde eine neue Weltanschauung der Kabbalisten formuliert, die messianische Endzeiterwartungen zur Grundlage hatten.

In Safed, dem Zentrum der Kabbalisten, lebten herausragende Persönlichkeiten: Moses b. Jakob Cordovero, Verfasser des *Tomer Devora*; Elia b. Moses de Vidas, Autor des *Reschit Hochma*; Eleasar b. Moses Azikri, Verfasser des *Sefer Haredim*; Chaim b. Joseph Vital, Autor des *Schaarei Keduscha*; Joseph b. Ephraim Caro, Verfasser des *Schulchan Aruch*, einer der großen halachischen Gelehrten, der anscheinend in Saloniki dem Kabbalisten und Pseudomessias Solomon Molcho begegnete. Caro war von ihm so tief beeindruckt, daß er den Wunsch äußerte, den Märtyrertod zu erleiden, als Molcho 1532 in Mantua auf dem Scheiterhaufen verbrannt wurde. Caro schrieb ein mystisches Tagebuch (*Maggid Mescharim*), in dem er über Botschaften berichtete, die ihm von einem „himmlischen Übermittler" (*maggid*) enthüllt wurden. In Safed lebte auch Solomon b. Moses Alkabez. Er wurde 1505 in Saloniki geboren und studierte bei dem dort bedeutendsten Rabbiner Joseph Taitazak. Etwa 1535 siedelte er sich in Safed an und starb dort 1584. Alkabez ist Verfasser der *pijjut Lecha Dodi*, einer Hymne, welche die messianischen Endzeitgefühle eindrucksvoll darstellt.

Der bekannteste Kabbalist des 16. Jahrhunderts war Jizchak b. Solomon Luria, ha-Ari genannt. 1534 geboren, war er von 1569 bis zu seinem Tod 1572 in Safed tätig. Luria leistete Bahnbrechendes bei der Ausbildung der theoretischen kabbalistischen Betrachtungsweise und bei der Durchdringung der messianischen Endzeiterwartung. Er versammelte in Safed eine Gruppe von Schülern, die seine Lehren vertieften und erweiterten. Safed war damals, wie früher Gerona, ein Zentrum der theoretischen Kabbala.

Die Karäer

16. und 17. Jahrhundert

Heiligtum des Herrn, Stadt der Fürsten
erhebe dich aus den Ruinen,
zu lange lagst du im Tal der Tränen darnieder,
der barmherzige Gott wird mit dir Mitleid haben.
Nicht länger sollst du beschämt und gedemütigt werden.
Warum bist du niedergeworfen und voll Sorge?
Die Not meines Volkes wird in Zion Schutz finden
und die Stadt wird auf ihrem Hügel wiedererbaut werden.

*Aus Lecha Dodi („Komm, meine Geliebte")
von Solomon Alkabez.*

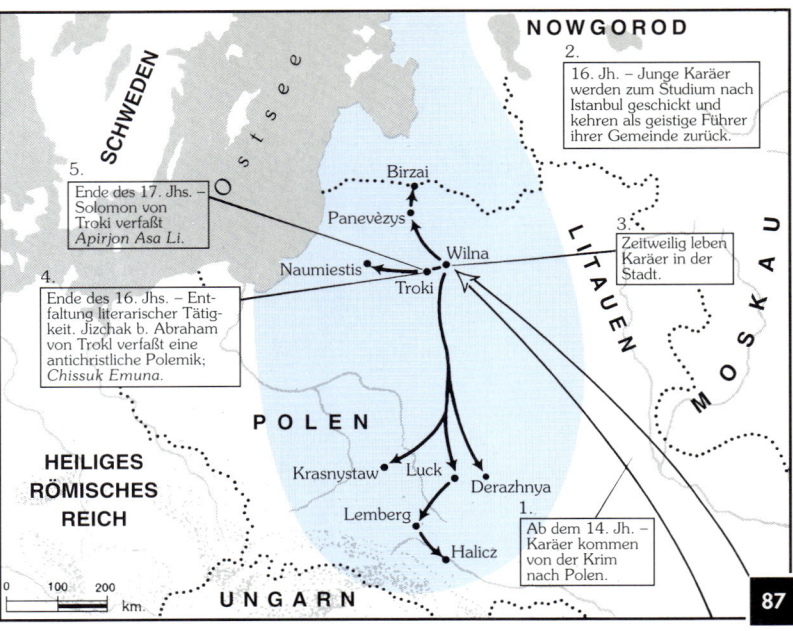

Gebiete mit karäischen Siedlungen

Jüdische Drucker und die Zulassung von Juden an die Universitäten

15. bis 17. Jahrhundert

Ungefähr 20 Jahre nachdem Johannes Gutenberg seine neue Methode des Buchdrucks entwickelt und 1455 seine 42zeilige Bibel gedruckt hatte, sind Rechnungen jüdischer Drucker nachzuweisen, die Bücher in Hebräisch druckten. Bücher, die vor 1501 gedruckt wurden, nennt man Inkunabeln. Heute sind 175 solcher Ausgaben, die mit hebräischen Buchstaben gedruckt wurden, bekannt. Sie beinhalten die gesamte Bibel oder einzelne Teile, Bibelkommentare, Traktate des babylonischen Talmud, Predigtbücher, Pesach-Haggadot und Bücher zur Halacha. Italien war die Wiege des jüdischen Buchdrucks im 15. Jahrhundert. Druckereien gab es in mindestens elf Städten, darunter in Piove di Sacco und Reggio di Calabria, 1475; Mantua, 1476; Soncino, 1483; und Brescia, 1491. Diese Entwicklung setzte sich im 16. und 17. Jahrhundert mit Druckereien in Venedig, Cremona und Sabbioneta fort. Jüdische und christliche Drucker trugen zur Entwicklung des hebräischen Buchdrucks bei.

Drucker aus dem 16. Jahrhundert

Das zweitgrößte Zentrum der jüdischen Drucker und Druckereien war Spanien. 1476 gründete Solomon b. Moses Alkabez (der Großvater des Kabbalisten Solomon Alkabez) eine Druckerei in Guadalajara und Eliezer Alantansi 1485 eine weitere in Hijar in Aragón. 1487 gründete man auch in Zamora eine Druckerei. Inkunabeln beweisen auch die Existenz von Druckereien in Lissabon im Jahre 1473. In Faro arbeitete der Drucker Eliezer Toledano und in Leiria Samuel d'Ortas und seine Söhne.

Aus Konstantinopel stammt eine Inkunabel, die *Arbaa Turim* von Jakob b. Ascher, die 1493 von den Druckern David und Samuel ibn Nahmias vollendet wurde.

Im 16. Jahrhundert entstanden Druckereien auch in anderen jüdischen Zentren wie Prag (1512), Saloniki (1513), Fès (1516) und in Augsburg (1533). Amsterdam wurde im 17. Jahrhundert eines der Zentren des jüdischen Buchdrucks, nach dem Manasse ben Israel 1626 die erste Druckerei gegründet hatte.

Auch christliche Drucker beschäftigten sich mit dem Druck hebräischer Bücher für jüdische und nichtjüdische Kunden; so in Basel (1516) und in Lyon (1520).

Universitäten

Die mittelalterlichen Universitäten aus dem 12. und 13. Jahrhundert durften natürlich von Juden nicht besucht werden, weil das Studium weitestgehend theologisch orientiert war. Sie stand also nur Apostaten offen. Die Universitäten von Oxford, Paris und Salamanca gründeten Fakultäten für das Studium des Hebräischen im Rahmen der theologischen Ausbildung. Medizin war eines der Fachgebiete, das Juden interessierte, aber nur an wenigen Orten war ein Studium möglich. Möglicherweise konnte eine kleine Anzahl von Juden Medizin an der Universität von Padua studieren. Am Beginn des 17. Jahrhunderts erhielt eine etwas größere Zahl von Juden Zugang zur Universität in Leiden in den Niederlanden.

In Spanien konnten die Konversen bis zum Ende des 15. Jahrhunderts an vielen Universitäten studieren. Dann wurde an einigen Universitäten der Zugang für die Konversen beschränkt. Einige waren daher gezwungen, sich gefälschte Dokumente zu verschaffen, die ihre christliche Herkunft nachwiesen. An der Universität von Salamanca richtete man 1314 eine hebräische Abteilung ein. An der 1509 gegründeten Universität in Alcalá de Henares waren Konversen zugelassen. Die meisten Konversen studierten im 16. und 17. Jahrhundert, einige von ihnen erreichten hohe Positionen. Die Inquisition überwachte die Studenten an den Universitäten, da sie eine Ausbreitung häretischer Ideen fürchtete.

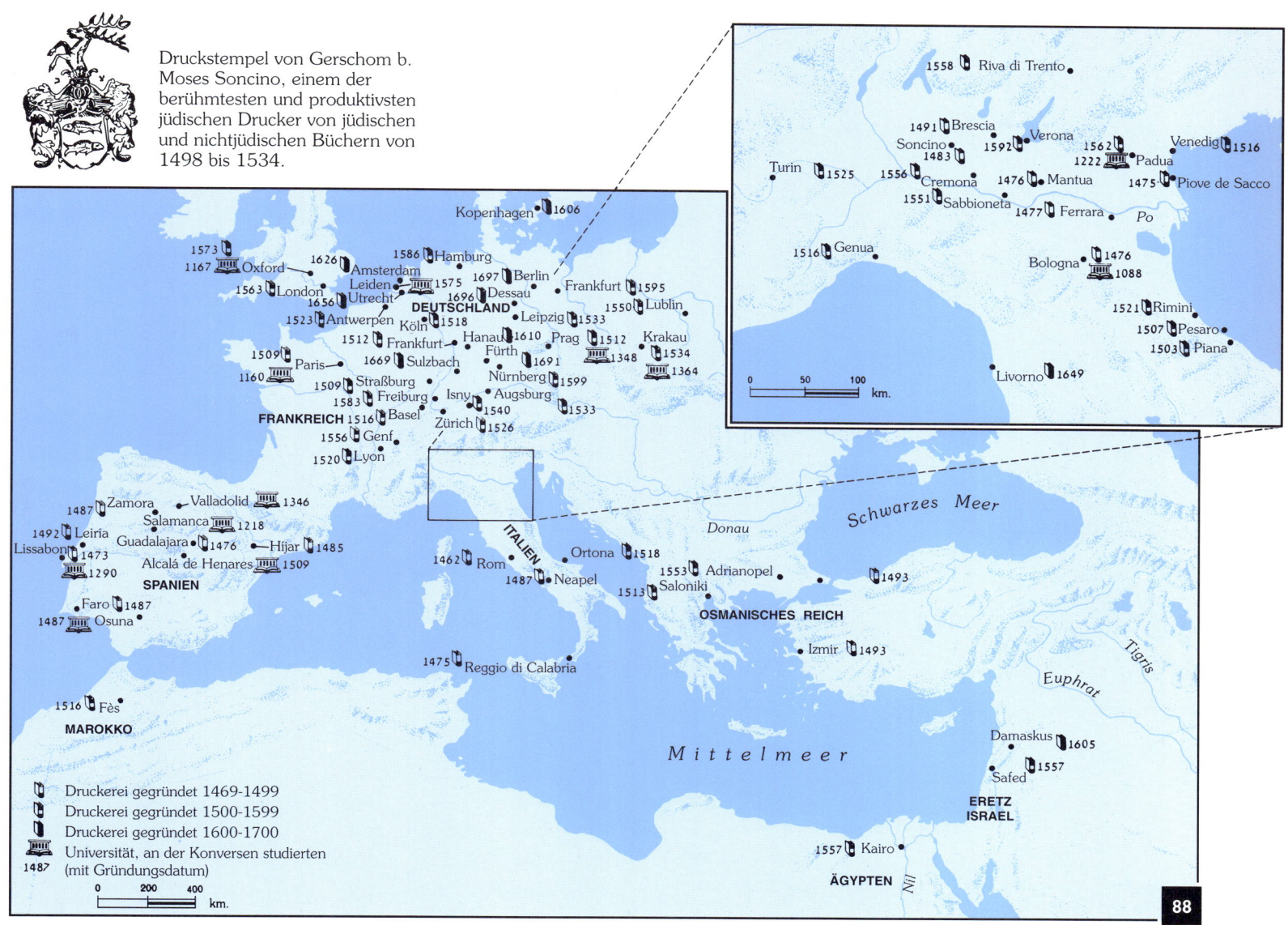

Druckstempel von Gerschom b. Moses Soncino, einem der berühmtesten und produktivsten jüdischen Drucker von jüdischen und nichtjüdischen Büchern von 1498 bis 1534.

Die Juden Italiens
16. und 17. Jahrhundert

Die Geschichte der Juden in Italien im 16. und 17. Jahrhundert ist ebensowenig einheitlich wie in den beiden vorangegangenen Jahrhunderten. Auf der Halbinsel bestand eine Reihe von Staaten, zwischen denen Rivalitäten bestanden. Dies wirkte sich auf die Gründung neuer Gemeinden, auf Vertreibungen und auf die Einwanderung aus. Die meisten Einwanderer aus Deutschland siedelten sich in Norditalien an, dorthin gelangten aber auch Flüchtlinge aus Spanien und Portugal, unter denen auch Konversen waren, die wieder zum Judentum zurückkehrten. Sie konnten sich in die jüdischen Gemeinden integrieren. Jede Gruppe der Einwanderer brachte ihre Gewohnheiten und Traditionen der Gemeindeorganisation mit, die sie hier erneuerten und über Generationen hinweg beibehielten und sich damit von anderen Gruppen deutlich unterschieden.

Das Schicksal der Juden im 16. Jahrhundert wurde durch Vertreibungen aus bestimmten Städten und Regionen bestimmt. Die spanischen Verfolgungen wurden in den spanisch beherrschten Gebieten einfach übernommen, so in Süditalien. Nachdem Spanien die Kontrolle über Mailand und Norditalien erlangte, wurde diese Vorgehensweise auch hierher übertragen. In den 70er Jahren des 16. Jahrhunderts übte Spanien auch einen Einfluß in Savoyen und den angrenzenden Gebieten aus. Spanien war vom Aufstieg des Islam und der Expansion des Osmanischen Reiches betroffen und sah daher in den Juden Kollaborateure in den Diensten der türkischen Osmanen. Philipp II., der 1580 Spanien mit Portugal vereinigte, war über diese Angelegenheiten recht besorgt, da er sich als Schutzherr der Christenheit gegen äußere Feinde und Häretiker im Inneren betrachtete.

Interne Machtkämpfe und außenpolitischer Druck betrafen auch die Päpste. Die Päpste dieser Zeit sind im allgemeinen als Mäzene und Bauherren in Rom bekannt, doch unterstützten einige die Inquisition und bedienten sich ihrer. Sie waren daher auch in Judenverfolgungen und -vertreibungen verwickelt.

In der Zeit Leos X. (Giovanni Medici, 1513-1521) blühte Rom, die Stadt wuchs von 40 000 auf 90 000 Einwohner, zugleich vergrößerte sich auch die jüdische Gemeinde. Elia (Bachur) Levita, ein Philologe, Grammatiker und Lexikograph, wirkte in Rom 1514 bis 1527.

Die Herrschaft Julius' III. (1550-1555) und Pauls IV. (1555-1559) war für die Juden eine Zeit des Leidens in Italien. Paul IV. belebte aufs neue die Inquisition und erließ am 14. Juli 1555 die Bulle *Cum nimis absurdum* (Da es widersinnig ist), in der die offizielle Haltung der Kirche gegen die Juden festgelegt wurde.

Der Papst verfügte die Absonderung der Juden in eigenen Straßen und Vierteln (Ghettos) und befahl ihnen, das gelbe Zeichen und Hüte zu tragen. Am 30. April

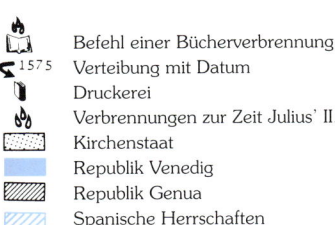

Chanukkaleuchter aus Bronze aus dem 16. Jahrhundert mit der Lilie von Florenz

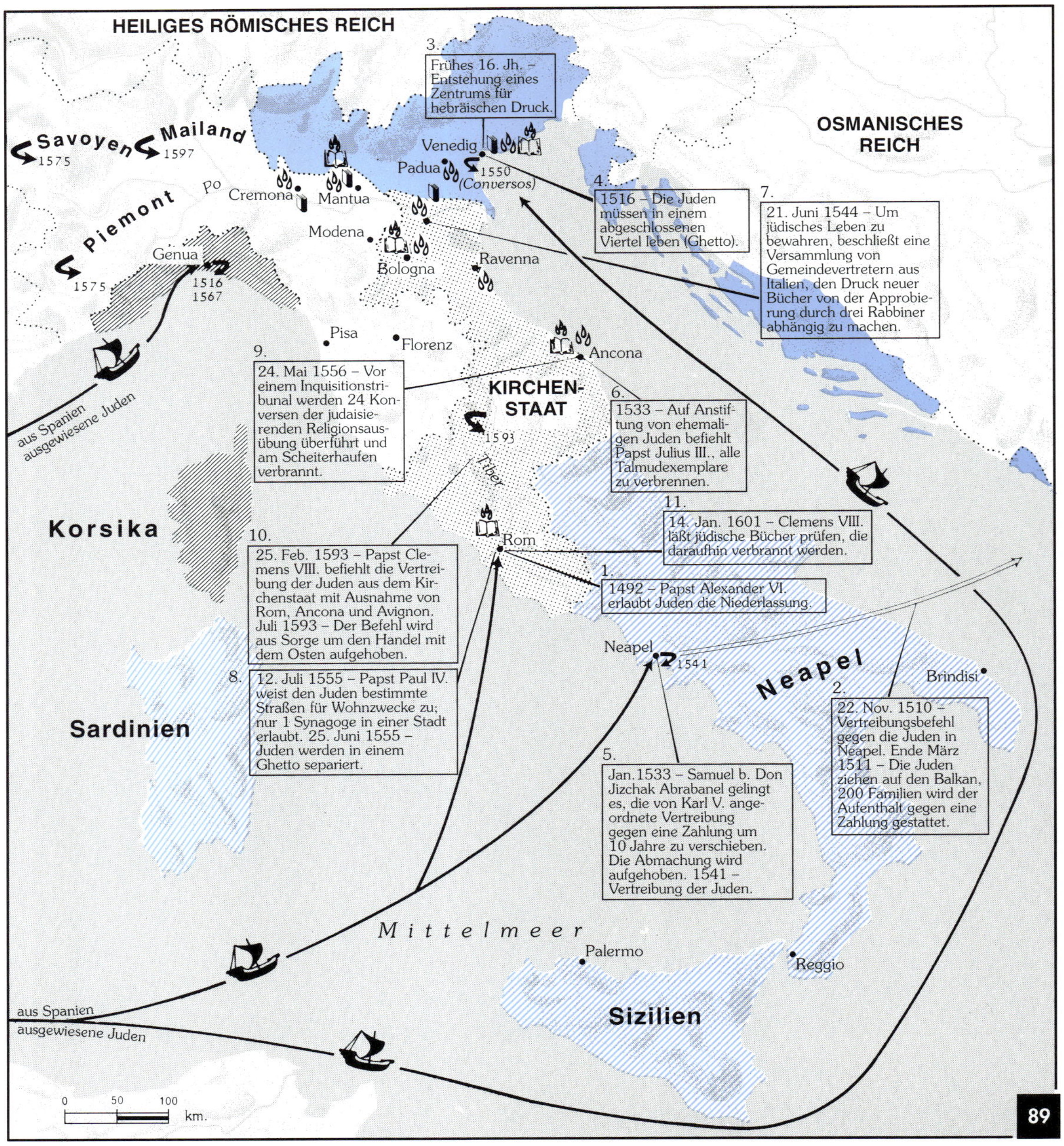

- 📖🔥 Befehl einer Bücherverbrennung
- ⤴1575 Vertreibung mit Datum
- 📖 Druckerei
- 🔥 Verbrennungen zur Zeit Julius' II.
- Kirchenstaat
- Republik Venedig
- Republik Genua
- Spanische Herrschaften

1556 befahl er, die Konversen aus Portugal, die sich in Ancona niedergelassen hatten, gefangenzunehmen. Ein Inquisitionstribunal verurteilte 50 Personen, und 24 wurden auf dem Scheiterhaufen verbrannt. Die ehemaligen Konversen Doña Gracia Nasi und ihr Neffe Joseph Nasi organisierten hierauf einen Boykott des Hafens von Ancona und leiteten die Handelsaktivitäten nach Pesaro um, wo den verfolgten Juden geholfen worden war. Der Boykott blieb letztlich erfolglos und war auch unter den Juden umstritten, doch handelt es sich dabei um den ersten Versuch, Handelssanktionen gegenüber den christlichen Machthabern zum Schutz von Glaubensgenossen einzusetzen.

Trotz dieser schwierigen Situation und den damit verbundenen wirtschaftlichen Problemen waren die jüdischen Gemeinden in Italien imstande, auch weiterhin die Juden im Heiligen Land zu unterstützen.

Das jüdische Ghetto in Venedig

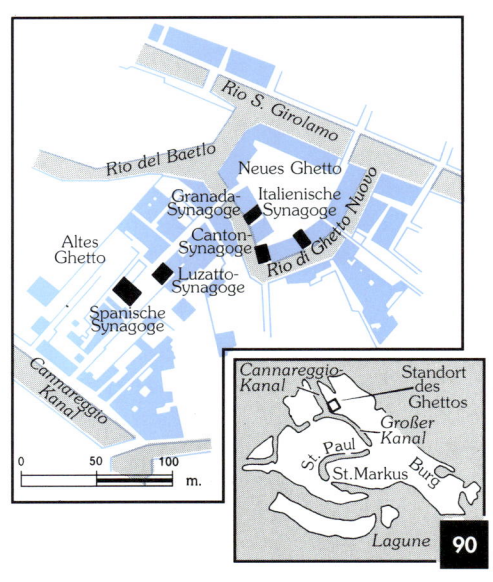

Die Reisen des David Rubeni
16. Jahrhundert

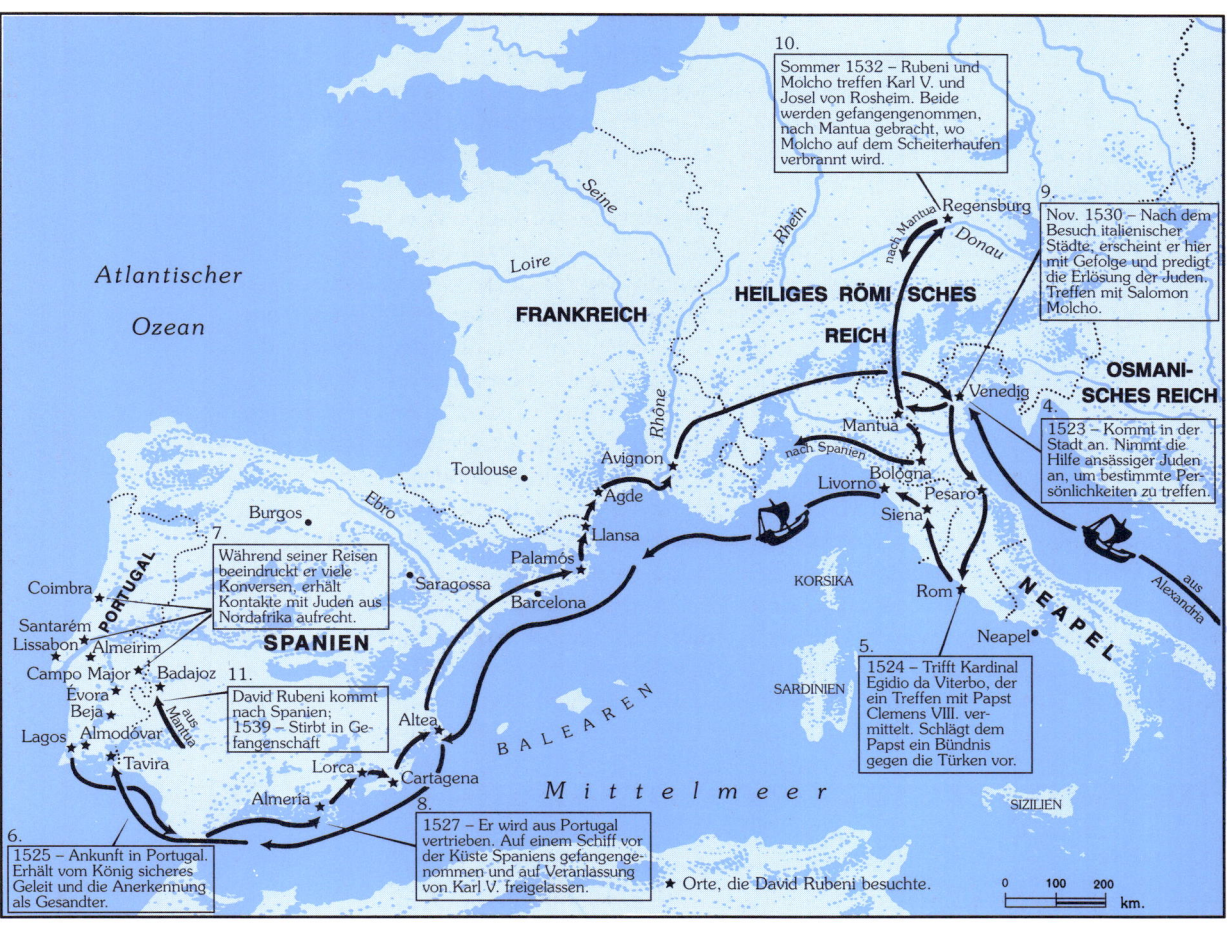

Kurz nachdem Palästina von Sultan Selim erobert worden war, erschien 1524/25 David Rubeni im Osten mit dem phantastischen Plan, eine militärische Unternehmung im Rahmen eines christlich-jüdischen Bündnisses gegen das Osmanische Reich zu organisieren, das die Christenheit bedrohte. Er verlangte von Papst Clemens VII., zwischen Kaiser Karl V. und König Franz I. von Frankreich einen Frieden zu vermitteln und einen Empfehlungsbrief an den Kaiser von Äthiopien. Die vereinigten Kräfte sollten einen Zangenangriff gegen das Osmanische Reich führen, während die Juden von Habor unter Führung seines Bruders sich den Truppen anschließen und Palästina erobern würden. Rubeni hielt nämlich die Männer in Habor für tapfer und kriegstüchtig, denen für ihren sicher scheinenden Sieg nur die Waffen fehlten.

Man muß sich vergegenwärtigen, daß ein Jude diesen Plan den christlichen Mächtigen vorschlug, da doch gerade die Osmanen nach der Eroberung Palästinas die Einwanderung von Juden und Konversen ermöglicht hatten. In seinem Tagebuch berichtet Rubeni, daß der Papst seinen Plan zwar einleuchtend fand, doch erklärte er, daß er nicht in der Lage sei, zwischen Karl V. und Franz I. Frieden zu stiften. Der französische König verhandelte nämlich gerade in diesen Tagen mit den Türken über einen Vertrag. Der Papst wies Rubeni an König Johann III. von Portugal und gab ihm ein Empfehlungsschreiben. Damit verband er vermutlich die Absicht, die Kenntnisse der Portugiesen, die sie bei ihren Entdeckungsfahrten erworben hatten, zu nützen. Insbesondere dachte er dabei an den guten Ruf, den die Portugiesen als Kenner des Ostens hatten, und daß sie vielleicht von ihren überseeischen Besitzungen aus Operationen durchführen konnten oder von den rund um Afrika neuent-

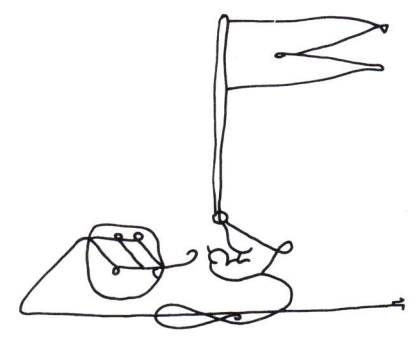

Autograph von Salomon Molcho

deckten Gebieten. Eine nichtjüdische Quelle läßt aber an dieser Hypothese zweifeln. Der venezianische Gesandte Marco Foscari schrieb, während Rubeni sich noch in Rom aufhielt, am 13. März 1524 einen Brief, in dem er behauptete, es wäre Rubenis Idee gewesen, sich an Portugal zu wenden.

Rubeni ersuchte um einen zweiten Brief an den Kaiser von Äthiopien, den er auch erhielt, aus dem man erfährt, daß er dem Papst und der Christenheit im Falle eines Sieges Loyalität versprach. Sein Erscheinen vor dem König von Portugal rief einen starken Widerhall unter den Konversen hervor. Diogi Pires kehrte unter dem Eindruck des Auftretens Rubenis zum Judentum zurück, beschnitt sich selbst und nahm den hebräischen Namen Solomon Molcho an.

Solomon verbrachte wahrscheinlich einige Zeit in Saloniki, wo er sich mit der Kabbala beschäftigte und möglicherweise Joseph Caro begegnete, der von Molcho gewaltig beeindruckt war. Bei seiner Rückkehr nach Italien 1529 war er überzeugt, der Messias zu sein. 1530 erschien er vor Papst Clemens VII., der ihm nach der richtigen Vorhersage einer Überflutung des Tibers seherische Fähigkeiten zutraute. Die seltsame Erscheinung des David Rubeni und Solomon Molchos vor dem Papst gemeinsam und doch jeder für sich, der vom Papst angebotene Schutz, insbesondere erstaunlich bei Molcho, der ein zum Judentum zurückgekehrter Konverse war, und ihre kombinierte Gesandtschaft zu Karl V. ist schwer erklärbar. Es ist nicht zu entscheiden, inwieweit es sich dabei um ein messianisches Phänomen handelte, das sich mit einem politischen Plan verband, da in dieser Zeit starke endzeitliche Gefühle vorherrschten. Sogar eine Persönlichkeit wie Don Jizchak Abrabanel errechnete das Jahr der Erlösung, das Kommen des Messias mit 1503 bzw. 1531.

Auf Befehl Karls V. wurden David Rubeni und Solomon Molcho festgenommen. Rubeni wanderte ins Gefängnis und starb als Gefangener der Inquisition in Llerena in Spanien. Molcho starb als Märtyrer auf dem Scheiterhaufen. Trotz des tragischen Endes der Angelegenheit stimmt es nachdenklich, daß Juden offen Verhandlungen mit den mächtigsten Vertretern der Christenheit führen konnten. Bringt man diese Tatsache mit der Tätigkeit der früheren Conversos im 16. Jahrhundert in Verbindung, gewinnt man eine Vorstellung über die Ursprünge neuer Ideen im Denken der Juden. Zweifellos waren sie mit den politischen Verhältnissen vertraut, kannten die Machtverhältnisse innerhalb der Christenheit und gegenüber anderen Mächten und konnten daher einleuchtende Pläne vorlegen. Das Erscheinen des David Rubeni verursachte unter den Juden große Aufregung.

Auswanderung der Konversen aus Portugal
16. und 17. Jahrhundert

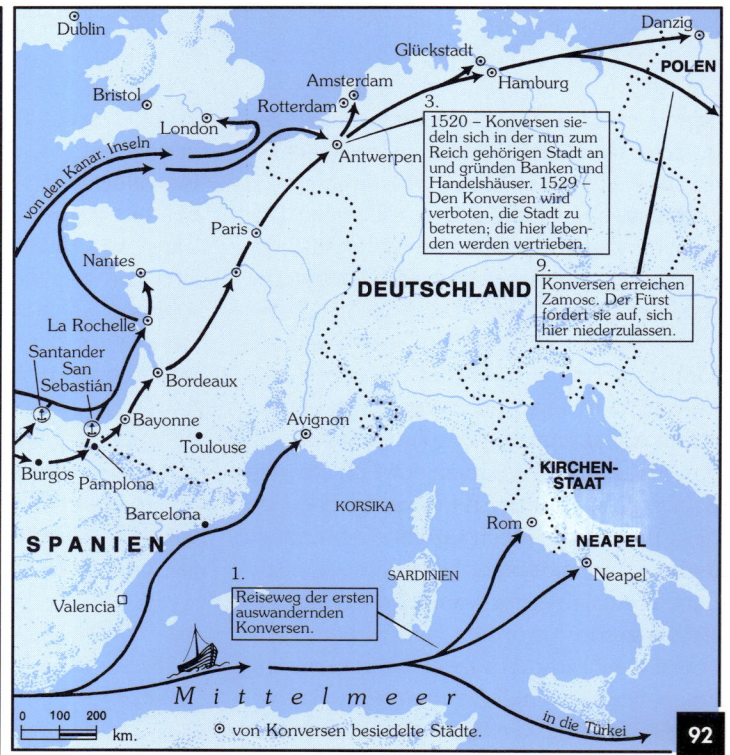

Die Wiederzulassung von Juden in England – Verteilung der Konversen

17. Jahrhundert

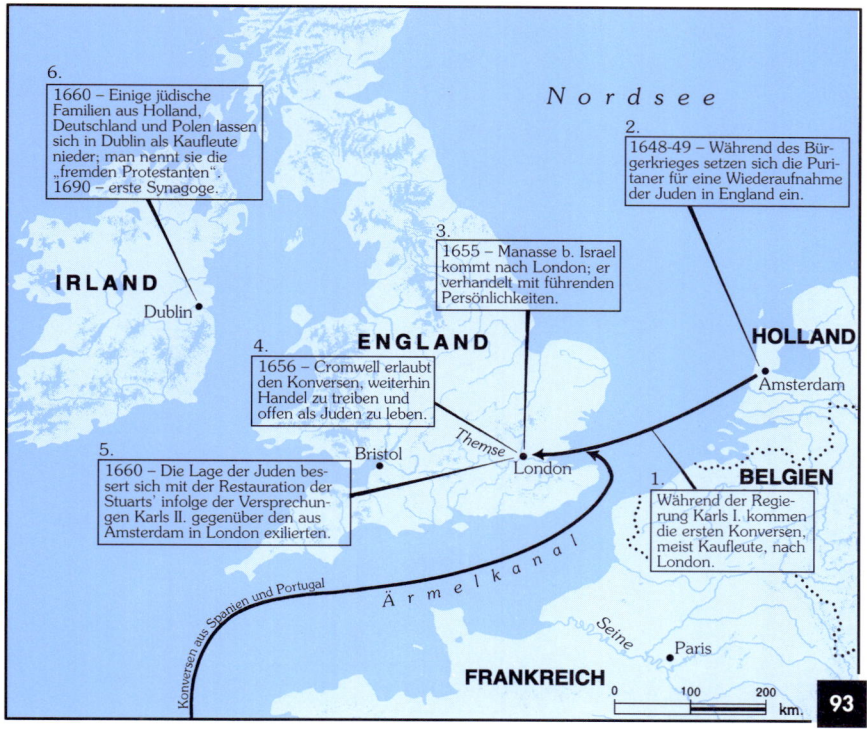

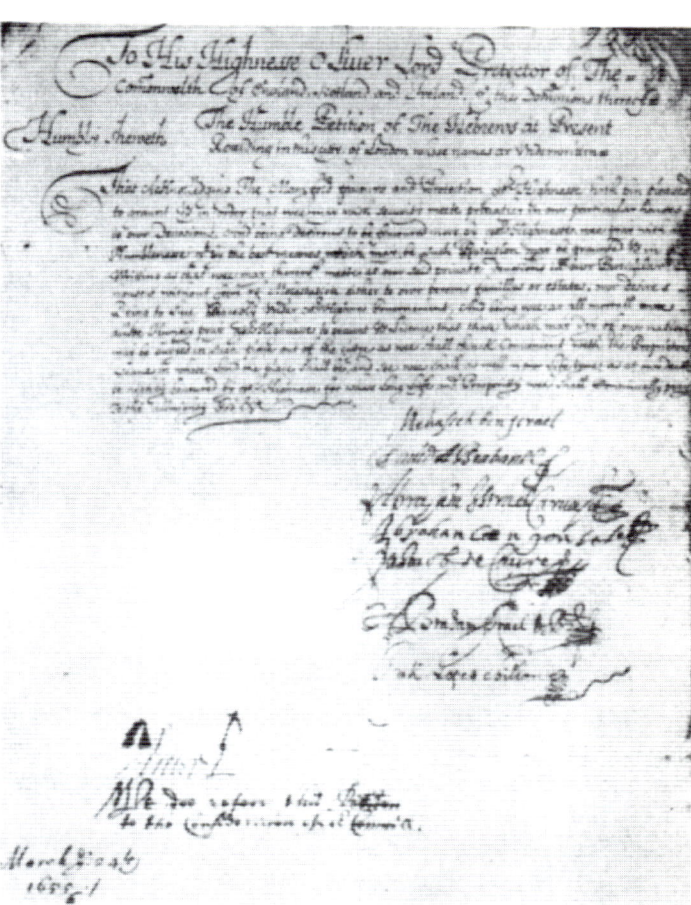

Petition des Manasse ben Israel (erste Unterschrift) und sechs Juden aus London an Oliver Cromwell, mit der Bitte um Erlaubnis, in ihren Häusern Gottesdienst abzuhalten. 24. März 1655/56.

Eine der Folgen der Vertreibung aus Spanien war die Entstehung einer sephardischen Diaspora innerhalb der schon bestehenden – ein neues Faktum in der Geschichte der Juden. Die Vertriebenen siedelten sich an vielen Orten der Mittelmeerküsten an und errichteten dort Gemeinden; vor allem in den Gebieten des Osmanischen Reiches. Oft erwiesen sich die neuen Gemeindeorganisationen, die nach spanischem Vorbild geformt waren, als strukturell stärker als die alten Gemeinden. Aber nicht nur die Flüchtlinge aus Spanien gründeten sephardische Gemeinden. Am Beginn des 16. Jahrhunderts schlossen sich Flüchtlinge, die den Zwangstaufen in Portugal 1497 entgangen waren, den neugegründeten sephardischen Gemeinden an, nachdem sie für kurze Zeit zunächst eigene Gemeinden gebildet hatten.

Seit dem 16. Jahrhundert schlossen sich diesen neuen Gemeinden auch Konversen an, die sich mit verschiedenen Methoden und auf mehreren Wegen von der Iberischen Halbinsel hatten retten können. Seit der Mitte des Jahrhunderts siedelten sich viele Konversen in Frankreich und in den Niederlanden an. Sie waren die ersten Juden, die sich gegen Ende des Jahrhunderts in Amsterdam und zu Beginn des 17. Jahrhunderts in Hamburg und Glückstadt ansiedelten.

Manasse ben Israel (1604-1657) nahm sich vor, die Wiederzulassung der Juden in England durchzusetzen. Er stützte sich dabei auf die messianische Deutung des Namens England als „das Ende der Welt" (Dt. 28.64: Der Herr wird dich unter alle Völker von einem Ende der Erde bis zum andern zerstreuen), nach dem mittelalterlichen hebräischen Wort für Angle-Terre. Er interessierte sich ebenso für die Berichte über die angeblich in Südamerika entdeckten zehn verlorenen Stämme Israels. 1655 führte Manasse erfolglose Verhandlungen mit Oliver Cromwell über die formelle Wiederzulassung der Juden in England. Allerdings wurde 1656 der kleinen Gemeinde von Konversen erlaubt, offen als Juden zu leben. Dies bedeutete de facto die Tolerierung einer jüdischen Gemeinde erstmals seit der Vertreibung von 1290.

Die Konversen in Spanien und Portugal, die heimlich fortfuhren, die Vorschriften der Thora zu beachten, verfügten über starke spirituelle Quellen. Zwischen 1499 und 1502 entwickelte sich eine aufrüttelnde messianische Bewegung – man ahnte das Kommen des Elias und des Messias, nach deren Erscheinen man sich sehnte, voraus. Sie würden die Juden in das Verheißene Land führen. Unter den Protagonisten dieser Bewegung spielten zwei Prophetinnen eine bedeutende Rolle: Maria Gomez aus Chillón und Ines, die zwölfjährige Tochter des Schuhmachers Juan Esteban aus Herrera. Die Erinnerung an ihr jüdisches Bekenntnis gab den Konversen für Jahrhunderte genügend Rückgrat, um ihre Identität zu erhalten, bis sie sich offen als Juden bekennen und ihre religiösen Bräuche wieder ausüben konnten.

In den 30er Jahren des 17. Jahrhunderts verhandelte der jüdische Dolmetscher des Statthalters von Algerien, Jakob Cansino (gest. 1666), mit dem Herzog von Olivares (1587-1645), Erster Minister König Philipps IV., über eine Rückkehr der Juden nach Spanien und die Gründung einer Gemeinde in Madrid. Wenn dieser Plan auch von der Inquisition vereitelt wurde, ist es doch immerhin bemerkenswert, daß der Minister ernsthaft über die Vorschläge Cansinos nachdachte.

Während des 16. und 17. Jahrhunderts entwickelten die sephardischen Juden eine weitgespannte wirtschaftliche Tätigkeit, die Handelswege vom Fernen Osten bis in die Neue Welt umfaßten. Juden und Konversen aus Spanien lebten mit einer besonderen spirituellen Tradition, die neue Höhepunkte in Holland mit den Werken von Juan Prado, Baruch Spinoza, Jizchak Orobio de Castro und Daniel Levi de Barrios erlebte.

Gebiet der jüdischen Ansiedlung in London

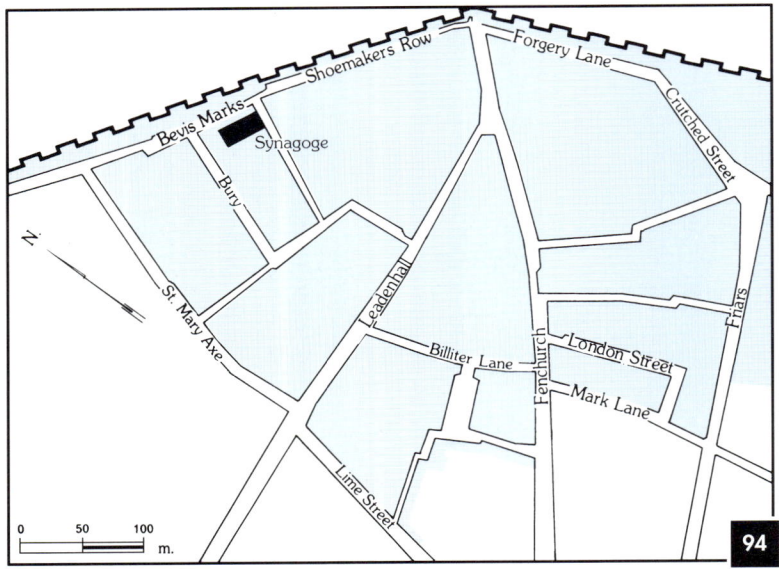

Jüdische Gemeinden im Elsaß 17. Jahrhundert

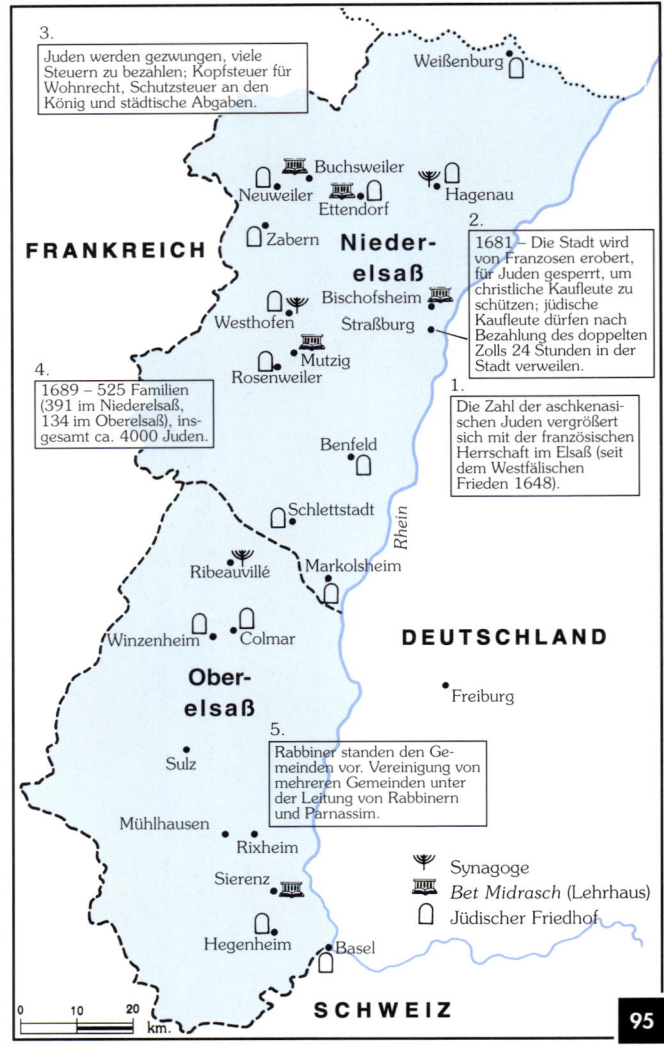

Druckstempel des Manasse ben Israel

Jüdische Gemeinden in Holland

17. Jahrhundert

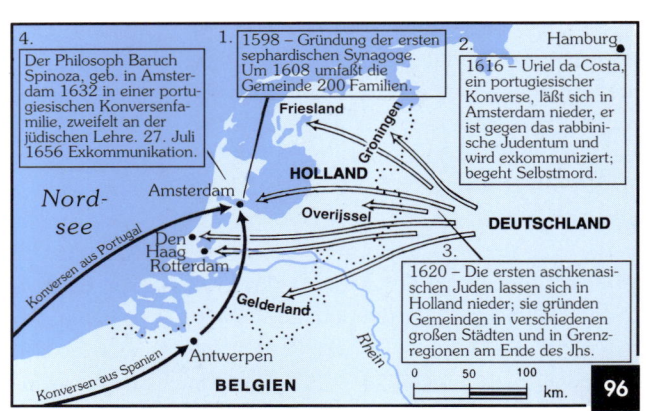

Grabstein des David Israel Mendez am Friedhof zu Ouderkerk in der Nähe von Amsterdam

Exkommunikation des Baruch Spinoza

Wichtige Entdeckungsreisen und Anfänge der Kolonialherrschaft in der Neuen Welt

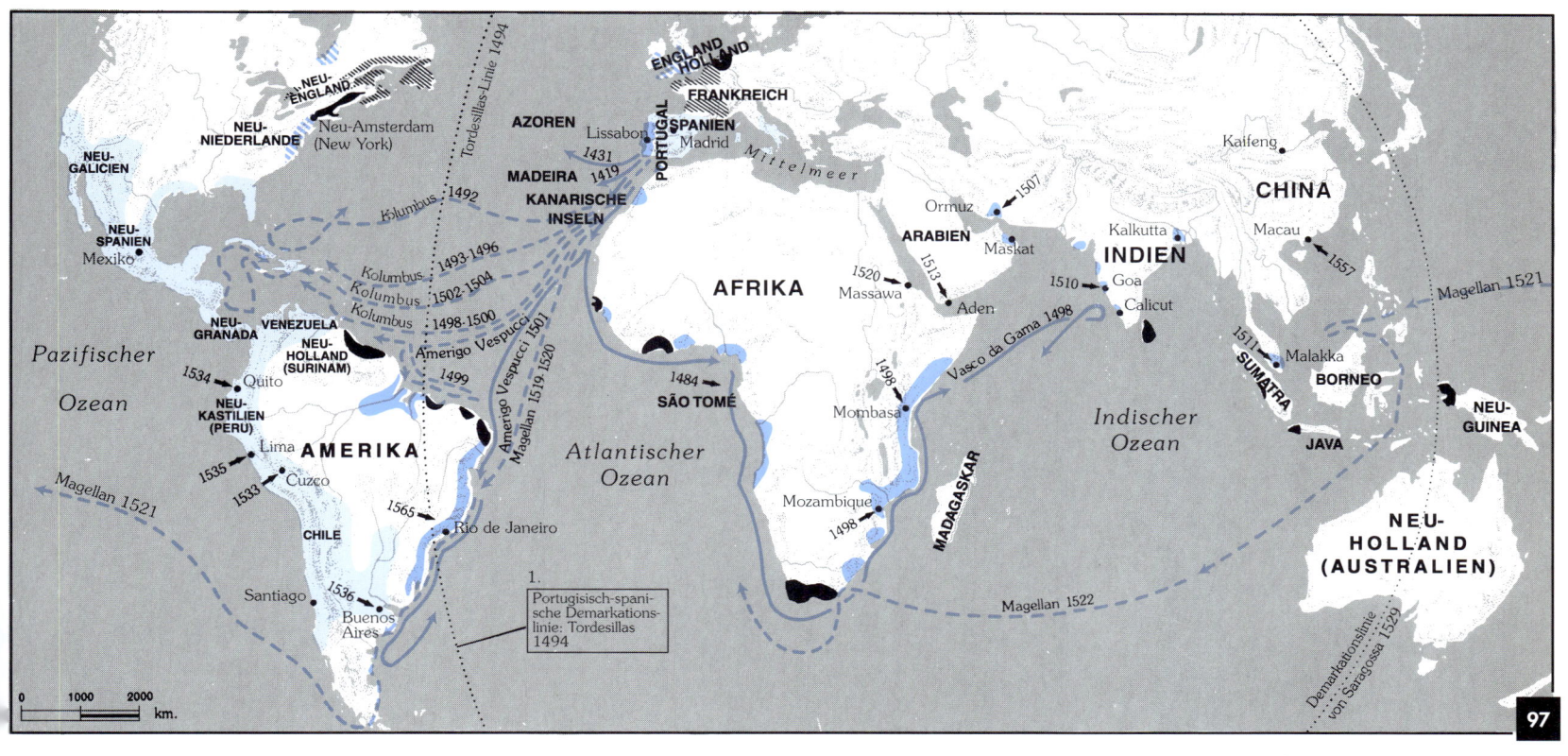

Spanische Seewege
Portugiesische Seewege
Unter portugiesischer Herrschaft
Unter spanischer Herrschaft
Unter niederländischer Herrschaft
Unter englischer Herrschaft
Unter französischer Herrschaft

Jüdische Siedlungen in Amerika
17. Jahrhundert

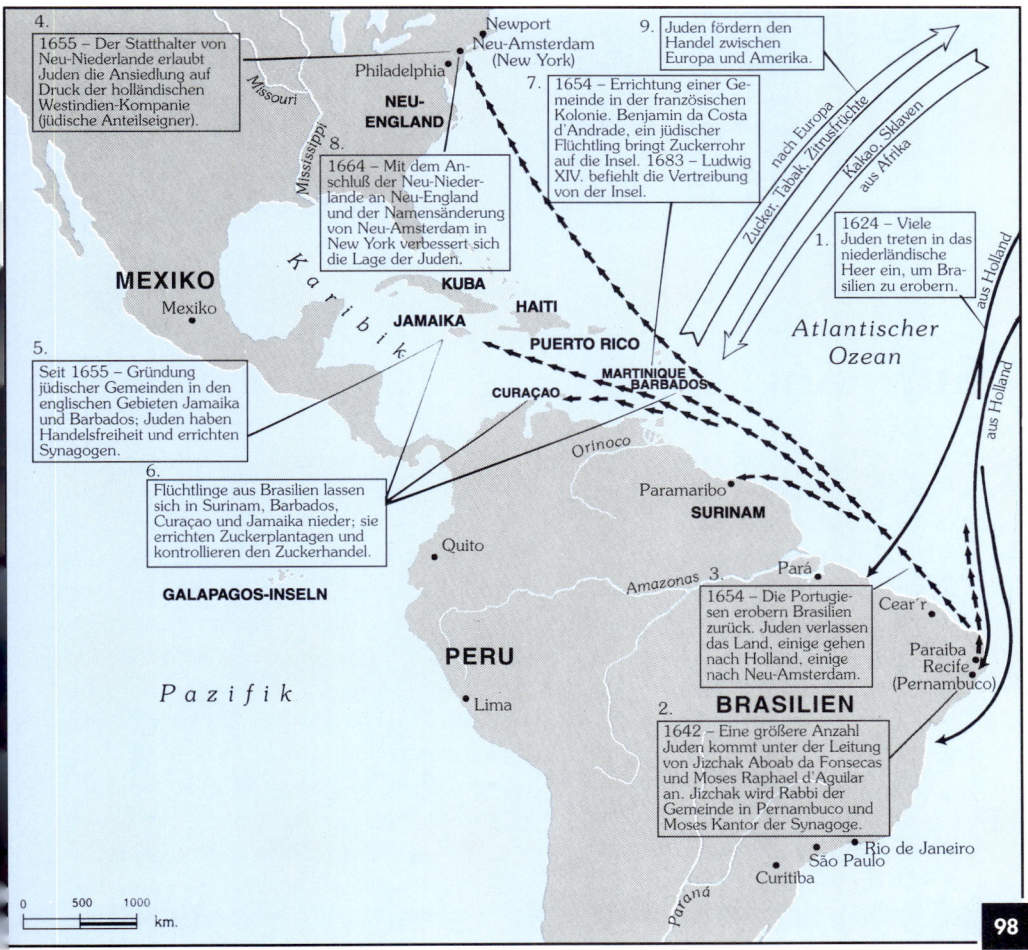

Die Santa Maria, das Flaggschiff des Kolombus bei seiner Fahrt in die Neue Welt

Jüdische Siedlungen in Indien
16. und 17. Jahrhundert

Standarte der Inquisition in Goa

Vasco da Gama

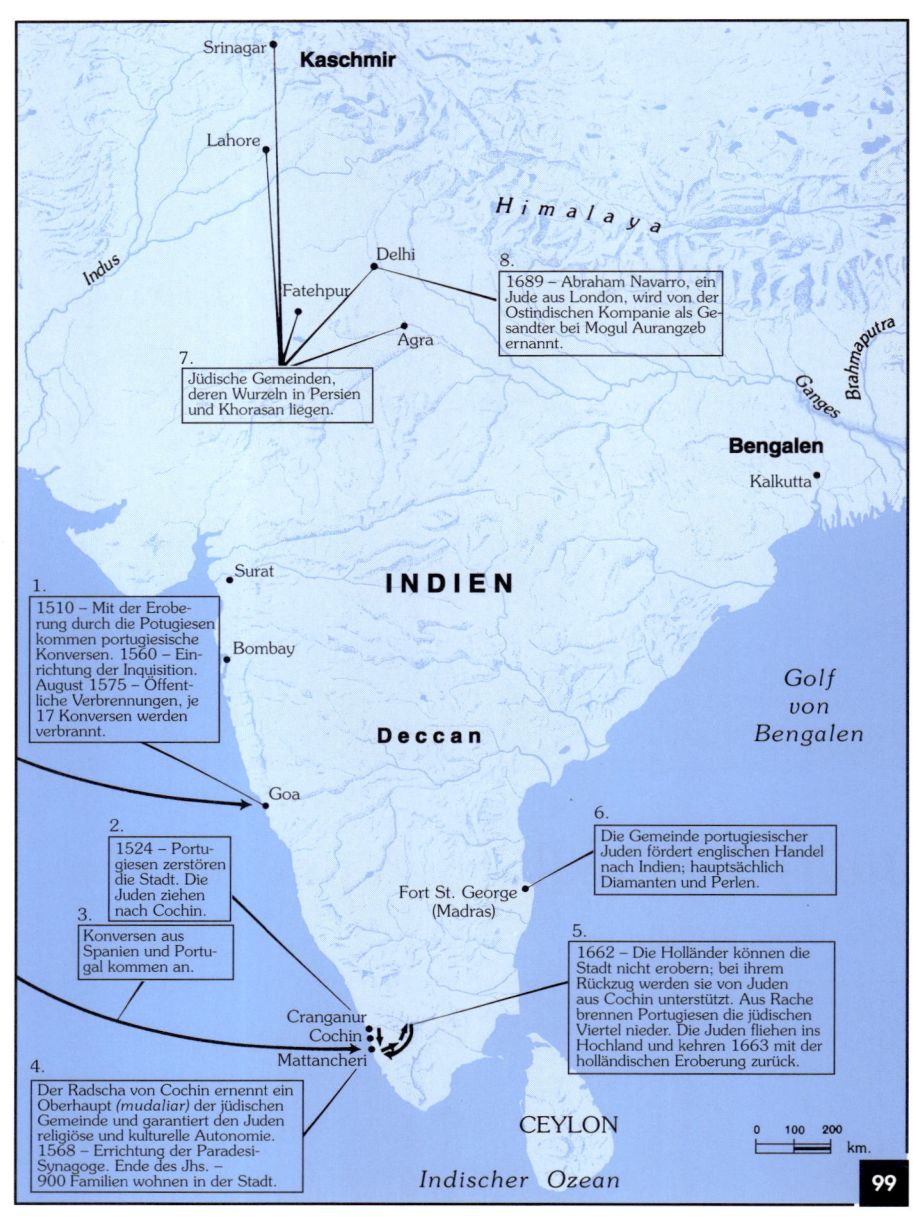

1. 1510 – Mit der Eroberung durch die Potugiesen kommen portugiesische Konversen. 1560 – Einrichtung der Inquisition. August 1575 – Öffentliche Verbrennungen, je 17 Konversen werden verbrannt.

2. 1524 – Portugiesen zerstören die Stadt. Die Juden ziehen nach Cochin.

3. Konversen aus Spanien und Portugal kommen an.

4. Der Radscha von Cochin ernennt ein Oberhaupt (mudaliar) der jüdischen Gemeinde und garantiert den Juden religiöse und kulturelle Autonomie. 1568 – Errichtung der Paradesi-Synagoge. Ende des Jhs. – 900 Familien wohnen in der Stadt.

5. 1662 – Die Holländer können die Stadt nicht erobern; bei ihrem Rückzug werden sie von Juden aus Cochin unterstützt. Aus Rache brennen Portugiesen die jüdischen Viertel nieder. Die Juden fliehen ins Hochland und kehren 1663 mit der holländischen Eroberung zurück.

6. Die Gemeinde portugiesischer Juden fördert englischen Handel nach Indien; hauptsächlich Diamanten und Perlen.

7. Jüdische Gemeinden, deren Wurzeln in Persien und Khorasan liegen.

8. 1689 – Abraham Navarro, ein Jude aus London, wird von der Ostindischen Kompanie als Gesandter bei Mogul Aurangzeb ernannt.

Jüdische Plantagen in Surinam

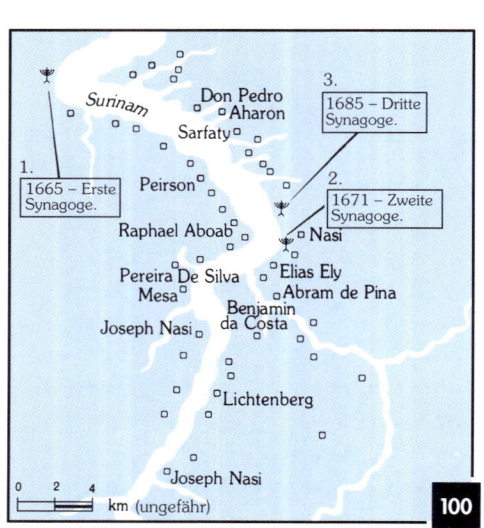

Obwohl es Juden und Konversen verboten war, sich in den südamerikanischen Kolonien anzusiedeln, gelang es Konversen seit dem 16. Jahrhundert, allmählich in Mexiko und Peru Fuß zu fassen. Gelegentlich erteilte die Krone aus ökonomischen Gründen eine entsprechende Erlaubnis, und die Konversen nützten dies in vollem Umfang, um sich in die spanischen und portugiesischen Kolonien zu begeben und sich dort anzusiedeln. Während des 17. Jahrhunderts wuchs die Zahl der Auswanderer in die Neue Welt an. Eine ins Gewicht fallende Ansiedlung von Juden begann mit der Eroberung des Nordostens von Brasilien durch die Holländer im Jahre 1624. An dieser Unternehmung waren Juden beteiligt, und sie siedelten sich vor allem in Pernambuco an und konnten dort ihr traditionelles Leben führen. Auch auf den karibischen Inseln entstanden jüdische Siedlungen. Die jüdischen Gemeinden in Brasilien existierten nur kurze Zeit; sie verschwanden, nachdem die nördlichen Territorien 1654 von den Portugiesen erobert worden waren. Einige Flüchtlinge gelangten im selben Jahr nach Neu-Amsterdam und siedelten sich hier trotz des Widerstands des Statthalters an. Sie waren die ersten jüdischen Siedler in Nordamerika.

Konversen erreichten auch Indien, wo sie sich vor allem in der portugiesischen Kolonie Goa ansiedelten. Dort gab es aber ein

Inquisitionstribunal. Durch die Handelsverbindungen der Konversen in den Fernen Osten gelangten Gewürze und Edelsteine nach Europa.

Auch in Indien gab es eine jüdische Gemeinde, über deren Entstehung man nichts Sicheres weiß. Es gibt Rechnungen von Juden aus Ägypten und Aden, die mit Indien und jüdischen Händlern, die sich mehrere Jahre im Land aufhielten, Geschäfte machten. Wir wissen auch, daß der Bruder Rambams auf einer Geschäftsreise im Indischen Ozean ertrank (1169).

Die ersten Nachrichten von einer jüdischen Gemeinde in Kaifeng in China erreichten Europa 1605. Der Bericht stammt von dem italienischen Jesuiten und Missionar Matteo Ricci, der in Peking wohnte. Jüdische Kaufleute erreichten Kaifeng wahrscheinlich über Persien und Afghanistan im ersten Viertel des 12. Jahrhunderts.

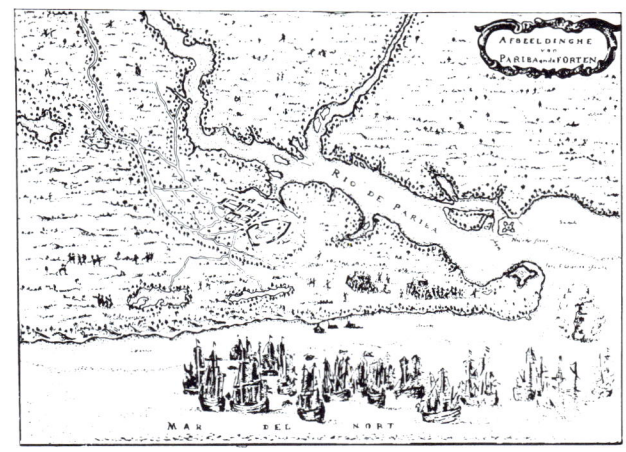

Die holländische Flotte ankert in Paraiba (1640).

Inquisitionstribunale in Spanien und Portugal

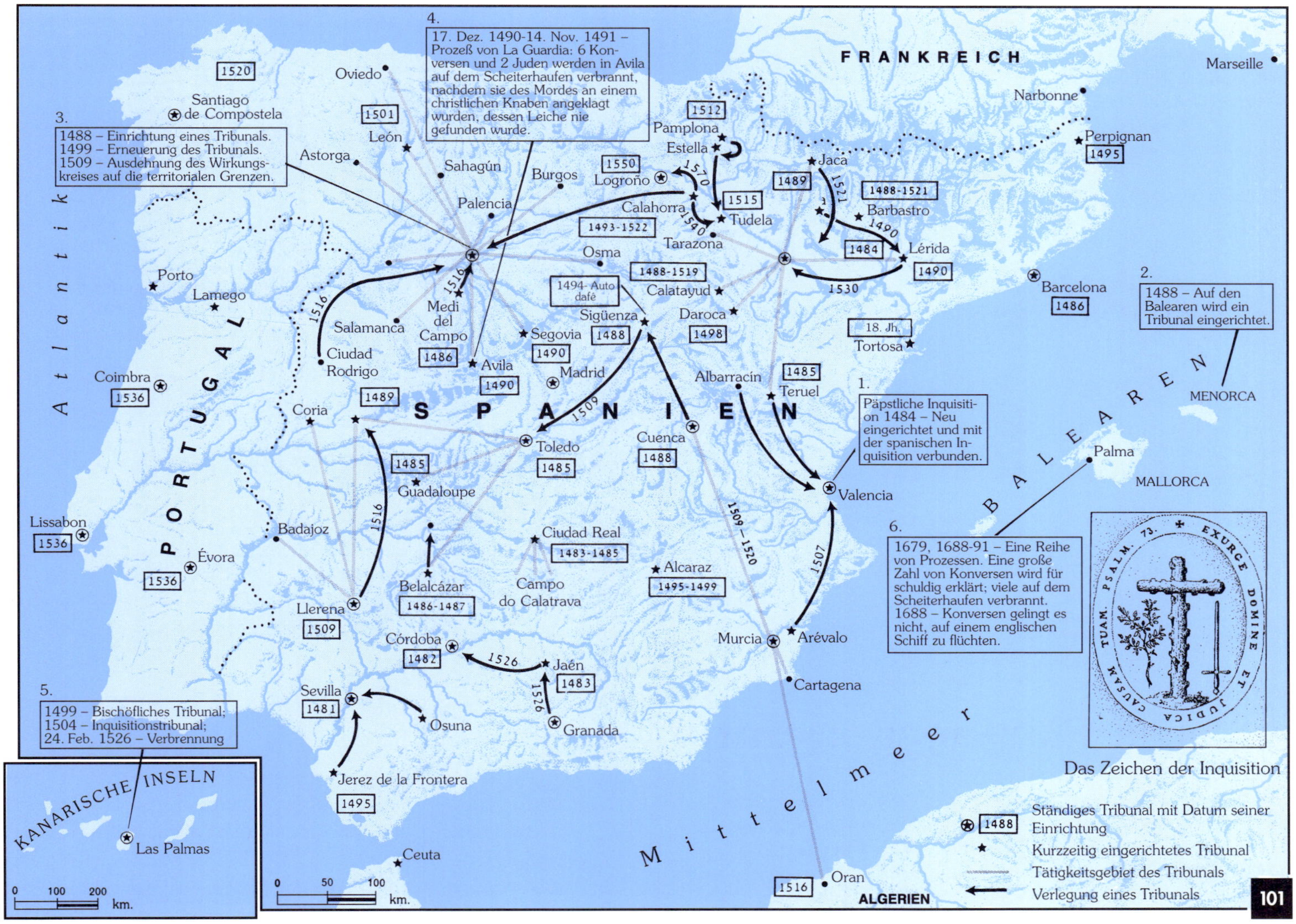

Die Inquisition organisierte ihre Tätigkeit sehr methodisch und dehnte dabei ihr Netz langsam über Spanien aus. Das Tribunal in Sevilla wurde 1481 gegründet, jenes in Córdoba 1482. Das für ganz Kastilien zuständige Tribunal befand sich zunächst in Ciudad Real (1483) und wurde 1485 nach Toledo verlegt. So errichtete die Inquisition flächendeckend Tribunale im ganzen Land und erweiterte gelegentlich seine Zuständigkeit auch auf die Neue Welt. Zunächst in Mexiko (1532) und später in Cartagena (Kolumbien) und Lima (Peru). In Portugal gab es drei Zentren der Inquisition: Lissabon, Evora und Coimbra.

Als die Inquisition ihre Tätigkeit gegen die Konversen in Brasilien aufnahm, sandte man Kommissare dorthin. 1621 wurde das erste Tribunal in Brasilien in Bahia eingerichtet, den meisten Verdächtigen wurde aber der Prozeß in Portugal gemacht.

Die spanische und die portugiesische Inquisition blieb ihren Grundsätzen bei der Verfolgung abtrünniger Konversen treu. Dies funktionierte sogar dann, wenn jemand die Halbinsel verließ, um sich in einem Gebiet anzusiedeln, in dem die Inquisition eigentlich keinen Einfluß hatte.

Tomás de Torquemada, erster Großinquisitor der spanischen Inquisition

Großinquisitoren

Tomás de Torquemada	1481-1489	Prior von Santa Cruz in Segovia
Diego Deza	1498-1506	Bischof von Palencia
Francisco Jiménez de Cisneros	1505-1517	Erzbischof von Toledo
Adrian von Utrecht	1517-1522	Kardinal; später Papst Hadrian VI.
Alfonso Manrique	1523-1538	Erzbischof von Sevilla
Juan Pardo de Távira	1538	Erzbischof von Toledo
García de Loaysa	1538-1546	Kardinal; Beichtvater von Karl V.
Fernando Valdés	1546-1566	
Diego Espinosa	1566-1571	Kardinal und Bischof von Sigüenza
Pedro Ponce de León	1571-1573	Bischof von Plasencia
Gaspar de Quiroga	1573-1594	Erzbischof von Toledo
Jerónimo Manrique de Lara	1594-1595	
Pedro de Portocarrero	1595-1599	Bischof von Córdoba
Fernando Nuño de Guevara	1599-1609	Kardinal; Erzbischof von Sevilla
Juan de Zúñiga	1602-1603	Bischof von Cartagena
Juan Bautista de Azevedo	1603-1607	Oberhaupt der Kirche von Südamerika
Bernardo Sandoval y Rojas	1607-1618	Kardinal; Erzbischof von Toledo; Ratgeber des Königs
Luis de Aliaga	1618-1625	Dominikaner; Beichtvater von Philipp III.
Andrés Pacheco	1621-1625	
Antonio de Zapata	1626-1643	Kardinal; Erzbischof von Burgos; Oberhaupt der Kirche von Südamerika
Antonio de Sotomayor	1632-1643	Dominikaner; Beichtvater des Königs
Diego de Arce y Reinoso	1643-1665	
Pascual de Aragón	1665-1666	Kardinal; Erzbischof von Toledo
Juan Eduardo Nithard	1666-1669	Deutscher; Beichtvater der Königin
Diego Sarmiento de Valderas	1669-1694	Erzbischof; Vorsitzender des Rates von Kastilien
Juan Tomás de Rocaberti	1694-1699	Erzbischof von Valencia
Alfonso Fernández de Córdoba y Aguilar	1699	
Balthasar de Mendoza y Sandoval	1699-1705	Bischof von Segovia
Vidal Marín	1705-1709	Bischof von Ceuta
Antonio Ibáñez de la Riva Herrera	1709-1710	Erzbischof von Saragossa
Francisco Giudici	1710-1716	Italienischer Priester
José de Molinas	1717-1720	
Juan de Arcemendi	1720	Berater der Suprema
Diego de Astorga y Cespedes	1720	Bischof von Barcelona
Juan de Camargo	1720-1733	Bischof von Pamplona
Andrés de Urban y Lariategui	1733-1740	Erzbischof von Valencia; Vorsitzender des Rates von Kastilien
Manuel Isidoro Manrique de Lara	1742-1758	Erzbischof von Santiago
Francisco Pérez de Pardo y Cuesta	1745-1758	Bischof von Teruel
Manuel Quintana Bonifas	1758-1761	
Felipe Beltrán	1761-1783	Bischof von Salamanca
Agustin Rubib de Celoallos	1783-1792	Bischof von Jaén
Manuel Abad y la Sierra	1792-1794	
Francisco Antonia de Lorenzano	1794-1797	Kardinal; Erzbischof von Toledo
Ramón José de Arce	1797-1808	Oberhaupt der Kirche von Südamerika
Francisco de Mier y Campillo	1814-1820	

DIE AMRAPHEL-ROLLE

Rede R. Abraham b. Elieser ha-Levis, in der er die Juden und Konversen ermahnt, die Verfolgungen nicht zu fürchten. Er gab den Rat, sich offen als Juden zu bekennen und sich vor dem Prozeß nicht zu fürchten. Er spielte auch auf die Verbrennungen der Inquisition an. Die Rede hat ihre Grundlage in Midrasch Schir ha Schirim Raba. Die Kraft der persönlichen Liebe des Allmächtigen ist größer als das irdische Feuer.

Mit Erlaubnis der Bodleian Library, Oxford, aus der Michael Collection.

Inquisitionstribunale in Italien

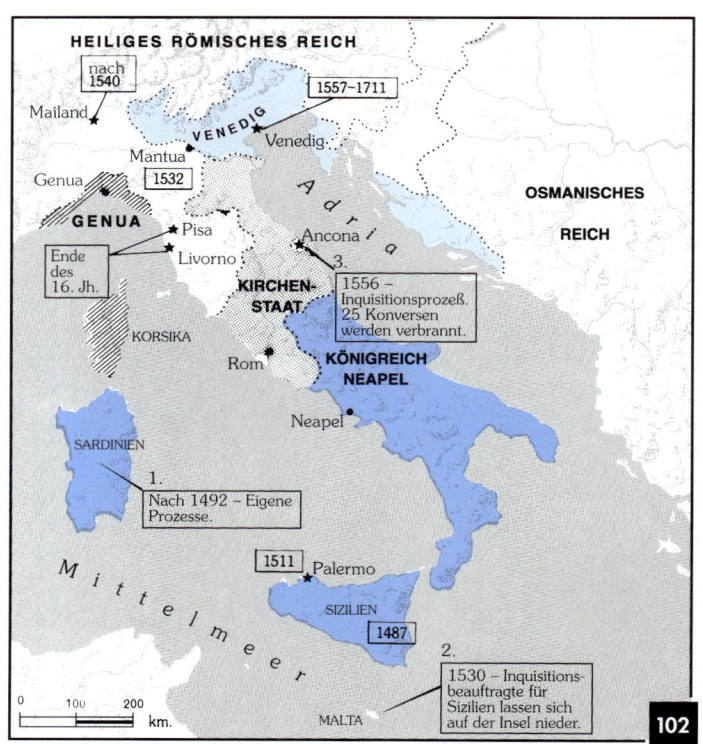

Inquisitionstribunale

15. bis 17. Jahrhundert

Siegel der katholischen Könige Ferdinand (1474-1506) und Isabella (1474-1504) nach der Vereinigung der Königreiche Kastilien und Aragón

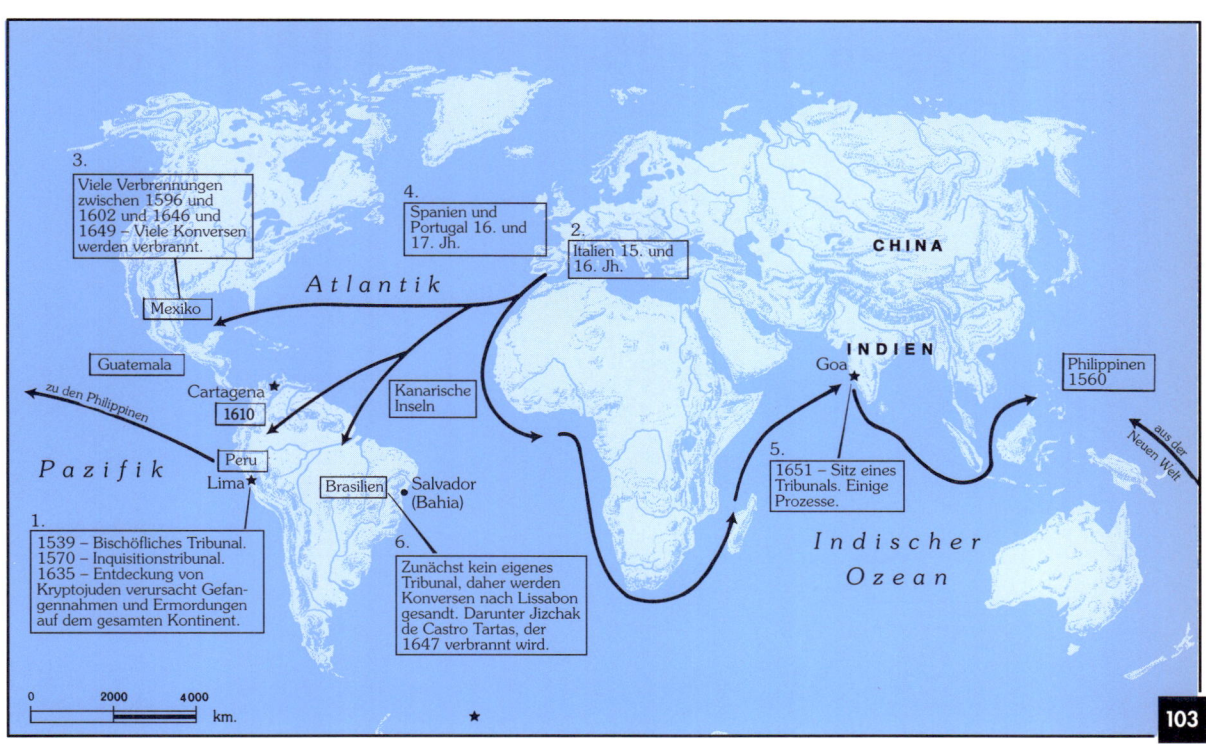

3. Viele Verbrennungen zwischen 1596 und 1602 und 1646 und 1649 – Viele Konversen werden verbrannt. — Mexiko

4. Spanien und Portugal 16. und 17. Jh.

2. Italien 15. und 16. Jh.

Philippinen 1560

Guatemala
Cartagena 1610
Kanarische Inseln
Goa — INDIEN

Peru / Lima
Brasilien / Salvador (Bahia)

5. 1651 – Sitz eines Tribunals. Einige Prozesse.

1. 1539 – Bischöfliches Tribunal. 1570 – Inquisitionstribunal. 1635 – Entdeckung von Kryptojuden verursacht Gefangennahmen und Ermordungen auf dem gesamten Kontinent.

6. Zunächst kein eigenes Tribunal, daher werden Konversen nach Lissabon gesandt. Darunter Jizchak de Castro Tartas, der 1647 verbrannt wird.

Glaubensspaltung in Europa 1560

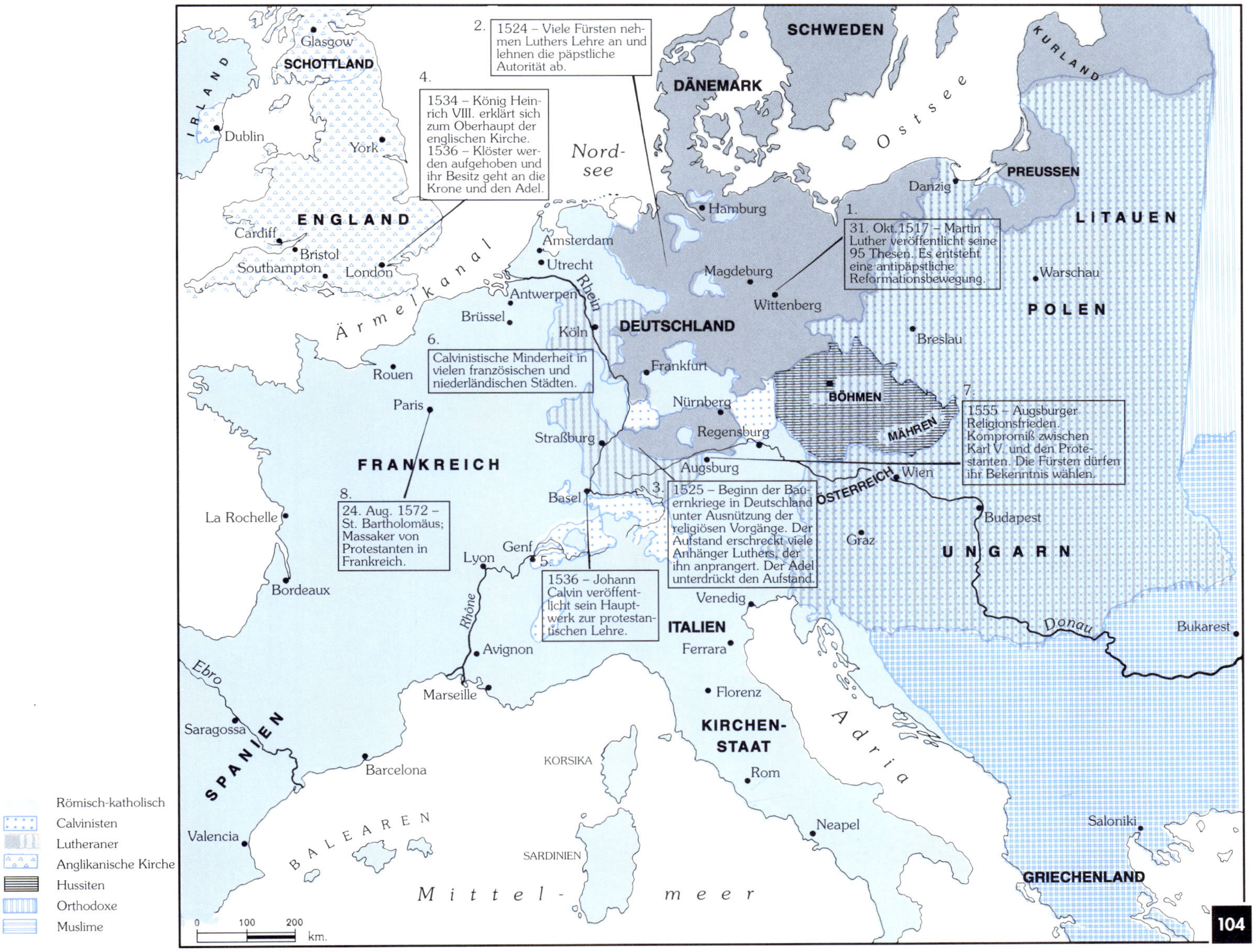

2. 1524 – Viele Fürsten nehmen Luthers Lehre an und lehnen die päpstliche Autorität ab.

4. 1534 – König Heinrich VIII. erklärt sich zum Oberhaupt der englischen Kirche. 1536 – Klöster werden aufgehoben und ihr Besitz geht an die Krone und den Adel.

1. 31. Okt. 1517 – Martin Luther veröffentlicht seine 95 Thesen. Es entsteht eine antipäpstliche Reformationsbewegung.

6. Calvinistische Minderheit in vielen französischen und niederländischen Städten.

7. 1555 – Augsburger Religionsfrieden. Kompromiß zwischen Karl V. und den Protestanten. Die Fürsten dürfen ihr Bekenntnis wählen.

3. 1525 – Beginn der Bauernkriege in Deutschland unter Ausnützung der religiösen Vorgänge. Der Aufstand erschreckt viele Anhänger Luthers, der ihn anprangert. Der Adel unterdrückt den Aufstand.

8. 24. Aug. 1572 – St. Bartholomäus; Massaker von Protestanten in Frankreich.

5. 1536 – Johann Calvin veröffentlicht sein Hauptwerk zur protestantischen Lehre.

- Römisch-katholisch
- Calvinisten
- Lutheraner
- Anglikanische Kirche
- Hussiten
- Orthodoxe
- Muslime

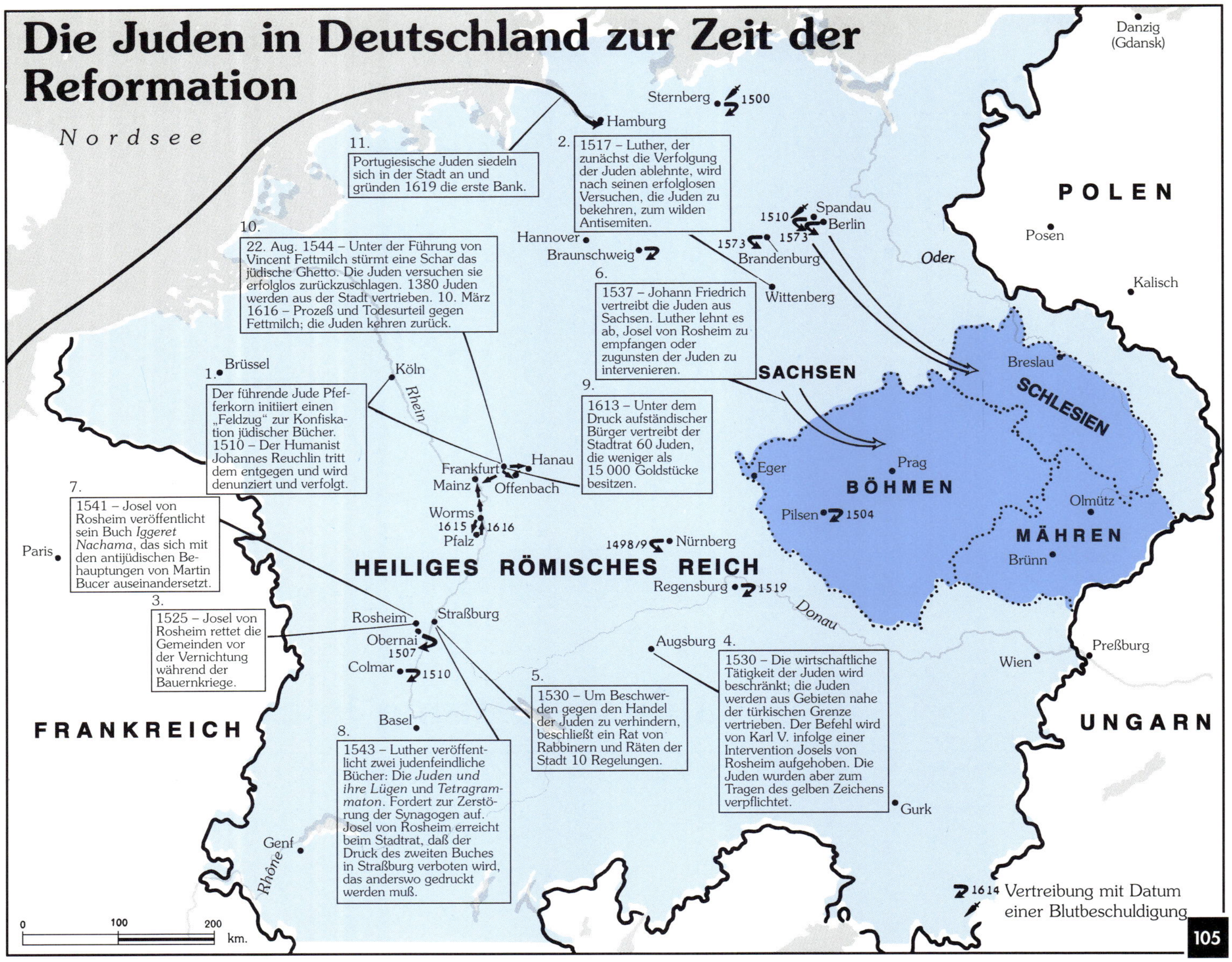

Die Juden in Deutschland zur Zeit der Reformation
Nordsee
Danzig (Gdansk)
Sternberg 1500
Hamburg
11.
Portugiesische Juden siedeln sich in der Stadt an und gründen 1619 die erste Bank.
2.
1517 – Luther, der zunächst die Verfolgung der Juden ablehnte, wird nach seinen erfolglosen Versuchen, die Juden zu bekehren, zum wilden Antisemiten.
POLEN
Spandau
1510
Berlin
1573
Posen
Hannover
Braunschweig
1573
Brandenburg
Oder
10.
22. Aug. 1544 – Unter der Führung von Vincent Fettmilch stürmt eine Schar das jüdische Ghetto. Die Juden versuchen sie erfolglos zurückzuschlagen. 1380 Juden werden aus der Stadt vertrieben. 10. März 1616 – Prozeß und Todesurteil gegen Fettmilch; die Juden kehren zurück.
6.
1537 – Johann Friedrich vertreibt die Juden aus Sachsen. Luther lehnt es ab, Josel von Rosheim zu empfangen oder zugunsten der Juden zu intervenieren.
Wittenberg
Kalisch
Breslau
SACHSEN
SCHLESIEN
1.
Brüssel
Köln
Rhein
Der führende Jude Pfefferkorn initiiert einen „Feldzug“ zur Konfiskation jüdischer Bücher. 1510 – Der Humanist Johannes Reuchlin tritt dem entgegen und wird denunziert und verfolgt.
9.
1613 – Unter dem Druck aufständischer Bürger vertreibt der Stadtrat 60 Juden, die weniger als 15 000 Goldstücke besitzen.
Hanau
Frankfurt
Mainz
Offenbach
Eger
Prag
BÖHMEN
Olmütz
7.
1541 – Josel von Rosheim veröffentlicht sein Buch Iggeret Nachama, das sich mit den antijüdischen Behauptungen von Martin Bucer auseinandersetzt.
Worms
1615
1616
Pfalz
Pilsen
1504
MÄHREN
Paris
1498/9
Nürnberg
Brünn
HEILIGES RÖMISCHES REICH
Regensburg
1519
3.
1525 – Josel von Rosheim rettet die Gemeinden vor der Vernichtung während der Bauernkriege.
Rosheim
Straßburg
Donau
Obernai
1507
Augsburg
4.
Colmar
1510
Preßburg
Wien
1530 – Die wirtschaftliche Tätigkeit der Juden wird beschränkt; die Juden werden aus Gebieten nahe der türkischen Grenze vertrieben. Der Befehl wird von Karl V. infolge einer Intervention Josels von Rosheim aufgehoben. Die Juden wurden aber zum Tragen des gelben Zeichens verpflichtet.
5.
1530 – Um Beschwerden gegen den Handel der Juden zu verhindern, beschließt ein Rat von Rabbinern und Räten der Stadt 10 Regelungen.
Basel
FRANKREICH
UNGARN
8.
1543 – Luther veröffentlicht zwei judenfeindliche Bücher: Die Juden und ihre Lügen und Tetragrammaton. Fordert zur Zerstörung der Synagogen auf. Josel von Rosheim erreicht beim Stadtrat, daß der Druck des zweiten Buches in Straßburg verboten wird, das anderswo gedruckt werden muß.
Gurk
Genf
Rhône
1614 Vertreibung mit Datum
einer Blutbeschuldigung
0 100 200 km.
105

Das 16. Jahrhundert war nicht gerade günstig für die Juden im Heiligen Römischen Reich Deutscher Nation. Obwohl sie in vielen Dörfern und auch in einigen Städten wohnten, waren sie mannigfachen Bedrückungen ausgesetzt und wurden immer wieder vertrieben, waren also zu ständigem Neuaufbau ihrer Existenz gezwungen. Auch der Aufstieg des Protestantismus brachte im ganzen gesehen keine Veränderungen zum Guten. Kaiser Karl V. bekämpfte die Ausbreitung des Protestantismus, war aber den Juden nicht ausgesprochen feindlich gesinnt. Die Juden hatten am Hof einen Schtadlan (Sendbote aller Juden, Hochmeister der Juden), Joseph b. Gerschon von Rosheim. Martin Luther war zunächst tolerant gegenüber den Juden, solange er hoffen konnte, daß sie sich zum Protestantismus bekehren würden. Enttäuscht über ihre Zurückweisung reagierte er später extrem judenfeindlich. Die Juden in Deutschland waren Gegenstand der antijüdischen Polemiken des Apostaten Antonius Margarita (1530), der einem anderen Apostaten gedanklich folgte, nämlich Johannes Pfefferkorn. Die Tätigkeit dieser Agitatoren wurden von einigen Humanisten unter der geistigen Führung von Johannes Reuchlin bekämpft. Reuchlin war von 1511 bis 1521 in eine Auseinandersetzung mit Pfefferkorn verwickelt. Die antijüdische Propaganda drückte sich auch in einer großen Zahl von bildlichen Darstellungen aus, in der die Juden unter anderem als Gottesmörder dargestellt wurden.

Der Schwerpunkt der jüdischen Besiedlung und der geistigen Zentren verschob sich nach Osten. In Böhmen und Mähren wurden die Juden aus den Königsstädten vertrieben und siedelten sich allmählich auf dem Land und in kleineren Siedlungen an – ein Trend, der seit dem ausgehenden 14. Jahrhundert auch in anderen Territorien des Reichs zu beobachten ist.

Teilweise wurden diese kleinen Gemeinden im Dreißigjährigen Krieg zerstört. Flüchtlinge ließen sich in Polen und Litauen nieder, indem sie sich den bestehenden, wachsenden Gemeinden anschlossen, die im Rat der Vier Länder zusammengeschlossen waren.

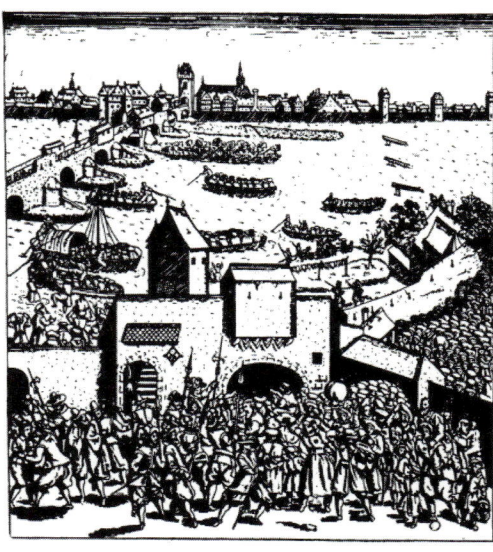

Die Vertreibung der Juden aus Frankfurt am Main 1614. Kupferstich von Georg Keller

In Deutschland enstand in dieser Zeit die Schicht der Hofjuden, die an den vielen kleinen Fürstenhöfen bis hinauf zum Kaiserhof in Wien wirkten.

Die Juden in Schlesien, Mähren und Böhmen
16. Jahrhundert

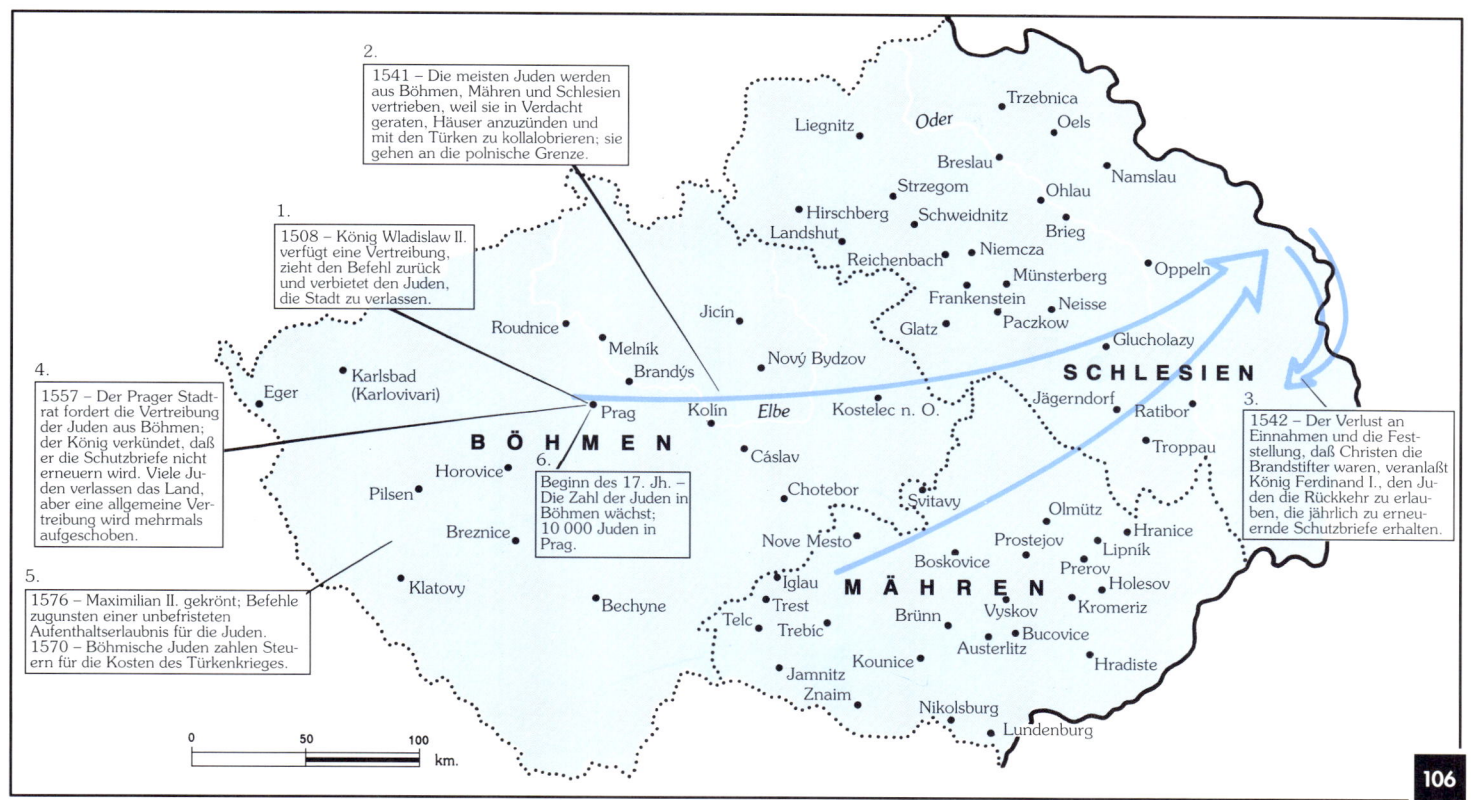

1. 1508 – König Wladislaw II. verfügt eine Vertreibung, zieht den Befehl zurück und verbietet den Juden, die Stadt zu verlassen.

2. 1541 – Die meisten Juden werden aus Böhmen, Mähren und Schlesien vertrieben, weil sie in Verdacht geraten, Häuser anzuzünden und mit den Türken zu kollaborieren; sie gehen an die polnische Grenze.

3. 1542 – Der Verlust an Einnahmen und die Feststellung, daß Christen die Brandstifter waren, veranlaßt König Ferdinand I., den Juden die Rückkehr zu erlauben, die jährlich zu erneuernde Schutzbriefe erhalten.

4. 1557 – Der Prager Stadtrat fordert die Vertreibung der Juden aus Böhmen; der König verkündet, daß er die Schutzbriefe nicht erneuern wird. Viele Juden verlassen das Land, aber eine allgemeine Vertreibung wird mehrmals aufgeschoben.

5. 1576 – Maximilian II. gekrönt; Befehle zugunsten einer unbefristeten Aufenthaltserlaubnis für die Juden. 1570 – Böhmische Juden zahlen Steuern für die Kosten des Türkenkrieges.

6. Beginn des 17. Jh. – Die Zahl der Juden in Böhmen wächst; 10 000 Juden in Prag.

Jüdische Einrichtungen in Prag

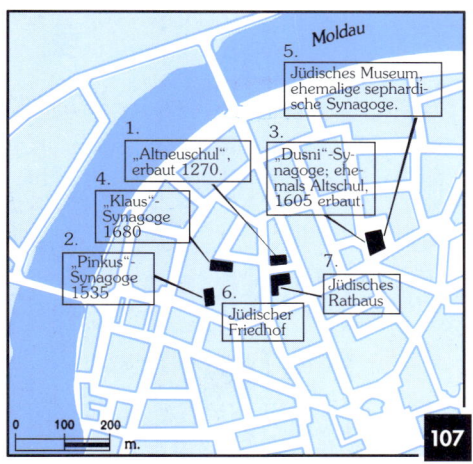

Darstellung eines Juden. Holzschnitt aus der Prager Haggada, 1526.

Eingang der Pinkus-Synagoge in Prag

Die Juden in Ungarn unter türkischer und österreichischer Herrschaft

Über die frühe Geschichte der Juden in Ungarn ist wenig bekannt. Wahrscheinlich bestand in Esztergom (Gran) schon im 11. Jahrhundert eine größere Gemeinde. Das Konzil von Szabolcs 1092 verbot den Juden, Christinnen zu heiraten, an christlichen Feiertagen zu arbeiten und Sklaven zu kaufen. Während des Ersten Kreuzzugs schützte König Kalman (1095-1116) die Juden seines Herrschaftsgebietes gegen Angriffe der Reste des Kreuzfahrerheeres, das durch Ungarn zog. 1222 wurde den Juden verboten, Ämter zu bekleiden, in denen sie über Christen zu Gericht sitzen konnten.

1251 erließ König Bela IV. (1235-1270) eine Judenordnung, deren Text jener entspricht, die Herzog Friedrich II. der Streitbare 1244 für die Juden in Österreich veröffentlicht hatte. Diese Maßnahme sollte wohl die Einwanderung durch Rechtsangleichung an Österreich fördern. Auf einem Konzil in Buda wurden zahlreiche einschränkende Bestimmungen bezüglich der Juden erlassen, die jenen des Wiener Konzils von 1267 entsprachen.

Im 14. Jahrhundert kam es zu vorübergehenden Vertreibungen, seit 1364 war wieder eine dauernde Ansiedlung möglich, allerdings unter eingeschränkten rechtlichen Voraussetzungen. Seit 1365 setzte der König einen „Judenrichter" ein, einen Adeligen, der die Juden vor dem König zu vertreten hatte; und zwar in Angelegenheiten, die sich auf die Steuereinhebung unter den Juden und auf ihre Rechte bezogen. Erst während der Regierung von Matthias Corvinus (1458-1490) besserte sich die Rechtsstellung der Juden wieder, obwohl die Bürger in den Städten dagegen Widerstand leisteten, meist deutsche Bürger. Die jüdische Bevölkerung wuchs, und Buda wurde die größte Gemeinde im Lande.

Eine Blutbeschuldigung in Tyrnau 1494 führte zur Festsetzung von 16 Juden, die schließlich auf dem Scheiterhaufen verbrannt wurden, und in der Stadt zu einer Verfolgung. Zu Beginn des 16. Jahrhunderts fanden Verfolgungen in Preßburg und Buda statt.

Der erste türkische Angriff auf Ungarn fand 1526 statt. Damals wurden die Juden aus Esztergom vertrieben. Im Zuge dieser Vertreibung beschuldigte man die Juden der Zusammenarbeit mit den Türken. Von diesem Zeitpunkt an unterschied sich das Leben der Juden in den türkisch beherrschten Gebieten Ungarns sehr deutlich von jenen, die verwaltungsmäßig zur niederösterreichischen Kammer gehörten. Im allgemeinen war die Lage der Juden unter osmanischer Herrschaft günstiger. Manche Juden wanderten in andere Gebiete des Osmanischen Reiches aus.

— Grenzen des Heiligen Römischen Reichs 1550
Gebiete unter österreichischer Herrschaft
Gebiete unter türkischer Herrschaft

Der Dreißigjährige Krieg
1618 bis 1648

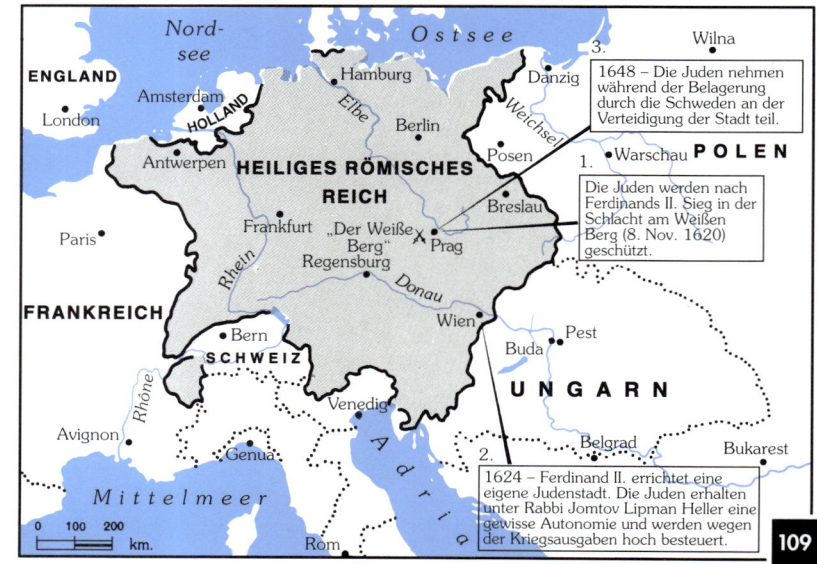

— Grenzen des Heiligen Römischen Reiches am Ende des Dreißigjährigen Krieges

Die Juden in Osteuropa
Bis in die 50er Jahre des 17. Jahrhunderts

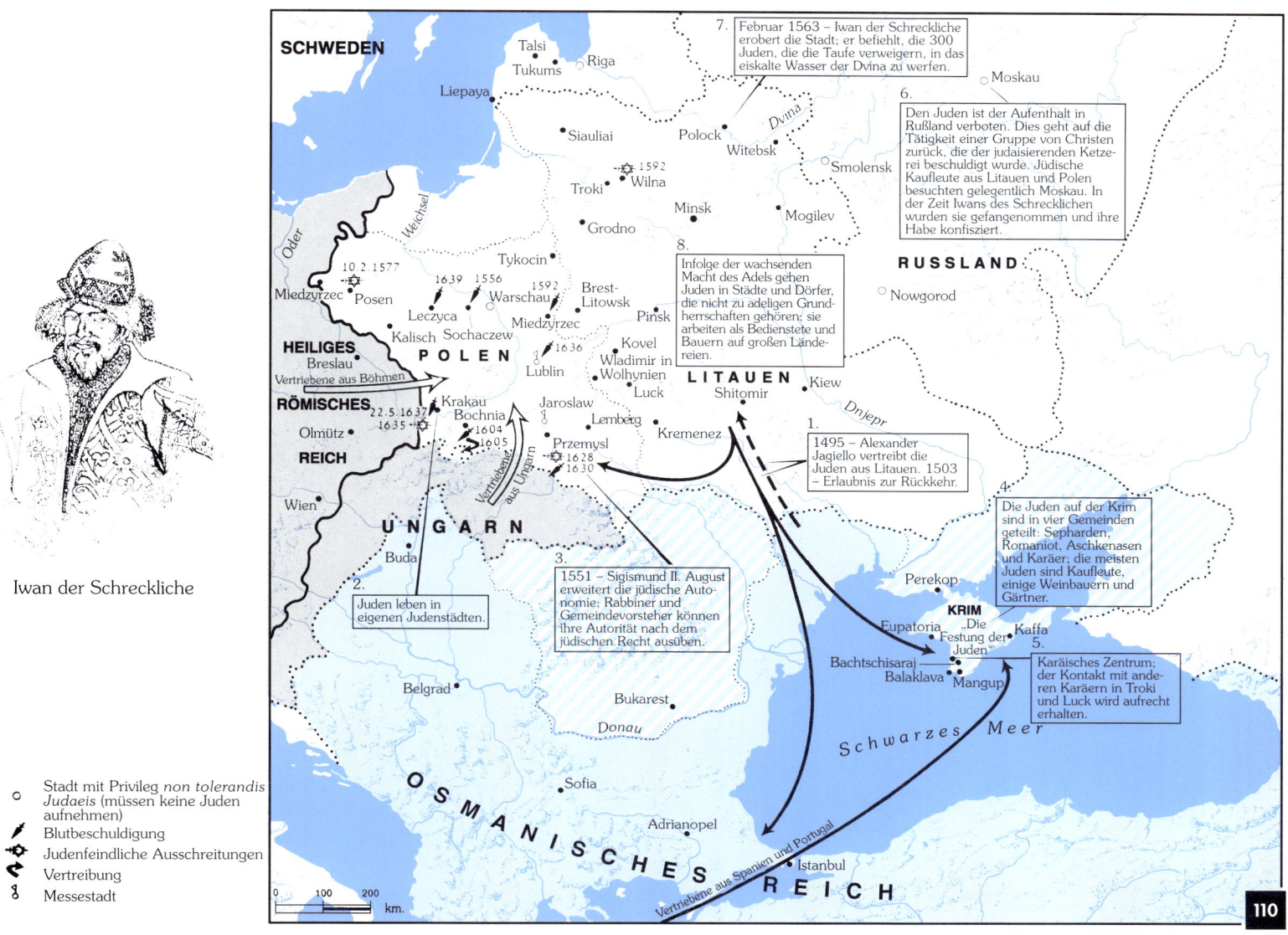

Iwan der Schreckliche

1495 vertrieb Alexander Jagiello, Großfürst von Litauen und seit 1501 König von Polen und Litauen, die Juden aus Litauen. Einige der führenden und reichen Juden ließen sich zwar taufen, der Großteil wanderte aber nach Kaffa (Feodosia auf der Krim), Konstantinopel oder nach Polen aus. In Polen durften sie sich ein Jahr länger aufhalten. Der Unsinn der Vertreibung stellte sich bald heraus, und 1503 durften die Juden wieder zurückkehren, das Gemeindeeigentum wurde ihnen rückerstattet. Für jene, die zurückkehrten, waren die Bedingungen nicht einfach, mußten sie doch ihr Eigentum von den deutschen Siedlern zurückkaufen, eine besondere Steuer bezahlen und für die jährlichen Kosten von 1000 Reitern aufkommen.

Die wichtigsten jüdischen Gemeinden befanden sich in Krakau, Posen und Lemberg, einem wirtschaftlichen Zentrum an den Handelswegen nach Kiew und Istanbul.

Zwei herausragende rabbinische Persönlichkeiten in Polen waren Rabbi Jakob b. Joseph Pollack, der die erste Jeschiwa in Polen eröffnete, und sein Schüler Rabbi Schalom Schachna b. Joseph (gest. 1559 in Lublin), der Gründer der talmudischen Gelehrsamkeit in Polen. R. Pollack (1460/70 bis nach 1522) wurde in Bayern geboren und studierte dort, wurde später Rabbi in Prag und wanderte von dort nach Krakau aus.

Während der Regierungszeit von Sigismund II. Augustus (1548-1572) vergrößerten sich die jüdischen Gemeinden beträchtlich. Die Einwanderung aus Böhmen und Mähren war eine der Ursachen dieses Wachstums. An manchen Orten verdoppelte sich die jüdische Bevölkerung gegen Ende des 16. Jahrhunderts. Ein besonderes Beispiel ist die Gemeinde von Lublin, einer Stadt, die in der Mitte des 16. Jahrhunderts für ihre Handelsmessen berühmt war.

In der Mitte des 16. Jahrhunderts bestanden die bedeutendsten jüdischen Gemeinden in Brest-Litowsk (1566 mit 160 jüdischen Haushalten; obwohl alle Häuser 1568 verbrannten, gelang der Wiederaufbau aus eigener Kraft) und in Grodno. Aus dieser Gemeinde entwickelten sich die Ansiedlungen in Tykocin und Pinsk. In Wilna entwickelte sich die Gemeinde langsam. Seit 1527 besaß die Stadt das Privileg non tolerandis Iudaeis, und daher konnten sich nur sehr wenige Juden hier ansiedeln. Seit 1568 weisen Quellen aber auf die Existenz einer organisierten Gemeinde hin. Gegen Ende des 16. Jahrhunderts entwickelten sich weitere Gemeinden in Luck, Kovel und Kremenez.

Nach dem Tod des letzten Jagiellonen, Sigismunds II., im Jahre 1572 und der Wahl Heinrichs III. von Valois 1574 verschlechterte sich die Rechtsstellung der Juden in Polen-Litauen, die sich allerdings 1576 mit der Übernahme der Herrschaft durch Stephan Báthory, der bis 1586 regierte, wieder besserte. Juden waren an seinem Hof tätig und vertraten die Interessen der jüdischen Gemeinden im allgemeinen recht erfolgreich. Während der Herrschaft Sigismunds III. Wasa (1587-1632) verschlechterte sich die Situation in Polen insgesamt und für die Juden im besonderen.

Polen-Litauen war in der glücklichen Lage, über eine Reihe bedeutender rabbinischer Vorsteher und eine zentrale Institution der Selbstverwaltung zu verfügen, die der Rat der Länder genannt wurde, noch bekannter unter dem Namen „Rat der Vier Länder". Der Rat führte die Gemeinden seit der Mitte des 16. Jahrhunderts bis 1764.

Dieser Rat leistete auf vielen Gebieten Entwicklungsarbeit, besonders verdient machte er sich um das Thorastudium, das in Polen eine Synthese aus der aschkenasischen Erziehung, der Kabbala und spitzfindiger Talmudinterpretation bestand (*pilpul*).

Die Juden in Polen im Rat der Vier Länder
17. Jahrhundert

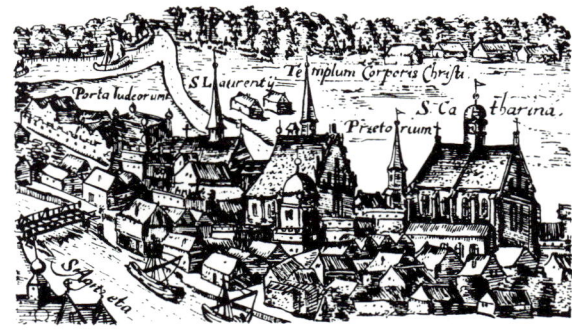

Das jüdische Viertel in Kazimierz

* Die Ortsnamen sind in der Form angegeben, wie sie in zeitgenössischen jüdischen Quellen erscheinen (siehe den Anhang zum „Pinkas des Rates der Vier Länder" von Israel Halpern).

Die Juden in Polen gründeten eine Institution der Selbstverwaltung, die als der Rat der Vier Länder bekannt war. Sie bestand aus den Vertretern der vier Länder oder Provinzen: Großpolen, Kleinpolen, Ruthenien (Rotreußen) und Wolhynien. Litauen war eine gesonderte Einheit. Sein Rat trat vermutlich bereits in den 60er Jahren des 16. Jahrhunderts in Erscheinung.

Grundsätzlich bestand Zusammenarbeit und Gleichstellung der beiden Räte bei der Behandlung von Angelegenheiten, die sich auf die Judenschaft bezogen, wenn diese Beziehungen auch manchmal durch unterschiedliche Sicht der lokalen Probleme belastet waren.

Die beiden Räte waren ursprünglich eingerichtet worden, um sich mit der Besteuerung und dem Schutz der jüdischen Gemeinden zu beschäftigen, wurden aber mit der Zeit Gremien, die sich mit internen Gemeindeangelegenheiten befaßten. In der ersten Hälfte des 16. Jahrhunderts ist bereits ein zentrales rabbinisches Gericht für die Juden in Polen nachzuweisen, eine ähnliche Einrichtung existierte vielleicht schon früher in Litauen.

Die Vertreter der vier Provinzen bildeten einen Ältestenrat (*roschei ha-glilot*), der gewissermaßen die polnische Judenschaft regierte. Sie versammelten sich gewöhnlich während der alljährlichen Messen, der Februar-Messe in Lublin und der September-Messe in Jaroslaw. Bei diesen Sitzungen entschieden sie die Wahl von Rabbinern, Steuerangelegenheiten und Probleme, die einzelne Personen betrafen. 1549 war die polnische Regierung sich darüber klar, daß sie nicht in der Lage war, die jüdische Kopfsteuer zu administrieren, und übertrug diese Aufgabe somit dem Rat. Der Rat der Vier Länder nahm seine Tätigkeit in der Mitte des 16. Jahrhunderts auf. Der älteste exakte Nachweis dieser Tätigkeit, nämlich ein Protokollbuch (*pinkas*), stammt allerdings erst aus dem Jahre 1580. Der Rat wurde 1764 von der polnischen Sejm aufgelöst.

Die nichtrabbinischen Delegierten (*roshei ha-medinot*) der Provinzen wählten einen aus ihrer Mitte zum *parnas* (Gemeindevorsteher) des Hauses Israel der Vier Länder. Er war Leiter des Rates, saß den Versammlungen vor und verhandelte im Namen des Rates mit dem König. Sie wählten auch einen *neeman* (Vermögensverwalter) des Hauses Israel der Vier Länder, der als Schatzmeister und Sekretär wirkte. Die Ernennung erfolgte auf ein Jahr; der Gewählte erhielt ein Gehalt und Spesen. Auch rabbinisch gebildete Kandidaten (also Rabbiner, die auch in die Richterversammlung wählbar waren) konnten in diese Funktion gewählt werden. Später wurden mehrere Schatzmeister gewählt, die sich die Verwaltung aufteilten.

In Litauen bestanden die ausführenden Organe des Rates aus dem gewählten *parnas* und einigen *schelihim* (Boten), deren Aufgabe es war, die einzelnen Gemeinden zu visitieren, die Bevölkerungslisten zu prüfen und die Steuervoranschläge aufzustellen. Die Boten wurden schließlich durch ernannte Schreiber ersetzt, die mit der Steuereintreibung in den Ländern befaßt waren. Die Schatzmeister waren für die Steueradministration verantwortlich, und die Sekretäre des Rates hielten die Verordnungen schriftlich fest.

Vertreter beider Räte trafen sich, um strittige Angelegenheiten beizulegen, die sich auf Verpflichtungen der polnisch-litauischen Judenschaft bezogen, aber auch um die Beziehungen zueinander festzulegen.

Die Institution verfiel dann während der Chmjelnizki-Massaker 1648/49 und der russischen und schwedischen Angriffe.

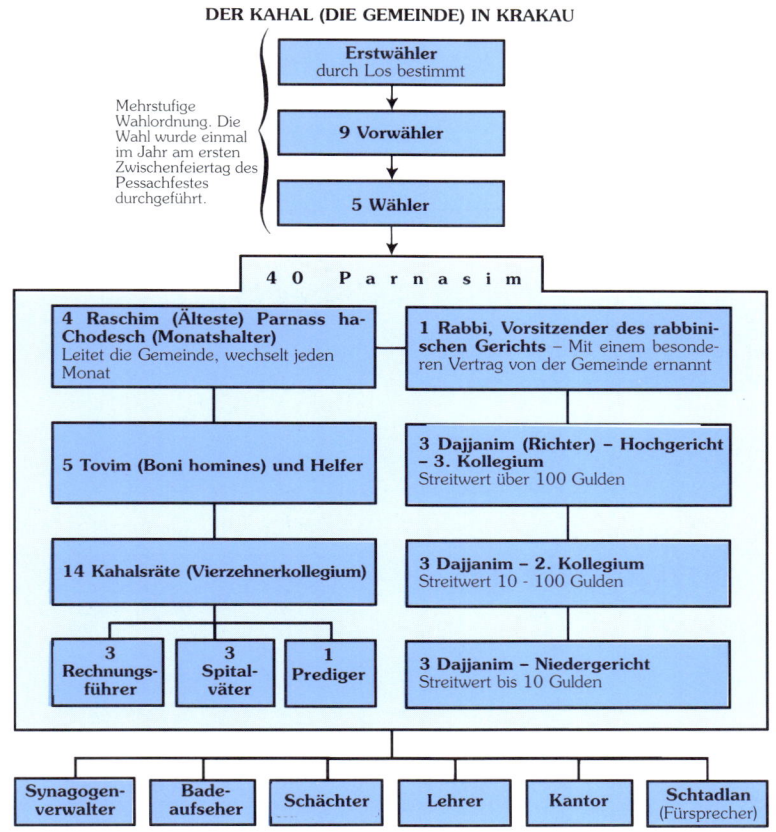

Die Chmjelnizki-Massaker 1648/1649

Zwei katastrophale Ereignisse erschütterten die polnische Judenschaft um die Mitte des 17. Jhs.: die äußere Bedrohung durch den Kosakenaufstand unter der Führung des Hetmans Bogdan Chmjelnizki (1599-1657) und die folgenden Kriege auf polnischem Boden bzw. die internen Folgen, die durch die Bewegung des Sabbatai Zwi ausgelöst wurden und die Gemeinden in ihren Grundfesten gefährdete. Nachbeben dieser Ereignisse fühlte man noch im 18. Jahrhundert.

Während der Massaker von 1648/49 wurde die polnische Judenschaft dezimiert, und die Überlebenden siedelten sich in vielen anderen Ländern an. Die judenfeindliche Propaganda stellte den jüdischen Pächter als Ausbeuter der Bauern und Agenten des Adels dar. Viele Juden wurden bereits während des Aufstandes von Pawoloch und anderer Rebellionen getötet. 1637 kamen 300 Juden um, und Gemeinden östlich des Dnjepr wurden zerstört. Die judenfeindlichen Agitationen in den 40er Jahren des 17. Jahrhunderts wurden von Chmjelnizki geführt, dessen Rebellion zu einer schweren Niederlage der polnischen Armee in der Nähe von Korsun im Jahre 1648 führte. Im Zuge seiner Angriffe auf Polen zerstörte Chmjelnizki an der Spitze einer Kosakenarmee und paramilitärischer Bauernverbände die polnische Judenschaft und die Gemeinden. Die Juden wurden von den Polen trotz der bestehenden wechselseitigen Verteidigungsbündnisse in Stich gelassen; die Polen schlugen als Rettungsmittel die Taufe vor.

Ganze Gemeinden widerstanden dieser Versuchung und zogen den Märtyrertod vor. Nach den Massakern an den Gemeinden von Tulchin und Nemirov stellte sich der schockierte polnische Adel zum Kampf gegen die Kosaken und Haidamacks, doch er wurde besiegt. Chmjelnizkis Leute ließen nun ihrer Wut freien Lauf und verwüsteten und töteten, was ihnen in den Weg kam. Die Gefangenen wurden von den Tataren als Sklaven verkauft.

Die jüdischen Gemeinden von Istanbul, Saloniki, Venedig, Rom, Hamburg und Amsterdam taten alles in ihrer Macht Stehende, um die Gefangenen freizukaufen. Die folgenden russischen und schwedischen Angriffe auf Polen vollendeten die Zerstörung der jüdischen Gemeinden.

Im Fürstentum Moskau lebten keine Juden. Im Gebiete des heutigen Rußland und Weißrußland wohnten damals unter der Herrschaft Polens Juden in Witebsk, Smolensk und Polozk bzw. in benachbarten Dörfern. Das Großfürstentum Litauen wurde im Zuge der russischen, polnischen und schwedischen Kämpfe zerstört, und die Juden, die dabei in Gefangenschaft gerieten, wurden im Rahmen des Waffenstillstandsabkommens von Andrusovo (1667) freigekauft. Jüdische Flüchtlinge, die sich nach Westen wandten, wurden von Schweden und Brandenburgern gefangen genommen; nur wenige erreichten Hamburg oder Amsterdam. Die Juden von Lublin wurden den Russen übergeben, viele wurden in die Sklaverei verkauft. In Lemberg wurden sie nach Zahlung eines riesigen Lösegeldes verschont. Die immer schlechter werdende Situation führte zur Zerstörung der Judenschaft in Litauen, Reussen, Podolien und Wolhynien.

Der Waffenstillstand von Andrusovo festigte Polens Ostgrenze, das gesamte Gebiet östlich des Dnjepr blieb aber in russischen Händen. Um die Niederlage verarbeiten zu können, schoben die Polen die Schuld auf jene, die keine Katholiken waren: Orthodoxe, Protestanten und Juden. In Lemberg und Krakau kam es zu Pogromen an den Juden. Johann III. Sobieski (1674-1696) privilegierte die Juden in Zolkiew, wo er ihnen Wohnstädten anwies, und versuchte während seiner Regierungszeit die jüdischen Gemeinden wiederzubeleben. Mit seinem Tod 1696 verloren die Juden einen wichtigen Förderer. Die Blutbeschuldigung von Sendomir 1699 hatte schwere Folgen für die Gemeinde.

Neue Kämpfe zwischen Russen, Schweden und Sachsen bedeuteten wiederum Gefahr für die jüdischen Gemeinden. Am Ende des 18. Jahrhunderts sahen sich die Juden einer Existenzkrise gegenüber.

Juden waren jahrhundertelang ein wichtiger Faktor in der polnischen Wirtschaft. Sie waren im nationalen und internationalen Handel tätig, pachteten große Ländereien und Salzbergwerke, arbeiteten als Bankiers und Handwerker und beteiligten sich an den Messen in Lublin und Jaroslaw. Diese Position wurde aber schwer beeinträchtigt durch die judenfeindliche Propaganda. Diese ständige Belästigung war einer der folgenreichsten Faktoren für den Niedergang der polnischen Wirtschaft.

> Einigen zogen sie die Haut ab und warfen ihr Fleisch den Hunden vor; anderen schnitten sie Arme und Beine ab und warfen sie an den Wegrand, damit sie von Wagen überfahren und Pferden niedergetrampelt würden. Sie fügten manchen viele Wunden zu, an denen sie aber nicht sofort, sondern langsam starben und sich bis zu ihrem Ende in ihrem Blut wälzten. Einige wurden lebend verbrannt, und man schlachtete Kinder in der Gegenwart ihrer Mütter; viele Kinder schnitten sie wie Fische auf. Sie öffneten Schwangeren den Leib und rissen die Foeten heraus und schlugen ihnen ins Gesicht. Einigen schnitten sie den Magen auf, steckten eine lebende Katze hinein, nähten den Magen wieder zu und hinderten sie daran, die Katze herauszuziehen, indem sie ihnen die Hände abschnitten. Kinder hängten sie an die Brüste ihrer Mutter. Andere Kinder durchbohrten sie mit Pfählen und brieten sie am Feuer und brachten sie ihren Müttern als Speise. Sie nahmen Kinder und benützten sie als Brücke. Es gab keine Form des blutrünstigen Todes, die ihnen erspart blieb: gesteinigt, verbrannt oder erwürgt zu werden.

Aus Jeven Metzula von Nathan Nata Hanover, Venedig 1653 (hg. Ein Harod 1945, S. 32)

Die Chmjelnizki-Massaker

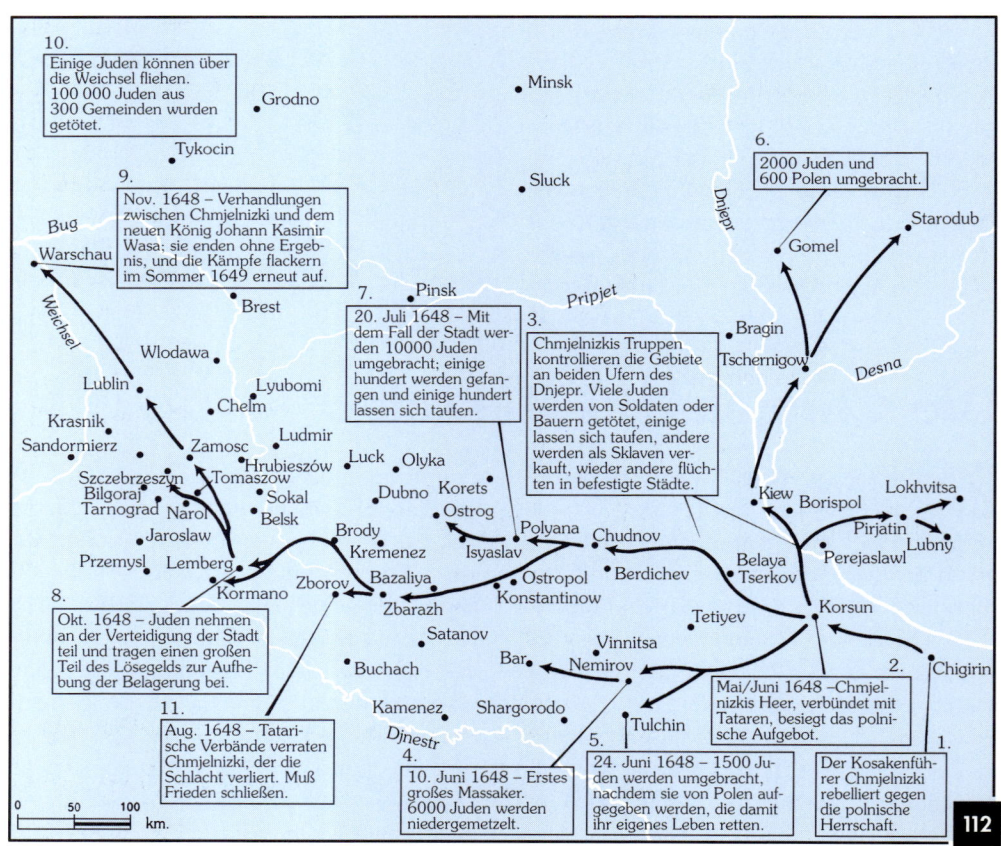

Sabbatai Zwi: Tätigkeit und Reisen

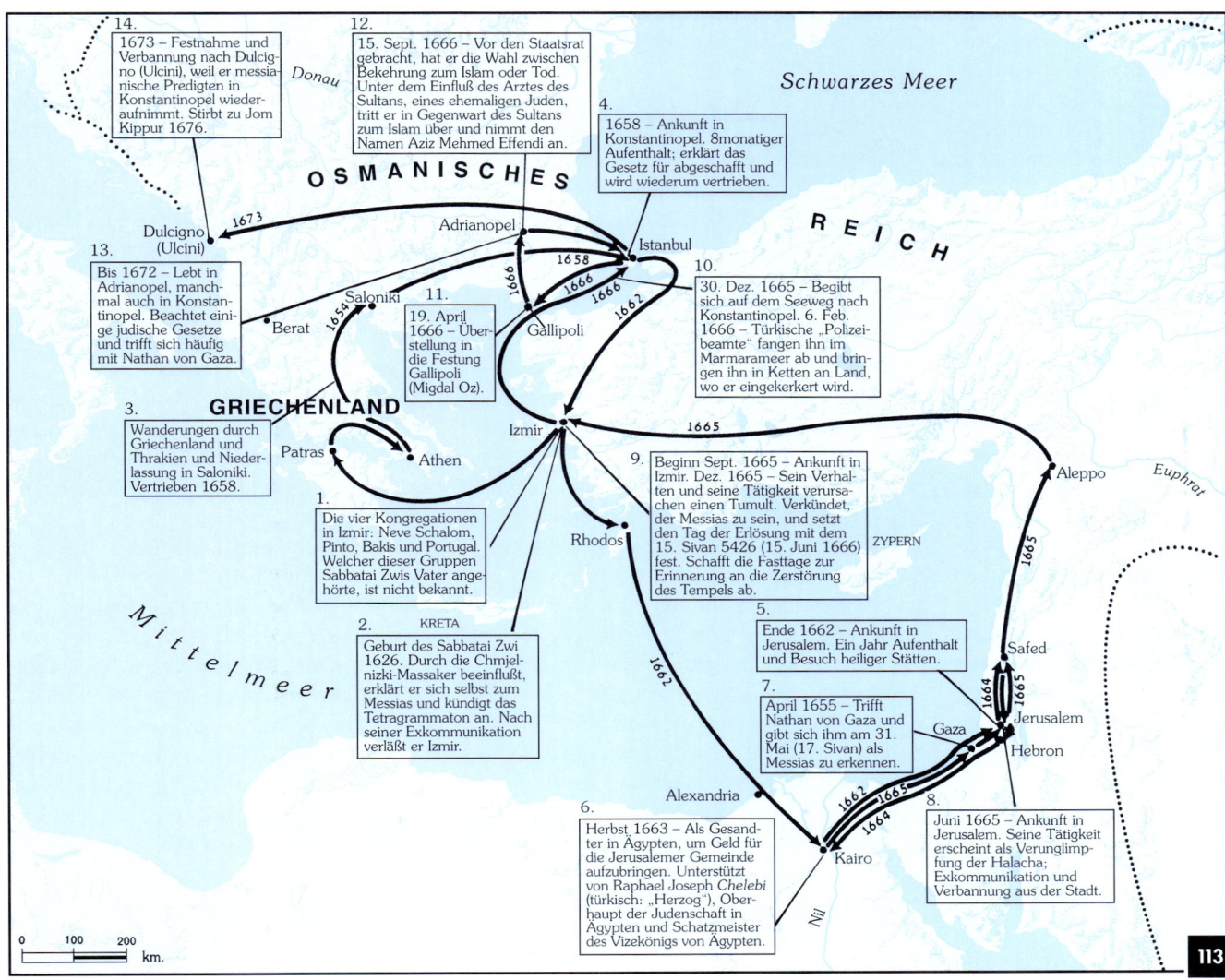

Mordechai Zwi stammte aus Griechenland, vermutlich aus Patras, und ließ sich in Smyrna (Izmir) nieder, wo sein Sohn Sabbatai an einem Sabbat, dem 9. Av 1626, geboren wurde. Als Jugendlicher studierte Sabbatai Zwi bei Rabbi Joseph Escapa und scheint als *chacham* (Gelehrter) mit 18 Jahren ordiniert worden zu sein. Früh zeigte Sabbatai Anzeichen von psychischer Labilität manisch-depressiver Art, die ihn sein ganzes Leben verfolgten. In den manischen Phasen beging er Handlungen gegen das Gesetz, indem er den Namen Gottes aussprach und sich als Messias erklärte. Diese wiederholten Verletzungen führten irgendwann zwischen 1651 und 1654 zu seiner Verbannung aus Smyrna. Er reiste durch Griechenland und Thrakien und besuchte Athen, Patras und Saloniki. Schließlich kam er 1658 nach Konstantinopel, wo er sich acht Monate aufhielt. Auch von dort wurde er wegen blasphemischer Äußerungen und seines Benehmens verbannt. Er kehrte nach Smyrna zurück und lebte dort bis 1662, als er sich entschloß, sich in Jerusalem anzusiedeln.

Über Rhodos und Kairo, wo er Beziehungen zu den Vorstehern der jüdischen Gemeinde knüpfte, gelangte er Ende 1662 nach Jerusalem. Im Herbst 1663 sandte man ihn von der Gemeinde aus als Boten nach Ägypten, wo er Spendengelder auftreiben sollte. Am 31. März 1664 heiratete er in Kairo seine dritte Frau Sara, die im Rufe der Leichtfertigkeit stand. Auf der Rückreise von Ägypten machte er in Gaza Halt und traf dort Abraham Nathan b. Elischa Chaim Aschkenasi. Nathan überzeugte Sabbatai Zwi von dessen messianischer Bestimmung, und am 17. Siwan (31. März 1665) erklärte sich Sabbatai Zwi selbst für den Messias.

Sabbatai Zwi

Briefe wurden aus Palästina, Ägypten und Smyrna in viele Gemeinden der Diaspora geschickt, in denen auf die Notwendigkeit eines reuigen Lebenswandels hingewiesen wurde, um die bevorstehende Erlösung zu fördern. Dies bewirkte ein leidenschaftliches Klima, das sich zu einer Massenbewegung ausweitete, die in Sabbatai Zwi den Messias sah. Die furchtbaren Verhältnisse in Polen bereiteten der Bewegung den Boden und förderten ihr rasches Wachstum.

Daher entfaltete die messianische Erscheinung in Polen-Litauen besondere Wirkung. Gesandtschaften begaben sich aus Polen zu Sabbatai Zwi nach Smyrna, aber auch in der Zeit seiner Gefangenschaft nach Migdal Oz in Gallipoli. Seine Begegnung mit einem der Boten, Nehemia ha-Kohen, sollte im Leben Sabbatais eine entscheidende Rolle spielen. Auch andere bedeutende jüdische Gemeinden, wie Saloniki, Amsterdam und Livorno, wurden von der Leidenschaft erfaßt, und viele ihrer Mitglieder folgten ihm nach.

Die ungeheure Überzeugungskraft der Bewegung entsprang dem Glauben an die Erlösung, die vom Heiligen Land ausgehen sollte, wie auch der Erneuerung der Prophetien, die von Jakob Najara, dem Rabbi von Gaza, und anderen Gelehrten ausgingen. Die überwältigende Begeisterung vereinigte alle Juden und brachte Menschen mit dem unterschiedlichsten geistigen Hintergrund in die Bewegung; die Kabbalisten, die die Lehre auf Punkt und Beistrich beachteten, bis hin zu den einfachen Leuten; alle waren im reuigen Verhalten und der Hoffnung auf die bevorstehende Erlösung vereinigt. Aschkensen, Sepharden, Konversen, die zum Judentum zurückkehrten, und Juden aus dem Jemen und aus Persien. Die gesamte Diaspora wurde von dieser Erwartungshaltung erfaßt.

Unter den Anhängern der sabbatianischen Bewegung befanden sich auch viele Rabbiner und Gelehrte: David Jizchak von Saloniki, Samuel Primo von Bursa, Juda Scharaf und Mattathias Bloch Aschkenasi. Es gab aber auch eine Anzahl von Gegnern, der bedeutendste war Jakob Sasportas, ein Rabbiner und belesener Gelehrter, der die Geschichte seines Kampfes gegen die Sabbatianer in einem Buch namens *Zizat Novel Zwi* beschrieb. Sabbatai Zwi hatte auch viele Gegner in Ägypten, Jerusalem und Safed.

Die Aufregung und das messianische Fieber, das Sabbatai und seine Anhänger ausgelöst hatten, veranlaßte die Gewalthaber, ihn festzunehmen und in Konstantinopel in Gefangenschaft zu halten (30. Dezember 1665). Später wurde er in die Festung Gallipoli überstellt. Da besuchte ihn der schon erwähnte Kabbalist aus Polen, Nehemia ha-Kohen. Nach einer erregten Debatte mit Sabbatai erklärte er seine Absicht, zum Islam überzutreten, und wurde nach Adrianopel gebracht, wo er Sabbatai Zwi anzeigte. Am 15. September 1666 brachte man Sabbatai nach Adrianopel, wo er vor die Alternative Übertritt zum Islam oder Tod gestellt wurde. Er konvertierte und nahm den Namen Aziz Mehmed Effendi an. Wie er traten viele seiner Anhänger zum Islam über.

Die Nachricht über den Abfall des Sabbatai Zwi verbreitete sich rasch und rief bei den Juden Erschütterung und Bestürzung hervor. Für einige war es der Beweis ihres Irrtums, während sich andere den Übertritt zu erklären suchten und fortfuhren, an Sabbatais Mission zu glauben. Sabbatai Zwi setzte seine Tätigkeit auch nach seinem Abfall vom Judentum fort und versuchte seine Anhänger zu überreden, ebenfalls zum Islam überzutreten. Im August 1672 wurde er wiederum angezeigt und in Konstantinopel verhaftet und 1673 nach Dulcigno verbannt, wo er am Versöhnungstag 1676 starb.

Seinem Vorbild folgend bildeten sich geheime Vereinigungen an vielen Orten. So bildete sich die Gruppe der Doenmeh, die sich wohl zum Islam bekannten, das Judentum aber nicht aufgaben.

Nathan von Gaza führte seine Tätigkeit auch nach dem Übertritt Sabbatais fort und besuchte ihn 1667 sogar heimlich in Adrianopel. Nathan schrieb und predigte weiterhin und erklärte die Handlungsweise Sabbatais und verteidigte seinen Abfall vom Judentum und seine messianische Mission. In den Jahren nach 1670 hielt er sich in Makedonien und Bulgarien auf und starb am 11. Januar 1680 in Skopje.

Die sabbatianische Bewegung löste im Judentum eine Krise aus, die noch viele Jahre lang spürbar war.

Die Reisen Nathans von Gaza

Nathan von Gaza

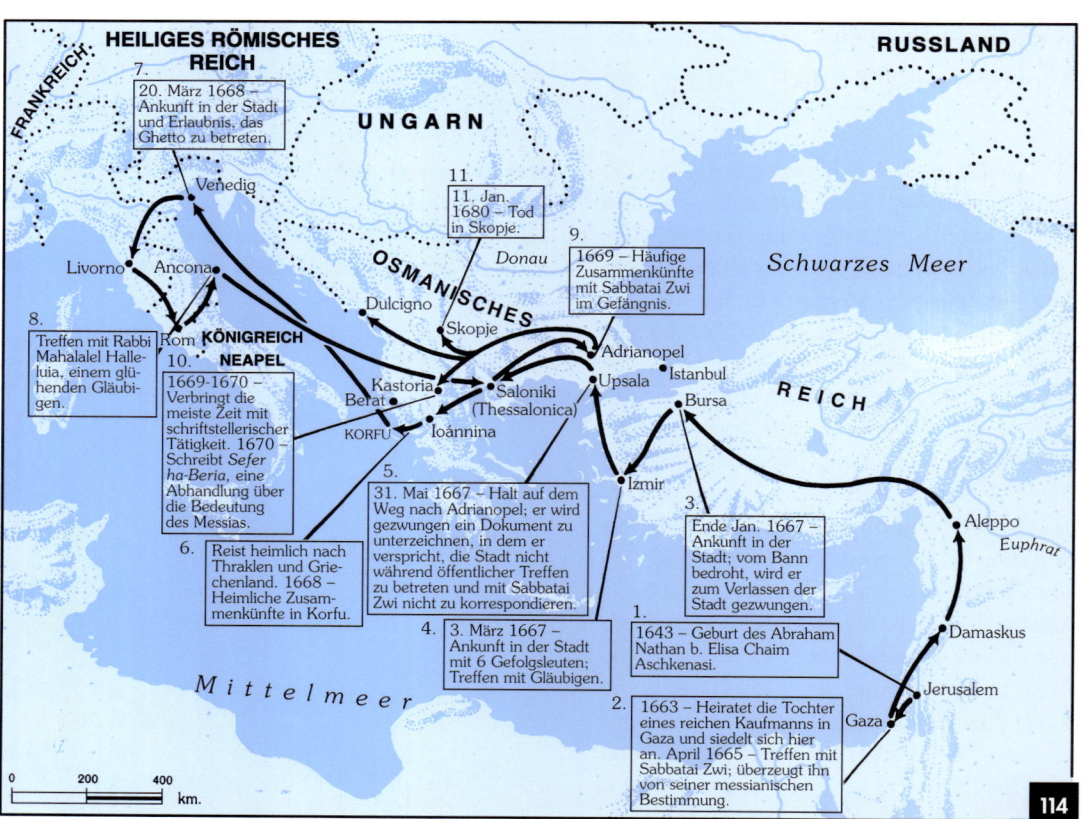

Führer der sabbatianischen Bewegung nach Sabbatais Tod

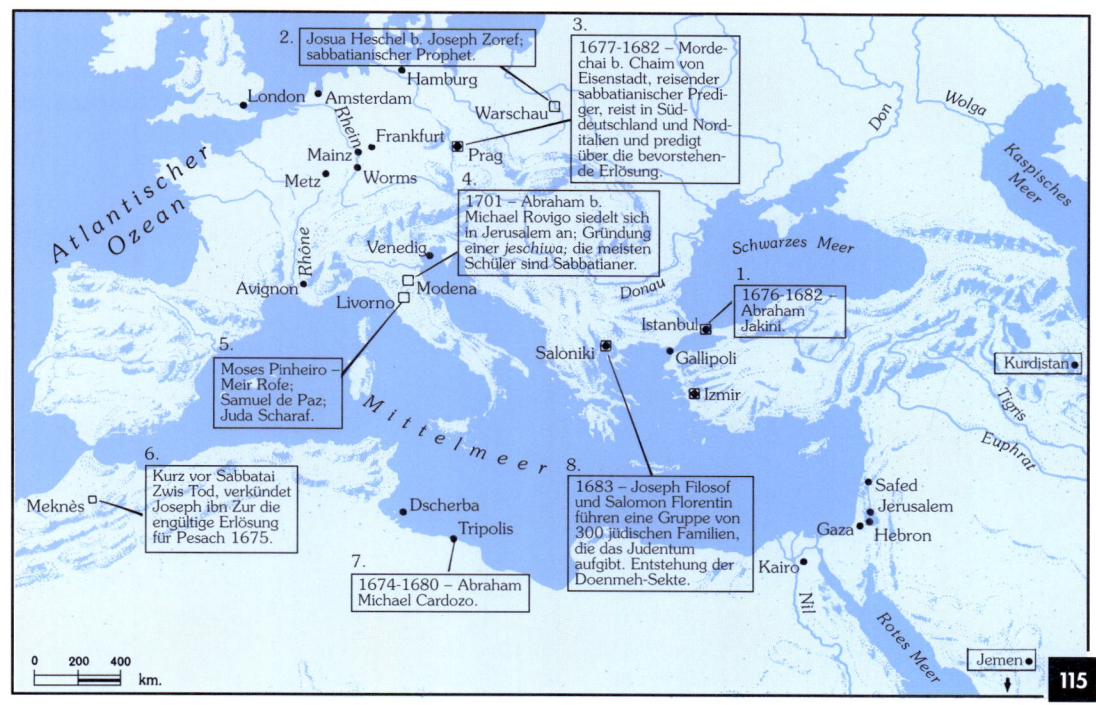

• Sabbatianisches Zentrum zu Lebzeiten Sabbatais
□ Sabbatianisches Zentrum nach Sabbatais Tod

Sprachen in der jüdischen Diaspora
Ende des 17. Jahrhunderts

Die folgende Karte zeigt die gesamte jüdische Welt am Vorabend des Jahres 1700. Die Verteilung der Juden enthüllt ihre größer werdende Zahl nach einer Vergangenheit, die von Unsicherheiten, Krisen, Kreuzzügen, dem Schwarzen Tod, lokalen und landesweiten Vertreibungen und schließlich von einer messianischen Bewegung riesigen Ausmaßes geprägt worden war. Wichtige Gemeinden bestanden in Mittel- und Osteuropa, Asien und Nordafrika. Die Neue Welt öffnete ihre Tore weit für die jüdischen Pioniere der spanischen und portugiesischen Siedlungen.

Zu Beginn des 18. Jahrhunderts bewiesen die Juden ihre Anhänglichkeit an das Heilige Land. Juda Chassid (Segal) ha-Levi gelangte mit einigen hundert Einwanderern im Oktober 1700 nach Jerusalem – die Vorboten eines neuen Zion.

115

Sprachen in der jüdischen Diaspora

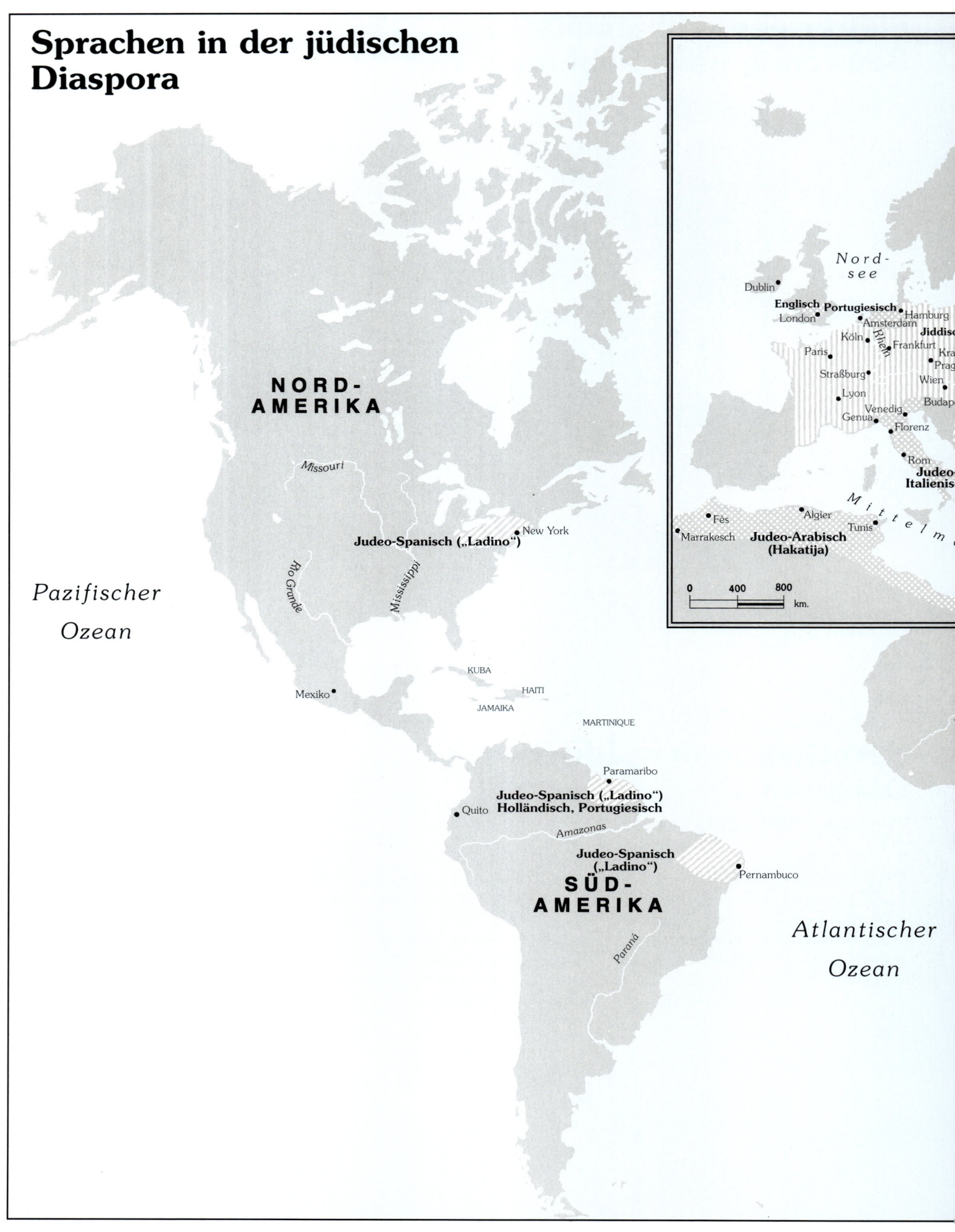

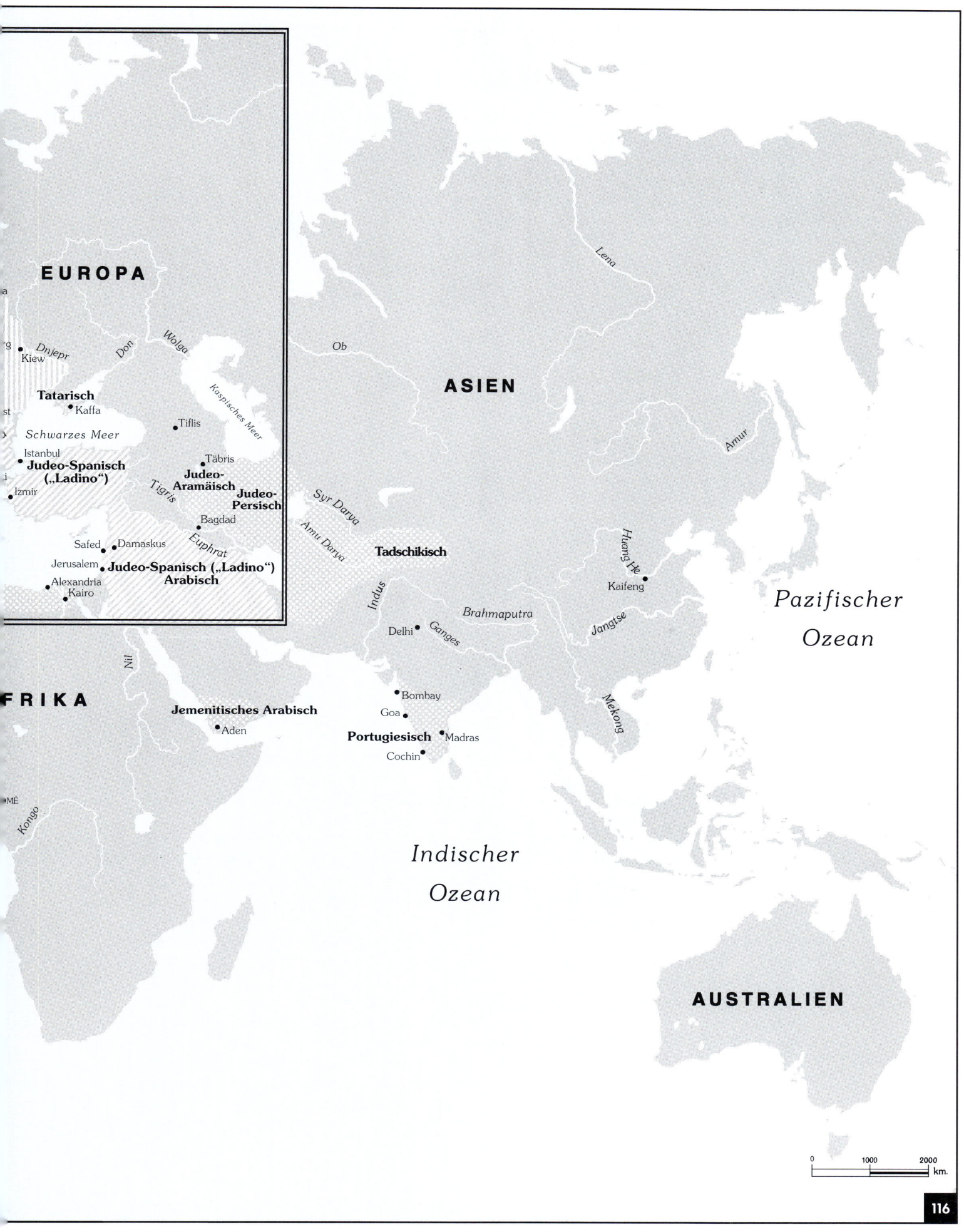

Bibliographie

Die nachstehenden Bücher und Artikel stellen eine Auswahl weiterführender Literatur dar. Die Liste erhebt keinen Anspruch auf Vollständigkeit, denn die Geschichtsforschung macht auf dem Gebiet der Geschichte der Juden laufend Fortschritte und es gibt ständig neue Betrachtungsweisen. Diese Bibliographie umfaßt lediglich die Quellen, die für die Erstellung der Karten herangezogen wurden, nicht jedoch die vielen weiteren, die in diesem Buch behandelte Themen ihrerseits beleuchten. Hebräische Quellen, die es in großer Vielfalt gibt, sind hier nicht aufgeführt, ebensowenig wie Artikel aus akademischen Zeitschriften jeglicher Sprache zur jüdischen Geschichte.

Die Bibliographie ist nach Themen und innerhalb der Themen in alphabetischer Reihenfolge geordnet.

ALLGEMEINE LITERATUR

I. Abrahams, *Jewish Life in the Middle Ages*, London 1932.
S. W. Baron, *A Social and Religious History of the Jews*, 2. überarb. Ausg., 18 Bde., New York 1952-1980.
S. W. Baron, *The Jewish Community: Its History and Structure to the American Revolution*, 3 Bde., Philadelphia 1942.
G. Caro, *Sozial- und Wirtschaftsgeschichte der Juden im Mittelalter und der Neuzeit*. 2 Bde., Leipzig 1908-1920.
A. Lukyn Williams, *Adversus judaeus*, Cambridge 1935.
L. I. Newman, *Jewish Influence on Christian Reform Movements*, New York 1925.
J. Parkes, *The Conflict of the Church and the Synagogue: A Study in the Origins of Antisemitism*, London 1934.
J. Parkes, *The Jew in the Medieval Community: A Study of his Politcal and Economic Situation*, London 1938.
O. S. Rankin, *Jewish Religious Polemic*, Edinburgh 1956.
J. Trachtenberg, *The Devil and the Jews: the Medieval Conception of the Jew and its Relation to Modern Antisemitism*, New Haven 1934.
J. Trachtenberg, *Jewish Magic and Superstition: A Study in Folk Religion*, New York 1939.

VERWENDETE QUELLEN (SAMMLUNGEN; REISEBERICHTE)

I. Abrahams, *Hebrew Ethical Wills*, 2 Bde., Philadelphia 1948.
R. Chazan, (Hg.), *Church, State and Jew in the Middle Ages*, New York 1980.
S. Grayzel, *The Church and the Jews in the XIIIth Century: A Study of their Relations during the Years 1198-1254 based on the Papal Letters and the Conciliar Decrees of the Period*, Philadelphia 1933.
J. Marcus, (Hg.), *The Jew in the Medieval World: A Source Book 315-1791*, Cincinnati 1938.

MESSIANISCHE BEWEGUNGEN, KABBALA, JÜDISCHES GEDANKENGUT

J. Greenstone, *The Messianic Idea in Jewish History*, Philadelphia 1906.
A. H. Silver, *A History of Messianic Speculation in Israel from the First to the Seventeenth Centuries*, New York 1927.
D. J. Silver, *Maimonidean Criticism and the Maimonidean Controversy, 1180-1240*, Leiden 1965.

KABBALA

J. Husik, *A History of Medieval Jewish Philosophy*, Philadelphia 1946.
G. Scholem, Major *Trends in Jewish Mysticism*, New York 1954.
G. Scholem, *The Messianic Idea in Judaism and Other Essays on Jewish Spirituality*, New York 1971.

KARÄER

Z. Ankori, *Karaites in Byzantium: The Formative Years, 970-1100*, New York – Jerusalem 1959.
J. Mann, *Texts and Studies in Jewish History and Literature*, Bd. 2, *Karaitica*, Cincinnati 1935.
L. Nemoy, *Karaite Anthology: Excerpts from the Early Literature*, New Haven, Conn. – London 1952.

ITALIEN

A. Milano, *Storia degli ebrei in Italia*, Torino 1963.
L. Poliakov, *Jewish Bankers and the Holy See: From the Thirteenth to the Seventeenth Century*, London 1977.

ASCHKENAS (EINSCHLIESSLICH DEUTSCHLAND UND FRANKREICH; DIE KREUZZÜGE)

I. Agus, *The Heroic Age of Franco-German Jewry*, New York 1969.
I. Agus, *Urban Civilization in Pre-Crusade Europe: A Study of Organized Town-Life in Northwestern Europe during the Tenth and Eleventh Centuries based on Responsa Literature*, New York 1965.
J. Aronius, (Hg.), *Regesten zur Geschichte der Juden im Fränkischen und Deutschen Reiche bis zum Jahre 1273*, Berlin 1902.
B. Blumenkranz, (Hg.), *Histoire des Juifs en France*, Toulouse 1972.
R. Chazan, *Medieval Jewry in Northern France: A Political and Social History*, Baltimore 1973.
S. Eidelberg, *Jewish Life in Austria in the XVth Century*, Philadelphia 1962.
L. Finkelstein, *Jewish Self-Government in the Middle Ages*, New York 1924.
Germania Judaica, 3 Bde., Tübingen 1963-1968.
H. Gross, *Gallia Judaica: Dictionnaire geographique de la France*, Paris 1897.
G. Kisch, *The Jews in Medieval Germany: A Study of their Legal and Social Status*, Chicago 1949.
A. Neubauer, (Hg.), *Medieval Jewish Chronicles and Chronological Notes*, 2 Bde., Oxford 1887-1895.
A. Neubauer - M. Stern, (Hg.), *Hebräische Berichte über die Judenverfolgungen während der Kreuzzüge*, Berlin 1892.
L. Rabinowitz, *The Social Life of the Jews of Northern France in the XII-XIV Centuries*, London 1938.

S. Salfeld, (Hg.), *Das Martyrologium des Nürnberger Memorbuches,* Berlin 1898.

CHASAREN
D. M. Dunlop, *The History of the Jewish Khazary,* Princeton 1954.

ENGLAND
Stars and Jewish Charters 1-3 (Hg. H. Loewe), London 1932.

A. Hyamson, *The Sephardim in England: A History of the Spanish and Portuguese Jewish Community 1492-1951,* London 1951.

J. Jacobs, *The Jews of Angevin England: documents and records,* London 1893.

V. D. Lipman, *The Jews of Medieval Norwich,* London 1967.

H. Richardson, *The English Jewry under Angevin Kings,* London 1960.

C. Roth, *History of the Great Synagogue,* London 1950.

C. Roth, *A History of the Jews in England,* Oxford 1964.

SPANIEN, PORTUGAL, DIE INQUISITION
Y. F. Baer, *Die Juden im christlichen Spanien,* 2. Ausg., 2 Bde., Farnborough 1970.

Y. Baer, *A History of the Jews in Christian Spain,* 2 Bde., Philadelphia 1961-1966 (erweiterte und überarbeitete Ausgabe: 1981; ins Spanische übersetzt von J. L. Lacave).

R. D. Barnett, (Hg.), *The Sephardi Heritage: Essays on the History and Cultural Contribution of the Jews of Spain and Portugal,* London 1971.

H. Beinart, *Conversos on Trial: The Inquisition in Ciudad Real,* Jerusalem 1981 (erweiterte und überarbeitete Ausgabe).

H. Beinart, (Hg.), *Records of the Trials of the Spanish Inquisition in Ciudad Real,* 4 Bde., Jerusalem 1974-1985.

H. Beinart, *Trujillo: A Jewish Community in Extremadura on the Eve of the Expulsion from Spain,* Jerusalem 1980.

F. Cantera Burgos, *Sinagogas Españolas,* Madrid 1955.

F. Cantera Burgos – J. Ma. Millàs Vallicrosa, *Las Inscripciones Hebraicas de España,* Madrid 1956.

S. Katz, *The Jews in Visigothic and Frankish Kingdoms of Spain and Gaul,* Cambridge, Mass. 1937.

M. Kayserling, *Geschichte der Juden in Portugal,* Leipzig 1867.

H. C. Lea, *A History of the Inquisition of Spain,* 1-4, New York – London 1906-1908.

B. Netanyahu, *Don Isaac Abravanel,* Philadelphia 1972.

J. Régné, (Hg.), *History of the Jews in Aragón: Regesta and Documents 1213-1327,* gesammelt, herausgegeben und kommentiert von Yom Tov Assis, Jerusalem 1978.

L. Suárez Fernández, *Documento acerca de la Expulsión de los Judios,* Valladolid 1964.

OSTEUROPA
S. Dubnov, *History of the Jews in Russia and Poland from the Earliest Times to the Present Day,* 3 Bde., Philadelphia 1916-1920.

ÄGYPTEN, NORDAFRIKA UND ARABISCHE LÄNDER
A. Chouraqui, *Between East and West: A History of the Jews of North Africa,* Philadelphia 1968.

M. R. Cohen, *Jewish Self Government in Medieval Egypt,* Princeton 1980.

W. Fischel, *Jews in the Economic and Political Life of Medieval Islam,* London 1937.

S. D. Goitein, (Hg.), *Letters of Medieval Jewish Traders,* Princeton 1973.

S. D. Goitein, *A Mediterranean Society: The Jewish Communities of the Arab World as Portrayed in the Documents of the Cairo Geniza,* 5 Bde., Berkeley – Los Angeles – London 1967-1989.

J. Mann, *The Jews of Egypt and Palestine under the Fatimid Caliphs,* 2 Bde., London – Oxford 1920-1922.

J. Mann, *Texts and Studies,* 1, Cincinnati 1931.

J. Mann, *The Collected Articles,* Gedera 1971.

N. Stillman, *The Jews of Arab Lands: A History and Source Book,* Philadelphia 1979.

KLEINASIEN UND BYZANZ
A. Sharf, *Byzantine Jewry from Justinian to the Fourth Crusade,* London 1971.

J. Starr, *Jews in the Byzantine Empire 641-1204,* Athen 1939.

J. Starr, *Romania: The Jewries of the Levant after the Fourth Crusade,* Paris 1949.

ERETZ ISRAEL UND DAS OSMANISCHE REICH
I. M. Goldman, *The Life and Times of Rabbi David Ibn Abi Zimra,* New York 1970.

M. S. Goodblatt, *Jewish Life in Turkey in the XVth Century,* New York 1952.

FÜR DIE BEARBEITUNG DER DEUTSCHEN AUSGABE
Michael Toch, „Die Juden im mitteralterlichen Reich", *Enzyklopädie Deutscher Geschichte,* Bd. 44, Oldenbourg, München 1998

Register der geographischen Begriffe

(Die angegebenen Zahlen beziehen sich auf die Kartennummern)

A

Aachen	14, 17, 30, 31, 51
Aarau	51
Aarburg	51
Aargau	68
Abbasiden-Kalifat	38
Abbeville	13
Abdera	2
Abu Qir	62, 84, 85
Abyar	84
Abydos	37
Acerenza	40
Achmim	27
Acmonia	2
Acquapendente	73
Acquaviva	73
Acqui (Terme)	73a
Acri (in Italien)	40, 73
Acri (in Sizilien)	2
Acs	108
Adana	2, 33
Aden	2, 4, 7, 17, 97, 116
Adige (Etsch)	73b
Adra	11, 70a
Adramyttium	2
Adria	12, 30, 40, 73, 102
Adrianopel	1, 20, 32, 35, 63, 65, 77, 78, 81, 88, 113, 114
Aegina	2
Afghanistan	60
Afrika	97, 116
Agadir	25, 83
Agathae (Agde)	2
Agde (Agathae)	2, 11, 13, 49, 91
Agen	49, 53
Agra (Indien)	99
Agra (Spanien)	47
Agramón	47
Agramunt	41, 42, 47
Agreda	41, 69
Agrigent	2, 12, 18, 40, 73
Agropoli	73
Agudo	92
Aguilar de Campóo	41, 47, 57, 69
Ägypten	1, 10, 17, 27, 45, 82, 85, 91
Ahrweiler	52
Ahwaz	1, 2, 17
Aichach	46, 51
Aiguillon	49, 55
Ailingen	52
Ain Dschalud	61
Aire	49
Aix-en-Provence	45, 49, 55
Ajaccio	73
Ajdabiyah	24
Ajjubiden-Sultanat	38
Ajlun	79
Akbara	21, 37, 60
Akhmim	27
Akkerman	62
Akkon (siehe auch Ptolemais)	6, 23, 33, 35, 37, 38, 39, 44, 45, 61, 62, 65, 79, 80, 91
Aksum (Königreich) (siehe auch Äthiopien)	4
Aksum (Stadt)	2, 4
Al-Djar	17
Al Wajh	91
Ala	73
Alaejos	70
Alagón	41, 47, 69
Alanen	73
Alatri	73
Alawiya	23
Alba (de Tormes) (in Spanien)	41, 47, 69
Alba (in Italien)	73a
Albalate	47
Albalate de Cinca	42, 47
Albarracín	42, 69, 101
Albertirsa	2
Albesa	42
Albi	49, 53
Alcácer do Sal	41, 59
Alcalá (siehe Alcalá de Henares)	
Alcalá de Guadaira	41
Alcalá de Henares	28, 41, 45, 47, 57, 70, 76, 88
Alcalá la Real	70a
Alcamo	73
Alcañiz	42, 47, 69, 76
Alcántara	41, 76
Alcara	73
Alcaraz	47, 76, 101
Alcarrás	47
Alcira	41, 75
Alcolea de Cinca	41, 42, 47
Alcoutim	41, 59
Alcover	42
Alcoy	41
Alcudia	42
Aldenhoven	52
Alençon	49
Alenquer	41, 75
Alentejo	59, 92
Aleppo	2, 33, 37, 38, 61, 62, 77, 80, 81, 82, 113, 114
Alès	49
Alessandria	73a
Alessio	65
Alexandria	1, 2, 5, 10, 17, 22, 24, 27, 37, 38, 39, 45, 62, 65, 75, 77, 80, 84, 85, 91, 113, 116
Alfaro	70
Alforga	42
Algarve (Provinz)	92
Algarve (Stadt)	59
Algeciras	28
Algerien	76a, 82, 83
Alghero	73
Algier	17, 22, 24, 77, 82, 83, 116
Alicante	2, 41, 69, 76
Alife	40, 73
Aljezur	41, 59
Alken	52
Allariz	41, 69, 76
Alma	3, 23, 37, 79
Almadén	69, 76, 92
Almagro	41, 47, 69, 70, 76, 92
Almansa	70
Almazán	47, 69, 70
Almeida (in Portugal)	47, 92
Almeida (in Spanien)	47
Almeirim	91
Almería	2, 28, 29, 54, 69, 70a, 76, 91
Almodóvar del Campo	69
Almodóvar	91
Alonei Mamre	38
Alsfeld	67
Altamura	73
Altea	91
Altenahr	52
Alter do Chão	41, 59
Altkirch	52
Altleiningen	52
Altomonte	40, 73
Alvito	41, 59
Alvor	41, 59
Alzey	52
Amalfi	12, 18, 37, 40, 73
Amandola	73
Amantea	73
Amasya	77
Amata	23
Amazonas	98, 116
Amberg	50
Amboise	49
Amelia	73
Amerika	97, 116
Amida (Amadiya)	1, 2, 20, 21
Amiens	49, 55
Amiros	2
Amisus	2
Amorbach	52
Amsterdam	82, 86, 88, 92, 93, 96, 115, 116
Amu Darya	116
Amudim, Khirbet	3
Amur	116
Anagni	73
Anatolien	62
Anatu	2, 21, 37
Anbar (Al-) (siehe auch Pumbedita)	60
Ancona	2, 18, 35, 40, 73, 80, 81, 89, 102, 114
Ancyra (siehe auch Ankara)	1, 2, 5
Andalusien	70
Andelot	49
Andernach	46, 52
Andria	73
Andújar	28, 57, 69
Anduze	44
Anemurium	2
Angers	49
Angkor	60
Angora (siehe auch Ankara)	63, 65, 77
Angoulême	49
Ani, Banu	9
Anjou	49
Ankara (siehe auch Ancyra, Angora)	77, 80, 81
Ansbach	51
Anti-Atlas	24
Anticoli	73
Antinoopolis	2
Antiochia (Fürstentum)	33
Antiochia (in Kleinasien)	2
Antiochia (in Syrien)	2, 5, 13, 17, 22, 32, 33, 35, 37, 65
Antwerpen	88, 92, 96
Apamea (in Kleinasien)	1, 2
Apamea (in Syrien)	2
Apheka	2, 3
Aphilon	37
Apollinopolis Magna	27
Apollonia (Eretz Israel)	6
Apollonia (Libyen)	1, 2, 22, 24
Apollonia (östl. Kleinasien)	2
Apollonia (Schwarzmeerküste)	2
Apollonia (west. Kleinasien)	2
Apt	49
Apulien	18
Aqiq, Wadi	9
Aqraba	23
Aquileia	1, 2, 40
Aquitanien	49
Arabien	1, 2, 3, 4, 5, 7, 10, 17, 85, 97
Arabisches Meer	7
Aradus (siehe auch Arwad)	2
Aragón	28, 29, 41, 42, 53, 69, 75, 76
Aragón, Königreich	42, 69a
Arbei	3
Arbela (Erbil)	2, 21, 38, 60
Arbel-Quelle	38
Arbois	49
Arborio	73
Arbós	42
Ardabil	10
Arena	73
Ares	41
Arévalo	41, 44, 69, 101
Arezzo	73
Argenta (siehe auch Argento)	73
Argento (siehe auch Argenta)	44
Argos	2

REGISTER DER GEOGRAPHISCHEN BEGRIFFE

Ariana ... 26
Ariano ... 73
Ariccia ... 2, 73
Arinthod ... 49
Ariza ... 42
Arles ... 2, 13, 14, 22, 37, 38, 45, 47, 49, 55
Arles-sur-Tech ... 42
Ärmelkanal ... 43, 48, 93
Armenien, (Königreich) ... 33
Armiro ... 37
Arnedo ... 41, 70
Arnheim ... 51
Arnstadt ... 51
Arnstein ... 50
Arronches ... 76, 92
Arsinoe ... 27
Arsuf ... 33
Arta ... 37, 63, 78
Artaxata ... 1
Artesa (de Segre) ... 42
Arwad *(siehe auch* Aradus) ... 33
Arzignano ... 73
Aschaffenburg ... 35, 52
Aschdod ... 3, 33, 81
Aschersleben ... 66
Aschkenas ... 43, 44, 45, 46
Ascoli (Piceno) ... 2, 73
Ascoli (Satriano) ... 37, 40
Ashir ... 22, 24
Asien ... 116
Asilah ... 25, 76, 83
Asir ... 91
Askalon *(siehe auch* Migdal) ... 3, 33, 37, 38, 39, 62, 79
Asola ... 73
Assab ... 91
Assenheim ... 52
Asshur ... 2, 21, 38
Assisi ... 73
Assuan ... 10, 27, 91
Assus ... 2
Astorga ... 41, 57, 69, 101
Astrachan ... 15, 16
Asturien ... 13
Ataki ... 111
Atella ... 73
Athen ... 2, 22, 37, 78, 81, 113
Äthiopien *(siehe auch* Aksum) ... 4, 7, 91
Athribis ... 2, 27
Atienza ... 69
Atil (Fluß) ... 16
Atil (Stadt) ... 15, 16, 17
Atlantischer Ozean (Atlantik) ... 91, 97, 98, 116
Atlasgebirge ... 24
Atlit ... 33
Atouguia (da Baleia) ... 59
Atri ... 73
Aub ... 50, 51
Aubagne ... 49
Auch (Elimberris) ... 2, 13
Augsburg ... 2, 50, 51, 66, 67, 74, 88, 104, 105
Augusta ... 73
Augusta Vindelicorum *(siehe auch* Augsburg) ... 2
Aumale ... 49
Aurach ... 50
Austerlitz ... 51, 106
Australien *(siehe auch* Neu-Holland) ... 116
Auterive ... 49
Auxerre ... 49
Auzia ... 1, 2
Auzon ... 49
Avallon ... 49
Avaricum ... 2
Avellino ... 40
Avenio *(siehe auch* Avignon) ... 1
Aversa ... 73
Avigliana ... 73a
Avignon *(siehe auch* Avenio) ... 1, 2, 44, 45, 47, 49, 54, 55, 74, 75, 91, 92, 115
Avila ... 41, 44, 47, 57, 69, 70, 76, 101
Aviles ... 76
Avon ... 48
Aws, Banu ... 9
Ayllón ... 70
Aytona ... 42
Azemmour ... 83
Azoren ... 97
Azrou ... 83

B

Baalbek ... 33, 37
Babenhausen ... 52
Babylon (in Ägypten) ... 5, 10
Babylon (in Mesopotamien) ... 21, 37
Babylon(ien) (Königreich) ... 22, 45
Bacharach ... 35, 52
Bachtschisaraj ... 110
Bad Neustadt ... 50
Bad Reichenhall ... 51
Bad Windsheim *(siehe* Windsheim)
Badajoz (Provinz) ... 28
Badajoz (Stadt) ... 11, 28, 29, 41, 47, 69, 70, 76, 91, 101
Baden ... 52, 68, 108
Badenweiler ... 2
Badia Polesina ... 73b
Baena ... 28, 69, 70a
Baeza ... 76
Bagdad (Stadt) ... 4, 7, 17, 20, 21, 22, 37, 38, 45, 77, 82, 116
Bagdad, (Kalifat) ... 13
Bagnacavallo ... 73
Bagnaia ... 73
Bagnères-de-Bigorre ... 49
Bahia *(siehe auch* Salvador) ... 103
Baiersdorf ... 51
Baka ... 3
Bakuba ... 2, 21
Bala ... 48
Balaklava ... 110
Balch ... 17, 20, 60
Balearen ... 28, 29, 41, 42, 57, 69, 101
Balikesir ... 78
Ballobar ... 42
Bamberg ... 30, 31, 43, 46, 50, 67
Banias *(siehe auch* Panias) ... 23, 33, 38
Bañolas ... 41, 42
Bar ... 111, 112
Barbados ... 98
Barbastro ... 28, 41, 42, 69, 101
Barbonne-Fayel ... 49
Barcelona (Provinz) ... 28, 29
Barcelona (Stadt) ... 11, 13, 15, 17, 22, 28, 29, 37, 38, 39, 41, 42, 44, 45, 47, 54, 57, 65, 69, 69a, 75, 76, 92, 101
Barcelos ... 41, 59
Barge ... 73a
Bari ... 2, 12, 18, 22, 32, 37, 40, 69a, 73, 82
Barjols ... 49
Barka ... 10, 17, 22, 24
Barles ... 49
Barletta ... 40, 73
Bar-sur-Aube ... 49
Basel ... 35, 46, 52, 54, 66, 67, 68, 88, 95, 104
Basken ... 11, 29
Baskische Provinzen ... 29
Basra ... 10, 17, 20, 21, 22, 37, 38, 60
Bassano ... 73
Bastia Mondovi ... 73
Bastia ... 73
Batgendorf ... 50
Battipaglia ... 73
Baunach ... 50
Bayern ... 66, 74
Bayeux ... 49
Bayonne ... 92
Bayreuth ... 51
Baza ... 57, 70, 70a, 76
Bazaliya ... 111, 112
Beaucaire ... 44, 45
Beaumaris ... 48
Bechyné ... 106
Bedford ... 35, 48
Beerscheba ... 3, 6
Beilstein ... 52
Beira ... 59, 92

Beirut (Berytus) ... 2, 33, 35, 61, 62, 65, 80, 81
Beja (in Portugal) ... 28, 41, 47, 59, 91
Béja (in Tunesien) ... 26
Bejaïa ... 83
Béjar ... 41, 47, 76
Belaguer ... 28, 42, 69
Belalcázar ... 41, 69, 92, 101
Belaya Tserkov ... 111, 112
Belcastro ... 40, 73
Belfort (in Deutschland) ... 52
Belfort (in Frankreich) ... 49
Belgien ... 82, 96
Belgrad ... 22, 32, 35, 77, 78, 81, 82, 85
Bellpuig ... 42
Belluno ... 73
Belmonte ... 41, 59
Belorado ... 28, 41
Belshite ... 69
Belvis ... 70
Belz ... 111, 112
Bembibre ... 41, 76
Ben Gardane ... 26
Benavente ... 41, 47, 57, 70
Bene ... 73a
Bene Berak ... 33
Benevent *(siehe auch* Beneventum) ... 13, 18, 37, 40, 73
Beneventum *(siehe auch* Benevent) ... 2
Benfeld ... 52, 95
Bengalen ... 99
Bengalen, Golf von ... 99
Bengasi ... 62
Benha ... 84
Benitachell ... 47
Bensheim ... 52
Berat ... 78
Berching ... 50
Berdichev ... 111, 112
Berenice ... 2
Berestechko ... 111
Berezhany ... 111
Berga ... 42
Bergamo ... 73
Bergheim (im Elsaß) ... 52
Bergheim (in Deutschland) ... 52
Berkhamsted ... 48
Berlanga (de Duero) ... 41, 47, 69
Berlin ... 88, 105
Bern ... 35, 46, 51, 54, 68
Bernay ... 49
Bernkastel ... 52
Beroea ... 2, 63
Bershad ... 111
Bertinoro ... 62, 73
Besalú ... 28, 41, 42, 69
Besançon ... 46, 49
Bet Alfa ... 3
Bet Guvrin ... 3, 23, 33, 37, 61
Bet Sche'an *(siehe auch* Scythopolis) ... 3, 6, 39, 62
Bet Sche'arim ... 3, 4
Bet Yerah ... 3
Bethlehem ... 33, 37, 39
Bethsaida ... 79
Bettona ... 73
Beuel ... 52
Bevagna ... 73
Béziers ... 11, 14, 37, 44, 45, 49, 69
Biala ... 111
Bianzé ... 73a
Biarritz ... 69
Biedenkopf ... 50, 52
Biel ... 42, 51, 68
Biella ... 73
Bigarella ... 73b
Bilbao ... 76
Bilbeis *(siehe auch* Qulzum) ... 37, 62, 77, 84
Bilgoraj ... 111, 112
Bilkan ... 16
Bingen ... 46, 52
Biram ... 2
Biriya ... 23, 79
Birzai ... 87
Bischofsheim ... 95

121

REGISTER DER GEOGRAPHISCHEN BEGRIFFE

Bischofsweiler ... 52
Bisena ... 37
Biserta ... 26
Bisignano ... 40, 73
Biskra ... 83
Bistagno ... 73a
Bitonto ... 73
Bivona ... 73
Bizra ... 21
Bizya ... 2
Blankenburg ... 51
Blaszki ... 111
Blaubeuren ... 46
Blaundus ... 2
Blesae *(siehe auch* Blois) ... 35, 55
Blois (Grafschaft) ... 49
Blois *(siehe auch* Blesae) ... 49
Bne Brak ... 33
Bobruisk ... 111
Bochnia ... 56, 110
Boguslav ... 111
Böhmen ... 43, 56, 62, 66, 106
Bolekhov ... 111
Bollène ... 49
Bologna *(siehe auch* Bononia) ... 18, 40, 73b, 88, 89, 91
Bolzano *(siehe auch* Bozen) ... 73
Bombay ... 116
Bondeno ... 73b
Bône ... 83
Bonn ... 2, 30, 43, 46, 52
Bonneval ... 49
Bononia *(siehe auch* Bologna) ... 2
Bopfingen ... 51
Boppard ... 52
Bordeaux ... 2, 13, 49, 53, 55, 92
Borgo San Lorenzo ... 73
Borgo San Martino ... 73a
Borgoforte ... 73b
Borgonovo Tidone ... 73
Borispol ... 112
Borja ... 42
Borlu ... 78
Borneo ... 97
Boskovice ... 106
Bosnien ... 108
Bosporus (Meerenge) ... 64
Bostra ... 7, 23
Bouillon ... 32
Bourges ... 14, 32, 49
Bouxwiller *(siehe* Buchsweiler)
Bozen (Bolzano) ... 67
Bra ... 73a
Bracon ... 49
Bragança ... 41, 59, 76, 92
Bragin ... 111, 112
Brahmaputra ... 99, 116
Brailov ... 111
Braine ... 49
Brandenburg ... 66, 105
Brandýs ... 106
Bransk ... 111
Brasilien ... 98, 103
Bratislava *(siehe* Preßburg)
Braubach ... 52
Braunau ... 46, 51
Braunschweig ... 51, 105
Bray-sur-Seine ... 49
Brega ... 17, 24
Breisach ... 52
Bremen ... 51, 54
Bremgarten ... 68
Bresc Kujawski ... 111
Brescello ... 73b
Brescia ... 2, 40, 73, 88
Breslau ... 51, 66, 67, 74, 106
Bressuire ... 49
Brest Litovsk (Brzesc) ... 56, 110, 111, 112
Bretagne ... 49
Bretten ... 52
Brettheim ... 51
Bretzenheim ... 52
Bréval ... 49
Breznice ... 106
Bridgnorth ... 48
Brieg (Brzeg) ... 51, 66, 106
Brihuega ... 41
Brindisi ... 2, 12, 18, 19, 32, 37, 40, 73
Bristol ... 35, 48, 54, 92, 93
Briviesca ... 41, 57, 69, 70
Brixen (Bressanone) ... 67
Brno *(siehe* Brünn)
Brody ... 111, 112
Bruchsal ... 52
Brühl ... 52
Brünn (Brno) ... 51, 66, 67, 106
Brusasco ... 73a
Brusilov ... 111
Brüssel (Bruxelles) ... 46, 54, 105
Brzeziny ... 111
Bubastis ... 27
Buchach *(siehe auch* Buczacz) ... 56
Buchen ... 52
Buchsweiler ... 95
Bucovice ... 106
Buczacz *(siehe auch* Buchach) ... 111, 112
Buda *(siehe auch* Pest, Budapest) ... 77, 81, 108
Budapest *(siehe auch* Buda, Pest) ... 116
Büdingen ... 52
Budrio ... 73
Buenos Aires ... 97
Bug ... 111, 112
Buchara ... 60
Buitrago ... 41, 47, 69
Bujalance ... 69
Bukarest ... 103, 109, 116
Bulgaren, Schwarze ... 16
Bungay ... 35, 48
Burgau ... 51
Burgbernheim ... 51
Burgdorf ... 68
Burghausen ... 51
Burgkundstadt ... 50
Burgos ... 11, 28, 29, 41, 44, 47, 57, 69, 70, 76, 92, 101
Burgund ... 49
Burion (Boreum) ... 1, 2, 24
Burjäten ... 16
Burriana ... 41
Bursa ... 63, 74, 78, 80
Bury St. Edmunds ... 35, 48
Busca ... 73a
Busiris ... 27
Bydgoszcz ... 111
Byzantium (Stadt) *(siehe auch* Konstantinopel) ... 2
Byzanz *(siehe auch* Oströmisches Reich) ... 2, 4, 5, 10, 15

C

Caccamo ... 73
Cáceres ... 41, 70, 76
Cádiz (Stadt) ... 28, 41, 69, 75
Cádiz, Golf von ... 59
Caen ... 49
Caerleon ... 48
Caesarea (in Algerien) ... 1, 2
Caesarea (in der Türkei) ... 1, 5
Caesarea (in Eretz Israel) ... 3, 6, 10, 33, 37, 39
Cagli ... 73
Cagliari ... 2, 12, 18, 40, 69a, 73
Calabrien ... 18
Calaceite ... 47
Calahorra ... 41, 69, 76, 101
Calais ... 54
Calascibetta ... 73
Calatayud 2, 11, 28, 38, 41, 42, 47, 69, 76, 101
Calatrava ... 28, 29
Caldas de Mombúy ... 42
Calicut ... 97
Calizzano ... 73
Calneh ... 38
Caltabellotta ... 73
Caltagirone ... 73
Caltanissetta ... 73
Caluso ... 73a
Camaiore ... 73
Camarasa ... 42
Cambil ... 70a
Cambridge *(siehe auch* Cantabrigia) ... 35, 43, 48
Camerino ... 73
Cammarata ... 73
Campania ... 12
Campo do Calatrava ... 101
Campo Major ... 91, 92
Campobasso ... 73
Camposampiero ... 73
Camprodón ... 42, 47
Canale ... 73a
Candela ... 40, 73
Candia ... 35, 44, 63, 65, 78, 81, 85, 86
Canelli ... 73a
Cannes ... 49
Canneto ... 73b
Canopus ... 27
Canta ... 83
Cantabrigia *(siehe auch* Cambridge) ... 43
Canterbury ... 35, 48
Canytela ... 2
Capestang ... 44, 49
Capriata ... 73a
Capua ... 1, 2, 12, 18, 37, 40, 44, 69a, 73
Carbonne ... 49
Carcare ... 73
Carcassonne ... 14, 44, 49, 53
Cardela ... 70a
Cardica ... 37
Cardiff ... 104
Cardona ... 42
Carentan ... 35, 49
Carignano ... 73a
Carmagnola ... 73a
Carmona ... 28, 41, 57, 69, 70
Carpentras ... 45, 49
Carpi ... 73b
Carrión ... 41
Cartagena (in Kolumbien) ... 103
Cartagena (in Spanien) ... 11, 28, 41, 69, 70, 75, 76, 91, 101
Carthago ... 1, 2
Carthago Spartaria ... 2
Casale Monferrato ... 73a
Casalmaggiore ... 73b
Casalmorano ... 73
Casaloldo ... 73b
Casar de Palomero ... 41
Casarrubios ... 41
Casimir *(siehe* Kazimierz)
Casium ... 2
Cáslav ... 106
Cassano ... 73
Castel Bolognese ... 73
Castel d'Ario ... 73b
Castel Goffredo ... 73b
Castel Porziano ... 2, 40
Castel San Pietro ... 73
Castel Voltumo ... 40
Castelbelforte ... 73b
Castelfidardo ... 73
Castelfranco ... 73b
Castelfranco Veneto ... 73
Castell'Arquato ... 73
Castellammare ... 73
Castellane ... 49
Castellaro ... 73b
Castellón de Ampurias ... 41, 42, 47
Castellón de Farfaño ... 42
Castellón de la Plana ... 41, 63
Castellúcchio ... 73b
Castelnovo di Sotto ... 73b
Castelnuovo ... 81
Castelnuovo di Porto ... 73
Castelo Branco ... 47, 92
Castelo Rodrigo ... 59, 76
Castelponzone ... 73
Castelsarrasin ... 49, 53
Castelvetrano ... 73
Castiglion Fiorentino ... 73
Castiglione ... 73
Castiglione d. Stiviere ... 73b

REGISTER DER GEOGRAPHISCHEN BEGRIFFE

Castiglione Montovano 73b
Castro Marim 41, 59, 92
Castro Urdiales 76
Castrocaro 73
Castrojeriz 28, 41, 69, 70
Castronuovo 73
Castroreale 73
Castrovillari 40, 73
Cata 108
Catania 2, 12, 18, 22, 40, 73
Catanzaro 40, 73
Cattaro 81
Caudebec-en-Caux 49
Cava de' Tirreni 73
Cavagliá 73a
Cavaillon 47, 49
Cavallermaggiore 73a
Cave 73
Cavour 73a
Cavriana 73b
Ceará 98
Cefalú 73
Celico 73
Celje (*siehe* Cilli)
Cento 73b
Ceresara 73b
Cerigo (Kithira) 81
Cervera 41, 42, 47, 69
Cerveteri 2
Cérvia 73
Cesena 73
Ceuta 24, 25, 83, 101
Ceva 73
Ceylon 99
Chaiba 2, 4, 7, 8, 37, 91
Chalcis 37, 78
Châlons-sur-Marne 49
Chalon-sur-Saône 2, 14, 49, 55
Cham 51
Champagne 49
Champagnole 49
Chantemerle 49
Chaource 49
Charray 49
Chartoriysk (Staryy Chartoriysk) 111
Chartres 49
Chasaren 5, 13
Chasarien, Chasarisches Reich 15, 17
Château-Landon 49
Château-Thierry 49
Châteaudun 49
Châteauneuf-sur-Loire 49
Châteaurenard (-Provence) 49
Châtellerault 49
Châtenois 52
Chaumont-en-Bassigny 49
Chaumont-en-Vexin 49
Chauny 49
Chaussin 49
Chaves 41, 59
Chechelnik 111
Checiny 111
Checy 49
Chelm 56, 111, 112
Chelva 41
Cherasco 73a
Cherchel 76a, 83
Chernobyl 111
Cherson 5, 15, 16
Chiaromonte 73
Chichester 35, 48
Chieri 73a
Chieti 73
Chigirin 112
Chile 97
Chillón 41, 69, 92
Chillon 54, 68
China 60, 97
Chinon 43, 49, 53, 55
Chios 37, 63, 78, 81, 85
Chiusi 73
Chivasso 73a
Chodziez 111
Chojniki 111
Chomsk (Khomsk) 111
Chorazin 3, 79
Choroszcz 111
Chotebor 106
Christopolis 37
Chrysapolis 2
Chudnov 111, 112
Ciechanów 111
Ciechanowiec 111
Cifuentes 49
Cigliano 73a
Cilli (Celje) 66
Ciminna 73
Cingolí 73
Circesium 2, 20, 21, 37, 60
Ciriè 73a
Cirta (*siehe auch* Syrte) 2
Cisneros 41
Cittá della Pieve 73
Cittá di Castello 62, 73
Cittadella 73
Cittaducale 73
Ciudad Real 41, 57, 69, 101
Ciudad Rodrigo 41, 69, 76, 101
Ciudadela 42
Cividale del Friuli 73
Civita Castellana 73
Civitanova 73
Civitavecchia 2, 40
Clermont (-Ferrand) 2, 13, 32, 49, 55
Clisson 39, 43, 49
Clusium 2
Cnidus 2
Coburg 46, 51
Cocentaina 41
Cochem 52
Cochin 99, 116
Coimbra 28, 29, 41, 59, 69, 76, 91, 101
Colchester 48
Colle di Val d'Elsa 73
Colmar 49, 51, 52, 54, 66, 95, 105
Cologna Veneta 73b
Colonia (*siehe* Köln)
Colorno 73b
Comiso 73
Como 73
Compiègne 55
Concordia 2, 40
Condom 49, 53
Conegliano 73
Constantina 41
Constantine 83
Constantinopolis (*siehe auch* Konstantinopel) 1
Conversano 73
Conwy 48
Copertino 73
Corato 73
Corbeil 43, 44, 49
Córdoba (Emirat) 13
Córdoba (Kalifat) 29
Córdoba 1, 2, 11, 15, 17, 20, 22, 28, 29, 37, 41, 47, 57, 69, 69a, 70, 70a, 71, 76, 92, 101
Coreglia 73
Cori 81
Coria 69, 70, 76, 101
Corigliano 40, 73
Corinaldo 73
Corleone 73
Corréggio 73b
Cortemilia 73a
Cortona 73
Corycus (in Pamphylien) 2
Corycus (in Zilizien) 2, 37
Cosenza 40, 73
Cosne-sur-Loire 49
Coucy 43
Coucy-le-Château Auffrique 49
Coulommiers 49
Courson 43
Courson (-les-Carrières) 49
Coutances 49
Coventry 48
Covilhã 41, 59
Crac des Chevaliers 33
Cranganur 99
Creglingen 50
Crema 73
Cremona 40, 73, 88, 89
Crescentino 73a
Crest 47, 49
Creussin 51
Crevalcore 73b
Crotone 40, 73
Crozant 49
Cuéllar 41, 57
Cuenca 28, 41, 57, 69, 76, 101
Cuers 49
Cúllar de Baza 47
Cuneo 73
Cuorgnè 73a
Curaçao 98
Curitiba 98
Cuzco 97
Cyrene 1, 2, 24
Cyzicus 2

D

Dabbura 3
Dabiya 3
Dachau 51
Dalton 3, 23, 79
Dama 2
Damanhur 84
Damaskus (Stadt) 1, 2, 5, 7, 10, 17, 20, 22, 23, 32, 33, 37, 38, 45, 61, 62, 65, 77, 80, 81, 85, 86, 88, 91, 114, 116
Damaskus (Emirat) 33
Damiette (*siehe auch* Dumyat) 35, 37, 38, 65
Dampierre 43, 44, 49
Dan 23
Dänemark 104
Danzig (Gdansk) 54, 56, 92, 111
Daphnae 27
Daroca 28, 41, 42, 69, 101
Darum 33
David Gorodok 111
Deccan (Hochland) 99
Dedan 7, 8
Deggendorf 51, 67
Deidesheim 52
Delhi 99, 116
Delle 52
Delphi 2
Den Haag 96
Denia 28, 69, 76
Derazhno (*siehe auch* Derazhnya) 111
Derazhnya (*siehe auch* Derazhno) 87
Derbent 1, 10, 15, 16
Derby 48
Dertosa (*siehe auch* Tortosa in Spanien) 2
Deruta 73
Desna 111, 112
Dessau 88
Deutschland (*siehe auch* Heiliges Römisches Reich) 17, 30, 74, 96
Devizes 35, 48
Dibse (Thapsacus) 37
Didymótichon 78
Dieburg 52
Dieppe 49
Diessenhofen 52, 66, 68
Diez 52
Digne 47, 49
Dijon 2, 49, 55
Dikka, Khirbet ed 3
Dillingen 51
Dimeira 84
Dingolfing 51
Dinkelsbühl 50
Dinslaken 52
Diospolis (*siehe auch* Lod) 6
Dittenbrunn 55
Dnjepr 15, 16, 17, 38, 60, 111, 112, 116
Dnjestr 56, 111, 112
Dobromil 111

REGISTER DER GEOGRAPHISCHEN BEGRIFFE

Dobrzyn (Golub-Dobrzyn) 111
Docimium 2
Dôle 49
Domfront 49
Don 15, 16, 116
Donau 1, 5, 10, 17, 31, 32, 35, 51, 108, 116
Donaueschingen 67
Donauwörth 46, 51
Dorfen 51
Dormagen 52
Dormans 49
Dortmund 51, 52
Dorylaeum 2
Dourdan 49
Douro (in Portugal) (siehe auch Duero) 59
Dover, Straße von 48
Draguinan 49
Dráma 37, 63
Dresden 51, 54
Dreux 43, 49
Drohiczyn 111
Drohobycz 56, 111
Drosendorf 51
Drusen 61
Dscherba 24, 26, 65, 83, 85, 115
Dschidda 10, 17, 91
Dublin 54, 92, 93, 116
Dubno 56, 111, 112
Duderstadt 51
Dueñas 41
Duero (Fluß in Spanien) (siehe auch Douro) 11, 28, 29
Duisburg 52
Dukla 111
Dulcigno (Ulcinj) 113, 114
Dülken 52
Dumyat (siehe auch Damiette) 84, 91
Dunstable 35, 48
Dun-sur-Auron 49
Dura (-Europos) 2, 5, 21
Durango 69
Durazzo 35, 63, 78
Düren 52
Dürkheim (Bad Dürkheim) 52
Dürnstein 46
Durosturum 2
Dürrwangen 51
Dvina 110
Dvorets 111

E

Ebba Ksour 26
Eberbach 52
Ebermannstadt 50
Ebern 51
Eboli 73
Ebro 11, 28, 29
Ecbatana (Hamadan) 1, 2, 5, 21, 22
Echalar 47
Écija 41, 65
Edessa 1, 2, 5, 32, 33, 35
Edfu 2
Edrei 2, 7, 22, 23, 61
Eger (Cheb) 51, 66, 106
Eggenburg 51
Eggenfelden 51
Eggolsheim 50
Egna 73
Ehingen 51
Ehnheim 52
Ehrenburg 52
Eichstätt 50
Ein Ganim (siehe auch Jenin) 79
Ein Gedi 3
Ein Tiraya 79
Ein Zeitim 23, 79
Eisenach 51
Eisenstadt 51, 108
Ejea 41, 42
El Burgo (de Osma) 41, 101
Elaea 2
Elat 7, 32, 33
Elbe 51, 106

Elbeuf 49
Elche 11, 41
Elephantine 27
Elimberris (siehe auch Auch) 2
Ellwangen 50
Elsaß 49, 52, 95
Eltville 52
Elvas 41, 47, 59, 76
Elvira (siehe auch Granada) 1, 2, 11, 28
Emerita Augusta (siehe Mérida) 2
Emmerich 52
Empoli 73
En Nashut 3
Endingen (Elsaß) 52, 66
Endsee 50
England 43, 48, 74, 75, 93, 97
Enna 73
Ennezat 49
Enns 66
Ensisheim 39, 49, 52, 66
Épernay 49
Ephesus 1, 2, 78
Eppingen 52
Erdberg 51
Erding 51
Eretz Israel (Palästina, Heiliges Land) 22, 39, 44, 45, 60, 61, 81
Erfurt 44, 46, 50, 54, 66, 67
Erkelenz 52
Erlau 67, 108
Erstein 52
Escalona 11, 41, 57, 69, 70
Eshtemoa 3
Essen 52
Eßlingen 46, 51, 52, 67
Estadillo 42, 70
Este 73
Estella 28, 41, 69, 76, 101
Estremadura 59, 75
Estremoz 41, 65
Esztergom (siehe auch Gran) 108
Étampes 49
Ettendorf 95
Ettenheim 52
Euboea 63
Eumeneia 2
Euphrat 5, 7, 13, 17, 21, 33, 60, 116
Euripos 44
Europa 116
Euskirchen 52
Evlayim 3
Évora 28, 41, 47, 59, 69, 91, 101
Evpatoria 110
Évreux 43, 49
Exeter 48
Ezion-geber 4

F

Fabriano 73
Fadak 7, 8
Fadschum (Depression) 84
Fadschum (Faiyum) 1, 2, 22, 27, 37, 84
Faenza 73
Falaise 43, 49
Falerii 2
Falkenstein 51
Falset 47
Famagusta 35, 62, 65, 80, 81
Fano 73
Farama 17, 37
Fariskur 84
Faro 41, 44, 47, 59, 69, 88, 92
Fars 17
Fatehpur 99
Favria 73a
Feàs 47
Fécamp 49
Felanitx 42
Feldkirch 51
Feldsberg 51
Feltre 73
Fermo 73
Ferrara 2, 18, 40, 45, 62, 73, 86, 88, 89

Ferrette 52
Fès 10, 17, 20, 22, 24, 25, 44, 76a, 83, 86, 88, 116
Feuchtwangen 51
Fidenza 73
Figueras 41, 42
Finale Emilia 73b
Fiorenzuola d'Arda 73
Fismes 49
Fiume 108
Flandern 46, 75
Flint 48
Florenz (Firenze) 44, 54, 73, 80, 116
Florina 78
Floss 51
Foggia 40, 73
Foligno 73
Fondi 2, 40, 73
Fontanetto 73a
Forcalquier 49
Forchheim 50
Forchtenberg 50
Forlì 73
Fort St. George (siehe auch Madras) 99
Fortuna 47
Fossano 73a
Fossombrone 73
Fraga 41, 42, 69
Franche-Comté 55
Franken 51
Frankenhausen 51
Frankenstein 106
Frankfurt (am Main) 13, 14, 15, 46, 50, 52, 54, 67, 82, 88, 105, 115, 116
Frankfurt (an der Oder) 67, 88
Fränkisches Reich 2, 11, 19
Frank(en)reich 15, 17, 43, 44, 45, 49, 53, 55, 74, 75, 82, 97
Frascati 73
Frassineto 73a
Freiburg 52, 66, 67, 88
Freising 51
Freixo (de Espada á Cinta) 92
Fréjus 49
Freudenberg 50, 52
Freystadt 50
Fribourg 68
Fridingen 46
Friedberg 43, 50, 52
Friedrichshafen 52
Friesach 66
Friesland 96
Fritzlar 46, 51
Fromista 41, 47, 69
Fubine 73a
Fuenterrabia 76
Fulda 13, 35, 52
Fürstenfeld 66
Fürth 88
Fustat (siehe auch Kairo) 17, 20, 22, 24, 27, 39, 65
Fuwa 84

G

Gabès 22, 24, 26, 83
Gader 3
Gades (siehe auch Cadiz) 2, 11
Gaeta 35, 40, 73
Gafsa 26, 83
Galapagos-Inseln 98
Galich (siehe auch Halicz) 56, 87, 111
Gallipoli (in der Türkei) 35, 37, 57, 65, 77, 78, 81, 82, 113, 115
Gallipoli (in Italien) 40, 73
Gamburg 50
Gandia 41
Gandia 76
Ganges 60, 99, 116
Gangra 2
Gardanne 49
Gardenas (siehe Grodno)
Garonne 49
Gars 51

REGISTER DER GEOGRAPHISCHEN BEGRIFFE

Gascogne 49
Gassino 73a
Gattinara 73
Gavi 73
Gaza (Sanjak) 79
Gaza 2, 3, 4, 5, 6, 7, 33, 38, 61, 62, 65, 79, 85, 91, 113, 114, 115
Gazzuolo 73b
Gdansk (*siehe* Danzig)
Gebal (Byblos) 2
Gebweiler (Guebwiller) 49, 52
Gelderland 96
Geldern 52
Gelnhausen 52
Gemona (del Friuli) 73
Gemünden 50
Genazzano 73
Genezareth, See 79
Genf 35, 66, 68, 88
Genova (*siehe* Genua)
Genua (Genova) 2, 12, 14, 18, 22, 35, 37, 40, 54, 62, 63, 65, 66, 69a, 73, 88, 89, 102, 116
Genua, Republik 66, 73, 102
Genzano 44
Georgien 38
Gerace 40, 73
Geraci 73
Gerasa 2, 3
Geresh 21
Gerizim (Berg) 16
Germa 2
Germanicopolis 2
Germersheim 52
Gerolstein 52
Gerolzhofen 50
Gerona 11, 13, 28, 29, 37, 39, 41, 42, 44, 47, 54, 57, 69, 69a, 76
Gerrha 7
Ghazna 10
Ghom 20
Giarole 73a
Gibraltar 57, 69, 70a, 76
Gießen 52
Gioi 73
Giovinazzo 40
Girga 91
Gisors 49
Giurgiu 77
Givat Binyamin 62
Giza 84
Gladbach (Mönchen-Gladbach) 52
Glasgow 104
Glatz 106
Glinyany 111
Glogau (Glogów) 66
Gloucester 35, 48
Glówno 111
Glucholazy 51, 106
Glückstadt 92
Gmünd (Schwäbisch Gmünd) 51
Gnesen (Gniezno) 56, 111
Goa 97, 99, 103, 116
Goch 52
Goito 73b
Goldenes Horn 64
Gómara 69
Gomel 111, 112
Gonzaga 73b
Görlitz 51, 66
Gorizia (*siehe* Görz)
Gorodenka 111
Gortyna 2
Görz (Gorizia) 39, 66
Goslar 51
Gostyn 56
Göttingen 51
Gouveia 69
Governob 73b
Gradisca d'Isonzo 73
Grado 40
Gran (*siehe auch* Esztergom) 35
Granada (Provinz) 28, 69, 70
Granada (*siehe auch* Elvira) 1, 2, 22, 28, 29, 37, 41, 47, 69, 69a, 70, 70a, 75, 76, 101
Granada (Königreich) 41
Granollérs 42
Granov 111
Grasse 49
Graubünden 68
Gravina 40, 73
Gray 49
Graz 51, 66
Greding 50
Grenoble 49
Greussen 50
Grevenbroich 52
Griechenland 44, 85, 113
Grimaldi 73
Grimaud 49
Gródek 111
Grodno 56, 110, 111, 112
Grodzisk 111
Gronau 51
Groningen 96
Grosseto 73
Großostheim 50, 52
Großpolen (*siehe auch* Polen) 56, 111
Grottaglie 73
Grünberg 52
Grünsfeld 50
Guadalajara ... 28, 29, 41, 44, 47, 57, 69, 70, 88
Guadalquivir 28, 29
Guadalupe 41, 69, 76, 101
Guadiana 11, 28, 29
Guadix 70a
Gualdo Tudino 73
Guarda 41, 47, 59
Guardiagrele 73
Guastalla 73b
Guatemala 103
Gubbio 73
Guebwiller (*siehe* Gebweiler)
Guettar, El- 26
Gügel 50
Güglingen 50, 52
Guimarães 41, 59
Guisona 42
Gundelfingen 51
Günzburg 51
Gunzenhausen 50
Gurk 105
Gush Halav 3, 23, 38, 39, 79
Gusyatin 111
Györ 108
Gyozlev 81
Gyula 108

H

Haag, Den 96
Hachenburg 52
Hadersdorf 51
Haditha 2, 37
Hadrach 23
Hadrumetum 2
Hagenau 49, 52, 66, 95
Haifa 23, 33
Hainburg 51
Haiti 98, 116
Hajar 7, 8, 10
Hajeb el-Aïoun 26
Hajehudin 2
Halicarnassus 2
Halicz (*siehe auch* Galich) 87
Hall (Solbad Hall) 67
Hals 51
Halutza 6
Halwan (in Persien) 2, 21
Ham 35
Hama (*siehe auch* Hamath) 37, 61, 81
Hamadan 2, 20
Hamath (Epiphania, Hama) 2, 38
Hamath (Hamath Gader) 23
Hamburg 66, 88, 92, 105, 115, 116
Hameln 51
Hamma 26, 83
Hammam Lif 26
Hammelburg 46, 50, 51
Hanau 52, 67, 88, 105
Hannover 105
Harburg 51
Harlech 48
Haro 41, 57, 69
Harra 91
Harran 37, 38
Haslach 52
Haßfurt 50
Hatra 21, 60
Hebron 3, 6, 23, 33, 37, 38, 44, 61, 62, 79, 82, 91, 113, 115
Hedschas 8, 91
Hegenheim 95
Heideck 50
Heidelberg 52, 67
Heidingsfeld 50
Heilbronn 50, 52
Heiliges Römisches Reich (*siehe auch* Deutschland) 18, 66, 105
Heimerzheim 52
Heinbach 52
Heliopolis 2, 27
Helmstedt 51
Helwan 27, 84
Henchir 26
Heppenheim 52
Herakleopolis Magna 27
Herat 10, 60
Hereford 35, 48
Hermopolis 27
Hermopolis Magna 2, 27
Hermopolis Parva 27
Herrenberg 52
Herrera (del Duque) 92
Herrlisheim 52
Hersbruck 50
Hervaás 41
Hessen 51
Hijar 88
Hijaz 8, 91
Hildesheim 67
Hilla 37, 38, 60
Himalaya 99
Himjar (Königreich) 4
Hippo (Regius) 1, 2
Hira 10
Hirschberg 106
Hispania 1
Hit 2, 21, 37
Hittin (*siehe* Qarne Hittim)
Höchstadt 50
Hof 51
Hohentrüdingen 50
Holesov 106
Holland 82, 93, 96, 97
Hollfeld 50
Hombach 52
Homberg 51
Homs (Emesa) 2, 33, 61
Horn 51
Hornberg 52
Horovice 106
Hradiste 106
Hranice 106
Hrubieszów 56, 111, 112
Huang He 116
Huesca .. 28,29, 41, 42, 45, 47, 53, 69, 76, 101
Huescar 70a
Huete 47, 57, 69, 70
Hulda 3
Hunin 83
Huntingdon 48
Husayfa 3
Hyères 49
Hythe 48

I

Iasus 2
Ibilin 23
Ibiza 41, 42

REGISTER DER GEOGRAPHISCHEN BEGRIFFE

Ibiza (Insel) 42, 69
Iconium *(siehe auch* Ikonion) 5
Iesi 73
Iglau (Jihlavá) 66, 106
Iglesias 73
Ikonion *(siehe auch* Iconium) 2
Île de Grès 33
Ilintsy 111
Ille 42
Illescas 57, 69
Illiers 49
Imola 40, 73
Inca 42
Incisa 73a
Indien 85, 97, 99
Indischer Ozean 97, 99, 116
Indus 99, 116
Ingelfingen 50
Ingolstadt 46, 51, 66, 67
Innsbruck 51, 67
Inowroclaw 111
Intercisa 2
Ioánnina (Yanina) 63, 78, 80, 114
Ios 2
Iphofen 50, 51
Ipswich 35, 48
Irland 93
Iscina 1, 2
Iserlohn 52
Isernia 73
Isfahan 1, 2, 10, 17, 60
Isle Aumont 49
Isny 88
Isola Dovarese 73
Istanbul *(siehe auch* Konstantinopel) 63, 65, 75, 78, 80, 81, 82, 85, 88, 113, 114, 115, 116
Italien 17, 19, 43, 44, 45, 74, 75, 76a, 82, 85, 86, 103
Ivrea 73
Izmir *(siehe auch* Smyrna) 22, 77, 78, 80, 88, 113, 114, 115, 116
Izola 73
Izyaslav 111, 112

J

Jabne 6, 33, 37
Jaca 28, 41, 42, 53, 69, 101
Jadu 24
Jaén 28, 29, 41, 57, 69, 70, 70a, 76, 101
Jaffa 1, 2, 6, 23, 33, 37, 39, 62, 65, 74, 75, 81
Jägerndorf (Krnov) 106
Jahijan 21
Jamaika 98, 116
Jambol 78
Jamnia *(siehe* Jabne, Jaffa)
Jamnitz 51, 106
Janbu 10
Jangtse 60, 116
Janów 111
Janville 49
Japhia 3
Jaroslaw *(siehe auch* Yaroslaw) 111, 112
Jasieniec 111
Jaslo 56
Játiva 41, 44, 47, 69
Java 97
Javorov 111
Jemen 82, 91
Jenin *(siehe auch* Ein Ganim) 79
Jerez de la Frontera 41, 57, 69, 70, 101
Jericho 3, 6, 23, 62
Jerusalem 1, 2, 3, 4, 5, 6, 7, 10, 20, 22, 23, 32, 33, 34, 35, 37, 38, 39, 60, 61, 62, 65, 74, 77, 79, 81, 82, 85, 86, 91, 113, 114, 115, 116
Jerusalem (Königreich) 33
Jerusalem (Sanjak) 79
Jezira *(siehe* Jezirat Ibn-Amar)
Jezirat Ibn-Amar 21, 37
Jicín 106
Joigny 43, 49
Joppa *(siehe* Jaffa)
Jordan 3, 60, 79
Józefów 111
Judenau 51
Judenburg 51
Jülich 52
Julis 79
Jussey 49

K

Kabul (in Afghanistan) 10, 60
Kabul (in Eretz Israel) 79
Kadesh (Kadesh Naftali) 23, 79
Kaffa 15, 16, 54, 60, 62, 65, 77, 86, 110, 116
Kafr Cana 3,79
Kafr Yasif 79
Kaifeng 60, 97, 116
Kairawan 10, 17, 18, 20, 22, 24, 26, 82
Kairo 37, 38, 39, 45, 62, 65, 77, 80, 84, 88, 91, 113, 115, 116
Kaiserslautern 52
Kaiserstuhl 46
Kaiserswerth 52
Kale 37
Kalisch (Kalisz) 56, 110, 111
Kalkutta 97, 99
Kalush 111
Kaluszyn 111
Kamenets (in Litauen) 111
Kamenets Podolskiy *(siehe auch* Kamenets) 56
Kamenez *(siehe auch* Kamenets Podolskiy) 111, 112
Kamp (-Bornhofen) 52
Kanaf, Khirbet 3
Kanarische Inseln 97, 101, 103
Kandahar 10
Kane 2, 4, 7
Kanev 111
Karakorum 60
Karanis 27
Karden (Treis-Karden) 52
Karibik 98
Karlsbad (Karlovy Vary) 106
Karlstadt 50
Karolingerreich 14
Kasba-Tadla 83
Kaschmir 99
Kaspisches Meer 5, 15, 16, 17, 116
Kaster 52
Kastilien (Königreich) 29, 41, 69, 69a, 70, 75, 76
Kastoria 78, 114
Katalonien (Königreich) 42, 69
Katzrin 3
Kaub 52
Kaufbeuren 51
Kavalla 78
Kayserberg 49, 52
Kayseri 32
Kazimierz *(siehe auch* Casimir) 56
Kazvin 5
Kebili 26
Kef, El 26
Kefar Awarta 62
Kefar Baram 3, 79
Kefar Hananya 23, 79
Kefar Mandi 23
Kefar Nahum 3, 79
Kefar Nevoraya 3
Kelheim 51, 66
Kempen 52
Kempten 51
Kenzingen 52
Kepno 111
Kerak (Sanjak) 79
Kerak 33
Kerch 15, 16
Kerman 17
Kerman (Provinz) 17
Kerpen 52
Khan el Tujar 79
Khaniá (Canea) 63, 85
Khanka, El 84
Khartum 91
Khazraj, Banu 9
Khmelnik 111
Kiew 15, 17, 22, 38, 44, 77, 110, 111, 112, 116
Kiewer Reich 15
Kifri 1
King's Lynn 35, 48
Kiphato 37
Kirchberg 52
Kirchenstaat 18, 30, 40, 69a, 85, 89, 102
Kirchheim 51
Kiriath Sefer 23
Kirmanschah 21
Kirn 52
Kishor, Hurbat 3
Kissingen (Bad Kissingen) 50
Kitzingen 50, 51
Klagenfurt 66
Klatovy 106
Kleingartach 50, 52
Klein-Polen 56, 111
Klein-Rhodos *(siehe auch* Rodosto) 81
Kletsk 111
Klevan 111
Kleve 52
Klingenberg 51
Klingenberg am Main 50, 52
Klosterneuburg 51
Kobern 52
Koblenz 31, 52
Kobrine 111
Kokhav Ha-Yarden 3
Kolchis (Lazica) 2
Kolín 106
Kolki 111
Köln (Colonia) 1, 2, 14, 17, 20, 22, 30, 31, 32, 35, 43, 44, 46, 52, 54, 66, 67, 74, 88, 105, 116
Kolomyya 111
Komarno 111, 112
Kongo 116
Königheim 50
Königsberg 51
Königsee 50
Königshofen 50
Königstein 52
Königswinter 52
Konin 56
Konstantinopel 4, 5, 10, 15, 17, 20, 22, 32, 35, 37, 44, 54, 60, 63, 64, 77
Konstantinow 111, 112
Konstanz 52, 67, 68
Kopenhagen 88
Koper (Capodistria) 73
Koptos 27
Korets 111,112
Korfu 37, 62, 63, 65, 78, 81, 82, 114
Korinth (Corinthus) 2, 37, 63, 78
Koróni 63, 78
Korostyshev 111
Korsika 18, 40, 65, 69a, 73, 89, 102
Korsun 112
Kos 2, 63, 78
Koscian 56
Kosice 108
Kosovo 63,65
Kostelec n. O. 106
Koszeg 108
Kounice 106
Kovel *(siehe auch* Kowel) 111
Kovno (Kaunas) 111
Kowal 111
Kowel *(siehe auch* Kovel) 56, 110
Kozienice 111
Kraiburg 51
Krakau 56, 86, 88, 110, 111, 116
Krasnik 112
Krasnystaw 87
Kratovo 78
Krautheim 50, 51
Kremenez (Krzemieniec) 110, 111, 112
Krems 35, 51
Kreta 62, 63, 77, 78, 80
Kreuzfahrerstaat 32
Kreuznach (Bad Kreuznach) 46, 52
Krim 81, 110

REGISTER DER GEOGRAPHISCHEN BEGRIFFE

Krisa 63
Kroatien 18, 19, 30
Krobia 111
Kromeriz 51, 106
Kronach 50
Kronsberg 52
Krosno 56
Krotoszyn 111
Krov 52
Krzemieniec *(siehe* Kremenets)
Ktesiphon 1, 2, 4, 5, 7, 10, 21
Kuba 98, 116
Kufa 10, 17, 21, 37, 60
Kulmain 50
Külsheim 51
Künzelsau 50, 67
Kurdistan 82
Kurland 104
Kusel 52
Kussadasi 78
Küstendil 78
Kutno 111
Kuty 111
Kyburg 68

L

L'Aquila 73
L'Argentière 45
L'Ilse-sur-la-Sorgue 47, 49
La Almunia 47
La Bisbal 42
La Coruña 41, 47, 69, 76
La Goulette 26
La Javie 49
La Mancha 75
La Marsa 26
La Motte-du-Caire 49
La Rambla 70a
La Rochelle 47, 49, 92
La Volta 73b
Laa 51
Labdah (Leptis Magna) 24
Lachva (Lakhva) 111
Ladenburg 52
Laferté-sur-Aube 49
Lagos 41, 59, 91, 92
Laguardia 69
Laguna de Negrillos 47
Lahnstein 52
Lahore 99
Lahr 52
Laibach *(siehe auch* Ljubljana) 66
Lalbenque 47, 49
Lambesc 49
Lamego 101
Lamia 37, 63
Lampsacus 2
Lanciano 40, 73
Lançon 49
Landau 51
Landau in der Pfalz 52, 66
Landsberg 51
Landshut 51, 106
Langeac 49
Langenlois 51
Langenlonsheim 52
Langenzenn 50
Langnau 68
Laodicea *(siehe auch* Latakia) 2, 33, 37
Laon 49
Larache 25, 83
Laranda 35
Laredo 69, 76
Larissa 2, 63, 78, 80
Las Palmas 101
Lastovo 81
Latakia *(siehe auch* Laodicea) 33, 37
Lauda 35, 50, 51
Laudenbach 51
Lauf 51
Laufenburg 68
Lauingen 46, 51
Lauriacum *(siehe auch* Lorch) 2

Lausanne 68
Lauterburg 49, 52
Lavello 2, 40
Lazica (Kolchis) 2
Le Luc 49
Le Mans 49
Le Mas d'Agenais 49
Lecca 73
Lechenich 52
Leczna 111
Leczyca 56, 110, 111
Ledesma 41
Legio 6
Legnano 73, 73b
Leibnitz 51
Leicester 35, 48
Leiden 88
Leipheim 51
Leipzig 51, 88
Leiria 41, 47, 59, 88
Lelów 111
Lemberg (Lvov) . 56, 62, 87, 110, 111, 112, 116
Lemnos 2, 78
Lena 116
Lendinara 73
Lentini 73
Leoben 51
León 11, 28, 29, 41, 57, 69, 69a, 70, 76, 92, 101
León (Königreich) 28
Leonberg 52
Leontini 2
Leontopolis 2, 27
Lepanto 63, 77, 78
Leptis 2
Lérida 28, 29, 38, 41, 42, 44, 45, 57, 69, 76, 101
Les Arcs 49
Lesbos 63, 78
Leszno 111
Letichev 111
Lezajsk 111
Lhasa 60
Libyer 2
Licata 73
Lichtenberg 50, 52
Lichtenfels 50
Liegnitz (Legnica) 51, 60, 66, 106
Lienz 51
Liepaja 110
Ligny-le Ribault 49
Ligurisches Meer 73
Lille 46
Lillebonne 49
Lima 97, 98, 103
Limassol 35
Limburg 52
Limoges 49
Limoux 49
Limyra 2
Lincoln 35, 43, 48
Lindau 51, 66, 68
Linz 46, 51
Linz am Rhein 52
Lipník 106
Lipovets 111
Lisieux 49
Lissabon (Lisboa) 11, 28, 29, 35, 41, 44, 47, 59, 65, 69, 69a, 75, 76, 76a, 88, 91, 92, 97, 101
Litani 61
Litauen 56, 74, 110, 111
Litin 111
Livorno 73, 80, 88, 91, 102, 114, 115
Livorno Ferraris 73a
Ljubljana *(siehe auch* Laibach) 66
Llansa 91
Llerena 41, 69, 101
Lobzenica 111
Loches 46, 49
Lod *(siehe auch* Diospolis) 6, 23, 33, 37
Lodi 82
Logroño 41, 101

Lohr (am Main) 50
Loire 35, 49
Loja 70a
Lokachi 111
Lokhvitsa 111, 112
Lombardei 18
Lomza 56
London 1, 13, 35, 43, 48, 54, 74, 75, 88, 92, 93, 94, 104, 115, 116
Longueville-sur-Scie 49
Lonigo 73b
Lons-le-Saunier 49
Lorca 28, 41, 70, 70a, 76, 91
Lorch 2, 52
Loreto 73
Lormaye 49
Loro Piceno 73
Lothars Reich *(siehe auch* Lothringen) 14
Lothringen 14, 30, 49, 55, 66
Loulé 41, 59
Lourdes 53
Lövenich 52
Löwenstein 46
Lu 73a
Lúbaczów 56
Lubartów 111
Lübeck 67
Lublin 56, 62, 88, 110, 111, 112
Lubny 112
Lucca 12, 13, 18, 22, 30, 37, 40, 73
Lucena 11, 22, 28, 29, 41, 47, 70a
Lucera 40, 73
Lucignano 73
Luck 56, 87, 110, 111, 112
Ludmir *(siehe auch* Vladimir in Wolhynien) 56, 111, 112
Ludwigs Reich 14
Lugagnano 12
Lugano 46
Lugdunum *(siehe auch* Lyon) 1, 2
Lugo (in Italien) 40, 73
Lugo (in Spanien) 47, 76
Luków 111
Luna (in Italien) 2, 40
Luna (in Spanien) 42
Lundenburg (Breclav) 106
Lüneburg 51
Lunel 37, 38, 39, 44, 45, 49
Luz (in Frankreich) 53
Luz (in Portugal) 92
Luzern 51, 67, 68
Luzzara 73b
Lvov *(siehe* Lemberg)
Lyon 13, 14, 15, 17, 20, 22, 32, 35, 47, 49, 55, 88, 116
Lystra 2
Lyubar 111
Lyuboml 111, 112

M

Ma'ara 2
Maan 7
Macau 97
Maceda 47
Macerata 73
Macomer 2, 40
Mâcon (Matisco) 2, 14, 49
Madagaskar 97
Maddaloni 73
Madeira 97
Madjan Magna 7
Madras *(siehe auch* Fort St. George) 99, 116
Madrid 28, 41, 57, 69, 70, 76, 92, 97, 101
Madrigal 69, 70
Magdeburg 17, 30, 31, 43, 54, 66
Magnesia 2, 78
Magontiacum *(siehe auch* Mainz) 1
Mahdia 26
Mahón 2, 41, 42
Mähren 66, 106
Mährisch-Budweis 51
Mailand (Herzogtum) 89

127

REGISTER DER GEOGRAPHISCHEN BEGRIFFE

Mailand (Milano) ... 2, 12, 18, 22, 30, 32, 35, 40, 73, 102
Main ... 50
Mainz *(siehe auch* Mogontiacum) ... 10, 13, 14, 17, 22, 30, 31, 32, 35, 39, 43, 45, 46, 52, 54, 66, 67, 105, 115
Maiori ... 73
Makedonien ... 63
Maków ... 111
Malaca (in Spanien) *(siehe auch* Málaga) ... 2
Málaga *(siehe auch* Malaca) ... 11, 17, 22, 28, 41, 47, 65, 69, 70, 70a, 76, 76a
Malakka (in Malaysia) ... 97
Mallorca ... 1, 28, 29, 42 44, 69, 101
Malta ... 1, 102
Mancão ... 92
Manfredonia ... 73
Mangup ... 110
Manosque ... 49
Manresa ... 41, 42
Mansilla ... 41
Mansura, El- ... 84
Mantes-la-Jolie ... 49
Mantinea ... 2
Mantua ... 18, 40, 44, 54, 73b, 76a, 82, 86, 88, 89, 91, 102
Ma'on ... 3
Ma'oz Hayim ... 3
Maqna ... 7
Maqueda ... 41, 47, 69
Maragheh ... 21
Marash ... 2, 33
Marburg ... 52
Marcaria ... 73b
Marchegg ... 51
Marchena ... 70a
Mariana ... 73b
Marib ... 7
Marino ... 73
Markolsheim ... 52, 95
Markt Bibart ... 50
Marlborough ... 48
Marmande ... 49
Marmarameer ... 64
Marmoutier ... 49
Marokko ... 25, 76a, 82, 83
Marostica ... 73
Marrakesch ... 17, 22, 24, 25, 83, 116
Marsala ... 37, 73
Marsan ... 53
Marseille ... 2, 13, 14, 17, 22, 35, 37, 38, 44, 47, 49, 54, 55, 65, 74
Martinengo ... 73
Martinique ... 98, 116
Martirano ... 73
Martorell ... 42
Marvão ... 76
Masallatah ... 24
Maskat ... 10, 17, 97
Masmünster ... 52
Massa Fiscáglia ... 73
Massa Lombarda ... 73
Massa ... 83
Massawa ... 91, 97
Masserano ... 73
Massignano ... 73
Massing ... 51
Masuna ... 83
Mata-Mehasya ... 2, 21
Matelica ... 73
Matera ... 2, 18, 40, 73
Mateur ... 26
Matmata ... 83
Mattanchen ... 99
Mauretanien ... 2
Mautern ... 51
Mayen ... 52
Mayenne ... 49
Mayorga ... 41
Mazagan ... 25, 83
Mazara ... 73
Meaux ... 49
Meckenhausen ... 50
Mecklenburg ... 66
Médéa ... 83
Medellin ... 69
Médienine ... 26
Medina (Al-Madinah) ... 2, 4, 7, 8, 9, 10, 91
Medina de Pomar ... 41, 69, 70
Medina del Campo ... 41, 47, 57, 69, 70, 76, 101
Medina Sidonia ... 28
Medinaceli ... 41, 44, 69
Medjana ... 83
Médole ... 73b
Medzhibozh ... 111
Megiddo ... 62
Me'ilya ... 81
Meiningen ... 50
Meiron ... 3 23, 79
Meißen ... 51
Mekka ... 2, 4, 7, 8, 10, 91
Meknès ... 17, 25, 83, 115
Mekong ... 116
Meldola ... 73
Melfi ... 18, 37, 40, 73
Melgaço ... 76
Melitene ... 5
Mellingen ... 68
Mellrichstadt ... 50, 51
Melník ... 106
Melun ... 43, 49
Memel ... 56
Memmingen ... 51
Memphis (in Ägypten) ... 27
Memphis (Kurnub) ... 6
Menorca (Minorca) ... 1, 42, 69, 101
Mercadal ... 42, 44
Mergentheim (Bad Mergentheim) ... 50, 51
Mérida ... 11, 28, 41, 69, 70, 76
Merowe ... 91
Mers el-Kebir ... 76
Merseburg ... 30, 31, 51
Merton ... 48
Merw ... 10
Mesembria ... 63
Mesopotamien ... 60
Mesoraca ... 73
Messina ... 2, 12, 18, 19, 22, 35, 37, 38, 40, 44, 54, 62, 65, 69a, 73
Mestra (Sparta) ... 57
Mestre ... 73
Metz ... 2, 13, 14, 17, 30, 31, 43, 49, 115
Mexiko (Stadt) ... 97, 98, 116
Mexiko ... 98, 103
Mèze ... 47, 49
Mézel ... 49
Miden ... 51
Miedzychód ... 111
Miedzyrzec (Ost-Polen) ... 110, 111
Miedzyrzec (West-Polen) ... 110, 111
Mielnik ... 111
Mifshata ... 3
Migdal *(siehe auch* Askalon) ... 81
Migdal Hajehudim ... 2
Mileto ... 73
Miletus ... 2
Miliana ... 83
Militello ... 73
Millesimo ... 73
Miltenberg ... 52
Mindus ... 2
Mineo ... 73
Minho ... 59, 92
Miño ... 47
Miño ... 59
Minsk ... 110, 111, 112
Minya ... 2
Mióglia ... 73a
Mir ... 111
Mirabello ... 73a
Miranda (de Ebro) ... 28, 41, 47, 57, 70
Miranda do Corvo ... 41, 59
Miranda do Douro ... 41, 59, 69, 76, 92
Mirandola ... 73b
Mison ... 49
Mississippi ... 98, 116
Missouri ... 98, 116
Mistelbach ... 51
Misurata ... 24
Mit Ghamr ... 84
Mittelmeer ... 3, 5, 17, 54, 65, 116
Mitzpeh Migdal ... 79
Mlawa ... 111
Mocha (Al Mukha) ... 7
Möckmühl ... 50, 52
Modena ... 18, 73b, 115
Modica ... 73
Modigliana ... 73
Modon ... 35, 44, 62, 63, 65, 78, 81
Moers ... 31
Mogadouro ... 59, 92
Mogilev (-Podolskij) ... 111
Mogilev ... 110, 111
Mogontiacum (Mainz) ... 2
Mohács ... 108
Moknine, El- ... 26
Moldawien ... 63, 65
Molfetta ... 73
Molsheim ... 46, 49, 52
Mombasa ... 97
Monastero Bormida ... 73a
Monastir ... 26, 63, 78, 80
Moncalieri ... 73a
Moncalvo ... 73a
Mondavio ... 73
Mondolfo ... 73
Mondovi ... 73
Monesiglio ... 73a
Monfort ... 33
Monforte ... 41, 59
Mongolei (Mongolisches Reich) ... 60
Monheim ... 52
Monopoli ... 40, 73
Monselice ... 73
Montabaur ... 52
Montagnana ... 73b
Montalbán ... 42, 69
Montalcino ... 73
Montalto ... 73
Montblanch ... 41, 42
Montclus ... 55
Monte Cassino ... 40
Monte San Giovanni ... 73
Monte San Savino ... 73
Montealegre ... 41, 69
Montechiaro d'Asti ... 73a
Montefiascone ... 73
Montefiore Conca ... 73
Montegiorgio ... 73
Montélimar ... 49
Montelupone ... 73
Montemayor de Pililla ... 47
Montemayor ... 47
Montepulciano ... 73
Montereau-faut-Yonne ... 49
Monterubbiano ... 73
Monteux ... 49
Monteveglio ... 73b
Monticelli d'Ongina ... 73
Montigny ... 49
Montigny-le Roi ... 49
Montivilliers ... 49
Montoro ... 57
Montpellier ... 37, 39, 45, 47, 49, 55
Montreux ... 68
Monzón ... 28, 41, 42, 45, 47, 69
Moosburg ... 51
Mor Budejovice *(siehe* Mährisch-Budweis)
Morano ... 73
Morella ... 41, 76
Morhange ... 51
Mori ... 73
Morlaix ... 43
Mortain ... 49
Mortara ... 73
Mosbach ... 50, 52
Mosel ... 52
Moskau ... 87, 110
Mostaganem ... 83

REGISTER DER GEOGRAPHISCHEN BEGRIFFE

Mostiska ... 111
Mosty ... 111
Mosul ... 21, 37, 38, 45
Motol ... 111
Motta ... 73
Moura ... 47, 92
Mozambique ... 97
Mozyr ... 111
Mstislav ... 111
Mudhaynid, Wadi ... 9
Muggia ... 73
Mühldorf ... 51
Mülhausen (Mulhouse) ... 49, 52, 95
Mülheim (nördl. von Köln) ... 52
Mülheim (östl. von Frankfurt) ... 52
Mülheim a. d. Ruhr ... 52
Multan ... 10
München ... 35, 51
Münnerstadt ... 50
Münster (Elsaß) ... 52
Münster (Westfalen) ... 51
Münsterberg (Ziebice) ... 106
Münstereifel ... 52
Münstermaifeld ... 52
Munzenberg ... 43
Münzenberg ... 52
Murabitun (Al-Murabitun) ... 24
Murau ... 66
Murcia ... 41, 47, 69, 76, 101
Mürten ... 68
Mutzig ... 95
Myra ... 2
Mytilene ... 37

N

N'Gaous (Mac-Mahon) ... 83
Na'aran ... 3
Nabeul ... 26
Nabi Samwil ... 37
Nablus (Sanjak) ... 79
Nachawand ... 20, 21
Nadir, Banu ... 9
Nadvornaya ... 111
Naghisa, Banu ... 9
Nahrwan ... 2, 21
Naintré ... 49
Naischapur ... 10
Naissus ... 2
Nájera ... 28, 41, 57, 69
Najran ... 2, 4, 7, 10
Namslau ... 106
Nancy ... 49
Nantes ... 2, 14, 49, 92
Narbo *(siehe auch* Narbonne) ... 1
Narbonne ... 2, 11, 13, 15, 37, 38, 44, 45, 47, 49, 55, 65
Nardo ... 40, 73
Narni ... 73
Naro (in Sizilien) ... 73
Naro (in Tunesien) ... 2
Narodichi ... 111
Narol ... 111, 112
Nasielsk ... 111
Naso ... 73
Naumiestis ... 87
Navarra (Königreich) ... 28, 29, 41, 53, 55, 69, 69a, 75, 76
Nave ... 2
Naxus (Naxos) ... 2, 63, 78
Nazareth ... 6, 39
Nazilli ... 78
Neapel (Königreich) ... 73, 89, 102
Neapel (Napoli) ... 2, 12, 18, 22, 37, 40, 44, 54, 62, 65, 69a, 73, 74, 75, 76a, 81, 88, 89, 92, 102
Neapolis *(siehe auch* Sichem) ... 3, 6
Neckar ... 52
Nefta ... 26
Negroponte (Chalkis) ... 44, 63, 65
Nehardea ... 2, 21, 38
Neiße (Nysa) ... 51, 66, 106
Nemirov ... 111, 112
Nepi ... 73
Nettuno ... 73
Netum ... 2
Neu-Amsterdam *(siehe auch* New York) ... 97, 98
Neu-England ... 97, 98
Neu-Galicien ... 97
Neu-Granada ... 97
Neu-Holland (Australien) ... 97
Neu-Holland (Surinam) ... 97
Neu-Kastilien *(siehe auch* Peru) ... 97
Neu-Niederlande ... 97
Neu-Spanien ... 97
Neuburg ... 51
Neudenau ... 50, 52
Neuenburg (Neuchâtel) ... 68
Neuguinea ... 97
Neuhaus ... 51
Neumagen ... 52
Neumarkt ... 50
Neumarkt-St. Veit ... 51
Neun Gemeinden ... 111
Neunkirchen ... 51
Neuötting ... 51
Neuss ... 30, 31, 52
Neustadt am Klinger ... 51
Neustadt an der Aisch ... 50, 66
Neustadt an der Weinstraße ... 52, 66
Neuweiler ... 52, 95
Nevers ... 49
New Romney ... 48
New York *(siehe auch* Neu-Amsterdam) ... 97, 98, 116
Newbury ... 48
Newcastle ... 48
Newport (Amerika) ... 98
Newport (Isle of Wight) ... 48
Newport (Wales) ... 35, 48
Niana ... 3
Nicastro ... 40, 73
Nice ... 79
Nicephorium ... 2
Nicomedia ... 2, 20
Nicosia (in Sizilien) ... 73
Nicotera ... 40, 73
Nidda ... 52
Nideggen ... 52
Niebla ... 28
Niederstetten ... 50
Niemcza ... 106
Niesten ... 50
Nieswiez (Nesvizh) ... 111
Niger ... 116
Nijar ... 70a
Nikolsburg (Mikulov) ... 106
Nikopolis ... 1, 65, 77, 78, 80
Nil ... 5, 17, 27, 84, 91, 116
Nîmes ... 10, 14, 49
Nineve ... 5, 38
Niort ... 49
Nish ... 32, 35
Nisibis ... 1, 2, 21, 22, 37, 38, 60
Nitra ... 108
Nizza Monferrato ... 73a
Nocera Inferiore ... 73
Nocera Umbra ... 73
Nola ... 2, 40, 73
Nonatola ... 73b
Norcia ... 73
Nordafrika ... 76
Nordhausen ... 51
Nördlingen ... 46, 50, 66
Nordsee ... 48, 93, 116
Normandie ... 19, 49
Northampton ... 48
Norwich ... 35, 36, 48
Noto ... 73
Nottingham ... 35, 48
Novara ... 73
Nove Mesto ... 106
Novellara ... 73b
Novi Ligure ... 73
Nový Bydzov ... 106
Nowe Miasto ... 111
Nowgorod ... 54, 87, 110
Noyon ... 55
Nubien ... 91
Nubier ... 2
Nürnberg ... 31, 43, 46, 50, 54, 62, 66, 67, 74, 88, 105

O

Oarkla *(siehe* Wargla)
Ob ... 116
Oberelsaß ... 95
Oberkirch ... 52
Obermoschel ... 52
Obernai (Frankreich) ... 49
Obernai (Obernheim) (Deutschland) ... 105
Oberwesel ... 51, 52
Oberzell ... 35
Obock ... 91
Ocaña ... 41, 47, 57, 69
Occimiano ... 73a
Ochrid ... 63, 78
Ochsenfurt ... 50
Ödenburg (Sopron) ... 108
Oder ... 56, 106, 11
Oderzo ... 73
Odolanów ... 111
Oels (Olesnica) ... 106
Ofen *(siehe auch* Buda) ... 77
Offenbach ... 52, 105
Offenburg ... 52
Offida ... 73
Ogusen ... 16
Ohlau ... 106
Öhringen ... 50
Olbia (Kleinasien) ... 2
Olbia (Sardinien) ... 2
Olbia (Schwarzmeerküste) ... 1, 2
Olesko ... 111
Olevsk ... 111
Olivenza ... 41
Olkusz ... 111
Olmedo ... 69, 70
Olmütz (Olomouc) ... 66, 67, 106
Olot ... 42
Olyka ... 111, 112
Oman, Golf von ... 7
Oña ... 41
Onda ... 41
Opatów ... 111
Opoczno ... 111
Oporto *(siehe auch* Porto) ... 76
Oppeln ... 106
Oppenheim ... 46, 52
Oppido ... 40, 73
Oran ... 17, 22, 24, 75, 76, 77, 82, 83, 101
Orange ... 47, 49, 54
Orciano (di Pesaro) ... 73
Orense ... 41, 76
Orgelet ... 49
Orgiana ... 73b
Oria ... 2, 18, 40
Orihuela ... 76
Orinoco ... 98
Orla ... 111
Orléans ... 2, 13, 14, 22, 43, 45, 49, 55, 92
Ormuz ... 85, 97
Ornbau ... 50
Ornithopolis ... 2
Orontes ... 61
Orte ... 73
Ortenburg ... 51
Ortona ... 73, 88
Orvieto ... 73
Osimo ... 73
Osmanisches Reich ... 63, 74, 75, 113, 114
Osnabrück ... 51, 67
Ospringe ... 48
Österreich ... 43, 74
Ostia ... 1, 2, 18, 40
Ostiglia ... 73b
Ostrog ... 56, 111, 112
Oströmisches Reich ... 1
Ostropol ... 111, 112
Ostrzeszów ... 111

Ostsee 56, 87
Ostuni 73
Osuna 42, 69, 70a, 88, 101
Oswiecim 111
Otranto 2, 12, 18, 22, 37, 40, 65, 69a, 73
Öttingen 50
Oujda 83
Oulchy-le-Château 49
Overijssel 96
Oviedo 28, 41 69, 76, 101
Ovruch 111
Oxford 35, 48, 88
Oxyrhynchus 2, 27

P

Paczkow 106
Padua (Padova) 40, 73, 82, 88, 89
Pagan 60
Pahma 3
Pakosc 111
Palaestina Prima 3
Palaestina Secunda 3
Palaestina Tertia 3
Palamós 91
Palazzolo (Acreide) 73
Palencia 28, 41, 57, 69, 70, 76, 101
Palenzuela 41
Palermo 1, 2, 12, 18, 19, 22, 37, 40, 44, 62, 69a, 73, 102
Palestrina 73
Palma (de Mallorca) 28, 29, 41, 42, 69, 101
Palma del Rio 69
Palmanova 73
Palmyra *(siehe* Tadmor)
Palos 76
Pamiers 49
Pamplona 11, 28, 29, 41, 47, 53, 69, 76, 92, 101
Pancorbo 41
Panevèzys 87
Panias *(siehe auch* Banias) 6
Panticapaeum 1, 2
Paola 73
Pappenheim 51
Pará 98
Paraiba 98
Paramaribo 98, 116
Paraná 98, 116
Paredes 41
Paris 2, 13, 14, 35, 39, 43, 46, 49, 54, 55, 74, 88, 92, 104, 116
Parisii (siehe Paris) 2
Parium 2
Parma 73
Passau 51, 67
Passavant-en-Argonne 49
Pásztó 108
Patara 2
Paterno 73
Patras 2, 37, 44, 63, 78, 80, 113
Pavia *(siehe auch* Ticinum) 12, 13, 18, 40, 44, 73
Pavoloch 112
Pazardzhik 78
Pazifischer Ozean (Pazifik) 97, 98, 116
Pedrola 42
Pegnitz 51
Peki'in 23, 79
Pelusium 1, 2, 27
Peñafiel 41, 47, 69
Penamacor 41, 59
Peñiscola 69
Pentapolis 24
Perejaslawl 112
Perekop 110
Perelada 42, 47
Pergamum 2
Pergine Valsugana 73
Pergola 73
Pernambuco *(siehe auch* Recife) 98, 116
Perpignan ... 11, 39, 41, 42, 45, 47, 49, 57, 69, 76, 101
Persepolis 10
Persien (Königreich) *(siehe auch* Persisches Reich) 4, 17, 60, 62, 82, 85
Persischer Golf 4, 5, 7, 17
Persisches Reich 5
Pertuis 49
Peru *(siehe auch* Neu-Kastilien) 97, 98, 103
Perugia 18, 73
Perusia 2
Pesaro 73, 88, 91
Pescara 40
Peschiera 73b
Pescia 73
Pessinus 2
Pest *(siehe auch* Buda, Budapest) 108
Petra 7
Petralia 73
Petschengen 16
Pezinok 108
Pfaffenhofen 51
Pfalz 105
Pfarrkirchen 51
Pfeffenhausen 51
Pforzheim 35, 52, 66
Phanagoria 2
Phaselis 2
Phasis 1, 5
Philadelphia (in Ägypten) 27
Philadelphia (in Amerika) 98
Philadelphia (in der Türkei) 2
Philippi 2
Philippinen 103
Philippopolis 2, 44, 78
Philomelium (Aksehir) 35
Phocaea 2
Phoenicia 3
Piacenza 73
Piana (degli Albanesi) 73, 88
Piazza Armerina 73
Piemont 89
Pieve di Cento 73b
Pila 111
Pilica 111
Pilsen (Plzen) 105, 106
Pina 42, 47
Pinczów 111
Pinerolo 73a
Piney 49
Pinsk 56, 110, 111, 112
Piotrków 111
Piove di Sacco 73, 88
Piraeus 2
Piran 73
Pirjatin 112
Piruz Shapur 21
Piruzuku 60
Pisa 35, 37, 40, 44, 73, 80, 102
Pistoia 73
Piszczac 111
Plasencia 41, 69, 70, 76, 101
Plauen 46
Pleven 78
Plock 111
Plonsk 111
Plosk 56
Pniewy 111
Po 18, 40, 73
Podgaytsy 111
Podolien 111
Poggibonsi 73
Pogrebishche 111
Pohorelice 46
Poirino 73a
Poitiers 2, 10, 13, 14, 49
Poitou 49
Polen 15, 56, 74, 82, 86, 92, 110, 111
Policastro 73
Poligny 46, 49
Polizzi 73
Pollensa 42
Polotsk 110
Polyana 111, 112
Pomar 42
Pomaro 73a
Pommern 66
Pompeji 2, 40
Pomponesco 73b
Ponferrada 76
Pons 42
Pontarlier 32, 49
Pont-Audemer 43, 49
Pont-du-Château 49
Pontecorvo 73
Pontestura 73a
Pontoise 35, 43, 49
Pont-sur-Seine 49
Ponzone 73a
Pordenone 73
Porec 73
Porrentruy 68
Portalegre 41, 59
Porto *(siehe auch* Oporto) ... 29, 41, 44, 47, 59, 69, 92, 101
Porto Mantovano 73b
Portogruaru 73
Portugal 29, 41, 47, 59, 69, 69a, 74, 75, 76, 76a, 91, 92, 97, 101, 103
Portus Augusti 2
Posen 56, 62, 109, 110, 111
Poviglio 73b
Poznan *(siehe* Posen)
Pozzuoli *(siehe auch* Puteoli) 73
Prag (Praha) 13, 15, 17, 30, 31, 38, 43, 44, 51, 66, 62, 82, 86, 88, 106-109, 115, 116
Prato 73
Prerov 106
Presles-et-Boves 49
Preßburg (Bratislava) 108
Preußen 56
Preveza 63
Pribram 51
Pripjet 56, 111, 112
Priverno 73
Prostejov 106
Provence 45, 47, 49, 55
Provins 49
Pruzhany 111
Przemysl 56, 110, 111, 112
Przeworsk 111
Przysucha 111
Ptolemais (in Ägypten) 27
Ptolemais (in Eretz Israel; *siehe auch* Akkon) 6
Ptolemais (in Libyen) 2, 22, 24
Puebla de Alcocer 92, 101
Puerto Rico 98
Puget-Théniers 49
Puigcerdá 42
Pula 2, 18, 62, 73, 81
Pulkau 51
Pultusk 56
Pum Nahara 2, 21
Pumbedita 2, 4, 7, 21, 22, 60
Puteoli *(siehe auch* Pozzuoli) 2, 40

Q

Qala'a 83
Qalat Ajlun 61
Qalat Bani Abbas 83
Qalat Bani Hammad 24
Qalyub 84
Qana'a, Wadi 9
Qarne Hittim 39
Qasr Hubeira 21
Qasr-el-Kebir 25, 83
Qaynuqa', Banu 9
Qift 27
Qomisheh 20
Quesada 70a
Quistello 73b
Quito 97, 98, 116
Qulzum *(siehe auch* Bilbeis) 17, 37
Qunfidhah, Al- 91
Qura, Al- 7, 8
Qurayza, Banu 9

R

Raabs 51
Rabat (Marokko) 17

REGISTER DER GEOGRAPHISCHEN BEGRIFFE

Rabat (Mittelmeer) 2
Rabbath Ammon 23, 33, 61
Rabbath Mo'av 3
Racalmuto 73
Racconigi 73a
Rachels Grab 38
Radolfzell 52
Radom 111
Radomyshl 111
Ragusa (in Jugoslawien) 54, 63, 65, 73, 78, 80, 81
Ragusa (in Sizilien) 65, 73
Rahba, El 21
Rai (siehe auch Rhages) 10, 20
Rakka 37, 60
Rama 37, 62
Rama, El- 3
Ramerupt 35, 43
Ramla, El- 84
Ramle 17, 20, 23, 33, 37, 61, 62, 79, 81
Randazzo 73
Randersacker 50
Ranuna, Wadi 9
Rapperswil 51
Rashid 62, 84, 85
Raskov 111
Rastenfeld 51
Ratibor 106
Ratisbona (siehe Regensburg)
Ravenna 1, 2, 12, 13, 18, 40, 73, 89
Ravensburg 51, 66
Rawa 111
Rawicz 111
Recanati 44, 73, 86
Recife (siehe auch Pernambuco) 98
Redondesco 73b
Rees 52
Regensburg 2, 13, 14, 17, 30, 31, 32, 35, 38, 43, 46, 50, 54, 66, 67, 91, 105
Reggio (Reggio di Calabria) 18, 40, 69a, 73, 88
Reggiolo 73b
Rehob 3
Reichenbach 106
Reichenweiler 52
Reims 35, 49
Reisen 111
Remagen 52
Remedello 73b
Rende 73
Requena 76
Réthimnon 63
Retz 51
Reutlingen 66, 67
Revel 47, 49
Revere 73b
Rhages (Rai) 2
Rhein (Rhenus) 1, 15, 20, 30, 31, 32, 35, 49, 52, 116
Rheinau 52
Rheinberg 52
Rheinböllen 52
Rheinfelden 52, 68
Rhodos 2, 37, 44, 62, 63, 77, 78, 80, 81, 85, 113
Rhône 49
Rhuddlan 48
Ribeauvillé 49, 52, 95
Ricla 42
Riedenburg 50
Rieneck 50
Rieti 73
Riez 49
Riga 110
Rignano Flaminio 73
Rimini 40, 73, 88
Rimmon, Hurbat 3
Rio de Janeiro 97, 98
Rio Grande 116
Rio Libre 59
Riom 49
Ripatransone 73
Ris 49
Riva di Trento 73, 88

Rivalta Bormida 73a
Rivarolo Canavese 73a
Rivarolo 73b
Rivoli 73a
Rixheim 95
Rocca (di Neto) 73
Rocca d'Arazzo 73a
Roccaverano 73a
Rockenhausen 52
Rödelsee 46
Rodez 49
Rodigo 73b
Rödingen 52
Rodosto (siehe auch Klein-Rhodos) 37, 63, 78
Rogatin 111
Rogozno 111
Rom 1, 2, 12, 13, 17, 18, 22, 35, 37, 40, 44, 45, 54, 62, 69a, 73, 74, 75, 81, 88, 89, 91, 92, 102, 114, 116
Romagna 12, 18
Römhild 50
Romsey 48
Roncesvalles 13
Roncofreddo 73
Ronda 28, 70, 70a, 76
Rosenweiler 95
Rosheim 49, 52, 105
Rossano 18, 40, 73
Rostock 67
Rotenburg (ob der Fulda) 66
Rotes Meer 4, 7, 17, 77
Rothenburg (ob der Tauber) 31, 39, 43, 46, 50, 54, 66, 67
Rothenfels 51
Rotreußen 111
Rot-Rußland 56
Rotterdam 92, 96
Röttingen 50, 51
Rottweil 52
Roudnice 106
Rouen 31, 35, 46, 49, 55
Rougemont 52
Rovereto 73
Rovigo 73
Rovinj 73
Rovno 56, 111
Rubiera 73b
Ruesta 28, 41, 42
Rufach 46, 49, 52, 54
Ruhr 52
Russi 73
Rußland 82, 110, 111
Rutigliano 73
Rzeszów 111

S

S. Angelo in Vado 73
S. Antioco 2, 40
S. Arcangelo 73
S. Felice s. Panaro 73b
S. Miniato 73
Saalfeld 51
Saar 52
Saarburg 52
Saargemünd (Sarreguemines) 52
Sabadell 42
Sabbioneta 73b, 88
Sabugal 41, 59
Sachsen 66, 105
Sacile 73
Säckingen 52
Sacrée 49
Sádaba 41
Safed (Sanjak) 79
Safed 23, 37, 38, 39, 44, 45, 61, 62, 79, 81, 82, 85, 86, 88, 113, 115, 116
Safi 25, 83
Sagres 76
Sagunto (siehe auch Saguntum) 41, 57, 69, 76
Saguntum (siehe auch Sagunto) 2
Sahagún 28, 29, 41, 101
Sahragt 84
Sainte-Menehould 49

Saintes 49
Saint-Fiacre 49
Saint-Florentin 49
Saint-Quentin (St. Quentin) 49
Salamanca 28, 29, 41, 47, 57, 69, 70, 76, 88, 101
Salamis 2
Salamiyeh 61
Saldaña 70
Salé (Sala) 2, 25, 83
Salemi 73
Salerno 2, 12, 18, 35, 37, 40, 62, 73
Salisbury 48
Salò 73
Salon (-de-Provence) 47, 49, 55
Salona 2
Saloniki (Thessalonike) 1, 2, 20, 22, 32, 37, 44, 63, 65, 75, 77, 78, 80, 81, 82, 85, 86, 88, 113, 114, 115, 116
Saluzzi 73a
Salvador (siehe auch Bahia) 103
Salzburg 51, 54, 66, 67
Salzungen (Bad Salzungen) 50
Samandar 15, 16
Samannud 84
Samaria 62
Samarkand 10
Samarra 21
Samokov 78
Samos 2, 37, 63, 78
Samosata 2
Samsun (Amisus) 62
San Antonio 40
San Benedetto 73b
San Damiano (d'Asti) 73a
San Daniele del Friuli 73
San Felices de los Galiegos 47
San Germano 40
San Gimignano (Castel San Gimignano) 73
San Giovanni in Persiceto 73b
San Giovanni 73
San Jorgo 83
San Lucido 73
San Marco (in Italien) 73
San Marco (in Sizilien) 73
San Pedro 69
San Salvatore 73a
San Sebastián 92
San Secondo 73
San Severino 73
San Severino Lucano 73
San Severo 73
San Stefano Belbo 73a
Sana 2, 4, 7, 10
Sandomierz (Sandomir) 56, 111, 112
Santa Coloma de Queralt 41, 42, 69
Santa Lucia 73
Santa Olalla 41, 47
Santander 75, 76, 92
Santarém 28, 41, 59, 69, 91
Santhià 73a
Santiago (Chile) 97
Santiago de Compostela 17, 28, 29, 41, 65, 69, 92, 101
Santiago do Cacém 41, 59
São Paulo 98
São Tomé 97, 116
Saône 35, 49
Saragossa (Zaragoza) 10, 11, 14, 22, 28, 29, 35, 37, 41, 42, 44, 45, 47, 54, 69, 76, 101
Sarajevo 2, 78, 80
Sardes 2, 35
Sardinien 12, 18, 40, 65, 69a, 73, 89, 102
Sarento 2
Sarkel 15, 16
Sarnano 73
Sárvár 108
Sasa 3
Sassaniden-Reich 1
Sassello 73a
Sassuolo 73b
Satanov 111, 112

REGISTER DER GEOGRAPHISCHEN BEGRIFFE

Saulieu 49
Saumur 49
Sava 108
Saverne 49, 52
Savigliano 73a
Savoy 89
Savran 111
Sbeitla 26
Scalea 73
Scandiano 73b
Schabwah 7
Schaffhausen 66, 68
Schedia 2
Schesslitz 51
Schiras 2, 20
Schlesien 66, 106
Schlettstadt 49, 52, 95
Schleusingen 50
Schlüsselfeld 51
Schmalkalden 50
Schottland 104
Schriesheim 52
Schwabach 51
Schwaben 51
Schwäbisch Hall 51
Schwanberg 66
Schwanfeld 50
Schwarze Bulgaren 16
Schwarzenau 46
Schwarzes Meer 5, 15, 16, 17, 54, 65, 116
Schweden 87, 104
Schweidnitz (Swidnica) 51, 66, 106
Schweinfurt 50
Schweiz 68
Schwyz (Kanton) 68
Sciacca 73
Scicli 73
Sclafani 73
Scythopolis (*siehe auch* Bet Sche'an) 6
Sebaste (*siehe auch* Sebastia) 6
Sebastia (*siehe auch* Sebaste) 37
Sebenico 73
Sées 49
Segni 73
Segovia 29, 41, 44, 47, 57, 69, 70, 76, 101
Seia 47
Seimheim 52
Seine 31, 35, 49
Seldschuken 38, 63
Seleucia (in Babylon) 2
Seleucia (in Jugoslawien) 2
Seleucia (in Kleinasien) 2
Seleucia (in Pamphylia) 2
Seleucia (in Syrien) 2
Seleukia (in Zilizien) 2, 35
Seligenstadt 52
Selinus 2
Seminara 40, 73
Senigallia 73
Senlis 49, 55
Sennar 91
Sens 31, 39, 43, 45, 49
Sepúlveda 41
Sera 2
Serbien 63, 108
Serdica (*siehe auch* Sofia) 2
Sered 108
Sermide 73b
Sermoneta 73
Serpa 41, 59, 92
Serra de' Conti 73
Serrai 78
Serravalle 73
Sesso Aurunca 73
Setúbal 41, 47, 59, 92
Sevilla (Provinz) 28, 69
Sevilla (Stadt) 1, 11, 28, 29, 35, 41, 44, 47, 54, 57, 69, 70, 76, 101
Sézanne 49
Sezze 73
Sfax 26
Sha'albim 3
Shargorodo 111, 112
Shaubak 33
Sheba 91
Shefaram 38, 79
Shema, Khirbet 3
Shepetovka 111
Shiloh 3
Shitomir 110
Siauliai 110
Sichem (Nablus; *siehe auch* Neapolis) 2, 6, 33, 37, 39, 61, 62, 79, 81
Side 2
Sidirokastron 78
Sidon 2, 23, 33, 37, 61, 80, 81
Sidschilmasa 22, 24, 25, 65, 83
Sieg 52
Siegburg 52
Siegen 52
Siemiatycze 111
Siena 40, 73, 91
Sierck 51
Sierenz 95
Sierre 46
Siershahn 52
Sigüenza 28, 41, 69, 76, 101
Sikhni 3
Sikhra 2
Sillarolo 73
Silves 41, 59
Simen (Soveria) 40, 73
Simoniya 3
Sind 17
Sindringen 50
Sineu 42
Sinope 1, 2, 15, 22, 77
Sinopoli 73
Sinyava 111
Sinzheim 52
Sinzig 52
Siponto 18, 40
Siracusa (*siehe* Syrakus)
Siruela 92
Sissa 73
Sisteron 47, 49
Sitifis 2
Sizilien 12, 18, 19, 40, 65, 69a, 73, 74, 89, 102
Sizilien, Königreich beider 63
Skalica 108
Skidel 111
Skole 111
Skopje 78, 80, 114
Slavuto 111
Slawatycze 111
Sliven 78
Slonim 111
Sluck 111, 112
Smela 111
Smolensk 110
Smorgon 111
Smyrna (*siehe auch* Izmir) 2, 35, 65, 77
Sobernheim 52
Sobrado 41
Sochaczew 110, 111
Soden (Bad Soden) 50
Sofia (*siehe auch* Serdica) 2, 32, 35, 77, 78, 81
Soissons 49
Sokal 111, 112
Soknopaiou Nesos 27
Soliera 73b
Soliman 26
Sóller 42
Solothurn 46, 68
Solsona 41, 42, 47, 69
Solva 2
Sommariva (d. Bosco) 73a
Soncino 73, 88
Sonnino 73
Sora 73
Soragna 73
Soria 28, 29, 41, 44, 47, 57, 69, 76
Sos 42, 76
Souk el-Arba 26
Sousse (Wadi) 17
Sousse 26
Southampton 35, 48
Spalato (Split) 32, 35, 63
Spandau 105
Spanien 17, 41, 44, 45, 47, 74, 76a, 82, 92, 97, 101, 103
Spanische Mark 29
Spello 73
Speyer 14, 30, 31, 35, 43, 45, 52, 54, 66, 67
Spielberg 50
Spigno (Monferrato) 73a
Spilamberto 73b
Spilimbergo 73
Split (*siehe auch* Spalato) 32
Spoleto 18, 73
Spoleto (Provinz) 18
Squillace 40, 73
Srem 111
Srinagar 99
Sroda 111
St. Angelo in Vado 73
St.-Denis 13, 49
St. Gallen 68
St. Hippolyte 52
St.-Jean-d'Angély 49
St.-Julien 49
St.-Mard-sur-le-Mont 49
St.-Pierre-sur-Dives 49
St. Pölten 51
St.-Rémy 49
St.-Savin 49
St. Veit 51
St. Wendel 52
Stade 51
Stamford 35, 48
Stanislav 111
Starodub 111
Stavishche 111
Stawiski 111
Steiermark 66
Steinach 51
Steinheim 52
Stellata 73b
Stepan 111
Sternberg 105
Sterzing 67
Stilo 73
Stip 78
Stobi 2
Stolin 111
Stommeln 52
Straßburg 49, 52, 66, 67, 74, 88, 95, 105, 116
Straubing 51
Strevi 73a
Strongoli 73
Stryy 111
Strzegom 106
Stuhlweißenburg 108
Stuttgart 52
Suakin 91
Sudbury 48
Sueben 2, 11
Suez 91
Sulci 2
Sully 35
Sulmona 2, 73
Sulz 52, 95
Sulzbach 52, 88
Sulzbach-Rosenberg 51
Sulzburg 51
Sumatra 97
Summaqa, Khirbet 3
Sura 1, 2, 7, 21, 22, 37
Surat 99
Surinam (*siehe auch* Neu-Holland) 97, 98, 100
Susa 1, 2, 21, 38, 73
Suseya, Khirbet 3
Svitavy 106
Synnada 2
Syr Darya 116
Syrakus (Siracusa) 1, 2, 12, 18, 19, 37, 40, 65, 73
Syrien 45, 61
Syrte 22, 24

REGISTER DER GEOGRAPHISCHEN BEGRIFFE

Szczawnica ... 111
Szczebrzeszyn ... 111, 112
Szeged ... 108
Székesfehérvár (siehe Stuhlweißenburg)
Szydlowiec ... 111

T

Taanach ... 62
Tabarca ... 10
Täbris ... 20, 44, 77, 116
Tabuk ... 7, 10
Tadla (Kasta Tadla) ... 25
Tadmor (Palmyra) ... 2, 5, 7, 37
Tagus (*siehe auch* Tajo, Tejo) ... 2, 29
Taif (AtTaif) ... 2, 4, 7, 8
Taillebourg ... 47, 49
Tajara ... 70a
Tajo (*siehe auch* Tagus) ... 2
Ta'laba, Banu ... 9
Talas ... 10
Talavera de la Reina ... 28, 41, 69, 70, 76
Talkha ... 84
Tallard ... 47, 49
Talsi ... 110
Tamarite ... 41
Tamsweg ... 51
Tanais ... 1
Tanaro ... 73a
Tanger (*siehe auch* Tingis) 10, 17, 22, 24, 25, 65, 75, 83, 101
Taormina ... 73
Tarascon ... 47, 49, 55
Tarazona (de Aragón) ... 28, 41, 42, 47, 69, 101
Tarent (Taranto) ... 2, 12, 18, 37, 40, 73
Tarentum ... 2
Tarifa ... 70a
Tarlów ... 111
Tarnogród ... 111, 112
Tarnopol ... 111
Tarnów ... 56, 111
Taroudannt ... 25, 83
Tarquinia ... 73
Tarraco ... 2
Tarragona 11, 13, 28, 29, 37, 41, 42, 47, 69, 76
Tarrega ... 41, 42, 69
Tarsus ... 1, 2, 35, 37
Tata (in Marokko) ... 83
Tata (in Ungarn) ... 108
Tataouine ... 26
Tauberbischofsheim ... 50, 51
Tauste ... 42, 47, 69
Tavira ... 41, 59, 91, 92
Tayma ... 2, 7, 8, 37
Taza ... 83
Tbilisi (*siehe* Tiflis)
Teano ... 40
Tebessa ... 10
Tebtunis ... 27
Tebuet ... 83
Teggiano ... 2
Tehuda ... 10
Tejo ... 57, 59
Tela ... 2
Telc ... 106
Telouet ... 83
Tembleque ... 69
Ténès ... 83
Teramo ... 40, 73
Terlizzi ... 40
Termini ... 40, 73
Termoli ... 73
Terni ... 2, 73
Terracina ... 2, 12, 40, 73
Teruel ... 28, 29, 41, 42, 47, 57, 69, 76, 101
Tetford ... 35, 48
Tetiyev ... 111, 112
Tetwan ... 25, 83
Teus ... 2
Thala ... 26
Thann ... 49, 52
Tharthar ... 21
Thasos ... 78
Theben (in Ägypten) ... 1, 2, 27
Theben (in Griechenland) ... 37, 44, 63, 78
Themar ... 50
Themse ... 48, 93
Thessalonike (*siehe* Saloniki)
Thouars ... 49
Thuir ... 42
Thüringen ... 51
Thurnau ... 50
Thyatira ... 2
Tiaret ... 22, 24.
Tiber ... 73
Tiberias ... 2, 3, 6, 7, 23, 33, 37, 38, 39, 62, 79, 82
Ticineto ... 73a
Ticinum (*siehe auch* Pavia) ... 18
Tiflis Tbilissi) ... 5, 20, 60, 116
Tigris ... 5, 7, 17, 21, 60, 116
Tingis (*siehe auch* Tanger) ... 1, 2
Tipasa ... 2
Tirat Zevi ... 3
Tisza ... 108
Tivoli ... 73
Tiznit ... 83
Tlemcen ... 22, 24, 44, 74, 76, 83, 86
Tlos ... 2
Tmutarakan ... 15, 16
Todi ... 73
Tokat ... 62, 77
Toledo (Stadt) ... 1, 2, 10, 11, 22, 28, 29, 37, 38, 39, 41, 44, 45, 47, 54, 57, 58, 69, 70, 75, 76, 101
Tolentino ... 73
Tolosa (Toulouse) ... 2
Tomar ... 41, 59
Tomashpol ... 111
Tomaszów (Lubelski) ... 111, 112
Tonco ... 73a
Tonnerre ... 49
Toro ... 41, 57, 70
Toron ... 37
Tôrre de Moncorvo ... 59
Tôrre ... 96
Torres Novas ... 41, 59
Torres Vedras ... 47
Torrijos ... 41, 57
Torroella de Montgrí ... 42
Tortona ... 2, 40
Tortosa (im Libanon) ... 35
Tortosa (in Spanien) ... 2, 11, 28, 29, 41, 47, 57, 69, 76, 101
Torun ... 111
Toskana ... 18
Tossignano ... 73
Totes Meer ... 3, 79
Touggourt ... 83
Toul ... 43, 49
Toulon ... 49
Toulouse (Grafschaft) ... 49
Toulouse (Stadt) 1, 13, 14, 22, 32, 49, 53, 54, 55
Touques ... 43, 49
Tours ... 10, 13, 14, 49, 55
Tozeur ... 26
Trakai (*siehe auch* Troki) ... 111
Tralles ... 2
Trancoso ... 41, 59
Trani ... 37, 40, 73
Transoxanien ... 17
Trapani ... 37, 73
Trapezunt ... 1, 5, 16, 22
Trarbach ... 52
Trás-os-Montes ... 92
Trebic ... 51, 106
Trencín ... 108
Trent ... 48
Trento (*siehe* Trient)
Trest ... 106
Trets ... 47, 49
Treuchtlingen ... 51
Treveri (*siehe auch* Trier) ... 2
Trevi ... 73
Treviso ... 18, 40, 73
Trévoux ... 2
Tricarico ... 73
Trient (Trento) ... 35, 66, 67, 73
Trier (*siehe auch* Treven) ... 30, 31, 46, 52
Triest (Trieste) ... 40, 66
Trifels ... 35
Trikkala ... 78, 80
Trino ... 73a
Tripolis (Grafschaft) ... 33
Tripolis (in Libyen) 1, 2, 10, 17, 22, 24, 65, 115
Tripolis (im Libanon) ... 2, 22, 23, 33, 35, 37, 62, 65, 80, 81, 85
Trnava (Tyrnau) ... 108
Troki (*siehe auch* Trakai) ... 56, 87, 110
Tropea ... 40, 73
Troppau (Opava) ... 106
Troyes ... 30, 31, 35, 43, 49, 55
Trujillo ... 41, 47, 69, 70, 76
Trzebnica ... 51, 106
Tschernigow ... 111, 112
Tuchin ... 111
Tudela ... 11, 17, 28, 29, 37, 41, 44, 47, 53, 69, 76, 101
Tukums ... 110
Tulchin (Tulcin) ... 111, 112
Tulln ... 51, 66
Tunesien ... 26, 85, 83
Tunis ... 17, 18, 22, 24, 26, 54, 63, 65, 77, 83, 116
Turin (Torino) ... 73a, 88
Turiysk ... 111
Türkei ... 82, 85
Türkheim ... 52
Turnovo ... 63
Turobin ... 111
Turov ... 111
Túy ... 28, 69, 76
Tykocin ... 110, 111, 112
Tykocin (Provinz) ... 111
Tyrnau (Trnava) ... 108
Tyrrha ... 2, 78, 80
Tyrrhenisches Meer ... 40, 73
Tyrus ... 2, 6, 22, 23, 33, 37, 39, 61, 62, 65, 79, 81
Tysrnenitsa ... 111
Tyszowce ... 111

U

Ubeda ... 41, 47, 57, 69, 70, 70a, 76
Überlingen ... 52
Ubulla ... 17
Ucetium (*siehe auch* Uzés) ... 2
Udine ... 66, 73
Uerdingen ... 52
Uffenheim ... 50, 51
Ulm ... 46, 51, 54, 66
Uman ... 111
Umm el-Qanatir ... 3
Uncastillo ... 41, 42, 47
Ungarn ... 15, 30, 44, 56, 108
Ungvar (Uzhgorod) ... 108
Unterelsaß ... 95
Unterwalden (Schweizer Kanton) ... 68
Uppsala ... 114
Ural ... 16
Urbino ... 73
Urgel ... 76
Uri (Schweizer Kanton) ... 68
Urmia-See ... 21
Uscha ... 38
Utica ... 1, 2, 26
Utrecht ... 88
Utrera ... 70a
Uzès (*siehe auch* Ucetium) ... 49

V

Valais ... 68
Valença ... 92
Valencia ... 2, 11, 15, 22, 28, 29, 41, 54, 57, 65, 69, 69a, 75, 76, 92, 101
Valencia (Königreich) ... 42
Valencia de Don Juan ... 41, 47
Valensole ... 49
Valentia (*siehe* Valencia)
Valenza ... 73a

REGISTER DER GEOGRAPHISCHEN BEGRIFFE

Valladolid 41, 44, 47, 57, 69, 70 76, 88, 101
Vallmoll 42
Valls 42
Valmaseda 41, 69, 70
Valmontone 73
Valona 63, 78, 81
Valréas 35, 49
Vasto 73
Vaumeilh 49
Velden 46, 51
Vélez de la Gomera 83
Vélez Málaga 69, 70
Velletri 73
Venafru (siehe auch Venafrum) 40, 73
Venafrum (siehe auch Venafru) 2
Venaria 73a
Vendôme 35
Venedig (Venezia) 18, 35, 39, 40, 44, 54, 62, 63, 65, 73, 76a, 80, 81, 82, 85, 86, 88, 89, 90, 91, 102, 114, 115, 116
Venedig (Republik) 69a, 73, 102
Venephiris 2
Venezuela 97
Venosa (siehe auch Venusia) 2, 12, 13, 18, 40, 73, 82
Venusia (siehe auch Venosa) 2
Venzone 73
Vera 70a
Vercelli 73a
Verdú 42
Verdun (-sur-Meuse) (in Nordfrankreich) 14, 17, 22, 49
Verdun-sur-Garonne 53
Verolanuova 73
Verolengo 73b
Veroli 73
Verona 1, 2, 12, 13, 18, 22, 40, 43, 45, 73b, 88
Vesoul 49
Vetralla 73
Vevey 68
Veyre-Monton 49
Vézelay 35
Viadana 73b
Viana (do Castelo) 41, 92
Vibo Valéntia 40
Vicari 73
Vicenza 73
Vich 41, 42, 69
Vidin 78
Vienne 1, 2, 13, 14, 18
Vieste 73
Vievy-le-Rayè 49
Vignale 73a
Vignola 73b
Vigone 73a
Vila Real 41, 59
Vila Viçosa 41, 59
Vilar Formoso 76
Villa San Secondo 73a
Villach 51
Villadiego 41, 47, 57, 69, 70
Villafranca (del Panadés) 41, 42
Villafranca di Verona 73b
Villalón de Campos 47
Villanoya d'Asti 73a
Villanueva (de Córdoba) 41
Villarreal 57
Villé 46
Villefranche (de Conflent) 42
Villena 76
Villeneuve 68
Villengen (-Marbach) 52
Villers-en-Argonne 49
Villimpenta 73b
Vilsbiburg 51
Vilshofen 51
Viminacium 2
Vindonissa 2
Vinnitsa 111, 112
Visegrád 108
Viseu 41, 59
Visso 73
Vitebsk 110
Viterbo 73
Vitorchiano 73
Vitoria 41, 69, 70, 76
Vitry (-le-François) 43, 49
Vizzini 73
Vladimir in Wolhynien (siehe auch Ludmir) 56, 110
Voghera 73
Vohburg 50
Volkach 50
Völkermarkt 51
Volodarka 111
Vólos 78
Volpiano 73a
Volterra 62, 73
Voltri 73
Volubilis 25
Vráble 108
Vyskov 106

W

Wachenheim 52
Walachei 62, 86
Waldenburg 50
Waldkirch 52
Waldshut 52
Walldürn 50, 52
Wallingford 48
Warendorf 46
Wargla 22, 24, 83
Warschau (Warszawa) 56, 110, 111, 112, 115
Warwick 35, 48
Wasilków 111
Wasit 21, 60
Wassenberg 52
Wasserburg am Inn 51
Wasserburg 39
Wässerndorf 50
Wassertrüdingen 50
Wassy 49
Wasungen 50
Wattweiler 52
Wegrów 111
Wegrów (Provinz) 111
Weichsel 56, 111, 112, 116
Weiden 46, 51
Weikersheim 50, 51
Weil der Stadt 52
Weilheim (in Baden-Württemberg) 51
Weilheim (in Bayern) 51
Weilnau 52
Weinheim 52
Weinsberg 35, 50, 52
Weißenburg 49, 50, 51, 52, 95
Weiten 51
Weobley 35, 48
Werria 78
Wertheim 50
Wertingen 46
Wesel 52, 66
Weser 51
Westerburg 52
Westgotisches Königreich 2, 11
Westhofen 95
Weströmisches Reich 1
Wetzlar 52
Wevelinghoven 31, 52
Widdern 50, 51
Wielen 111
Wien 17, 22, 32, 35, 43, 51, 54, 56, 66, 67, 81, 109, 116
Wiener Neustadt 51, 67
Wiesloch 52
Wilna (Vilnius) 56, 87, 100, 110, 116
Wilton 48
Winchelsea 48
Winchester 35, 48
Windsbach 50
Windsheim (Bad Windsheim) 50
Windsor 48
Winterthur 52, 68
Winzenheim 95
Wirsberg 50
Wittenberg 67, 104, 105
Wittlich 52
Wloclawek 56
Wlodawa 111, 112
Wodzislaw 111
Wolfhagen 52
Wolfsberg 66
Wolfsegg 50
Wolfsheim 52
Wolga 15, 16, 17, 69, 62, 116
Wollhynien 110
Worcester 35, 48
Worms 14, 30, 31, 39, 43, 45, 52, 54, 66, 67, 82, 105, 115
Wörth 52
Wronki 111
Wrzésnia 111
Wschowa 111
Würzburg 13, 31, 35, 43, 50, 66, 67
Wycombe 48
Wysokie 111
Wyszogrod 56, 111

X

Xanten 30, 31, 52
Xanthus 2

Y

Yahudiya 24
Yampol 111
Yanov 111
Yaroslaw (siehe auch Jaroslaw) 56, 110
Yemen (siehe Jemen)
York 35, 48, 54

Z

Zabern (Rheinzabern) 95
Zabid 2, 4, 7
Zabludów 111
Zabolotov 111
Zafar 2, 4, 7
Zafran 20
Zafzufa 3
Zagazig 84
Zagreb 108
Zaidin 42
Zaleshchiki 111
Zalozhtsy 111
Zamora 11, 28, 29, 41, 44, 47, 57, 69, 70, 88, 101
Zamosc (Zamoste) 111, 112
Zante 81
Zara 35, 73, 81
Zarfat 33
Zbarazh 111, 112
Zbazyn 111
Zborov 111, 112
Zeila 91
Zelechów 111
Zemaymira, Khirbet 3
Zeugma 2
Zhidachov 56
Zholkva (siehe Zolkiew)
Zifta 84
Zippori 3, 6, 33, 37, 38
Zitomir (siehe Shitomir)
Znaim (siehe auch Znojmo) 51
Znojmo (siehe auch Znaim) 106
Zoan 38
Zofingen 51, 68
Zolkiew (Zholkva) 111
Zolochev 111
Zülpich 52
Zürich 43, 46, 51, 54, 66, 67, 68, 83
Zwettl 51
Zwolle 51
Zypern 1, 77, 80

Sachregister

A
Abassiden 34
    Herrschaft 34
    in Bagdad 34
Abfall vom Judentum 114
Abgabenfreiheit 38
Abhängigkeit vom guten Willen des
    Herrschers 37
Abschaffung des Patriarchats 16
Absonderung der Juden 95
Abzeichen (siehe Zeichen)
Adel, Klagen gegen die Juden 50
Ägypten 10, 26
    Durchzug islamischer Heere 20
    Eroberung 32
    jüdische Gemeinden 36
    mamelukisches 90
    religiöse Autoritäten 20
Akademie(n)
    babylonische 32
    palästinensische 33
    von Pumbedita 31
    von Sura 31
Alanen 24
Albigenserkreuzzug 55
Alcana, jüdisches Viertel 65
Alija 32, 47
Allod 36
Almohaden 35
Almoraviden 35
Altes Testament 13
Ältesten 22
Ältestenrat *(roschei hagligot)* 111
Alufim – Ehrentitel der Thoragelehrten 30
Amt des Exilarchen 14
Ananiten 29
Andalusien (siehe jüdische Gemeinden)
Angle-Terre (siehe England, messianische Deutung
    des Namens)
Angriffe auf die Juden 65
Anjou, Eingreifen in Süditalien 48
Ansiedlung
    der Juden in Mainz 38
    in Gibraltar 75
    von Juden aus Deutschland in Saloniki 71
Ansiedlungsverbot, in Jerusalem 46
Antijüdische
    Agitation 77
    Bestimmungen 21
    Haltung 13, 76
    Polemiken 106
    Politik 49
    Propaganda 21, 106
    Tumulte in Sevilla 65
    Verordnungen 21
    Ausschreitungen 64
Antiochien, Eroberung durch die Perser 18
Apostaten 74, 94, 106
Appelationsrichter,
    oberster (siehe Rab de la Corte) 50
Araber 10, 26
Arabische Emirate 17, 37
    Halbinsel 20
    jüdische Besiedlung 19
Aragón (Königreich), jüdische Gemeinden in 61,
    74, 76
    Kämpfe in Süditalien 48
Arbaa turim (Inkunabel) 94
Arbeitstechniken 24
Archae (Archiv, in dem die Schuldurkunden
    aufbewahrt wurden) 57
Archidiakon von Ecija 65
Archisynagogus (Vorsteher der Synagoge) 22
Arianer 14
Armenier 68
Armlederbanden 60
aronische Abkunft 19
arrabi
    menors 67
    mor 67
Arzt 28, 37
    des Kalifen 35
Ärzte 36, 50
Aschkenas 38, 44, 53, 69
    chassidische Bewegung in 53
    Verfolgungen 60
Aschkenasen *(Aschkenasim)* 109, 114
Aschkenasische
    Erziehung 110
    Gemeinden, Vernichtung der 39
    Juden 37
        Ankunft in Konstantinopel (1470) 88
Askalon 47
Askese 29
Astrologe 28
Äthiopien, Krieg mit dem Königreich Himjar 16
Äthiopier, Allianz mit Byzanz 17
Aufenthaltserlaubnis 72
Aufenthaltsprivileg 73
Aufenthaltsverbot 57
Auferstehung 55
    der Toten 29
Auferstehungslehre des Maimonides 53
Aufstand
    der Handwerker 67
    der Bewohner von Castrojeriz 37
Aufstände (484) 16
Augsburger Religionsfrieden 105
Ausbildung 55
Ausgrenzung 74
Ausschluß von der Verwaltung 49
Ausschreitungen 62, 74
Auswanderer 33, 102
Auswanderung
    aus Cori 90
    ins Heilige Land 52
    nach Ägypten 33
    nach Eretz Israel 69
    nach Spanien 31
Ausweisung 64
Ausweisungsedikt 84
Av (9. Av 1626) 113
Avelei Zion (Die Trauernden um Zion) 29, 33

B
Babylonische
    Akademien 32
    Diaspora 33
    Geonim 20, 32, 35
    Juden in Fustat 27
Babylonischer Talmud 31, 94
Babylonisches Geonat 31
Badehäuser 21
Balearen, Verschwinden der jüdischen Gemeinden
    74
Balkanhalbinsel 70
    Ankunft aschkenasischer Juden 89
Banken, Gründung 98
Bankier 112
Banu
    Ani 19
    Aws 19
    Hud 36
    Khazraj 19
    Nadir 19
    Naghisa 19
    Qaynuqa 19
    Qurayza 19
    Ta'Laba 19
Banu-Tujib-Dynastie 36

Bauern 19, 28, 30, 36
Bauernkreuzzug 38
Bauernkriege 105
Bauernverbände, paramilitärische 111
Bauten, jüdische
    Höhe in muslimischen Wohnvierteln 21
    in Toledo 37
Beduinenstämme 19, 33
Beförderungsverbot für jüdische Güter oder
    Passagiere 28
Befreiung von Steuern 23
Begräbnis im Heiligen Land 33
Beherbergungsstätten für jüdische Reisende 72
Bekehrung
    jüdischer Gemeinden zum Christentum 13
    der Heiden zum Christentum 13
    zum Christentum 74
Beraterposten 49
Berber 34, 35, 36
Berberscheik 34
Berberstämme 14, 34, 35
Berg Gerizim 16
Beschränkung des Wohnrechts 67
Beschuldigung(en)
    Brunnenvergiftung 62
    Ermordung des Simon von Trient 44
    Hostienschändung 44
    gegen die Juden im Zusammenhang mit der
        Pest 49
    Entführung und Ermordung christlicher Knaben
        73
    Ritualmord 49
Bet Midrasch (Lehrhaus) 100
Bibel 29
    42zeilige Bibel Gutenbergs 94
    Auslegung 29, 52
    Kommentar 52
    mit hebräischen Buchstaben gedruckt 94
    Prophezeiungen 13
    Übersetzung ins Arabische 31
    Übersetzung ins Lateinische (Vulgata) 13
Bibelexegese 52
    christliche 52
Bibelstellen, Erklärung 52
Bildung, jüdische 36
Bischöfe, Herrschaft über die Juden 38
blasphemische Äußerungen 113
Blutbeschuldigung(en) 44, 106, 108
    von Sendomir 112
Böhmen 23
    Vertreibung 107
    Vertreibung der Juden aus den Königsstädten
        106
böhmische Juden 107
Bote
    nach Ägypten 113
    Organ des Rates in Litauen 111
Brasilien 101
    Eroberung des Nordostens durch die Holländer
        102
    Flüchtlinge gelangen nach Neu-Amsterdam
        (erste jüdische Siedler in Nordamerika) 102
    jüdische Siedlungen 102
    Rückeroberung durch die Portugiesen 101, 102
Boykott des Hafens von Ancona 96
Brand der Kirche zum Heiligen Grab in Jerusalem
    38
Bräuche, religiöse 99
Brautpreis *(mohar)* 21
Brunnenvergiftung, Beschuldigung 61, 62
Buch der Gewohnheiten 37
Buch der Reisen *(sefer ha Massaot)* 44
Buchdruck
    hebräischer 94
    jüdischer 94

SACHREGISTER

Bulle 95
   Licet Iudeis 44
   von 1348 62
Bündnis, christlich-jüdisches gegen das Osmanische Reich 97
Byzantinische
   Flotte 26
   Herrschaft in Jerusalem 18
   Herrscher 16
   Kaufleute 16
   Präsenz in Süditalien 27
Byzantinisches Reich 13, 70
   Auseinandersetzung mit Persien 16
Byzanz 24, 70
   Juden in den von Byzanz eroberten Gebieten 14
   Sieg über die Perser bei Ninive 18

C

Calvin 105
Chacham (Gelehrter) 113
Chasaren
   Konversion zum Judentum 24
Chassid 53
Chassidische Bewegung in Aschkenas 53
China, jüdische Gemeinde 103
Chmjelnizki-Massaker 111, 112
Christen 20, 24, 47, 74, 108
   Bibelexegese 52
   gemeinsam essen mit Juden 14
   Mischehen mit Juden 21
Christenheit 97, 98
Christentum 13, 20, 44, 55, 74
   Einfluß, allmählich dominierender 13
   Kampf gegen das Judentum 13
   Lehre seiner Überlegenheit über das Judentum 13
   Nahen des 13
Christenverfolgungen 24
Christliche
   Angriffe auf Andalusien 36
   Drucker 94
   Felder 14
   Gesellschaft 74
   Herkunft 94
   Kaufleute 49, 72
   Kommentatoren 52
   Machthaber 96
   Minderheit 24
   Mönche 13
   Nachbarn 53
   Überlieferung 13
   Welt 41
Christlicher Knabe (angeblich in Saragossa ermordet) 49
Christliches Europa 70
Collecta (regionale Organisation der jüdischen Gemeinden) 51
Colonen 22
condotta (Privileg) 77
Conversos 70
Cori (im Süden von Rom) 90
Cum nimis absurdum (Da es widersinnig ist) 95

D

Davidstern 46, 51
Deutschland *(siehe auch* Heiliges Römisches Reich Deutsche Nation)
   jüdische Gemeinden, Verfolgung 59
   Gesamtzahl der Juden 81
   Juden zur Zeit der Reformation 106
   jüdische Auswanderung 73
   jüdische Bevölkerung 72
   Verfolgungen (14. + 15. Jh.) 72, 73
   Vertreibungen (14. + 15. Jh.) 72
   Wanderung von Juden nach Polen 54
Diaspora 30, 32, 52, 54
   Demographische Veränderungen 80
   -gemeinden 33
   jüdische 14
   Landkarten 14
   sephardische 99
Dichter, jüdische 28, 31, 36

Dimmi 21, 34
Disputation(en) 22, 47, 49, 52, 74
   Pariser Talmuddisputation 47
   religiöse 52
   von Barcelona 1263 47, 49
   von Paris (1240) 53
   von Tortosa 74, 77
   zwischen Juden und Christen 22
Dominikaner 49, 67, 74, 76
Domus conversorum (Haus für konvertierte Juden) 57
Donatisten 14
Dörfer, landwirtschaftlich geprägte in Galiläa 90
Dreißigjähriger Krieg 106, 108
Dreiteilung von Palästina 16
Drucker, jüdischer 94
Drusen 68, 90

E

Ecclesia militians (siehe streitende Kirche) 13
Edikt *(siehe auch* Vertreibungsedikt) 83, 84
Eigentum, jüdisches, Konfiskation 57
Einfluß der Juden
   Verfall 49
Einkommen 47
„Ein Volk, eine Herrschaft" 76
Einwanderer 33
Einwanderung ins Heilige Land 90
Einwanderungsverbot 59
Elias (Prophet) 98, 99
Elsaß, jüdische Gemeinden 100
Elvira, Konzil von 14
Emirat 31
Emirate, arabische 31, 37
Empfehlungsbrief 97
Endzeitliche Gefühle 98
England 81
   Konfiskation jüdischen Eigentums 57
   messianische Deutung des Namens *(Angle-Terre)* 99
   Ritualmordbeschuldigung 44
   statistische Zahlen 81
   Verfolgung 57
   Vertreibung 59
   Wiederzulassung von Juden 99
Englische Kirche 57
Entdeckungsfahrt der Portugiesen 97
Entdeckungsreisen 101
Entführte Kinder, Rückgabe 64
Entstehung der Kommunen in Nord- und Mittelitalien 27
Erben 21
Erbrecht 21
Erdbeben 32
Eretz Israel 32, 47
   angesiedelte Juden in 47
   Einwanderer 69
Erkenntnistheoretische Fragen 55
Erkennungszeichen 57
Erlösung 53, 54, 90, 98, 114
Erlösungsproblem 93
Erneuerung jüdischen Lebens 70
Erneuerung jüdischer Ansiedlung in Südwestfrankreich 64
Eroberung
   von Akkon durch die Muslime 42
Eroberungszüge Jakobs I. von Aragón 49
Erpressung 84
   von Lösegeld 47
Errettung der Juden 70
Erscheinung, göttliche 39
Eschatologische Literatur 18
ethische Lehren 53
Eucharistiedogma (1179) 44
Europa 68, 70, 72
Exegese 29, 52
Exilarch 31, 47
Exilarchat 31

F

Färber 33, 46
Fatimiden 27, 28, 34

Fatimidische Kalifen 32, 38
Fatimidisches Heer 32
Festlegung der Feste 31
Feudales System 46
Finanzeinrichtungen 30
Finanzielle Hilfeleistungen 32
Finanzierungsmöglichkeiten 72
Flachsverarbeitung 36
Flüchtlinge aus Südarabien 19
Franche-Comté 64
Franken 22
Frank(en)reich 53, 64
   Ende der jüdischen Gemeinden 64
   Erneuerung jüdischer Ansiedlung in Südwestfrankreich 64
   Inventar der jüdischen Besitzungen 34
   karolingisches 23
   Verfolgung von Juden 42
   Vertreibung der Juden (1306) 53
   statistische Daten 81
Franziskaner 74, 77
Friedensvertrag zwischen Byzanz und den Arabern 27
Friedhof, jüdischer 100
Friedhöfe 81, 84
Führer der Irrenden 55
Fürst der Tataren 68
Fürstentum von Galiläa 46
Füstentümer, russische 25

G

Galiläa 18
   landwirtschaftlich geprägte Dörfer 90
Gaon 31
Gaonat(e) 30, 33
   in Palästina 31
   spiritueller und halachischer Mittelpunkt 32
   von Pumbedita 30
   von Sura 30
Gebet, siebenmaliges 29
Gebühren 82
Gegenpapst 74, 77
Geistliche 24
Geldhändler 77
Geldstrafe 37
Geldverleih 57
Geldverleiher 31, 41, 74, 77
   jüdische 38
Gelehrte 32, 52, 53, 90
   halachische 93
   karäische 33
   sephardische 33
Gemeindevorsteher 47
Gemeinwesen, jüdisches 14
Generalinquisitor 76
Genisa von Kairo 27, 32
Genua 70
Geonim Babyloniens 27
Gerichtsbarkeit der Juden 22
Gerichtshof des chasarischen Königs 24
Gesandte
   der Geonim 32
   in die Diaspora 91, 92
Gesandter, venezianischer 98
Gesandtschaft zu Karl V. 98
Geschichte
   des jüdischen Volkes 30
   Kastiliens 37
Gesetz Theoderichs des Großen 22
Gesetzbuch (Kodex) 50
   Las siete partidas 50
Ghetto 95, 96
   jüdisches 106
Glasbläser 33
Glasmanufakturen 47
Goldschmied 19
Gottesmörder 13, 106
Grammatiker 31, 95
Grenzgebiete 49
Griechen 22
Großinquisitoren 104
Grundsteuer *(karga* oder *kharaj)* 20
Grundstücksgeschäfte 36

H

Hakatija (Judeo-Arabisch) 116
Halacha 29, 31, 32, 53, 55, 94
    Studium der 52
Halachische
    Entscheidungen 53
    Gesetze 32, 55
Halachisches Werk 36
Handel 19, 36
    mit Andersgläubigen 28
    mit christlichen Sklaven 22
    Verbindungen der Konversen in den Fernen Osten 103
    zwischen dem christlichen Europa und den islamischen Gebieten 23
Handelsgesellschaften 27
Handelshäuser, Gründung 98
Handelsprivilegien 49
Handelsrouten 72, 90
Handelssanktionen
    zum Schutz von Glaubensgenossen 96
Handelsstraße 24, 26
Handelsverbindungen der Konversen in den Fernen Osten 103
Handelswege 99
    vom Roten Meer nach Indien 17
Handschriften, hebräische 56
Handwerk 57
Handwerker 77, 112
Handwerkliche Tätigkeit 47
„Häresie, jüdische" 76
Häretiker 95
Häretische Ideen
    Ausbreitung 94
Hebraeus meus dicit (ein Jude sagt mir) 52
Hebräische Inschriften 28
Hedschra 19
Heere der Fatimiden 35
Heiliges Grab 38
Heiliges Kind von Laguardia 44
Heiliges Land 39, 44, 47, 85, 88, 96, 115
    finanzielle Unterstützung aus der Diaspora 91
Heiliges Römisches Reich 27, 28, 73, 88, 106, 108
Heiliges Römisches Reich Deutscher Nation 106
    Juden im 106
Hemda Genuza 30
Himjar (Königreich)
    Krieg gegen die Äthiopier 16
    Vertreibung der Juden 17
Historiograph, jüdischer 38
Höchstzinssatz 48, 49, 50
Hofberater 50
Hofjuden 106
Hofjuwelier 44
Hofverwaltung 49
Holland
    jüdische Gemeinden 100
    Protestanten unterstützen Juden in Palästina 90
Hostiendiebstahl 59
Hostienschändung 44, 60, 65
Hufschmied 19
Humanisten 106
Hundertjähriger Krieg 64
Hussitenkriege 42

I

Iberische Halbinsel, Eroberung durch islamische Heere 21
Indien, jüdische Siedlungen 102
Inkunabeln 94
Inquisition 55, 77, 85, 94, 95, 98, 99, 103
    Großinquisitoren 104
    in Portugal 103
    in Spanien 103
    spanische 75, 76, 77
    Tribunale 104, 105
    Verfolgung abtrünniger Konversen 103
Inquisitionsgerichtshof, päpstlicher 77
Inquisitionstribunal(e) 76, 96, 103
Inquisitoren 76
Integration 74
    der Conversos 76

Interpretation des Alten Testamentes 13
Investiturstreit 38
Inventar
    jüdischer Besitzungen in Frankreich 64
    jüdischer Besitzungen in Italien 77
Isanianer (jüdische Sekte) 29
Islam 20, 55, 114, 115
    Aufstieg des 20
    Eroberung von Babylonien 20
    Eroberung von Damaskus 20
    Eroberung von Persien 20
Islamische Moral 32
Islamisches Heer 20
Italien 95
    Durchgangsland 90
    Einwanderer aus Deutschland 95
    Einwanderung 95
    Flüchtlinge aus Spanien und Portugal 95
    Gründung neuer Gemeinden 95
    jüdische Gemeinden 78, 95
    Verfolgungen in Süditalien 95
    Vertreibungen 95
    Zahl der Juden 81

J

Jagiellonen 109
Jahressteuer der Juden 76
Jerusalem 44, 69
    Belagerung 20, 40
    Einnahme durch die Perser (614) 18
    Einnahme durch Saladin 42
    Einwanderung von Juden aus Italien 90
    Eroberung durch Saladin 46
    Hilfeleistungen 91
    Rückeroberung 18
    Wohnort der Juden 16
Jeschiwa 30, 35, 36
    von Dampierre 53
    in Mainz 28
Jiddisch 116
Jischuw in Eretz Israel 47
Jizya (Kopfsteuer) 20
Juden 102
    aus Deutschland, Ansiedlung in Saloniki 71
    im Heiligen Land 14
    in Aragón 49, 65, 81
    in Atil 24
    in Babylon 30
    in den Grenzgebieten
    in England
        Bekehrung zum Christentum 57
        Vertreibung 57
    in Genua 22
    in Jemen 20
    in Polen 112
    in Rom 22
    Kontakte mit den babylonischen Geonim 20
    Rechtsstatus eines Siedlers 49
    Schicksal in den von Byzanz eroberten Gebieten 14
    Status 14
    Übertritt zum Christentum 67
    von Marseille 49
    von Nordafrika 49
Judeneid 49, 50
Judenfeinde 49
Judenfeindliche
    Ausführungen 28
    Bestrebungen 64
    Gefühle 59
    Haltung 14, 65
    Propaganda 111, 112
    Tendenzen 48
Judenfeindschaft, Entstehung 73
Judenhaß 70
Judenprivileg „Sicut Iudeis" 44
Judenprivilegien 23, 38
Judenrichter 108
Judenschutz 50
Judenstädte, eigene 109
Judentum 20, 53, 55, 77, 98, 114
Judenverfolgung(en) 16, 20, 62
    im oströmischen Reich 16

    im westgotischen Spanien 22
Judenvertreibung aus Frankreich 59
Judenviertel (Ghettos) 95
Jüdische Bäder 21
    in Gerona 21
    in Granada 21
Jüdische Besiedlung 22
    im byzantinischen Sizilien 22
    in Galiläa 47
Jüdische Bevölkerung
    in Europa 82
    in Jerusalem, Erschlagung 39
    von Jerusalem 32
Jüdische Gelehrsamkeit 34
Jüdische Gelehrte 55
Jüdische Gemeinde(n) 44, 49
    Akkon im 13. Jahrhundert 47
    älteste organisierte in Rom 22
    aragonesische 55
    im Elsaß 60, 100
    im Heiligen Land 46
    im ostfränkischen Gebiet 38
    in Aragón 67
    in Askalon 47
    in Beirut 47
    in Caesarea 47
    in der Franche-Comté 64
    in der Provence 64
    in Deutschland 59, 60
    in Franken 60
    in Frankreich 58, 64
    in Fustat 47
    in Holland 100
    in Jerusalem 47
    in Katalonien 67
    in Kastilien 65, 67
    in Léon-Kastilien 50
    in Lothringen 64
    in Najran 17
    in Navarra 64
    in Palermo 28
    in Safed 90
    in Spanien 62
    in Tiberias 47
    in Toulouse 64
    in Transjordanien 32
    in Tyrus 47
    Londoner 42
    Lucca 48
    Pisa 48
    Tolerierung 99
    Venedig 48
    verbleibende in Frankreich 64
    von Chaiba 19
Jüdische Gemeinschaft
    in Samaria 16
Jüdische Gemeinwesen
    in Palästina 18
Jüdische Gerichte 22
Jüdische Kaufleute 26
Jüdische Minderheit in Spanien 21
Jüdische Ratgeber 24
Jüdische Sekten 29
Jüdische Siedlungen 29
    im Wadi al-Qura 19
    in Amerika 101
    in Fadak 19
    in Indien 102
    in Taima 19
Jüdische Siedlungsgebiete 34
Jüdische Sippen
    im Süden der arabischen Halbinsel 20
    in Chaiba 19
    in den Oasen 20
    in Medina
        Banu Nadir 19
        Chaibas 19
        Kahinan 19
        Quaynuqa 19
        Qurayza 19
Jüdische Tradition 28
Jüdische Zentren 32
Jüdischer Gelehrter 13

SACHREGISTER

Jüdischer Handel 27
Jüdisches Gemeinwesen 28
    im Königreich Himjar 17
    im Sassanidenreich 14
    in der Diaspora 16
    in Palästina 16
Jüdisches Gerichtswesen 74
Jüdisches Zentrum 71
    in Babylon 30
Jurisdiktion über Christen 21

K

Kabbala 48, 53, 54, 98, 110
    Entstehung 52
    theoretische 93
Kabbalisten 90, 93, 94, 114
    Veränderungen im Denken 93
Kabbalistische Zentren 93
Kaf ha-Ketoret 93
kahal kadosch 88
Kaiser aller Spanier 37
Kalenderberechnung 31
Kalifat 21, 24, 30, 34, 35
    fatimidisches 27
Kampf des Christentums gegen die Juden 13
kanonisches Recht 50, 52
Kapitularien 23
Karäer 32, 33, 37, 45, 94, 109
Karäische Gemeinde 65
Karäischer Philosoph 29
Karolingerzeit 23
Karolingisches Frankenreich 23
Kastilien (Königreich) 50, 65, 67, 74, 76
    Erholung der Gemeinden 74
    Eroberungen 50
    jüdische Gemeinden 65, 74
    Union mit Portugal 76
    Vertreibung 37
Katakomben in Rom 13
Katholische Könige 75, 76
Katholisches Christentum 21
Kaufleute 27, 33
    jüdische 103
Kinder
    Verlust des Erbrechts bei Konversion 21
    Entführung 64
Kirche 14, 21, 49
    englische 57
Kirchenväter, Lehren der 13
Kleidung 50
    Art und Farbe 21
    traditionelle 48
Kleinasien 82
    byzantinische Herrschaft 70
    jüdische Niederlassungen 70
Knechtschaft (*servitus*) des jüdischen Volkes 13
Knesset al-Iraquiin 33
Knesset al-Shamiin 33
Kodex (Gesetzbuch) 50
Köln
    jüdische Gemeinde 38
    Märkte 38
Kolonialherrschaft in der Neuen Welt, Anfänge 101
Kolonien, südamerikanische 102
Konfiskation 65
    jüdischer Bücher 106
    Synagoge von Sevilla 65
Kongregationen (Synagogen)
    in Saloniki 89
Konstantinopel 71
    Eroberung 70
    Fall (1453) 70, 88
    jüdische Gemeinde 70
    jüdisches Zentrum 71
    karäische Gemeinde 70
    Politik gegen die Juden 70
Kontroverse 55
Konverse(n) 21, 64, 67, 74, 75, 76, 77, 84, 85, 94, 96, 98, 99, 102, 114
    Ansiedlung in spanischen und portugiesischen Kolonien 102
    im Fernen Osten 103
    in der Neuen Welt 103
    Tribunale 103
Konversion 74
    in Spanien lebender Juden 74
    zum Islam 21
    zum Judentum 24
Konvertiten 44
Konzil(ien) 28, 37, 108
    Beschäftigung mit jüdischen Angelegenheiten 14
    der Merowingerzeit 14
    Drittes Laterankonzil 48
    Viertes Laterankonzil 48
    von 632 21
    von Buda 108
    von Elvira 14
    von Gerona 37
    von Szabolcs 108
    von Ticino 28
    westgotische 21
Kooperation, persisch-jüdische 18
Kopfsteuer (*jizya*) 20, 111
Kosakenaufstand 111
Krakau
    antijüdische Ausschreitungen 64
    Vertreibung (der Juden) 65
Kreativität, spirituelle 52, 54
Kreditfragen 27
Kreditgeschäfte 31
Kredittechnik 72
Kreditwesen 19
Kreuzfahrer 39, 44, 47, 61
    Niederlage 42
    -heer 108
    Königreich in Eretz Israel 40
    -zeit 46
Kreuzigung Jesu 13
Kreuzzug 61
    dritter 42
    erster 37, 38, 42, 108
    gegen die Juden 67
    vierter 42
    zweiter 42
Kreuzzüge 32, 115
    weitere 42
Kriegssteuer 74
Kriegssteuer 1491 76
Krone 37, 57
    Verwalter der 67
Kryptojuden 21, 105
Kultur
    antike 52
    mittelalterliche 52
Kwarizmi-Türken 47

L

Ladino (Judeo-Spanisch) 116
Landfrieden 60
Landjudentum 80
Landstände, Zahlung für die Vertreibung 73
Landwirtschaft 19, 57
Las siete partidas (Gesetzbuch) 50
Laubhüttenfest 33
Lebensbedingungen der Juden 14
    im Römischen Reich 14
    Verschlechterung 59, 62, 72
Lebensführung, bescheidene 74
Lebensgrundlagen der Chasaren 24
Lederverarbeitung 36
Lehrer 36
Leiden der vertriebenen Juden, Ausdruck in der Dichtung 84
Leiheformen (Grundbesitz) 36
Lepanto, Seeschlacht bei 88
Lepra-Massaker 61
Licet Iudaeis 44
Libanon 68
Litauen 64, 65
    jüdische Siedlungen 65
    Rat 111
    Vertreibung (1495) 84
    Vertreibung der Juden 65, 109
Literatur
    ethische 52
    kabbalistische 54
    lateinische 52
    mittelalterliche 52
    philosophische 52
Liturgie 31
London
    jüdische Ansiedlung 100
    Vernichtung der jüdischen Gemeinde 42
Lösegeld 47, 57, 65, 112
    -zahlung 41
Lothringen 64
Loyalitätsversprechen
    gegenüber Papst und Christenheit 98
Lublin, Handelsmessen 109, 111, 112
Lurianische Kabbala 54
Lutheraner 105

M

Machtträger, kirchliche 41
Madrid, Gemeinde in 99
Maggid 93
Maggid Mescharim 93
magister Iudeorum 23
Mähren
    Vertreibung 107
    Vertreibung der Juden aus den Königsstädten 106
Mainz
    jüdische Gemeinde 39, 81
    Vertreibung der Juden 38
Makedonien 70
Mameluken
    Herrschaft in Palästina 68
    Sieg über die Mongolen 68
Marmelukische Herrscher 72
    in Syrien 72
    in Ägypten 72
    Unterdrückung jüdischer Untertanen 72
Marokko 31
Märtyrer 64, 98
Martyrologien 80
Maschnin – Mischnalehrer für die Knaben 30
Masora 29
Massaker 38, 39, 41, 62, 64, 69, 111, 112
    an den französischen Juden 52
    in den Rheingebieten 61
Massenmord(e) 60
    an Juden in Prag 38
Medizin 55
Merowingische Könige 14
    Aufnahme jüdischer Flüchtlinge aus dem Westgotenreich 14
    Beziehungen zu den Juden 14
Mesopotamien
    Eindringen der Mongolen 68
Messen, alljährliche 111
Messianische
    Bewegung(en) 18, 98, 99, 115
    Endzeiterwartungen 93
    Hoffnungen 68, 70
Messianisches Erlösungszeitalter
    Ankunft des 18
Messianisches Phänomen 98
Messias 29, 93, 98, 99, 113
Mikwot (rituelle Bäder) 84
Minjan (Gebetsgemeinschaft) 47
Mischehen 21
Mischna 52, 53
Mischne Tora 54, 55
Missionar 103
Mißstände in der jüdischen Gesellschaft 54
Mittelalter 13
Mittelmeer
    Handel 71
    -flanke 88
    -häfen 26
    -küste 99
    -länder 72
Mohammed 19
    Auseinandersetzung mit den Juden 19
    Vertrag mit der Familie des Samuel b. Adaja 20
Mohammeds Gesetze 21

SACHREGISTER

mohar (Brautpreis) 21
Mönche
   christliche 13
Mongolen 68
   -sturm 68
   Unterwerfung Palästinas 68
Monopol 46
Mord 84
Mosaisches Gesetz 29, 75
Moschee 21
   Umwandlung in eine Kirche 37
Muschkaniten 29
Muslime 37
   Eroberung Akkons 47
   Eroberung Süditaliens 27
Muslimische Flotte 26
Muslimische Herrschaft 30
Mystik, jüdische 54

N

Nadir 19
Nagid 35, 90
Nassi (Fürst) 36, 37
Neeman (Vermögensverwalter) 111
Neuchristen 21
Neuchristen *siehe* Konversen 74
Neue Welt 99, 115
   Ansiedlung von Juden 102
   Inquisition 103
Neuentdeckte Gebiete 97
Nichtrabbinische Delegierte 111
Niederlassung im Heiligen Land 13
Niederlassungen, zentrale, jüdischer Kaufleute 27
Niederlassungserlaubnis, beschränkte in Portugal 84
non tolerandis Iudaeis 109
Nordafrika
   Durchzug islamischer Heere 21
Nordamerika, jüdische Siedler 102
Normannen 24
Norwich, Blutbeschuldigung 44
Nürnberg
   jüdische Gemeinde 81
   Memorbuch 81
Novellae (Zusätze zum Corpus Iuris Civilis) 14

O

Omajjaden 34, 35
Orthodoxe in Polen 112
Osmanen 97
Osmanische Flotte 88
Osmanisches Reich 85, 99
   Anfänge 70
   Expansion in Europa 88
   Türken 70, 95
Österreich
   Judenordnung 108
Österreichische Herrschaftsgebiete in Ungarn 108
Osteuropa 109
Oströmisches Reich 13

P

Palästina (Eretz Israel) 32, 44, 68, 69, 90, 97
   Besiedelung mit Christen 13
   Diaspora 71
   Eroberung durch die Türken (1517) 85
   Osmanische Herrschaft 71
   persische Eroberung 18
   Zusammenhalt der Juden 16
Palästinische Akademie 33
Papst 22, 59, 97
Päpste 48, 77, 88, 95
   Verwicklung in Judenverfolgungen und -vertreibungen 95
Pariser Talmuddisputation (1240) 47
Parnas (Gemeindevorsteher) 111
Parnassim 55, 67
Paschas, osmanische 90
Pastoureaux 61
Pax Islamica 34
Pelzhändler 36
Pentateuch 14

Perser
   Einnahme Jerusalems (614) 18
   Eroberung Ägyptens (619) 18
   Eroberung Antiochiens 18
   Eroberung v. Ktesiphon (628) 18
Persien 30
Pesach-Haggadot 94
Pest *(siehe auch* Schwarzer Tod) 62
Philologen 34
Philosoph 36
Philosophie 31, 55
Pijjut 31
   Lecha Dodi 93
Pilgerreisen
   an die heiligen Stätten, Förderung 13
   nach Eretz Israel 32
   Pilgerreisen nach Jerusalem 32
Pilpul (Talmudinterpretation) 110
Pinkas (Protokollbuch dieser Tätigkeit) 111
Pioniere, jüdische 115
Podolien 112
Pogrome 62, 112
Polemiken gegen die Juden 106
Polen
   Anfänge der jüdischen Besiedlung 64
   Rat der Vier Länder 111
   Sejm 111
   talmudische Gelehrsamkeit 109
   Vertreibung aus Krakau 65
   wichtigste jüdische Gemeinden 109
Polen-Litauen 110
   Rechtsstellung der Juden 109
Portugal
   Auszug der Juden 84
   Jüdische Besiedlung 67
   Vertreibung (1496) 84
Posek (rabbinischer Richter) 53
Predigten
   judenfeindliche 60
   Zwangstaufe der Juden 24
Privileg 44, 64, 109
   Heinrichs IV. 38
Privilegien 23, 50, 57
   aus der Karolingerzeit 23
   Begräbnis in Bet Sche'arim 14
   der Juden in Barcelona 37
Privilegium immunitatis 37
Prophetinnen 99
Prophezeiungen der Bibel 13
Proselyten 53
Proselytenmacherei 14
Protestanten
   in England 90
   in Holland 90
   in Polen 112
Protestantische Lehre 105
Protestantismus 106
Protokollbuch *(pinkas)* 111
Prozesse 23
Pseudomessias 93

R

Raaja Meheimna (Der gläubige Hirte) 54
Rab de la Corte (oberster Appellationsrichter) 50, 74
Rabbaniten
   Prüfung des biblischen Textes 29
Rabbanitische Juden (Rabbaniten) 29
Rabbiner 48, 74, 111
Rabbinisches Gericht 111
Radhaniten 26, 72
   Handel 26
Raschi (Kommentator der Bibel) 52
Rat der Vier Länder 106, 110, 111
   Auflösung 111
   Entstehung 111
   Zusammenarbeit mit dem Rat von Litauen 111
Ratgeber 50
   des Kalifen 28
   von Papst Alexander III. 48
Rat von Litauen 111
   Boten *(schelihim)* 111
Räubereien 84

Recht
   jüdisches 53
   kanonisches 52
   römisches 52
Rechtfertigung für die „Knechtschaft" *(servitus)* des jüdischen Volkes 13
Rechtliche Beziehungen 23
Rechtliches System gegen Juden und Kryptojuden 21
Rechtsgelehrter 36
Rechtsgutachten 31, 55
Rechtsnormen 74
Rechtssprechung, jüdische 50
Rechtsstatus 74
Rechtsstellung der Juden 48
   in Frankreich 23
Reconquista 36, 37, 49, 50
Reformation Martin Luthers 88
Reformationsbewegung 105
Reisen 97
Religiöse, persische Strömungen 29
Rente
   jährliche 22
Reschit Hochma 93
Residenz des Papstes in Rom 27
Responsen (Rechtsgutachten) 27, 32
Rheingebiete 60
Rheinland 41
Richter
   jüdische 50
   rabbinisch gebildete 32
Ritualmord an einem christlichen Knaben 49
Ritualmordbeschuldigung 41, 42, 44, 64, 77
Ritus, jüdischer 67
Rom, Zentrum der Christenheit 14
Romaniot (byzantinische Juden) 70, 88, 109
Römisches Reich 13
Roschei
   ha-glilot (Ältestenrat) 111
   ha-medinot 111
Rückkehr nach Frankreich 59
Rudolf (Zisterzienser) 41
Russische Chronik 25
Rußland 112

S

Sabbatianische Bewegung 114, 115
Sachsen 22
Sachsenkaiser 38
Samarias Rückkehr nach Zion 42
Samaritaner 45
Sassanidenreich 14
   jüdische Selbstverwaltung im 14
Savoyen 95
Schaarei Keduscha 93
schadarim (Abk. für *scheluche de-rabbanan*) 91
Schaffen, tosafistisches 53
schear jaschuw 47
Schechina (Gotteseinwohnung) 54, 70
Scheck *(siehe auch* Schufatadschija) 27
Scheidung 29
Scheiterhaufen 98, 108
   Verbrennung auf dem 96
schelihim (Boten) 111
Schiedsrichter 28
Schiiten 32
Schikanen gegen das Patriarchat 16
Schisma 42
Schlacht
   bei Ain Dschalud 68
   von Giurgiu 88
Schlesien
   Vertreibung 107
Schlüsselpositionen in der Hofverwaltung (Aragón) 49
schola peregrinorum (Fremde) 22
Schreiber 56
Schriftsteller 34
Schtadlan 106
Schufatadschija (eine Art Wechsel) 31
Schulchan Aruch 93
Schulden von Christen an Juden 42
Schuldurkunden 57

139

SACHREGISTER

Schutz der Gemeinden
  im nördlichen Spanien 61
Schutz der Juden
  in England 42
  in Frankreich 41
Schutz der jüdischen Gemeinden 111
Schutzbestimmungen 77
Schutzbriefe 107
Schutzbullen, päpstliche 77
Schutzgewährung gegen jährliche, feste Abgabe 23
Schutzherr der Christenheit 95
Schutzprivilegien 64
Schutzurkunde 44
Schwarzer Tod 60, 62, 65, 72, 73, 77, 115
Schweiz
  älteste jüdische Gemeinde 74
Seeschlacht bei Lepanto 88
Sefer Chassidim 53
Sefer Dinim (Buch der Gesetze) 29
Sefer ha-Madda 55
Sefer ha-Massaot (Buch der Reisen) 44
Sefer ha-Meschiv (Kommentar zum Pentateuch) 93
Sefer ha-Sohar 54
Sefer Haredim 93
Sefer Mitzvot Gadol (Se Ma G), das große Buch der Gebote 52
Sefer Mitzwot (Buch der Gebote) 29
Seidenproduktion 90
Seidenweberei 28
Sekretär der Kaufleute 33
Sekte, jüdische
  der Isanianer 29
  der Judganiten 29
  der Karäer 29
  der Muschkaniten 29
  der Tiflisiten 29
Selbstverwaltung, jüdische 50
  im Sassanidenreich 14
Seldschuken 33
Sepharden *(Sephardim)* 33, 109, 114
Sephardische Flüchtlinge 71
Sephardische Gemeinde 99
Sephardische Juden 99
Servi camerae regis 64
Seuche(n) 84, 90
Sexuelle Kontakte 48
  zwischen Mitgliedern verschiedener Kommunitäten 21
Sicut Iudeis (Judenprivileg) 44
Sicut-Iudeis(-Urkunde) 77
Siedler 19, 50, 64
Siedler, jüdische 30, 35
  auf Königsland (in Spanien) 37
  im chasarischen Königreich 24
  in Nordamerika 102
Siedlungen, dauerhafte 46
Sieg gegen Abu Jahl von Mekka 19
Silberschmied 19
Sizilianische Vesper 48, 50
Sklaven 26, 65, 112
  Besitz von 22
  konvertierte 22
Sklavenhandel 23
Sohar 54
Sondersteuer 47
Spanien 74
  Auszug der Juden 84
  jüdische Bevölkerung 81
  Jüdische Gemeinden 75
  Massaker 1391 65
  Rückkehr der Juden 99
  Vertreibung 84
  Vertreibung 1492 74
  Vertreibung der Juden (Edikt 1492) 76
  Waffenstillstand mit den Türken 83
  Wandel der Lebensumstände der Juden 49
Spaniolische Gemeinden 84
Spenden 69
Spirituelle Erneuerung 53
Spirituelle Kreativität der Juden 52, 54
Sprachen
  in der jüdischen Diaspora 115, 116

Stämme, russische 24
Stammesrecht
  westgotisches 21
Statutum de Judaismo 57
Staufische Herrschaft in Sizilien 48
Sterblichkeit 65
Steuer(n) 30, 57, 90, 109
  -druck 33
  -einhebung 74, 108
  -einnehmer 74
  -ermäßigungen 28
  -freiheit 49
  jährliche 19, 24
  -kollektoren 28
  -listen 80
  -politik 57
  -zahlungen 50
Strafen 21
Strafgelder 67
Straßen, besondere für die Juden 21
streitende Kirche *(ecclesia militans)* 13
Streitgespräche (siehe auch Disputation) 13
  zwischen Christen und Juden 13
Streitigkeiten 27
Südamerika, Kolonien 102
Sunnitische Bevölkerung Ägyptens 32
Surinam
  jüdische Plantagen 102
Synagoge 14, 16, 21, 22, 32, 47, 50, 65, 68, 83
  Köln, archäologische Reste 38
Synagogale Lyrik 14
Synagogale Poesie 32
Synoden
  Beschlüsse 14
System für die Interpretation jüdischer Schriften 55

T
Talmud 52, 53
  babylonischer 31, 94
  -disputation 58
  -gelehrte 28
  -interpretation, spitzfindige *(pilpul)* 110
  -kommentare 52
  -schule 28
  -traktate 52
  -verbrennung 47, 53
Talmudische Gelehrsamkeit
  in Polen 109
Tataren 112
  -fürst 68
Tempel von Jerusalem 29
Testamente 33
Theosophie 54
Thora 36, 99
  -gelehrsamkeit 28
  -gelehrte 36
  -kronen 65
  öffentliches Lesen auf griechisch 14
  öffentliches Lesen auf hebräisch 14
  -rolle 47, 77
Thorastudium 34, 35, 38, 110
  Übertragung von Bagdad nach Narb 23
Tikkunei Sohar 54
Tomer Devora 93
Tosafisten 52, 53
tosafistisches Schaffen 53
Tosafot 52
Tuchfärber *(siehe auch* Färber) 28
Tötung von Juden 37
Tradition, spirituelle
  neue Höhepunkte in Holland 99
Tragen des jüdischen Abzeichens 67
Trennung der jüdischen von der christlichen Bevölk 14
Tributzahlungen 37
Tuchfärber *(siehe auch* Färber) 28
Tuchverarbeitung 36
Türken 70, 88, 108
  -herrschaft in Gebieten Ungarns 108
  Vertrag mit Frankreich 97
  Waffenstillstand mit Spanien 88
Tyrnau, Blutbeschuldigung in 108

U
Überlieferung
  christliche 13
Übersetzung
  klassischer philosophischer Werke vom Arabischen 52
Übertritt zum Christentum 67
Unehelich geborenes Kind 44
Ungarn 108
  erster türkischer Angriff 108
  Juden in den türkisch beherrschten Gebieten 108
  Judenordnung (1251) 108
Universität
  Konversen 94
Universitäten
  Medizin 94
  mittelalterliche 94
  Studium des Hebräischen 94
  Zugang für Konversen 94
Unterdrückung durch die staatliche Gewalt 57
Unterscheidung von den Christen 48
Unterwerfungsvertrag
  mit den Juden in Chaiba 19

V
Vandalenreich 14
Venedig 28, 69, 70
  Beförderungsverbot für jüdische Reisende nach Palästina 69
Verbot 64
  der Jurisdiktion über Christen 21
  der Ritualmordbeschuldigung 44, 64
  der Schändung der Synagogen 50
  der Segnung christlicher Felder 14
  öffentliche Ämter innezuhaben 21
Verbrennungen 105
Vereinigung
  von Kastilien, León und Galicien (1037) 37
  von Polen und Litauen (1386) 64
Verfolgung(en) 44, 52, 59, 73
  im Rheinland 42
  im westgotischen Spanien 21
  in Deutschland 42
  in England 42
  in Frankreich 42
Verheißenes Land 99
Verletzung eines Juden 37, 77
Vernichtung
  des Christentums 44
  totale der Juden 41
Versorgung
  mit landwirtschaftlichen Geräten 77
  mit Waffen 77
Verständigung, geheime 61
Vertreibung 52, 57, 64
  Predigt gegen die Juden 73
  vollständige 77
Vertreibung 53, 75, 76
  aus England 42, 59
  aus Frankreich 64
  aus Mainz 38
  aus Österreich 80
  aus Spanien 65, 71, 77
  aus Ungarn 80
Vertreibungen 44, 95, 115
  wichtige 80
Vertreibungsbefehl 28, 38, 64, 73, 76
Vertreibungsedikt 83, 84
Vertreibungsurkunde 77
Vertreibungsversuch 59
Verus Israel 13
Verwaltung 50
  des Kronschatzes 49
Verwundung von Juden 37
Vier Länder *(siehe* Rat der Vier Länder) 111
Villa nova de Judaeis 37
Volk, jüdisches 13
Völker, fremde 13
Völkerwanderung in Europa 13
Vorsitzende der Kaufleute 33
Vorsteher für alle Juden in Portugal 67
Vulgata 13

SACHREGISTER

W

Waffen 68, 77
Waffenproduktion 19
Waffenstillstandsabkommen von Andrusovo (1667) 112
Wahres Israel (*verus Israel*) 13
Wandel
   in der Haltung gegenüber der Juden 24
   der Lebensumstände der Juden in Spanien 49
Wechselbriefe 77
Weingärten 28
Weinproduzenten 36
Weise 52
   von Mainz 52
Weisen Babyloniens 27
Weißrußland 112
Wesir 32
Westgotisches Spanien 21
Wiederansiedlung 73
Wirtschaftliches Zentrum 33
Wohnrecht in Spanien 76
Wohnviertel 21

Wolhynien 112
   Gemeinde in Ludmir 65

Z

Zahlung, jährliche 77
Zahlungsverkehr, neue Methoden
   Einführung des Schecks 27
Zangenangriff gegen das Osmanische Reich 97
Zehent 37
Zehn Stämme Israels, verlorene 68, 99
Zeichen (Abzeichen)
   Davidstern 51
   eigenes 48
   gelbes 95, 106
   Hüte 95
Zentrale Institution der Selbstverwaltung
   in Polen 110, 111
   in Litauen 110, 111
Zentren der Gelehrsamkeit
   Bari 48
   in Nordafrika 34
   Otranto 48
Zentren der spätantiken Welt 13

Zentrum
   der Juden 28
   des Thorastudiums in Nordfrankreich 53
   jüdisches, in Tiberias 16
   kulturelles 36
Zerstörung des Tempels von Jerusalem *29*
Zinsen 41, 48, 64
   Höchstzinssatz in Aragón 49
Zion, neues 115
Ziriden 34
Zisterzienserorden 41
Zisterzienser 42
Zizat Novel Zwi 114
Zölle 72
Zollerleichterungen 38
Zwangsbekehrung 13
   der Juden von Burion 14
Zwangskonversion 85
   der Juden in Byzanz 17
Zwangstaufe(n) 74
   jüdischer Kinder 85
   in Portugal 99

Personenregister

A

Abälard 52
Abdarrahman 35
Abdarrahman II. 36
Abdarrahman III. 37
Abenaes, Salomon (Ibn Jaish) 90
Abiathar 33
Abrabanel, Jizchak (Don) 82, 98
Abrabanel, Samuel b. Don Jizchak 96
Abraham (Tanchum) 34
Abraham b. Samuel Zacuto 85
Abraham, Proselyt in Ungarn 53
Abraham von Saragossa 23
Abraham von Soria 74
Abravalia, Familie 50
Abu Imran 29
Abu Isa (Jizchak b. Jakob al-Isfahani) 29
Abu Jahl 19
Abu Jizchak Jekuthiel b. Jizchak ibn Hasan 36
Achimaaz 28
Adolf I., Herzog von Kleve 73
Adolf von Nassau 60
Agobard, Erzbischof von Lyon 24
Agobard von Lyon 28
Ahmad ibn Tulun 31
Alanen 13
Alantansi, Eliezer 94
Albert III., Kurfürst 73
Albrecht V., Herzog 72
Albrecht von Habsburg 60
Alexander III., Papst 48
Alexander VI., Papst 77, 96
Alfassi (Rabbi Jizchak b. Jakob) 34
Alfons III. König 37, 50, 67
Alfons, Prinz von Aragón 61
Alfons V. von Portugal 76
Alfons VI. 37
Alfons X. der Weise 50
Alfonso de Espina, Franziskaner 74, 76
Alfonso de la Caballeria 84
Alkabez, Solomon 94
Alkabez, Solomon b. Moses 93, 94
Amittai, Familie 28
Amulo, Erzbischof von Lyon 24
Anan b. David 29
Andreas (Abälardschüler) 52
Anno, Erzbischof von Köln 38
Aron b. Amram 30
Aron ben Meir 31, 33
Ascher b. Jechiel 53
Aschkenasi, Abraham Nathan b. Elischa Chaim 113, 114
Aubriot, Hugues 64
Augustinus, Bischof von Hippo Regius 13
Aurangzeb, Mogul 102
Azikri, Eleasar b. Moses 93
Aziz, al (Kalif) 32
Aziz Mehmed Effendi (siehe auch Zwi, Sabatai) 114

B

Badis (König) 36
Bahya Alconstantini von Saragossa 49
Baibars 68
Baron, Salo W. 81
Barrios, Daniel Levi de 99
Báthory, Stephan 109
Bela IV., König von Ungarn 108
Belisar 14
Benedikt VIII., Papst 38
Benedikt XIII., Gegenpapst 74
Benedikt XIII., Papst 77
Benjamin b. Moses Nahawendi 29
Benjamin von Tudela 44, 45, 46, 47, 81
Berav, Jakob (I.) 90
Bernaldez, Andres 81
Bernhard von Clairvaux 41
Berruguette, Pedro 63
Bertinoro (siehe Obadja von Bertinoro)
Bloch, Mattathias 114
Boleslaw der Fromme 64
Bonifaz IX., Papst 77
Borgia, Rodrigo (siehe Alexander VI.)

C

Cabron, Pedro 84
Calvin, Johann 105
Cansino, Jakob 99
Capistrano, Johann 72
Caro, Georg 81
Caro, Joseph 90, 93, 98
Chaim, Jude in Spanien 28
Chasdai ibn Schaprut, R. 25, 36, 37, 67
Chmjelnizki, Bogdan 111, 112
Cidellus (Josef Nasi Ferruziel) 37
Clemens III., Papst 42
Clemens VI., Papst 62
Clemens VII., Papst 97, 98
Clemens VIII., Papst 96
Cordovero, Moses b. Jakob 93
Corvinus, Matthias 108
Cosmas, Bischof von Prag 39
Cromwell, Oliver 99

D

d'Aguilar, Moses Raphael 101
Daniel b. Moses al-Qumisi 29
d'Aranda, Francisco 67
David b. Saul 55
David b. Zakkai II., Exilarch in Mosul 47
David ben Zakkai 31
David ben Zimra (RaDBaZ) 91
David Jizchak von Saloniki 114
David Kimchi 55
David von Lyon 23
Domatus, R. 23
d'Ortas, Samuel 94
Dschingis Khan 68
Du Nuas, Homeridenkönig 16, 17
Dunasch b. Labrat 35

E

Edward I., König 57
Eleasar b. Jizchak 53
Eleasar b. Joel ha-Levi (Ravja) 53
Elia b. Moses Baschiasi 70
Elia b. Moses de Vidas 93
Elia b. Salomon 33
Elias (Prophet) 99
Emicho, Graf 38, 39
Escapa, Joseph 113
Estéban, Ines (Prophetin) 99
Eugen III., Papst 41
Eugen IV., Papst 79

F

Ferdinand I. 37
Ferdinand II., König von Böhmen und Ungarn 108
Ferdinand III. der Heilige 50
Ferdinand (II. von Aragon) und Isabella (von Kastilien) 50, 73, 75, 76, 77
Ferorelli, Nicolo 81
Ferrer, Vincent 67, 74
Ferruziel (siehe Josef Nasi Ferruziel)
Fonsecas, Jizchak Aboab da 101
Forelli, Nicolo 81
Foscari, Marco 98
Fragosso, genuesischer Pirat 84
Franken 13
Franz I., König von Frankreich 97
Friedrich der Streitbare 64
Friedrich I. Barbarossa (Kaiser) 38, 42
Friedrich II. (Kaiser) 44
Friedrich II. der Streitbare, Herzog 108
Friedrich von Schwaben 42

G

Gabirol, Salomon ibn 36
Gamaliel VI., Rabbi 16
Gautier von Brienne 40
Ghasan, Ilkhan 68
Gomez, Maria 98
Gonzales Ferdinand (Graf von Kastilien) 37
Gottfried von Bouillon 38, 39
Graetz, Heinrich 81
Gregor I., Papst 22
Gregor VIII., Papst 42
Gregor IX., Papst 49, 59
Gregor X., Papst 44
Gutenberg, Johannes 94

H

ha-Ari (siehe Luria, Jizchak b. Salomon)
ha-Lorki, Jeschna (siehe Jeronimo de Santa Fé)
ha-Schela ha-Kadosch (siehe Horowitz) 90
Habbus (König) 36
Hai Gaon, Rabbi 30, 31, 36
Hai, Rav 31, 36
Hajjat, Juda (Rabbi) 86
Hakim, al- (Kalif) 32, 35, 38
Harun al-Raschid, Kalif 23, 24
Heinrich, Herzog von Bayern 60
Heinrich II. 38
Heinrich III. von Valois 109
Heinrich IV. 38
Heinrich von Albano 42
Heinrich von Trastamara 65, 66
Heller, Jomtov Lipman (Rabbi) 108
Herera, Ines von 98
Hieronymus (Eusebius Sophronius Hieronymus) 13
Hiwi al-Balchi 29
Hügälü, Ilkhan 68

I

ibn Nahmias, David 94
ibn Nahmias, Samuel 94
Ibn Rustam 34
Innozenz III., Papst 42, 48, 49
Innozenz IV., Papst 44, 64
Isabella von Kastilien 50, 73, 75, 76, 77, 84
Isabella, Tochter von Ferdinand und Isabella 84
Iwan der Schreckliche 109

J

Jagiello, Alexander, Großfürst von Litauen 109
Jakob al-Kirkisani 29
Jakob b. Ascher 94
Jakob b. Jekuthiel, Rabbi 38
Jakob b. Meir, Rabbi (Rabbenu) Tam 41, 52
Jakob b. Nissim b. Schahin, Rabbi 31
Jakob I., König von Aragón 49, 50
Jakob II., König 61
Jakob Ibn Jau 36
Jakub Ibn Killis 32
Jaroslaw der Weise 25
Jawhar (Feldherr) 32
Jechiel Anav 48
Jechiel b. Jizchak ha-Zarfati, Rabbi 47
Jechiel von Paris 47, 53
Jeronimo de Santa Fé (Joschua ha-Lorki) 74
Jizchak Abrabanel 84
Jizchak b. Abraham (Rizba) 53
Jizchak b. Jakob ha-Lavan 53
Jizchak b. Jakob, Rabbi (siehe Alfassi) 34
Jizchak b. Meir 52

PERSONENREGISTER

Jizchak b. Samuel von Dampierre (ha-Zaken) .. 53
Jizchak (Gesandter zu Harun al-Raschid) 23
Jizchak ibn Chalfun 36
Jizchak Nifoci 69
Jizchak, Proselyt in Ungarn 53
Jizchak von Akkon, Rabbi 47
Jizchak von Vienne 53
Joachim von Fiore 42
Joana, Kronprinzessin von Kastilien 76
Joel b. Jizchak ha-Levi 53
Johann, Bischof von Speyer 38, 39
Johann I. von Aragón 67
Johann II., König von Kastilien 74, 84
Johann II., König von Portugal 84
Johann III., König von Portugal 97
Johann Kasimir Wasa, König von Polen 112
Johann von Brienne, König von Jerusalem 47
Johann Zimberlin 60
Johannes Chrysostomos 13
Johannes von Capistrano 73
Johannes XXII., Papst 61
Jomtov Lipman Heller, Rabbi 108
Jona b. Abraham Gerondi 55
Jonathan b. David ha-Cohen 53
Josef b. Phineas 30
Josef ibn Abitur 33, 35
Josef Nasi Ferruziel *(siehe* Cidellus) 37
Josef von Lyon 23
Josel von Rosheim *(siehe* Joseph b. Gerschon von Rosheim)
Joseph (Joselmann) b. Gerschon von Rosheim (Josel von Rosheim) 73, 97, 106
Joseph b. Baruch aus Clisson 47
Joseph Caro 90, 93, 98
Joseph ha-Lorki *(siehe* Jeronimo de Santa Fé)
Joseph Ibn Jau 36
Joseph, König der Chasaren 24, 25
Juan d'Austria (Don) 88
Juan de San Martin 76
Juda al-Harizi 44, 47
Juda b. Jizchak 53
Juda b. Nathan (Rivan) 52
Juda Chassid (Segal) ha-Levi 115
Juda de la Cavalleria 49
Juda Halevi, Rabbi 33, 46, 47
Juda he-Chassid von Regensburg 53
Juda ibn Koreisch, Rabbi 34
Judgan, Schüler Abu Isas 29
Julius III., Papst 95, 96
Justinian I., Kaiser 14, 16
Jusuf ibn Taschfin 35
Jusuf ibn Ziri 34

K

Kalixt III., Papst 77
Kálman, König von Ungarn 108
Kalonymos 28, 38
Karl der Große 11, 23, 28, 36
Karl I. von Spanien (Karl V.) 73
Karl IV. (Kaiser) 62
Karl V. (König) 64, 96, 98
Karl V., Kaiser des Heiligen Römischen Reiches 73, 97, 106
Karl VI. 64
Karl VIII. 64
Karl von Anjou 48
Kasimir (III.) der Große 64
Kasimir IV. (Jagiello) 65
Konrad III., König 41
Konstantin der Große 13
Koreisch *(siehe* Juda ibn Koreisch)

L

Ladislaus II. Jagiello (König von Polen) 64
Langobarden 13
Leo X. (Giovanni de' Medici), Papst 95
Levita, Elia (Bachur) 95
Lopez de Ayala, Pedro 65
Ludwig der Bayer 60
Ludwig der Fromme 23, 24
Ludwig II., Urenkel Karls des Großen 28
Ludwig II. von Ungarn 108
Ludwig VII., König von Frankreich 41
Ludwig IX., König von Frankreich 58
Luria ha-Ari, Jizchak b. Solomon 93
Luther, Martin 105, 106

M

Machir, R. 22
Maharam *(siehe* Meir von Rothenburg)
Maimonides (Rambam) 47, 53, 54
Manasse ben Israel 94, 99
Mansur, al- (Kalif) 30
Manuel I., König von Portugal 84, 85
Margarita, Antonius 106
Marquis von Villena 76
Martin V., Papst 77, 79
Martinez, Ferrant (Archidiakon von Ecija) 65
Masudi 24
Mathias Corvinus, König von Ungarn 108
Maximilian I., Kaiser 73
Mazlia b. Elia al-Bazak 28
Medici, Giovanni de' *(siehe* Leo X.)
Mehmed II. 70
Meir b. Samuel 52
Meir b. Todros Abulafia aus Toledo 53
Meir von Rothenburg (Maharam) 47
Menachem ibn Saruk 35
Mendes-Nasi, Gracia *siehe auch* Nasi) 90
Meschullam von Volterra 69
Meyer Goldschmidt 44
Miguel de Murillo 76
Milano, Attilio 81
Mohammed 19, 20
Mohammed ibn Abdullah ibn Yahya, Wesir des Kalifen 31
Molcho, Salomon 93, 97, 98
Mordechai b. Hillel, Rabbi 60
Mosche Gaon, Rav 30
Moses Alconstantini 50
Moses b. Jakob Cordovero 93
Moses b. Jakob von Coucy 52
Moses b. Maimon (Rambam) 55
Moses de Leon, Rabbi 54
Moses Haparsi 29
Moses, Hofjude 28
Mstislav der Tapfere 25
Muizz, al (Kalif) 32
Mundhir II. , König 36
Muqtadir, al (Kalif) 31
Muschka 29

N

Nachmanides *(siehe auch* Ramban) 46, 55
Nachmanides von Gerona 49
Naharay b. Nissim, Rabbi 27
Najara, Jakob 114
Nasi, (Mendes-), Doña Gracia 90, 96
Nasi, Joseph 90, 96
Nathan b. Jechiel 28, 48
Nathan von Gaza 114
Navarro, Abraham 102
Nehemia ha-Kohen 114
Netira 30
Nifoci, Jizchak 69
Nissim, Jude in Spanien 28
Nissim von Kairawan 36

O

Obadja *(siehe* Abu Isa) 29
Obadja von Bertinoro 69
Oleg, Enkel Jaroslaws des Weisen 25
Olivares, Herzog von 99
Omar (Kalif) 19, 20
Ordoño I. (König) 37
Orobio de Castro, Jizchak 99
Ostgoten 13
Otto I. (Kaiser) 38
Otto II. (Kaiser) 38
Ottokar II. (König) 64

P

Pablo de Santa Maria 74
Paltiel I. (Astrologe und Physiker) 28, 32
Paul IV., Papst 95, 96
Paul VI., Papst 44
Pedro Berruguette 63
Pedro Lopez de Ayala 65
Petachja von Regensburg 47, 53
Peter der Einsiedler 38
Peter der Grausame 65
Peter III. 50
Peter von Amiens 39
Peter von Kastilien 66
Petrus Venerabilis (Abt von Cluny) 41
Pfefferkorn, Johannes 106
Philipp II. Augustus (König von Frankreich) 42, 53, 59
Philipp II. (König von Spanien) 88, 95
Philipp IV. (der Schöne) 59, 99
Pinelo, Francisco 84
Pires, Diogi 98
Pollack, Jakob b. Joseph 109
Prado, Juan 99
Primo, Samuel 114

Q

Qumisi, Daniel b. Moses al- 29

R

Rabbenu Tam *(siehe* Jakob b. Meir, Rabbi Tam) 53
Rabbi von Burgos 74
Raimund von Saint-Gilles 40
Ramban (Nachmanides) 46, 47, 49, 55
Ramirez II. (König von Kastilien) 37
Raschi 52, 81
Rekkared (König) 21
Reuchlin, Johannes 106
Ricci, Matteo (Missionar) 103
Richard I. Löwenherz 42
Rindfleisch (Ritter) 59
Rizba *(siehe* Jizchak b. Abraham)
Robert von der Normandie 40
Robert von Flandern 40
Romanos I. Lekapenos 24
Rubeni, David 97, 98
Rüdiger, Bischof 38
Rudolf I. 60
Rudolf I., König 47
Rudolf II., Kaiser 108
Rudolf (Zisterzienser) 41

S

Saadia, Rav 31
Sahl ben Mazlia 33
Saladin 42, 46, 47
Salomo bar Simeon 38
Salomon Alconstantini von Saragossa 49
Salomon b. Abraham von Montpellier 55
Salomon b. Jeruchim 29
Salomon ha-Levi (Rabbi von Burgos) 74
Salomon ibn Gabirol 36
Samson b. Abraham aus Sens 53
Samson b. Josef von Falaise 53
Samuel b. Adaja 20
Samuel b. Hofni, Rav 31, 34
Samuel b. Kalonymos he-Chassid von Speyer .. 53
Samuel b. Meir (Raschbam) 52
Samuel Haganid 36
Sancho III. (der Große), König 37
Santangel, Luis de 84
Sarmiento, Pedro 74
Sasportas, Jakob 114
Sassaniden 13
Schalom Schachna b. Joseph 109
Scharaf, Juda 114
Schefatia b. Schabtai 28
Schemaja von Troyes 52
Scherira b. Chanina Gaon, Rav 31, 34
Scholal, Jizchak ha-Kohen, Rabbi 90
Selim I., Sultan 89, 97
Severus, Bischof 13
Sigismund II. August(us) (König von Polen) 109
Sigismund III. Wasa (König von Polen) 110
Sigismund, König 73
Simcha b. Samuel 52
Simon von Trient 44, 72
Simson b. Abraham von Sens, Rabbi 47
Sisebut, König 21
Sisenand, König 21

Sixtus IV., Papst 76, 77
Spinoza, Baruch 99, 100
Stephan, König von England 42
Sueben 13, 14
Suleiman I. der Prächtige 88, 108
Swatoslaw von Kiew 25

T
Taitazak, Joseph 93
Tankred, normannischer Fürst aus Süditalien 40
Theoderich der Große 22
Timur 68
Titus (römischer Kaiser) 13
Toledano, Eliezer 94
Tomás von Torquemada 44

Torquemada, Tomas de 76, 104
Tota, Königin von Navarra 37
Trani, Moses 90
Tsamtsam a-Dullah 28

U
Urban V., Papst 77
Uriel da Costa 100

V
Vandalen 13
Vasco da Gama 102
Vespasian 13
Vital, Joseph 93
Volkmar 38

W
Wecelin 38
Westgoten 13
William (Knabe in Norwich) 44
Witold, Großfürst von Litauen 64

Z
Zahir, al- (Kalif) 32
Zeno, Kaiser 16
Zwi, Mordechai 113
Zwi, Sabbatai 113, 114
Zwi, Sara 113

Begriffserklärungen

Alija
Einwanderung nach Eretz Israel

Aschkenasen (Aschkenasim)
(abgeleitet von **Aschkenas**, einem biblischen Namen, der mit Deutschland identifiziert wurde) Bezeichnung für Juden aus Mitteleuropa (besonders aus Deutschland und Frankreich).

Blutbeschuldigung
(auch **Ritualmordbeschuldigung**) Anschuldigung, daß Juden bei der Zubereitung der Maze Christenblut verwenden. Die Blutbeschuldigung wurde erstmals 1144 in Norwich erhoben, geht aber auf altägyptische Wurzeln zurück. Seit dem Mittelalter diente sie häufig als Vorwand für antijüdische Ausschreitungen.

Collecta
Zusammenschluß mehrerer jüdischer Gemeinden in Spanien.

Eretz Israel
Das Land Israel.

Gaon (Pl.: Geonim)
Vorsitzender der babylonischen Talmudakademien.

Genisa
(wörtlich: das Verborgene) Raum zur Aufbewahrung von nicht mehr gebrauchten rituellen Geräten und Schriftstücken, die den Gottesnamen enthalten.

Jeschiwa (Pl.: Jeschiwot)
Talmudhochschule

Konversen (Conversos)
Getaufte Juden in Spanien, die von der Inquisition überwacht wurden.

Masora
Bewahrung der Überlieferung des Bibeltextes.

Menora
Siebenarmiger Leuchter.

Mikwa (Pl.: Mikwot)
Rituelles Tauchbad.

Minjan
Gebetsgemeinschaft von zehn erwachsenen Männern.

Parnas (Pl.: Parnassim)
Gemeindevorsteher.

Reconquista
Rückeroberung moslemischer Gebiete durch die Christen in Spanien.

Sepharden (Sephardim)
(von hebräisch **Sepharad** „Spanien") Bezeichnung für Juden spanischer und portugiesischer Herkunft, im Unterschied zu den **Aschkenasim**.

Talmud
(hebräisch „Lehre") Nachbiblisches Hauptliteraturwerk des Judentums (in hebräischer und aramäischer Sprache), das aus der Mischna und ihren rabbinischen Kommentaren (Gemara) besteht. Der Talmud existiert in zwei verschiedenen Textsammlungen, dem palästinensischen und dem (kanonischen) babylonischen Talmud, und wurde zum Eckstein des rabbinischen Judentums; seine Autorität wird hingegen von Karäern und Reformjuden angefochten. Der Talmud bildet noch immer die Grundlage für die Unterweisung in der **Jeschiwa**.

Thora
(hebräisch „Lehre", „Gesetz") Im weiteren Sinn die offenbarte oder überlieferte jüdische Lehre. Es wird manchmal unterschieden zwischen „schriftlicher Thora" (enthalten in der Bibel) und „mündlicher Thora" (enthalten im **Talmud** und anderen nichtbiblischen Textsammlungen). Im engeren Sinn wird der Begriff für die fünf Bücher Mose (Pentateuch) bzw. die Schriftrolle (Thorarolle), auf die sie für den Gebrauch in der Synagoge geschrieben wurden, verwendet.